Código de Processo Penal

Código de Processo Penal

2020 • 11ª Edição

Constituição da República Portuguesa (Constituição Processual Penal)
Regime de Júri em Processo Penal
Lei de Organização da Investigação Criminal
Lei da Identificação Criminal e Regulamentação
Estatuto da Vítima
Proteção de Testemunhas em Processo Penal e Regulamentação
Regime Jurídico do Mandado de Detenção Europeu
Regime da Utilização de Meios Técnicos de Controlo à Distância
Regime Jurídico das Perícias Médico-Legais e Forenses
Regime de Concessão de Indemnização às Vítimas de Crimes Violentos e de Violência Doméstica
Regime de Mediação em Processo Penal
Regulamento do Sistema de Mediação Penal
Regime Geral das Contraordenações

ALMEDINA

CÓDIGO DE PROCESSO PENAL

1ª Edição: fevereiro, 2011

EDITOR

EDIÇÕES ALMEDINA, S.A.

Rua Fernandes Tomás nºs 76, 78, 80

3000-167 Coimbra

Tel.: 239 851 904 · Fax: 239 851 901

www.almedina.net · editora@almedina.net

DESIGN DE CAPA

EDIÇÕES ALMEDINA, S.A.

PRÉ-IMPRESSÃO

EDIÇÕES ALMEDINA, S.A.

IMPRESSÃO E ACABAMENTO

setembro, 2020

DEPÓSITO LEGAL

ALMEDINA | GRUPOALMEDINA

BIBLIOTECA NACIONAL DE PORTUGAL – CATALOGAÇÃO NA PUBLICAÇÃO

PORTUGAL. Leis, decretos, etc. Código de processo penal

Código de processo penal. – 11ª ed. – (Códigos universitários)
ISBN 978-972-40-8714-6

CDU 343

NOTA PRÉVIA À 11ª EDIÇÃO

No início deste atípico ano letivo, apresentamos esta nova edição atualizada com a recente alteração ao Código de Processo Penal, operada pela Lei nº 39/2020, de 18 de agosto, que altera o regime sancionatório aplicável aos crimes contra animais de companhia.

Coimbra, setembro de 2020

A EQUIPA EDITORIAL

CÓDIGO DE PROCESSO PENAL

Decreto-Lei nº 78/87, de 17 de fevereiro

Depois de diversos propósitos e tentativas, algumas com começo de execução, que se foram esboçando ao longo dos anos, ingressa, por fim, na vida jurídica portuguesa um novo Código de Processo Penal. Só as obras não significativas são incontroversas; o Código, que agora passa a ocupar o espaço do de 1929 e da legislação avulsa que, dispersa e, por vezes, incoerentemente, o complementou, surge, no entanto, em resultado de uma ponderada preparação e de um debate institucional alargado.

Decorrerão da sua entrada em vigor modificações orgânicas e adaptações de vária índole; haverá mesmo que reconverter, até certo ponto, as mentalidades de alguns dos protagonistas do sistema. Daí a necessidade de diferir o início da sua aplicação, excluindo-se, para além disso, tal aplicação aos processos pendentes.

Uma excepção foi aberta; crê-se que com inteira justificação. Diz ela respeito à supressão da incaucionabilidade, por força da lei, quanto a certas categorias de crimes. Realmente, o princípio da caucionabilidade abstracta de todas as infracções é o que se adequa com o direito fundamental da liberdade pessoal. Pressupõe, aliás, uma reafirmação de confiança nos critérios dos juízes; trata-se de uma outorga de confiança que constituirá um elemento matricial de um Estado de Direito. Daí a entrada em vigor desde já da revogação do Decreto-Lei nº 477/82, de 22 de Dezembro; este diploma teve, de resto, o condão de suscitar uma quase unanimidade nas opiniões discordantes.

Noutro plano esteve, naturalmente, presente a intencionalidade de assegurar uma proporcionada compatibilização do novo Código com a legislação estravagante conexionável com o Código de 1929 até que se venha a concretizar a modificação geral dessa legislação. Assume o problema particular melindre no que respeita ao processamento das transgressões e contravenções que em legislação avulsa se vêm mantendo, não obstante o declarado movimento no sentido da convolação desses ilícitos penais para o direito contra-ordenacional. A fórmula encontrada – largamente preferível à da revivência do Código anterior naquilo em que ele continha uma forma especial para a tramitação de tais infracções – parece equilibrada e praticável; e nem será a eventualidade de reenvio para a forma comum que irá prejudicar a exequibilidade do sistema no que respeita ao julgamento de transgressões e contravenções puníveis com multa.

Assim:

No uso da autorização conferida pela Lei nº 43/86, de 26 de Setembro, o Governo decreta, nos termos da alínea *b*) do nº 1 do artigo 201º da Constituição, o seguinte:

Artigo 1º

É aprovado o Código de Processo Penal publicado em anexo e que faz parte integrante do presente diploma.

Artigo 2º

1. É revogado o Código de Processo Penal aprovado pelo Decreto-Lei nº 16 489, de 15 de Fevereiro de 1929, com a redacção em vigor.

2. São igualmente revogadas as disposições legais que contenham normas processuais penais em oposição com as previstas neste Código, nomeadamente as seguintes:

a) Decreto-Lei nº 35 007, de 13 de Outubro de 1945;

b) Decreto-Lei nº 31 843, de 8 de Janeiro de 1942;

c) Artigos 26º, 27º e 28º do Decreto-Lei nº 32 171, de 29 de Julho de 1942, o Decreto-Lei nº 47 749, de 6 de Junho de 1967 e o artigo 28º do Decreto-Lei nº 48 587, de 27 de Agosto de 1968, todos na parte aplicável ao processo penal;

d) Artigo 36º do Decreto-Lei nº 37 047, de 7 de Setembro de 1948;

e) Artigo 67º do Código da Estrada, aprovado pelo Decreto-Lei nº 39 673, de 20 de Maio de 1954, com a redacção em vigor;

f) Decreto-Lei nº 45 108, de 3 de Julho de 1963;

g) Decreto-Lei nº 605/75, de 3 de Novembro, com a redacção que lhe conferiu o Decreto-Lei nº 377/77, de 6 de Setembro;

h) Lei nº 38/77, de 17 de Junho;

i) Decreto-Lei nº 377/77, de 6 de Setembro;

j) Decreto-Lei nº 477/82, de 22 de Dezembro.

Artigo 3º

(Revogado pelo Decreto-Lei nº 17/91, de 10-01)

Artigo 4º

Consideram-se efectuadas para as correspondentes disposições do presente Código de Processo Penal as remissões feitas em legislação avulsa para o Código anterior.

Artigo 5º

1. Os processos cuja instrução esteja legalmente cometida aos tribunais de instrução criminal prosseguirão aí os seus termos até à conclusão da instrução.

2. O Conselho Superior da Magistratura e a Procuradoria-Geral da República adoptarão, de forma articulada, as medidas necessárias à célere conclusão dos processos referidos no número anterior.

Artigo 6º

As somas em unidade de conta processual penal, tal como se encontram definidos na alínea *h*) do nº 1 do artigo 1º do Código, arrecadadas em processos nos quais seja decretada a condenação respectiva, terão o seguinte destino:

a) 20% para os Cofres do Ministério da Justiça;

b) 20% para o Instituto de Reinserção Social;

c) 60% para o organismo ao qual for cometida competência em matéria de acesso ao direito.

Artigo 7º

1. O Código de Processo Penal aprovado pelo presente diploma e as disposições antecedentes começarão a vigorar no dia 1 de Junho de 1987, mas só se aplicam aos processos instaurados a partir dessa data, independentemente do momento em que a infracção tiver sido cometida, continuando os processos pendentes àquela data a reger-se até ao trânsito em julgado da decisão que lhes ponha termo, pela legislação ora revogada.

2. Exceptua-se do disposto no número anterior o artigo 209º do Código aprovado pelo presente diploma, bem como a revogação decretada pela alínea *j*) do nº 2 do artigo 2º deste Decreto-Lei, que produzem efeitos no dia imediato ao da publicação do presente diploma, sendo os processos em que tiver sido ordenada ou mantida prisão preventiva incaucionável ao abrigo daquele diploma, ora revogado, feitos conclusos ao juiz para que este, através de despacho fundamentado, se pronuncie no prazo de 15 dias quanto à subsistência da prisão ou quanto à concessão da liberdade provisória.

3. Da decisão proferida ao abrigo do número anterior cabe recurso, nos termos gerais.

Visto e aprovado em Conselho de Ministros de 4 de Dezembro de 1986. – *Aníbal António Cavaco Silva – Mário Ferreira Bastos Raposo.*

Promulgado em 22 de Janeiro de 1987.

Publique-se.

O Presidente da República, MÁRIO SOARES.

Referendado em 26 de Janeiro de 1987.

O Primeiro-Ministro, *Aníbal António Cavaco Silva.*

CÓDIGO DE PROCESSO PENAL*

I. 1. A urgência de uma revisão sistemática e global do ordenamento processual penal constitui um dos tópicos mais consensuais da experiência jurídica contemporânea. Reclamada pelos cultores da doutrina processual penal, ansiosamente aguardada pelos práticos do direito, a reforma do processo penal tem também persistido como um compromisso invariavelmente inscrito nos programas dos sucessivos governos constitucionais.

Igualmente pacífica é hoje a convicção de que só uma nova codificação do direito processual penal poderá representar o início de uma resposta consistente aos múltiplos e ingentes desafios que neste domínio se colocam à sociedade portuguesa. Na verdade, de uma qualquer tentativa de revisão parcial da codificação ainda vigente mais não poderá esperar-se que o aumento da complexidade e a multiplicação das aporias, tanto no plano teórico como no da aplicação da lei. Iniciado em 1929, o ciclo de vigência do Código de Processo Penal anterior caracterizou-se por uma produção praticamente ininterrupta de novos diplomas legais em matéria de processo penal: umas vezes com o propósito de sancionar inovações a inscrever no próprio texto codificado, outras a engrossar o já incontrolável caudal das leis extravagantes. Tratou-se, além disso, de diplomas projectados em horizontes históricos vários, com diferente densidade ideológica e cultural, e, por isso mesmo, prestando homenagem a distintas concepções do mundo e da vida, do estado e do cidadão, da comunidade e da pessoa, e portadores de programas político-criminais centrífugos e frequentemente antagónicos.

O quadro esboçado agravou-se ainda com as reformas ditadas e introduzidas pelas transformações iniciadas em 25 de Abril de 1974. De tudo resultou um ordenamento processual penal minado por contradições, desfasamentos e disfuncionalidades comprometedoras; um ordenamento onde, às dificuldades de identificação, na multidão de regulamentações sobrepostas, do regime concretamente aplicável, se somavam as emergentes da impossibilidade de referenciar um sistema coerente, preordenado à realização de uma teleologia claramente perspectivada e assumida.

* Texto de acordo com a republicação da Lei nº 48/2007, de 29-08 (cfr. Declarações de Rectificação nºs 100-A/2007, de 26-10 e 105/2007, de 09-11).

2. É a dar resposta aos imperativos que revelam deste contexto que se destina o presente Código de Processo Penal. Para mais fácil apreensão do seu espírito e dos seus propósitos, e como forma de mediatizar a sua consensual e generalizada aceitação, importará assinalar alguns dos princípios que deliberadamente foram erigidos em matriz e étimo legitimador das soluções técnicas por que se optou. Como convirá por outro lado, e a título meramente exemplificativo, pôr em relevo algumas destas soluções, muitas delas de cariz inovador. Antes, porém, será oportuno explicitar algumas das coordenadas que definiram o ambiente em que a reforma teve de operar e que condicionaram, por isso, as linhas de equilíbrio e de superação de princípios de projecção muitas vezes antinómica, ditando deste modo, frequentemente, a preferência por uma certa solução técnica entre várias em princípio disponíveis.

Distinguir-se-á, para o efeito, entre condicionalismos exógenos e endógenos: os primeiros, derivados da cada vez mais intensa inserção de Portugal nas comunidades e organizações supranacionais e da cada vez mais acentuada sintonia com o ritmo dos grandes movimentos ideológicos, culturais, científicos, político-criminais e jurídicos que permanentemente agitam e renovam o rosto do mundo; os segundos, provenientes da experiência jurídica nacional e das idiossincrasias irrenunciáveis do nosso universo histórico-cultural.

3. No que aos factores exógenos respeita, ponderou-se atentamente a lição de direito comparado. Procurou-se, em particular, tirar vantagem dos ensinamentos oferecidos pela experiência dos países comunitários (Espanha, França, Itália, República Federal da Alemanha) com os quais Portugal mantém um mais extenso património jurídico e cultural comum; países de resto, todos eles, empenhados num processo de profunda renovação das instituições processuais penais. Igualmente se cuidou de analisar os resultados alcançados pelas aturadas investigações criminológicas empreendidas nalguns daqueles países e que incidem sobre a acção das diferentes instâncias que integram o sistema formal de controlo da criminalidade. Sem se advogar nem pretender uma transposição mecânica de tais resultados, verdade é que não devem desatender-se as consistentes injunções político-criminais que deles emanam, na perspectiva de um sistema apostado em maximizar e racionalizar o seu funcionamento; apostado, noutros termos, em obviar às elevadas «cifras negras» e às desigualdades que elas incorporam e em vencer os desajustamentos e disfuncionalidades entre as singulares instâncias e entre o sistema globalmente considerado e a comunidade ambiente.

Particularmente relevante para a elaboração do presente Código foi a ciência jurídico-processual penal dos países referidos. O que facilmente se compreende, certo como é ter sido a este poderoso movimento de elaboração dogmática que ficaram a dever-se os progressos registados na afirmação das implicações dos princípios basilares de um Estado de Direito democrático e social sobre um processo penal que se quer sintonizado com tais princípios.

À mesma doutrina devem, de resto, creditar-se os esforços mais consequentes na procura de alternativas susceptíveis de plasmar com maior eficácia, na experiência quotidiana, aqueles princípios e a axiologia última a que prestam homenagem.

Despicienda não foi, por último, a influência que irradia de um foro com o prestígio moral e cultural do Conselho da Europa, ao qual o nosso país se orgulha de pertencer. Recorde-se, a propósito, que inúmeros temas do processo penal – com destaque, *v. g.*, para os problemas da prisão preventiva, das garantias e direitos dos arguidos, dos processos acelerados e simplificados, da posição jurídico-processual da vítima, do sentido e âmbito de aplicação do princípio da oportunidade, etc. – têm constituído objecto de reuniões científicas sob o seu patrocínio e, não raro, de recomendações ou deliberações dos seus órgãos competentes.

4. De entre as condicionantes endógenas deve evidenciar-se, em primeiro lugar, o relevo que no presente Código quis atribuir-se à tradição processual penal portuguesa. Procurou-se, com efeito, que a busca da inovação e da modernidade se não fizesse com sacrifício indiscriminado de instituições e de princípios que, apesar de tudo, devem ser preservados como sinais identificadores de uma maneira autónoma de estar no mundo, de fazer história e de criar cultura. Paradigmático a este respeito é o que se passa com o estatuto da *vítima-assistente*, que nos singulariza claramente no contexto do direito comparado e por cujo modelo começam agora a orientar-se os movimentos de reforma de muitos países, sob o impulso das mais recentes investigações criminológico--vitimológicas.

Importa referir, em segundo lugar, a Constituição da República e o Código Penal – dois diplomas que, pelo seu papel no contexto da ordem jurídica portuguesa, em muitos casos estreitam drasticamente o espectro das alternativas disponíveis, enquanto noutros casos predeterminam o sentido e o alcance das soluções a consagrar em processo penal. Assim, a Constituição da República elevou, por exemplo, à categoria de direitos fundamentais os princípios relativos à estrutura básica do processo penal, aos limites à prisão preventiva como medida que se quer decididamente subsidiária, à regularidade das provas, à celeridade processual compatível com as garantias de defesa, à assistência do defensor, ao juiz natural. Por seu turno, de entre os condicionalismos decorrentes do Código Penal pode salientar-se, desde logo, o que se prende com a sua fidelidade ao ideário socializador e que aponta por sua vez, por exemplo, para uma autonomia, ao menos relativa, do momento processual de determinação e de medida da pena. Menos óbvias e significativas não são, de resto, as implicações decorrentes da circunstância de o Código Penal ter definido a indemnização, arbitrada ao lesado como consequências de um crime, como uma prestação de natureza civilística; o que não pode deixar de contender, por exemplo, com o princípio de um generalizado arbitramento oficioso, vigente no direito anterior.

Relevante foi, em terceiro lugar, a representação – que se quis tão aproximada e verdadeira quanto possível – dos principais estrangulamentos e desvios registados na *praxis* dos nossos tribunais e responsáveis pela frustração de uma justiça tempestiva e eficaz. Tais disfuncionalidades foram principalmente diagnosticadas: na existência da instrução, como fase necessária à submissão do feito a julgamento nos crimes mais graves; no desregramento em matéria de continuidade e de disciplina da audiência de julgamento e na invencível anomia do desrespeito dos prazos em geral; num sistema de recursos que, por sobre induzir ao abuso, se relevava paradoxalmente como oferecendo um segundo grau de recurso sem, simultaneamente, garantir uma dupla jurisdição sobre o mérito; numa pletora de formas comuns e especiais do procedimento. Tudo, de resto, se agravando com a desconfiança generalizada dos cidadãos quanto à idoneidade da justiça formal prestada, num processo de afastamento que se alimentava em espiral e induzia à procura de soluções informais autotutela, de desforço ou vindicta, de composição e de ressarcimento privados.

II. **5.** Para se ganhar a perspectiva adequada à compreensão da estrutura básica do modelo de processo subjacente ao presente Código, dos seus princípios fundamentais e das suas soluções concretas, convirá começar por uma referência prévia aos fins ou metas que, em última instância, é legítimo esperar de um processo penal no quadro de um Estado de Direito democrático e social.

São, com efeito, os valores e as formas deste modelo de organização comunitária que definem o horizonte em que o Código pretende inscrever-se. Este assume, em conformidade, a ideia-mestra segundo a qual o processo penal tem por fim a realização de justiça no caso, por meios processualmente admissíveis e por forma a assegurar a paz jurídica dos cidadãos.

Sabe-se, porém, como estas três referências valem no processo penal como polarizadores autónomos de universo de valores e geradores de princípios de implicações inevitavelmente antitéticas. Afastada está pois, à partida, a possibilidade de se pôr de pé um sistema processual que dê satisfação integral às exigências decorrentes de cada uma daquelas três referências. Por maioria de razão deve, aliás, afastar-se, sem mais, toda a pretensão de absolutizar unilateralmente qualquer deles – sob pena de se abrir a porta às formas mais intoleráveis de tirania, ou de se advogar soluções do mais inócuo ritualismo processual. O possível, e também – importa acentuá-lo – o desejável, é, assim, um modelo processual preordenado à concordância prática das três teleologias antinómicas, na busca da maximização alcançável e admissível das respectivas implicações.

No estado actual do conhecimento, e tendo presente o lastro da experiência histórica, seria ociosa qualquer demonstração das antinomias que medeiam entre, por exemplo, a liberdade e dignidade dos arguidos e a procura a todo o transe de uma verdade material; ou entre o acréscimo de eficiência da justiça penal e o respeito das formas ou ritos processuais que se apresentam como baluartes dos direitos fundamentais.

As transformações políticas e sociais mais recentes, e mesmo o avanço da reflexão teórica mais ou menos empenhada, têm entretanto feito aflorar novas e importantes linhas de clivagem e de conflitualidade entre os fins do processo penal.

Está no primeiro caso o triunfo do moderno Estado de Direito social, cujos reflexos no processo penal (socialização, conciliação, transacção, oportunidade, etc.) podem colidir drasticamente com as exigências ancoradas em mais de dois séculos de afirmação da vertente meramente liberal do Estado de Direito clássico.

Paradigmática, no que ao segundo caso respeita, é a antinomia que resulta da descoberta do relevo institucional de certos direitos fundamentais, a ponto de o Estado de Direito contemporâneo os assumir como seus próprios valores simbólicos. O que se traduz, *v. g.*, na sua irrenunciabilidade mesmo no contexto do processo penal, para mediatizar os seus fins e sob o envolvimento das suas garantias formais. O que se passa com as proibições de prova – que, por obediência aos imperativos constitucionais, o Código expressamente consagra –, cujo regime sobreleva de forma explícita o consentimento do arguido e a sua autonomia, constitui a manifestação porventura mais expressiva, mas não seguramente a única, desta postura do Estado de Direito perante os direitos fundamentais. Ao erigi-los em «instituição» e ao impô-los de certo modo contra o próprio titular, é também a «instituição» de um processo penal plenamente legitimado que o Estado moderno procura preservar. Por via reflexa e em última instância, é a sua própria legitimação que o Estado procura acautelar.

6. São, assim, as antinomias a nível dos próprios fundamentos do processo penal que reclamam um regime integrado de soluções compromissórias, precludindo a possibilidade de um sistema alinhado segundo os ditames de uma lógica unilinear e absolutizada. As pressões no sentido de um sistema aberto mais se acentuam, de resto, quando se entra em linha de conta com duas considerações complementares: a primeira contende com a heterogeneidade da realidade sobre que versa o processo penal; a segunda tem a ver com a diversidade de atitude ou de *ethos* próprios das diferentes estruturas de interacção em que se analisa o drama processual. Noutros termos, e seguindo neste ponto a formulação de alguns processualistas contemporâneos, é possível inscrever todo o universo processual num sistema de coordenadas definido por um eixo horizontal e outro vertical.

a) Quanto ao primeiro eixo, convém não esquecer a importância decisiva da distinção entre a criminalidade grave e a pequena criminalidade – uma das manifestações típicas das sociedades modernas. Trata-se de duas realidades claramente distintas quanto à sua explicação criminológica, ao grau de danosidade social e ao alarme colectivo que provocam. Não poderá deixar de ser, por isso, completamente diferente o teor da reacção social num e noutro caso, *maxime*, o teor da reacção formal. Nem será mesmo por acaso que a procura de novas formas de controlo da pequena criminalidade representa uma das linhas mais marcantes do actual debate político-criminal. Concretamente, é sobretudo com os olhos postos nesta específica área da fenomenologia criminal que, cada vez com maior insistência, se fala em termos de oportunidade, diversão, informalidade, consenso, celeridade. Não se estranhará por isso que o presente Código preste uma moderada mas inequívoca homenagem às razões que estão por detrás destas sugestões político-criminais. Nem será outrossim difícil identificar soluções ou institutos que delas relevam directamente. Pelo seu carácter inovador e pelo seu peso na economia do diploma, merecem especial destaque a possibilidade de suspensão provisória do processo com injunções e regras de conduta e, sobretudo, a criação de um processo sumaríssimo – forma especial de processo destinado ao controlo da pequena criminalidade em termos de eficácia e celeridade, sem os custos duma estigmatização e dum aprofundamento da conflitualidade no contexto de uma audiência formal.

b) Um segundo eixo estabelece a fronteira entre aquilo que se pode designar por espaços de consenso e espaços de conflito no processo penal: embora em boa medida sobreponível com a anteriormente mencionada – no tratamento da pequena criminalidade devem privilegiar-se soluções de consenso, enquanto no da criminalidade mais grave devem, inversamente, viabilizar-se soluções que passem pelo reconhecimento e clarificação do conflito –, esta segunda distinção possui sentimento autónomo.

Por um lado, abundam no processo penal as situações em que a busca do consenso, da pacificação e da reafirmação estabilizadora das normas, assente na reconciliação, vale como um imperativo ético-jurídico. Expressões do eco encontrado no presente Código por tais ideias são, entre outras: o relevo atribuído à confissão livre e integral, a qual pode dispensar toda a ulterior produção da prova; o acordo de vários sujeitos processuais como pressuposto de institutos como o da suspensão provisória do processo, o do processo sumaríssimo, a competência do juiz singular para o julgamento de casos em abstracto pertinentes à competência do tribunal colectivo, bem como as numerosas disposições cuja eficácia é posta na dependência do assentimento de um ou de vários intervenientes processuais.

Contudo, o Código não erige a procura do consenso em valor incondicionado. Pela natureza das coisas, também aqui a absolutização só seria possível à custa do arbítrio, subalternizando à «paz» a própria vida e a autonomia humanas. Acresce que, não raro, o controlo eficaz da criminalidade só pode lograr-se mediante a formalização da conflitualidade real. Paradigmática do respeito que esta consideração merece ao Código é, por exemplo, a possibilidade que assiste ao arguido de aceitar ou rejeitar a desistência da queixa ou da acusação particular. Da mesma postura relevam, em geral, todas as disposições que, como implicações do sistema acusatório, visam realizar na medida do possível a reclamada «igualdade de armas» entre a acusação e a defesa. O mesmo poderá ainda afirmar-se a propósito o reforço da consistência do estatuto do assistente, com a intenção manifestada de consolidar o papel de um dos protagonistas no campo da conflitualidade real.

III. **7.** O que fica dito permitirá uma mais fácil identificação e explicação dos contornos mais salientes da arquitectura do processo penal previsto no presente Código. Três notas complementares ajudarão a evidenciar outros tantos aspectos que imprimem cunho ao sistema delineado.

a) A primeira nota tem a ver com a estrutura básica do processo. Por apego deliberado a uma das conquistas mais marcantes do progresso civilizacional democrático, e por obediência ao mandamento constitucional, o Código perspectivou um processo de estrutura basicamente acusatória. Contudo – e sem a mínima transigência no que às autênticas exigências do acusatório respeita –, procurou temperar o empenho na maximização da acusatoriedade com um princípio de investigação oficial, válido tanto para efeito de acusação com de julgamento; o que representa, além do mais, uma sintonia com a nossa tradição jurídico-processual penal.

b) Em segundo lugar, o Código optou decididamente por converter o inquérito, realizado sob a titularidade e a direcção do Ministério Público, na fase geral e normal de preparar a decisão de acusação ou de não acusação. Por seu turno, a instrução, de carácter contraditório e dotada de uma fase de debate oral – o que implicou o abandono da distinção entre instrução preparatória e contraditória –, apenas terá lugar quando for requerida pelo arguido que pretenda invalidar a decisão de acusação, ou pelo assistente que deseje contrariar a decisão de não acusação. Tal opção filia-se na convicção de que só assim será possível ultrapassar um dos maiores e mais graves estrangulamentos da nossa actual *praxis* processual penal. E esteia-se, por outro lado, no facto de todos os actos processuais que contendam directamente com os direitos fundamentais do arguido só devem poder ter lugar se autorizados pelo juiz de instrução e, nalguns casos, só por este podem ser realizados. Refira-se ainda que, como decorrência directa da opção de fundo acabada de mencionar, os órgãos de polícia criminal são, na fase de inquérito, colocados na dependência funcional do Ministério Público.

c) Inovador a muitos títulos é, em terceiro lugar, o regime de recursos previsto neste Código. Com as inovações introduzidas procurou obter-se um duplo efeito: potenciar a economia processual numa óptica de celeridade e de eficiência; e, ao mesmo tempo, emprestar efectividade à garantia contida num duplo grau de jurisdição autêntico.

Para alcancar o primeiro desiderato, tentou obviar-se ao reconhecido pendor para o abuso dos recursos, abrindo-se a possibilidade de rejeição liminar de todo o recurso por manifesta falta de fundamento. Complementarmente, procurou simplificar-se todo o sistema, abolindo-se concretamente a existência, por regra, de um duplo grau de recurso. Por isso os tribunais de relação passam a conhecer em última instância das decisões finais do juiz singular e das decisões interlocutórias do tribunal colectivo e do júri, devendo o recurso das decisões finais destes últimos tribunais ser directamente interposto para o Supremo Tribunal de Justiça.

Por outro lado, é logo a partir da primeira instância que se começa por dar expressão à garantia ínsita na existência de uma dupla jurisdição. Com efeito, o Código aposta confiadamente na qualidade da justiça realizada a nível da primeira instância, para o que não deixa de adoptar as medidas consideradas mais adequadas e de supor que outras – que a ele não cabe editar – não deixarão de ser consagradas nos lugares próprios. Entre estas avulta a da separação entre os juízes que hão-de actuar como juízes singulares e os que pertencem aos tribunais colectivos. No mesmo enquadramento deverá interpretar-se o alargamento da competência dos jurados, agora extensiva também à matéria de direito, combinado com a diminuição sensível do seu número que deverá ser estatuída pela lei complementar sobre o júri. No que aos recursos especificamente respeita, estabelece o Código um regime aparentado com a ideia do recurso unitário, em princípio idêntico para a Relação e para o Supremo e abarcando, na medida possível e conveniente, tanto a questão de direito como a questão de facto. Com o mesmo propósito de emprestar ao recurso maior consistência, procura contrariar-se a tendência para fazer dele um labor meramente rotineiro executado sobre papéis, convertendo-o num conhecimento autêntico de problemas e conflitos reais, mediatizado pela intervenção motivada de pessoas. Por isso se submetem os recursos ao princípio geral – aliás jurídico-constitucionalmente imposto! – da estrutura acusatória, com a consequente exigência de uma audiência onde seja respeitada a máxima da oralidade.

8. Mesmo no contexto de uma apresentação sumária, não pode deixar de sublinhar-se outra das motivações que esteve na primeira linha dos trabalhos de reforma: a procura de uma maior celeridade e eficiência na administração da justiça penal.

Importa, contudo, prevenir que a procura da celeridade e da eficiência não obedeceu a uma lógica puramente economicista de produtividade pela produtividade. A rentabilização da realização da justiça é apenas desejada em nome do significado directo da eficiência para a concretização dos fins do processo penal: realização da justiça, tutela de bens jurídicos, estabilização das normas, paz jurídica dos cidadãos. A eficiência é, por um lado, o espelho da capacidade do ordenamento jurídico e do seu potencial de prevenção, que, sabe-se bem, tem muito mais a ver com a prontidão e a segurança das reacções criminais do que com o seu carácter mais ou menos drástico. A imagem de eficiência constitui, por outro lado, o antídoto mais eficaz contra o recurso a modos espontâneos e informais de autotutela ou ressarcimento, catalizadores de conflitos e violências dificilmente controláveis. Mas a eficiência – no sentido de redução das cifras negras e das desigualdades a que elas obedecem – pode também valer como a garantia da igualdade da lei em acção, critério fundamental da sua legitimação material e, por isso, da sua aceitação e interiorização colectiva.

Acresce que a celeridade é também reclamada pela consideração dos interesses do próprio arguido, não devendo levar-se a crédito do acaso o facto de a Constituição, sob influência da Convenção Europeia dos Direitos do Homem, lhe ter conferido o estatuto de um autêntico direito fundamental. Há, pois, que reduzir ao mínimo a duração de um processo que implica sempre a compressão da esfera jurídica de uma pessoa que pode ser – e tem mesmo de presumir-se – inocente. Como haverá ainda que prevenir os perigos de uma estigmatização e adulteração irreversível da identidade do arguido, que pode culminar no compromisso com uma carreira delinquente. De resto, a aceleração processual redundará tanto mais em favorecimento do arguido quanto mais ela tiver por reverso – como sucede no presente Código – um reforço efectivo da sua posição processual.

9. Como facilmente se intuirá, o propósito de aceleração processual aflora já em algumas das alterações e inovações mencionadas noutros contextos. Para além delas, e sempre a título meramente exemplificativo, outras poderão mencionar-se: umas directamente preordenadas à aceleração processual, outras apresentando pelo menos uma inquestionável valência neste sentido.

A favor directamente da aceleração processual estão sem dúvida: a introdução de um incidente autónomo de aceleração do processo; a nova disciplina em matéria de prazos, com cominações que se esperam eficazes; o poder de disciplina e direcção conferido às autoridades judiciárias, *maxime,* ao juiz na fase da audiência de julgamento; a estruturação desta audiência e o seu desenvolvimento em termos de continuidade e concentração reforçada; a simplificação e desburocratização de numerosos actos processuais, nomeadamente as notificações.

O mesmo efeito se espera da criteriosa definição, delimitação e articulação da competência das diversas instâncias de controlo, como, por exemplo, do Ministério Público e do juiz, sobretudo do juiz de instrução, prevenindo assim eventuais conflitos e desfasamentos, inevitavelmente geradores de demoras e delongas.

É também à ideia de aceleração que em boa medida deve imputar-se a redução substancial das formas de processo. Na verdade, a par de uma única forma de processo comum (comportando apenas as particularidades impostas pela circunstância de o processo decorrer perante o juiz singular, o tribunal colectivo ou o tribunal do júri), prevêem-se apenas duas formas de processo especial: o sumário e o sumaríssimo. A este propósito, a forma de processo especial cuja falta será mais notada é naturalmente a do processo de ausentes. O Código optou decididamente por fugir aos inconvenientes do processo de ausentes tradicional, nomeadamente numa perspectiva de desincentivação da ausência, privilegiando um conjunto articulado de medidas drásticas de compressão da capacidade patrimonial e negocial do contumaz, que se espera sejam suficientes e eficazes.

10. Por último, o estatuto dos diferentes sujeitos e intervenientes processuais constitui outro dos domínios onde as alterações são, a par de menos ostensivas, igualmente de tomo. De um modo geral, elas operaram-se em três direcções: em uma mais cuidadosa delimitação legal; num alargamento e reforço das competências dos órgãos das diferentes instâncias formais de controlo, em ordem à viabilização efectiva das tarefas que lhe são cometidas, e no reforço da posição jurídica do arguido.

A mais precisa definição das competências relativas das diferentes autoridades processuais é, desde logo, ditada por obediência às exigências do princípio acusatório. Por seu lado, a ampliação dos meios ao seu dispor explica-se pela necessidade de maximizar a eficiência e pelo propósito de salvaguardar o prestígio dos órgãos processuais nas suas relações com a comunidade, em ordem a um mais cabal adimplemento das obrigações de colaboração na realização da justiça penal. Nesta linha avultam as chamadas medidas cautelares de polícia e as medidas de caução e de garantia patrimonial a que podem recorrer, nos casos e nos termos especificamente previstos, o juiz, o Ministério Público e a polícia criminal. De recordar que ao Ministério Público é deferida a titularidade e a direcção do inquérito, bem como a competência exclusiva para a promoção processual: daí que lhe seja atribuído, não o estatuto de parte, mas o de uma autêntica magistratura, sujeita ao estrito dever de objectividade.

Na redefinição do estatuto do arguido começa logo por sobressair o cuidado e uma certa solenidade com que se rodeia a sua constituição formal. Por outro lado, não será difícil verificar que o regime do Código, globalmente considerado, redunda num inquestionável aumento e consolidação dos direitos processuais do arguido. Também aqui, de resto, o respeito intransigente pelo princípio acusatório leva o Código a adoptar soluções que se aproximam duma efectiva «igualdade de armas», bem como à preclusão de todas as medidas que contendam com a dignidade pessoal do arguido.

Uma última referência merecem, neste contexto, as disposições relativas às medidas de coacção – categoria que integra, entre outras, a figura da prisão preventiva. Por um lado, o Código submete todas estas medidas aos princípios da legalidade, da proporcionalidade e da necessidade. Por outro lado, alarga o respectivo espectro, introduzindo, a par das medidas de coacção já clássicas, novas modalidades, como, por exemplo, a obrigação de permanência na habitação. Este alargamento permite uma maior maleabilidade na escolha das soluções concretamente aplicáveis, com o respeito pelos ditames da proporcionalidade e da necessidade. Mas permite, acima de tudo, a realização efectiva do princípio constitucional da subsidiariedade da prisão preventiva, em homenagem ao qual, de resto, o Código extingue a categoria dos crimes incaucionáveis.

IV. **11.** Pensa-se que, pela forma sumariamente descrita, o Código que em seguida se apresenta poderá constituir uma peça fundamental do diálogo, sempre em aberto e sempre renovado, entre a vertente liberal e a vertente social do Estado de Direito democrático, entre a justiça e a eficiência na aplicação da lei penal, entre as exigências de segurança da comunidade e de respeito pelos direitos das pessoas. Se assim for, do Código de Processo Penal – a pedra essencial que faltava no edifício renovado da nossa legislação penal – poderá legitimamente esperar-se que cumpra a função decisiva que lhe cabe na tarefa ingente de controlo e domínio da criminalidade.

(Preâmbulo constante do Código, tal como aprovado pelo Decreto-Lei nº 78/87, de 17-02)

Disposições preliminares e gerais

Artigo 1º – Definições legais

Para efeitos do disposto no presente Código considera-se:

a) «Crime» o conjunto de pressupostos de que depende a aplicação ao agente de uma pena ou de uma medida de segurança criminais;

b) «Autoridade judiciária» o juiz, o juiz de instrução e o Ministério Público, cada um relativamente aos actos processuais que cabem na sua competência;

c) «Órgãos de polícia criminal» todas as entidades e agentes policiais a quem caiba levar a cabo quaisquer actos ordenados por uma autoridade judiciária ou determinados por este Código;

d) «Autoridade de polícia criminal» os directores, oficiais, inspectores e subinspectores de polícia e todos os funcionários policiais a quem as leis respectivas reconhecerem aquela qualificação;

e) «Suspeito» toda a pessoa relativamente à qual exista indício de que cometeu ou se prepara para cometer um crime, ou que nele participou ou se prepara para participar;

f) «Alteração substancial dos factos» aquela que tiver por efeito a imputação ao arguido de um crime diverso ou a agravação dos limites máximos das sanções aplicáveis;

g) «Relatório social» a informação sobre a inserção familiar e sócio-profissional do arguido e, eventualmente, da vítima, elaborada por serviços de reinserção social, com o objectivo de auxiliar o tribunal ou o juiz no conhecimento da personalidade do arguido, para os efeitos e nos casos previstos nesta lei;

h) «Informação dos serviços de reinserção social» a resposta a solicitações concretas sobre a situação pessoal, familiar, escolar, laboral ou social do arguido e, eventualmente, da vítima, elaborada por serviços de reinserção social, com o objectivo referido na alínea anterior, para os efeitos e nos casos previstos nesta lei;

i) «Terrorismo» as condutas que integram os crimes de organizações terroristas, terrorismo, terrorismo internacional e financiamento do terrorismo;

j) «Criminalidade violenta» as condutas que dolosamente se dirigirem contra a vida, a integridade física, a liberdade pessoal, a liberdade e autodeterminação sexual ou a autoridade pública e forem puníveis com pena de prisão de máximo igual ou superior a 5 anos;

l) «Criminalidade especialmente violenta» as condutas previstas na alínea anterior puníveis com pena de prisão de máximo igual ou superior a 8 anos;

m) «Criminalidade altamente organizada» as condutas que integrarem crimes de associação criminosa, tráfico de órgãos humanos, tráfico de pessoas, tráfico de armas, tráfico de estupefacientes ou de substâncias psicotrópicas, corrupção, tráfico de influência, participação económica em negócio ou branqueamento.

(Redação dada pela Lei nº 102/2019, de 06-09)

Artigo 2º - Legalidade do processo

A aplicação de penas e de medidas de segurança criminais só pode ter lugar em conformidade com as disposições deste Código.

Artigo 3º - Aplicação subsidiária

As disposições deste Código são subsidiariamente aplicáveis, salvo disposição legal em contrário, aos processos de natureza penal regulados em lei especial.

Artigo 4º - Integração de lacunas

Nos casos omissos, quando as disposições deste Código não puderem aplicar-se por analogia, observam-se as normas do processo civil que se harmonizem com o processo penal e, na falta delas, aplicam-se os princípios gerais do processo penal.

Artigo 5º - Aplicação da lei processual penal no tempo

1. A lei processual penal é de aplicação imediata, sem prejuízo da validade dos actos realizados na vigência da lei anterior.

2. A lei processual penal não se aplica aos processos iniciados anteriormente à sua vigência quando da sua aplicabilidade imediata possa resultar:

a) Agravamento sensível e ainda evitável da situação processual do arguido, nomeadamente uma limitação do seu direito de defesa; ou

b) Quebra da harmonia e unidade dos vários actos do processo.

Artigo 6º - Aplicação da lei processual penal no espaço

A lei processual penal é aplicável em todo o território português e, bem assim, em território estrangeiro nos limites definidos pelos tratados, convenções e regras do direito internacional.

Artigo 7º - Suficiência do processo penal

1. O processo penal é promovido independentemente de qualquer outro e nele se resolvem todas as questões que interessarem à decisão da causa.

2. Quando, para se conhecer da existência de um crime, for necessário julgar qualquer questão não penal que não possa ser convenientemente resolvida no processo penal, pode o tribunal suspender o processo para que se decida esta questão no tribunal competente.

3. A suspensão pode ser requerida, após a acusação ou o requerimento para abertura da instrução, pelo Ministério Público, pelo assistente ou pelo arguido, ou ser ordenada oficiosamente pelo tribunal. A suspensão não pode, porém, prejudicar a realização de diligências urgentes de prova.

4. O tribunal marca o prazo da suspensão, que pode ser prorrogado até um ano se a demora na decisão não for imputável ao assistente ou ao arguido. O Ministério Público pode sempre intervir no processo não penal para promover o seu rápido andamento e informar o tribunal penal. Esgotado o prazo sem que a questão prejudicial tenha sido resolvida, ou se a acção não tiver sido proposta no prazo máximo de um mês, a questão é decidida no processo penal.

PARTE I

LIVRO I – DOS SUJEITOS DO PROCESSO

TÍTULO I – Do juiz e do tribunal

CAPÍTULO I – Da jurisdição

Artigo 8º – Administração da justiça penal

Os tribunais judiciais são os órgãos competentes para decidir as causas penais e aplicar penas e medidas de segurança criminais.

Artigo 9º – Exercício da função jurisdicional penal

1. Os tribunais judiciais administram a justiça penal de acordo com a lei e o direito.

2. No exercício da sua função, os tribunais e demais autoridades judiciárias têm direito a ser coadjuvados por todas as outras autoridades; a colaboração solicitada prefere a qualquer outro serviço.

CAPÍTULO II – Da competência

SECÇÃO I – Competência material e funcional

Artigo 10º – Disposições aplicáveis

A competência material e funcional dos tribunais em matéria penal é regulada pelas disposições deste Código e, subsidiariamente, pelas leis de organização judiciária.

Artigo 11º – Competência do Supremo Tribunal de Justiça

1. Em matéria penal, o plenário do Supremo Tribunal de Justiça tem a competência que lhe é atribuída por lei.

2. Compete ao Presidente do Supremo Tribunal de Justiça, em matéria penal:

a) Conhecer dos conflitos de competência entre secções;

b) Autorizar a intercepção, a gravação e a transcrição de conversações ou comunicações em que intervenham o Presidente da República, o Presidente da Assembleia da República ou o Primeiro-Ministro e determinar a respectiva destruição, nos termos dos artigos 187º a 190º;

c) Exercer as demais atribuições conferidas por lei.

3. Compete ao pleno das secções criminais do Supremo Tribunal de Justiça, em matéria penal:

a) Julgar o Presidente da República, o Presidente da Assembleia da República e o Primeiro-Ministro pelos crimes praticados no exercício das suas funções;

b) Julgar os recursos de decisões proferidas em 1ª instância pelas secções;

c) Uniformizar a jurisprudência, nos termos dos artigos 437º e seguintes.

4. Compete às secções criminais do Supremo Tribunal de Justiça, em matéria penal:

a) Julgar processos por crimes cometidos por juízes do Supremo Tribunal de Justiça e das relações e magistrados do Ministério Público que exerçam funções junto destes tribunais, ou equiparados;

b) Julgar os recursos que não sejam da competência do pleno das secções;

c) Conhecer dos pedidos de *habeas corpus* em virtude de prisão ilegal;

d) Conhecer dos pedidos de revisão;

e) Decidir sobre o pedido de atribuição de competência a outro tribunal da mesma espécie e hierarquia, nos casos de obstrução ao exercício da jurisdição pelo tribunal competente;

f) Exercer as demais atribuições conferidas por lei.

5. As secções funcionam com três juízes.

6. Compete aos presidentes das secções criminais do Supremo Tribunal de Justiça, em matéria penal:

a) Conhecer dos conflitos de competência entre relações, entre estas e os tribunais de 1ª instância ou entre tribunais de 1ª instância de diferentes distritos judiciais;

b) Exercer as demais atribuições conferidas por lei.

7. Compete a cada juiz das secções criminais do Supremo Tribunal de Justiça, em matéria penal, praticar os actos jurisdicionais relativos ao inquérito, dirigir a instrução, presidir ao debate instrutório e proferir despacho de pronúncia ou não pronúncia nos processos referidos na alínea *a*) do nº 3 e na alínea *a*) do nº 4.

Artigo 12º – Competência das relações

1. Em matéria penal, o plenário das relações tem a competência que lhe é atribuída por lei.

2. Compete aos presidentes das relações, em matéria penal:

a) Conhecer dos conflitos de competência entre secções;

b) Exercer as demais atribuições conferidas por lei.

3. Compete às secções criminais das relações, em matéria penal:

a) Julgar processos por crimes cometidos por juízes de direito, procuradores da República e procuradores-adjuntos;

b) Julgar recursos;

c) Julgar os processos judiciais de extradição;

d) Julgar os processos de revisão e confirmação de sentença penal estrangeira;

e) Exercer as demais atribuições conferidas por lei.

4. As secções funcionam com três juízes.

5. Compete aos presidentes das secções criminais das relações, em matéria penal:

a) Conhecer dos conflitos de competência entre tribunais de 1ª instância do respectivo distrito judicial;

b) Exercer as demais atribuições conferidas por lei.

6. Compete a cada juiz das secções criminais das relações, em matéria penal, praticar os actos jurisdicionais relativos ao inquérito, dirigir a instrução, presidir ao debate instrutório e proferir despacho de pronúncia ou não pronúncia nos processos referidos na alínea *a*) do nº 3.

Artigo 13º - Competência do tribunal do júri

1. Compete ao tribunal do júri julgar os processos que, tendo a intervenção do júri sido requerida pelo Ministério Público, pelo assistente ou pelo arguido, respeitarem a crimes previstos no título III e no capítulo I do título V do livro II do Código Penal e na Lei Penal Relativa às Violações do Direito Internacional Humanitário.

2. Compete ainda ao tribunal do júri julgar os processos que, não devendo ser julgados pelo tribunal singular e tendo a intervenção do júri sido requerida pelo Ministério Público, pelo assistente ou pelo arguido, respeitarem a crimes cuja pena máxima, abstractamente aplicável, for superior a 8 anos de prisão.

3. O requerimento do Ministério Público e o do assistente devem ter lugar no prazo para dedução da acusação, conjuntamente com esta, e o do arguido, no prazo do requerimento para abertura de instrução. Havendo instrução, o requerimento do arguido e o do assistente que não deduziu acusação devem ter lugar no prazo de oito dias a contar da notificação da pronúncia.

4. *(Revogado.)*

5. O requerimento de intervenção do júri é irretractável.

(Redação dada pela Lei nº 1/2016, de 25-02)

Artigo 14º - Competência do tribunal colectivo

1. Compete ao tribunal colectivo, em matéria penal, julgar os processos que, não devendo ser julgados pelo tribunal do júri, respeitarem a crimes previstos no título III e no capítulo I do título V do livro II do Código Penal e na Lei Penal Relativa às Violações do Direito Internacional Humanitário.

2. Compete ainda ao tribunal colectivo julgar os processos que, não devendo ser julgados pelo tribunal singular, respeitarem a crimes:

a) Dolosos ou agravados pelo resultado, quando for elemento do tipo a morte de uma pessoa; ou *b*) Cuja pena máxima, abstratamente aplicável, seja superior a 5 anos de prisão mesmo quando, no caso de concurso de infrações, seja inferior o limite máximo correspondente a cada crime.

(Redação dada pela Lei nº 1/2016, de 25-02)

Artigo 15º – Determinação da pena aplicável

Para efeito do disposto nos artigos 13º e 14º, na determinação da pena abstractamente aplicável, são levadas em conta todas as circunstâncias que possam elevar o máximo legal da pena a aplicar no processo.

Artigo 16º – Competência do tribunal singular

1. Compete ao tribunal singular, em matéria penal, julgar os processos que por lei não couberem na competência dos tribunais de outra espécie.

2. Compete também ao tribunal singular, em matéria penal, julgar os processos que respeitarem a crimes:

a) Previstos no capítulo II do título V do livro II do Código Penal; ou

b) Cuja pena máxima, abstractamente aplicável, seja igual ou inferior a 5 anos de prisão.

c) *(Revogado.)*

3. Compete ainda ao tribunal singular julgar os processos por crimes previstos na alínea *b*) do nº 2 do artigo 14º, mesmo em caso de concurso de infracções, quando o Ministério Público, na acusação, ou, em requerimento, quando seja superveniente o conhecimento do concurso, entender que não deve ser aplicada, em concreto, pena de prisão superior a 5 anos.

4. No caso previsto no número anterior, o tribunal não pode aplicar pena de prisão superior a 5 anos.

(Redação dada pela Lei nº 1/2016, de 25-02)

Artigo 17º – Competência do juiz de instrução

Compete ao juiz de instrução proceder à instrução, decidir quanto à pronúncia e exercer todas as funções jurisdicionais até à remessa do processo para julgamento, nos termos prescritos neste Código.

Artigo 18º – Tribunal de Execução das Penas

A competência do Tribunal de Execução das Penas é regulada em lei especial.

SECÇÃO II – Competência territorial

Artigo 19º – Regras gerais

1. É competente para conhecer de um crime o tribunal em cuja área se tiver verificado a consumação.

2. Tratando-se de crime que compreenda como elemento do tipo a morte de uma pessoa, é competente o tribunal em cuja área o agente actuou ou, em caso de omissão, deveria ter actuado.

3. Para conhecer de crime que se consuma por actos sucessivos ou reiterados, ou por um só acto susceptível de se prolongar no tempo, é competente o tribunal em cuja área se tiver praticado o último acto ou tiver cessado a consumação.

4. Se o crime não tiver chegado a consumar-se, é competente para dele conhecer o tribunal em cuja área se tiver praticado o último acto de execução ou, em caso de punibilidade dos actos preparatórios, o último acto de preparação.

Artigo 20º – Crime cometido a bordo de navio ou aeronave

1. É competente para conhecer de crime cometido a bordo de navio o tribunal da área do porto português para onde o agente se dirigir ou onde ele desembarcar; e, não se dirigindo o agente para território português ou nele não desembarcando, ou fazendo parte da tripulação, o tribunal da área da matrícula.

2. O disposto no número anterior é correspondentemente aplicável a crime cometido a bordo de aeronave.

3. Para qualquer caso não previsto nos números anteriores é competente o tribunal da área onde primeiro tiver havido notícia do crime.

Artigo 21º – Crime de localização duvidosa ou desconhecida

1. Se o crime estiver relacionado com áreas diversas e houver dúvidas sobre aquela em que se localiza o elemento relevante para determinação da competência territorial, é competente para dele conhecer o tribunal de qualquer das áreas, preferindo o daquela onde primeiro tiver havido notícia do crime.

2. Se for desconhecida a localização do elemento relevante, é competente o tribunal da área onde primeiro tiver havido notícia do crime.

Artigo 22º – Crime cometido no estrangeiro

1. Se o crime for cometido no estrangeiro, é competente para dele conhecer o tribunal da área onde o agente tiver sido encontrado ou do seu domicílio. Quando ainda assim não for possível determinar a competência, esta pertence ao tribunal da área onde primeiro tiver havido notícia do crime.

2. Se o crime for cometido em parte no estrangeiro, é competente para dele conhecer o tribunal da área nacional onde tiver sido praticado o último acto relevante, nos termos das disposições anteriores.

Artigo 23º – Processo respeitante a magistrado

Se num processo for ofendido, pessoa com a faculdade de se constituir assistente ou parte civil um magistrado, e para o processo devesse ter competência, por força das disposições anteriores, o tribunal onde o magistrado exerce funções, é competente o tribunal da mesma hierarquia ou espécie com sede mais próxima, salvo tratando-se do Supremo Tribunal de Justiça.

SECÇÃO III – Competência por conexão

Artigo 24º – Casos de conexão

1. Há conexão de processos quando:

a) O mesmo agente tiver cometido vários crimes através da mesma acção ou omissão;

b) O mesmo agente tiver cometido vários crimes, na mesma ocasião ou lugar, sendo uns causa ou efeito dos outros, ou destinando-se uns a continuar ou a ocultar os outros;

c) O mesmo crime tiver sido cometido por vários agentes em comparticipação;

d) Vários agentes tiverem cometido diversos crimes em comparticipação, na mesma ocasião ou lugar, sendo uns causa ou efeito dos outros, ou destinando-se uns a continuar ou a ocultar os outros; ou

e) Vários agentes tiverem cometido diversos crimes reciprocamente na mesma ocasião ou lugar.

2. A conexão só opera relativamente aos processos que se encontrarem simultaneamente na fase de inquérito, de instrução ou de julgamento.

Artigo 25º – Conexão de processos da competência de tribunais com sede na mesma comarca

Para além dos casos previstos no artigo anterior, há ainda conexão de processos quando o mesmo agente tiver cometido vários crimes cujo conhecimento seja da competência de tribunais com sede na mesma comarca, nos termos dos artigos 19º e seguintes.

Artigo 26º – Limites à conexão

A conexão não opera entre processos que sejam e processos que não sejam da competência de tribunais de menores.

Artigo 27º – Competência material e funcional determinada pela conexão

Se os processos conexos devessem ser da competência de tribunais de diferente hierarquia ou espécie, é competente para todos o tribunal de hierarquia ou espécie mais elevada.

Artigo 28º – Competência determinada pela conexão

Se os processos devessem ser da competência de tribunais com jurisdição em diferentes áreas ou com sede na mesma comarca, é competente para conhecer de todos:

a) O tribunal competente para conhecer do crime a que couber pena mais grave;

b) Em caso de crimes de igual gravidade, o tribunal a cuja ordem o arguido estiver preso ou, havendo vários arguidos presos, aquele à ordem do qual estiver preso o maior número;

c) Se não houver arguidos presos ou o seu número for igual, o tribunal da área onde primeiro tiver havido notícia de qualquer dos crimes.

Artigo 29º – Unidade e apensação dos processos

1. Para todos os crimes determinantes de uma conexão, nos termos das disposições anteriores, organiza-se um só processo.

2. Se tiverem já sido instaurados processos distintos, logo que a conexão for reconhecida procede-se à apensação de todos àquele que respeitar ao crime determinante da competência por conexão.

Artigo 30º – Separação dos processos

1. Oficiosamente, ou a requerimento do Ministério Público, do arguido, do assistente ou do lesado, o tribunal faz cessar a conexão e ordena a separação de algum ou alguns processos sempre que:

a) Houver na separação um interesse ponderoso e atendível de qualquer arguido, nomeadamente no não prolongamento da prisão preventiva;

b) A conexão puder representar um grave risco para a pretensão punitiva do Estado, para o interesse do ofendido ou do lesado;

c) A conexão puder retardar excessivamente o julgamento de qualquer dos arguidos; ou

d) Houver declaração de contumácia, ou o julgamento decorrer na ausência de um ou alguns dos arguidos e o tribunal tiver como mais conveniente a separação de processos.

2. A requerimento de algum ou alguns dos arguidos, o tribunal pode ainda tomar a providência referida no número anterior quando outro ou outros dos arguidos tiverem requerido a intervenção do júri.

3. O requerimento referido na primeira parte do número anterior tem lugar nos oito dias posteriores à notificação do despacho que tiver admitido a intervenção do júri.

Artigo 31º – Prorrogação da competência

A competência determinada por conexão, nos termos dos artigos anteriores, mantém-se:

a) Mesmo que, relativamente ao crime ou aos crimes determinantes da competência por conexão, o tribunal profira uma absolvição ou a responsabilidade criminal se extinga antes do julgamento;

b) Para o conhecimento dos processos separados nos termos do nº 1 do artigo 30º

CAPÍTULO III – Da declaração de incompetência

Artigo 32º – Conhecimento e dedução da incompetência

1. A incompetência do tribunal é por este conhecida e declarada oficiosamente e pode ser deduzida pelo Ministério Público, pelo arguido e pelo assistente até ao trânsito em julgado da decisão final.

2. Tratando-se de incompetência territorial, ela somente pode ser deduzida e declarada:

a) Até ao início do debate instrutório, tratando-se de juiz de instrução; ou

b) Até ao início da audiência de julgamento, tratando-se de tribunal de julgamento.

Artigo 33º – Efeitos da declaração de incompetência

1. Declarada a incompetência do tribunal, o processo é remetido para o tribunal competente, o qual anula os actos que se não teriam praticado se perante ele tivesse corrido o processo e ordena a repetição dos actos necessários para conhecer da causa.

2. O tribunal declarado incompetente pratica os actos processuais urgentes.

3. As medidas de coacção ou de garantia patrimonial ordenadas pelo tribunal declarado incompetente conservam eficácia mesmo após a declaração de incompetência, mas devem, no mais breve prazo, ser convalidadas ou infirmadas pelo tribunal competente.

4. Se para conhecer de um crime não forem competentes os tribunais portugueses, o processo é arquivado.

CAPÍTULO IV – Dos conflitos de competência

Artigo 34º – Casos de conflito e sua cessação

1. Há conflito, positivo ou negativo, de competência quando, em qualquer estado do processo, dois ou mais tribunais, de diferente ou da mesma espécie, se considerarem competentes ou incompetentes para conhecer do mesmo crime imputado ao mesmo arguido.

2. O conflito cessa logo que um dos tribunais se declarar, mesmo oficiosamente, incompetente ou competente, segundo o caso.

Artigo 35º – Denúncia do conflito

1. O tribunal, logo que se aperceber do conflito, suscita-o junto do órgão competente para o decidir, nos termos dos artigos 11º e 12º, remetendo-lhe cópia dos actos e todos os elementos necessários à sua resolução, com indicação do Ministério Público, do arguido, do assistente e dos advogados respectivos.

2. O conflito pode ser suscitado também pelo Ministério Público, pelo arguido ou pelo assistente mediante requerimento dirigido ao órgão competente para a resolução, contendo a indicação das decisões e das posições em conflito, ao qual se juntam os elementos mencionados na parte final do número anterior.

3. A denúncia ou o requerimento previstos nos números anteriores não prejudicam a realização dos actos processuais urgentes.

Artigo 36º – Resolução do conflito

1. O órgão competente para dirimir o conflito envia os autos com vista ao Ministério Público e notifica os sujeitos processuais que não tiverem suscitado o conflito para, em todos os casos, alegarem no prazo de cinco dias, após o que, e depois de recolhidas as informações e as provas que reputar necessárias, resolve o conflito.

2. A decisão sobre o conflito é irrecorrível.

3. A decisão é imediatamente comunicada aos tribunais em conflito e ao Ministério Público junto deles e notificada ao arguido e ao assistente.

4. É correspondentemente aplicável o disposto no nº 3 do artigo 33º

CAPÍTULO V – Da obstrução ao exercício da jurisdição

Artigo 37º – Pressupostos e efeito

Quando, em qualquer estado do processo posterior ao despacho que designar dia para a audiência, em virtude de graves situações locais idóneas a perturbar o desenvolvimento do processo:

a) O exercício da jurisdição pelo tribunal competente se revelar impedido ou gravemente dificultado;

b) For de recear daquele exercício grave perigo para a segurança ou a tranquilidade públicas; ou

c) A liberdade de determinação dos participantes no processo se encontrar gravemente comprometida;

a competência é atribuída a outro tribunal da mesma espécie e hierarquia onde a obstrução previsivelmente se não verifique e que se encontre o mais próximo possível do obstruído.

Artigo 38º – Apreciação e decisão

1. Cabe às secções criminais do Supremo Tribunal de Justiça decidir do pedido de atribuição de competência que lhe seja dirigido pelo tribunal obstruído, pelo Ministério Público, pelo arguido, pelo assistente ou pelas partes civis. O pedido é logo acompanhado dos elementos relevantes para a decisão.

2. É, com as necessárias adaptações, aplicável o disposto nos nºs 1 e 3 do artigo 36º, bem como no nº 3 do artigo 33º

3. O pedido de atribuição de competência não tem efeito suspensivo, mas este pode ser-lhe conferido, atentas as circunstâncias do caso, pelo tribunal competente para a decisão. Neste caso o tribunal obstruído pratica os actos processuais urgentes.

4. Se o pedido for deferido, o tribunal designado declara se e em que medida os actos processuais já praticados conservam eficácia ou devem ser repetidos perante ele.

5. Se o pedido do arguido, do assistente ou das partes civis for considerado manifestamente infundado, o requerente é condenado ao pagamento de uma soma entre 6 UC e 20 UC.

CAPÍTULO VI – Dos impedimentos, recusas e escusas

Artigo 39º – Impedimentos

1. Nenhum juiz pode exercer a sua função num processo penal:

a) Quando for, ou tiver sido, cônjuge ou representante legal do arguido, do ofendido ou de pessoa com a faculdade de se constituir assistente ou parte civil ou quando com qualquer dessas pessoas viver ou tiver vivido em condições análogas às dos cônjuges;

b) Quando ele, ou o seu cônjuge, ou a pessoa que com ele viver em condições análogas às dos cônjuges, for ascendente, descendente, parente até ao 3º grau, tutor ou curador, adoptante ou adoptado do arguido, do ofendido ou de pessoa com a faculdade de se constituir assistente ou parte civil ou for afim destes até àquele grau;

c) Quando tiver intervindo no processo como representante do Ministério Público, órgão de polícia criminal, defensor, advogado do assistente ou da parte civil ou perito; ou

d) Quando, no processo, tiver sido ouvido ou dever sê-lo como testemunha.

2. Se o juiz tiver sido oferecido como testemunha, declara, sob compromisso de honra, por despacho nos autos, se tem conhecimento de factos que possam influir na decisão da causa. Em caso afirmativo verifica-se o impedimento; em caso negativo deixa de ser testemunha.

3. Não podem exercer funções, a qualquer título, no mesmo processo juízes que sejam entre si cônjuges, parentes ou afins até ao 3º grau ou que vivam em condições análogas às dos cônjuges.

Artigo 40º – Impedimento por participação em processo

Nenhum juiz pode intervir em julgamento, recurso ou pedido de revisão relativos a processo em que tiver:

a) Aplicado medida de coacção prevista nos artigos 200º a 202º;

b) Presidido a debate instrutório;

c) Participado em julgamento anterior;

d) Proferido ou participado em decisão de recurso anterior que tenha conhecido, a final, do objeto do processo, de decisão instrutória ou de decisão a que se refere a alínea *a*), ou proferido ou participado em decisão de pedido de revisão anterior.

e) Recusado o arquivamento em caso de dispensa de pena, a suspensão provisória ou a forma sumaríssima por discordar da sanção proposta.

(Redação dada pela Lei nº 20/2013, de 21-02)

Artigo 41º – Declaração de impedimento e seu efeito

1. O juiz que tiver qualquer impedimento nos termos dos artigos anteriores declara-o imediatamente por despacho nos autos.

2. A declaração de impedimento pode ser requerida pelo Ministério Público ou pelo arguido, pelo assistente ou pelas partes civis logo que sejam admitidos a intervir no processo, em qualquer estado deste; ao requerimento são juntos os elementos comprovativos. O juiz visado profere o despacho no prazo máximo de cinco dias.

3. Os actos praticados por juiz impedido são nulos, salvo se não puderem ser repetidos utilmente e se se verificar que deles não resulta prejuízo para a justiça da decisão do processo.

Artigo 42º – Recurso

1. O despacho em que o juiz se considerar impedido é irrecorrível. Do despacho em que ele não reconhecer impedimento que lhe tenha sido oposto cabe recurso para o tribunal imediatamente superior.

2. Se o impedimento for oposto a juiz do Supremo Tribunal de Justiça, o recurso é decidido pela secção criminal deste mesmo Tribunal sem a participação do visado.

3. O recurso tem efeito suspensivo, sem prejuízo de serem levados a cabo, mesmo pelo juiz visado, se tal for indispensável, os actos processuais urgentes.

Artigo 43º – Recusas e escusas

1. A intervenção de um juiz no processo pode ser recusada quando correr o risco de ser considerada suspeita, por existir motivo, sério e grave, adequado a gerar desconfiança sobre a sua imparcialidade.

2. Pode constituir fundamento de recusa, nos termos do nº 1, a intervenção do juiz noutro processo ou em fases anteriores do mesmo processo fora dos casos do artigo 40º

3. A recusa pode ser requerida pelo Ministério Público, pelo arguido, pelo assistente ou pelas partes civis.

4. O juiz não pode declarar-se voluntariamente suspeito, mas pode pedir ao tribunal competente que o escuse de intervir quando se verificarem as condições dos nºs 1 e 2.

5. Os actos processuais praticados por juiz recusado ou escusado até ao momento em que a recusa ou a escusa forem solicitadas só são anulados quando se verificar que deles resulta prejuízo para a justiça da decisão do processo; os praticados posteriormente só são válidos se não puderem ser repetidos utilmente e se se verificar que deles não resulta prejuízo para a justiça da decisão do processo.

Artigo 44º – Prazos

O requerimento de recusa e o pedido de escusa são admissíveis até ao início da audiência, até ao início da conferência nos recursos ou até ao início do debate instrutório. Só o são posteriormente, até à sentença, ou até à decisão instrutória, quando os factos invocados como fundamento tiverem tido lugar, ou tiverem sido conhecidos pelo invocante, após o início da audiência ou do debate.

Artigo 45º – Processo e decisão

1. O requerimento de recusa e o pedido de escusa devem ser apresentados, juntamente com os elementos em que se fundamentam, perante:

a) O tribunal imediatamente superior;

b) A secção criminal do Supremo Tribunal de Justiça, tratando-se de juiz a ele pertencente, decidindo aquela sem a participação do visado.

2. Depois de apresentados o requerimento ou o pedido previstos no número anterior, o juiz visado pratica apenas os actos processuais urgentes ou necessários para assegurar a continuidade da audiência.

3. O juiz visado pronuncia-se sobre o requerimento, por escrito, em cinco dias, juntando logo os elementos comprovativos.

4. O tribunal, se não recusar logo o requerimento ou o pedido por manifestamente infundados, ordena as diligências de prova necessárias à decisão.

5. O tribunal dispõe de um prazo de 30 dias, a contar da entrega do respectivo requerimento ou pedido, para decidir sobre a recusa ou a escusa.

6. A decisão prevista no número anterior é irrecorrível.

7. Se o tribunal recusar o requerimento do arguido, do assistente ou das partes civis por manifestamente infundado, condena o requerente ao pagamento de uma soma entre 6 UC e 20 UC.

Artigo 46º – Termos posteriores

O juiz impedido, recusado ou escusado remete logo o processo ao juiz que, de harmonia com as leis de organização judiciária, deva substituí-lo.

Artigo 47º – Extensão do regime de impedimentos, recusas e escusas

1. As disposições do presente capítulo são aplicáveis, com as adaptações necessárias, nomeadamente as constantes dos números seguintes, aos peritos, intérpretes e funcionários de justiça.

2. A declaração de impedimento e o seu requerimento, bem como o requerimento de recusa e o pedido de escusa, são dirigidos ao tribunal ou ao juiz de instrução perante os quais correr o processo em que o incidente se suscitar e são por eles apreciados e imediata e definitivamente decididos, sem submissão a formalismo especial.

3. Se não houver quem legalmente substitua o impedido, recusado ou escusado, o tribunal ou o juiz de instrução designam o substituto.

TÍTULO II – Do Ministério Público e dos órgãos de polícia criminal

Artigo 48º – Legitimidade

O Ministério Público tem legitimidade para promover o processo penal, com as restrições constantes dos artigos 49º a 52º

Artigo 49º – Legitimidade em procedimento dependente de queixa

1. Quando o procedimento criminal depender de queixa, do ofendido ou de outras pessoas, é necessário que essas pessoas dêem conhecimento do facto ao Ministério Público, para que este promova o processo.

2. Para o efeito do número anterior, considera-se feita ao Ministério Público a queixa dirigida a qualquer outra entidade que tenha a obrigação legal de a transmitir àquele.

3. A queixa pode ser apresentada pelo titular do direito respectivo, por mandatário judicial ou por mandatário munido de poderes especiais.

4. O disposto nos números anteriores é correspondentemente aplicável aos casos em que o procedimento criminal depender da participação de qualquer autoridade.

Artigo 50º – Legitimidade em procedimento dependente de acusação particular

1. Quando o procedimento criminal depender de acusação particular, do ofendido ou de outras pessoas, é necessário que essas pessoas se queixem, se constituam assistentes e deduzam acusação particular.

2. O Ministério Público procede oficiosamente a quaisquer diligências que julgar indispensáveis à descoberta da verdade e couberem na sua competência, participa em todos os actos processuais em que intervier a acusação particular, acusa conjuntamente com esta e recorre autonomamente das decisões judiciais.

3. É correspondentemente aplicável o disposto no nº 3 do artigo anterior.

Artigo 51º – Homologação da desistência da queixa ou da acusação particular

1. Nos casos previstos nos artigos 49º e 50º, a intervenção do Ministério Público no processo cessa com a homologação da desistência da queixa ou da acusação particular.

2. Se o conhecimento da desistência tiver lugar durante o inquérito, a homologação cabe ao Ministério Público; se tiver lugar durante a instrução ou o julgamento, ela cabe, respectivamente, ao juiz de instrução ou ao presidente do tribunal.

3. Logo que tomar conhecimento da desistência, a autoridade judiciária competente para a homologação notifica o arguido para, em cinco dias, declarar, sem necessidade de fundamentação, se a ela se opõe. A falta de declaração equivale a não oposição.

4. Se o arguido não tiver defensor nomeado e for desconhecido o seu paradeiro, a notificação a que se refere o número anterior efectua-se editalmente.

Artigo 52º – Legitimidade no caso de concurso de crimes

1. No caso de concurso de crimes, o Ministério Público promove imediatamente o processo por aqueles para que tiver legitimidade, se o procedimento criminal pelo crime mais grave não depender de queixa ou de acusação particular, ou se os crimes forem de igual gravidade.

2. Se o crime pelo qual o Ministério Público pode promover o processo for de menor gravidade, as pessoas a quem a lei confere o direito de queixa ou de acusação particular são notificadas para declararem, em cinco dias, se querem ou não usar desse direito. Se declararem:

a) Que não pretendem apresentar queixa, ou nada declararem, o Ministério Público promove o processo pelos crimes que puder promover;

b) Que pretendem apresentar queixa, considera-se esta apresentada.

Artigo 53º – Posição e atribuições do Ministério Público no processo

1. Compete ao Ministério Público, no processo penal, colaborar com o tribunal na descoberta da verdade e na realização do direito, obedecendo em todas as intervenções processuais a critérios de estrita objectividade.

2. Compete em especial ao Ministério Público:

a) Receber as denúncias, as queixas e as participações e apreciar o seguimento a dar-lhes;

b) Dirigir o inquérito;

c) Deduzir acusação e sustentá-la efectivamente na instrução e no julgamento;

d) Interpor recursos, ainda que no exclusivo interesse da defesa;

e) Promover a execução das penas e das medidas de segurança.

Artigo 54º – Impedimentos, recusas e escusas

1. As disposições do capítulo VI do título I são correspondentemente aplicáveis, com as adaptações necessárias, nomeadamente as constantes dos números seguintes, aos magistrados do Ministério Público.

2. A declaração de impedimento e o seu requerimento, bem como o requerimento de recusa e o pedido de escusa, são dirigidos ao superior hierárquico do magistrado em causa e por aquele apreciados e definitivamente decididos, sem obediência a formalismo especial; sendo visado o Procurador-Geral da República, a competência cabe à secção criminal do Supremo Tribunal de Justiça.

3. A entidade competente para a decisão, nos termos do número anterior, designa o substituto do impedido, recusado ou escusado.

Artigo 55º – Competência dos órgãos de polícia criminal

1. Compete aos órgãos de polícia criminal coadjuvar as autoridades judiciárias com vista à realização das finalidades do processo.

2. Compete em especial aos órgãos de polícia criminal, mesmo por iniciativa própria, colher notícia dos crimes e impedir quanto possível as suas consequências, descobrir os seus agentes e levar a cabo os actos necessários e urgentes destinados a assegurar os meios de prova.

Artigo 56º – Orientação e dependência funcional dos órgãos de polícia criminal

Nos limites do disposto no nº 1 do artigo anterior, os órgãos de polícia criminal actuam, no processo, sob a direcção das autoridades judiciárias e na sua dependência funcional.

TÍTULO III – Do arguido e do seu defensor

Artigo 57º – Qualidade de arguido

1. Assume a qualidade de arguido todo aquele contra quem for deduzida acusação ou requerida instrução num processo penal.

2. A qualidade de arguido conserva-se durante todo o decurso do processo.

3. É correspondentemente aplicável o disposto nos nºs 2 a 6 do artigo seguinte.

Artigo 58º – Constituição de arguido

1. Sem prejuízo do disposto no artigo anterior, é obrigatória a constituição de arguido logo que:

a) Correndo inquérito contra pessoa determinada em relação à qual haja suspeita fundada da prática de crime, esta prestar declarações perante qualquer autoridade judiciária ou órgão de polícia criminal;

b) Tenha de ser aplicada a qualquer pessoa uma medida de coação ou de garantia patrimonial, ressalvado o disposto nos nºs 3 a 5 do artigo 192º;

c) Um suspeito for detido, nos termos e para os efeitos previstos nos artigos 254º a 261º; ou

d) For levantado auto de notícia que dê uma pessoa como agente de um crime e aquele lhe for comunicado, salvo se a notícia for manifestamente infundada.

2. A constituição de arguido opera-se através da comunicação, oral ou por escrito, feita ao visado por uma autoridade judiciária ou um órgão de polícia criminal, de que a partir desse momento aquele deve considerar-se arguido num processo penal e da indicação e, se necessário, explicação dos direitos e deveres processuais referidos no artigo 61º que por essa razão passam a caber-lhe.

3. A constituição de arguido feita por órgão de polícia criminal é comunicada à autoridade judiciária no prazo de 10 dias e por esta apreciada, em ordem à sua validação, no prazo de 10 dias.

4. A constituição de arguido implica a entrega, sempre que possível no próprio acto, de documento de que constem a identificação do processo e do defensor, se este tiver sido nomeado, e os direitos e deveres processuais referidos no artigo 61º

5. A omissão ou violação das formalidades previstas nos números anteriores implica que as declarações prestadas pela pessoa visada não podem ser utilizadas como prova.

6. A não validação da constituição de arguido pela autoridade judiciária não prejudica as provas anteriormente obtidas.

7. Sem prejuízo da prossecução do processo, a constituição de arguido menor é comunicada, de imediato, aos titulares das responsabilidades parentais, ao seu representante legal ou à pessoa que tiver a sua guarda de facto.

(Redação dada pela Lei nº 33/2019, de 22-05)

Artigo 59º – Outros casos de constituição de arguido

1. Se, durante qualquer inquirição feita a pessoa que não é arguido, surgir fundada suspeita de crime por ela cometido, a entidade que procede ao acto suspende-o imediatamente e procede à comunicação e à indicação referidas no nº 2 do artigo anterior.

2. A pessoa sobre quem recair suspeita de ter cometido um crime tem direito a ser constituída, a seu pedido, como arguido sempre que estiverem a ser efectuadas diligências, destinadas a comprovar a imputação, que pessoalmente a afectem.

3. É correspondentemente aplicável o disposto nos nºs 3 e 4 do artigo anterior.

Artigo 60º – Posição processual

Desde o momento em que uma pessoa adquirir a qualidade de arguido é-lhe assegurado o exercício de direitos e de deveres processuais, sem prejuízo da aplicação de medidas de coacção e de garantia patrimonial e da efectivação de diligências probatórias, nos termos especificados na lei.

Artigo 61º – Direitos e deveres processuais

1. O arguido goza, em especial, em qualquer fase do processo e salvas as excepções da lei, dos direitos de:

a) Estar presente aos actos processuais que directamente lhe disserem respeito;

b) Ser ouvido pelo tribunal ou pelo juiz de instrução sempre que eles devam tomar qualquer decisão que pessoalmente o afecte;

c) Ser informado dos factos que lhe são imputados antes de prestar declarações perante qualquer entidade;

d) Não responder a perguntas feitas, por qualquer entidade, sobre os factos que lhe forem imputados e sobre o conteúdo das declarações que acerca deles prestar;

e) Constituir advogado ou solicitar a nomeação de um defensor;

f) Ser assistido por defensor em todos os actos processuais em que participar e, quando detido, comunicar, mesmo em privado, com ele;

g) Intervir no inquérito e na instrução, oferecendo provas e requerendo as diligências que se lhe afigurarem necessárias;

h) Ser informado, pela autoridade judiciária ou pelo órgão de polícia criminal perante os quais seja obrigado a comparecer, dos direitos que lhe assistem;

i) Ser acompanhado, caso seja menor, durante as diligências processuais a que compareça, pelos titulares das responsabilidades parentais, pelo representante legal ou por pessoa que tiver a sua guarda de facto ou, na impossibilidade de contactar estas pessoas, ou quando circunstâncias especiais fundadas no seu interesse ou as necessidades do processo o imponham, e apenas enquanto essas circunstâncias persistirem, por outra pessoa idónea por si indicada e aceite pela autoridade judiciária competente;

j) Recorrer, nos termos da lei, das decisões que lhe forem desfavoráveis.

2. A comunicação em privado referida na alínea *f*) do número anterior ocorre à vista quando assim o impuserem razões de segurança, mas em condições de não ser ouvida pelo encarregado da vigilância.

3. A informação a que se refere a alínea *h*) do nº 1, no caso de arguido menor, é também disponibilizada às pessoas referidas na alínea i) do mesmo número.

4. Caso o menor não tenha indicado outra pessoa para o acompanhar, ou a pessoa nomeada por si nos termos da alínea *i*) do nº 1 não seja aceite pela autoridade judiciária competente, esta procede à nomeação, para o mesmo efeito, de técnico especializado para o acompanhamento.

5. Para efeitos do disposto na alínea *i*) do nº 1 e nos nºs 3 e 4, presume-se a menoridade se, depois de realizadas todas as diligências para proceder à identificação do arguido, a sua idade permanecer incerta e existirem motivos para crer que se trata de menor.

6. Recaem em especial sobre o arguido os deveres de:

a) Comparecer perante o juiz, o Ministério Público ou os órgãos de polícia criminal sempre que a lei o exigir e para tal tiver sido devidamente convocado;

b) Responder com verdade às perguntas feitas por entidade competente sobre a sua identidade;

c) Prestar termo de identidade e residência logo que assuma a qualidade de arguido;

d) Sujeitar-se a diligências de prova e a medidas de coacção e garantia patrimonial especificadas na lei e ordenadas e efectuadas por entidade competente.

(Redação dada pela Lei nº 33/2019, de 22-05)

Artigo 62º – Defensor

1. O arguido pode constituir advogado em qualquer altura do processo.

2. Tendo o arguido mais de um defensor constituído, as notificações são feitas àquele que for indicado em primeiro lugar no acto de constituição.

Artigo 63º – Direitos do defensor

1. O defensor exerce os direitos que a lei reconhece ao arguido, salvo os que ela reservar pessoalmente a este.

2. O arguido pode retirar eficácia ao acto realizado em seu nome pelo defensor, desde que o faça por declaração expressa anterior a decisão relativa àquele acto.

Artigo 64º – Obrigatoriedade de assistência

1. É obrigatória a assistência do defensor:

a) Nos interrogatórios de arguido detido ou preso;

b) Nos interrogatórios feitos por autoridade judiciária;

c) No debate instrutório e na audiência;

d) Em qualquer acto processual, à excepção da constituição de arguido, sempre que o arguido for cego, surdo, mudo, analfabeto, desconhecedor da língua portuguesa, menor de 21 anos, ou se suscitar a questão da sua inimputabilidade ou da sua imputabilidade diminuída;

e) Nos recursos ordinários ou extraordinários;

f) Nos casos a que se referem os artigos 271º e 294º;

g) Na audiência de julgamento realizada na ausência do arguido;

h) Nos demais casos que a lei determinar.

2. Fora dos casos previstos no número anterior pode ser nomeado defensor ao arguido, a pedido do tribunal ou do arguido, sempre que as circunstâncias do caso revelarem a necessidade ou a conveniência de o arguido ser assistido.

3. Sem prejuízo do disposto nos números anteriores, se o arguido não tiver advogado constituído nem defensor nomeado, é obrigatória a nomeação de defensor quando contra ele for deduzida a acusação, devendo a identificação do defensor constar do despacho de encerramento do inquérito.

4. No caso previsto no número anterior, o arguido é informado, no despacho de acusação, de que fica obrigado, caso seja condenado, a pagar os honorários do defensor oficioso, salvo se lhe for concedido apoio judiciário, e que pode proceder à substituição desse defensor mediante a constituição de advogado.

(Redação dada pela Lei nº 20/2013, de 21-02)

Artigo 65º – Assistência a vários arguidos

Sendo vários os arguidos no mesmo processo, podem eles ser assistidos por um único defensor, se isso não contrariar a função da defesa.

Artigo 66º – Defensor nomeado

1. A nomeação de defensor é notificada ao arguido e ao defensor quando não estiverem presentes no acto.

2. O defensor nomeado pode ser dispensado do patrocínio se alegar causa que o tribunal julgue justa.

3. O tribunal pode sempre substituir o defensor nomeado, a requerimento do arguido, por causa justa.

4. Enquanto não for substituído, o defensor nomeado para um acto mantém-se para os actos subsequentes do processo.

5. O exercício da função de defensor nomeado é sempre remunerado, nos termos e no quantitativo a fixar pelo tribunal, dentro de limites constantes de tabelas aprovadas pelo Ministério da Justiça ou, na sua falta, tendo em atenção os honorários correntemente pagos por serviços do género e do relevo dos que foram prestados. Pela retribuição são responsáveis, conforme o caso, o arguido, o assistente, as partes civis ou os cofres do Ministério da Justiça.

Artigo 67º – Substituição de defensor

1. Se o defensor, relativamente a um acto em que a assistência for necessária, não comparecer, se ausentar antes de terminado ou recusar ou abandonar a defesa, é imediatamente nomeado outro defensor; mas pode também, quando a nomeação imediata se revelar impossível ou inconveniente, ser decidido interromper a realização do acto.

2. Se o defensor for substituído durante o debate instrutório ou a audiência, pode o tribunal, oficiosamente ou a requerimento do novo defensor, conceder uma interrupção, para que aquele possa conferenciar com o arguido e examinar os autos.

3. Em vez da interrupção a que se referem os números anteriores, pode o tribunal decidir-se, se isso for absolutamente necessário, por um adiamento do acto ou da audiência, que não pode, porém, ser superior a cinco dias.

TÍTULO IV – Vítima

Artigo 67º-A – Vítima

1. Considera-se:

a) 'Vítima':

i) A pessoa singular que sofreu um dano, nomeadamente um atentado à sua integridade física ou psíquica, um dano emocional ou moral, ou um dano patrimonial, diretamente causado por ação ou omissão, no âmbito da prática de um crime;

ii) Os familiares de uma pessoa cuja morte tenha sido diretamente causada por um crime e que tenham sofrido um dano em consequência dessa morte;

b) 'Vítima especialmente vulnerável', a vítima cuja especial fragilidade resulte, nomeadamente, da sua idade, do seu estado de saúde ou de deficiência, bem como do facto de o tipo, o grau e a duração da vitimização haver resultado em lesões com consequências graves no seu equilíbrio psicológico ou nas condições da sua integração social;

c) 'Familiares', o cônjuge da vítima ou a pessoa que convivesse com a vítima em condições análogas às dos cônjuges, os seus parentes em linha reta, os irmãos e as pessoas economicamente dependentes da vítima;

d) 'Criança ou jovem', uma pessoa singular com idade inferior a 18 anos.

2. Para os efeitos previstos na subalínea *ii*) da alínea *a*) do nº 1 integram o conceito de vítima, pela ordem e prevalência seguinte, o cônjuge sobrevivo não separado judicialmente de pessoas e bens, ou a pessoa que convivesse com a vítima em condições análogas às dos cônjuges, os descendentes e os ascendentes, na medida estrita em que tenham sofrido um dano com a morte, com exceção do autor dos factos que provocaram a morte.

3. As vítimas de criminalidade violenta e de criminalidade especialmente violenta são sempre consideradas vítimas especialmente vulneráveis para efeitos do disposto na alínea *b*) do nº 1.

4. Assistem à vítima os direitos de informação, de assistência, de proteção e de participação ativa no processo penal, previstos neste Código e no Estatuto da Vítima.

5. A vítima tem direito a colaborar com as autoridades policiais ou judiciárias competentes, prestando informações e facultando provas que se revelem necessárias à descoberta da verdade e à boa decisão da causa.

(Aditado pela Lei nº 130/2015, de 04-09)

TÍTULO V - Do assistente

Artigo 68º - Assistente

1. Podem constituir-se assistentes no processo penal, além das pessoas e entidades a quem leis especiais conferirem esse direito:

a) Os ofendidos, considerando-se como tais os titulares dos interesses que a lei especialmente quis proteger com a incriminação, desde que maiores de 16 anos;

b) As pessoas de cuja queixa ou acusação particular depender o procedimento;

c) No caso de o ofendido morrer sem ter renunciado à queixa, o cônjuge sobrevivo não separado judicialmente de pessoas e bens ou a pessoa, de outro ou do mesmo sexo, que com o ofendido vivesse em condições análogas às dos cônjuges, os descendentes e adoptados, ascendentes e adoptantes, ou, na falta deles, irmãos e seus descendentes, salvo se alguma destas pessoas houver comparticipado no crime;

d) No caso de o ofendido ser menor de 16 anos ou por outro motivo incapaz, o representante legal e, na sua falta, as pessoas indicadas na alínea anterior, segundo a ordem aí referida, ou, na ausência dos demais, a entidade ou instituição com responsabilidades de protecção, tutelares ou educativas, quando o mesmo tenha sido judicialmente confiado à sua responsabilidade ou guarda, salvo se alguma delas houver auxiliado ou comparticipado no crime;

e) Qualquer pessoa nos crimes contra a paz e a humanidade, bem como nos crimes de tráfico de influência, favorecimento pessoal praticado por funcionário, denegação de justiça, prevaricação, corrupção, peculato, participação económica em negócio, abuso de poder e de fraude na obtenção ou desvio de subsídio ou subvenção.

2. Tratando-se de procedimento dependente de acusação particular, o requerimento tem lugar no prazo de 10 dias a contar da advertência referida no nº 4 do artigo 246º

3. Os assistentes podem intervir em qualquer altura do processo, aceitando-o no estado em que se encontrar, desde que o requeiram ao juiz:

a) Até cinco dias antes do início do debate instrutório ou da audiência de julgamento;

b) Nos casos do artigo 284º e da alínea *b*) do nº 1 do artigo 287º, no prazo estabelecido para a prática dos respectivos actos;

c) No prazo para interposição de recurso da sentença.

4. O juiz, depois de dar ao Ministério Público e ao arguido a possibilidade de se pronunciarem sobre o requerimento, decide por despacho, que é logo notificado àqueles.

5. Durante o inquérito, a constituição de assistente e os incidentes a ela respeitantes podem correr em separado, com junção dos elementos necessários à decisão.

(Redação dada pela Lei nº 130/2015, de 04-09)

Artigo 69º – Posição processual e atribuições dos assistentes

1. Os assistentes têm a posição de colaboradores do Ministério Público, a cuja actividade subordinam a sua intervenção no processo, salvas as excepções da lei.

2. Compete em especial aos assistentes:

a) Intervir no inquérito e na instrução, oferecendo provas e requerendo as diligências que se afigurarem necessárias e conhecer os despachos que sobre tais iniciativas recaírem;

b) Deduzir acusação independente da do Ministério Público e, no caso de procedimento dependente de acusação particular, ainda que aquele a não deduza;

c) Interpor recurso das decisões que os afectem, mesmo que o Ministério Público o não tenha feito, dispondo, para o efeito, de acesso aos elementos processuais imprescindíveis, sem prejuízo do regime aplicável ao segredo de justiça.

(Redação dada pela Lei nº 130/2015, de 04-09)

Artigo 70º – Representação judiciária dos assistentes

1. Os assistentes são sempre representados por advogado. Havendo vários assistentes, são todos representados por um só advogado. Se divergirem quanto à escolha, decide o juiz.

2. Ressalva-se do disposto na segunda parte do número anterior o caso de haver entre os vários assistentes interesses incompatíveis, bem como o de serem diferentes os crimes imputados ao arguido. Neste último caso, cada grupo de pessoas a quem a lei permitir a constituição como assistente por cada um dos crimes pode constituir um advogado, não sendo todavia lícito a cada pessoa ter mais de um representante.

3. Os assistentes podem ser acompanhados por advogado nas diligências em que intervierem.

TÍTULO VI – Das partes civis

Artigo 71º – Princípio de adesão

O pedido de indemnização civil fundado na prática de um crime é deduzido no processo penal respectivo, só o podendo ser em separado, perante o tribunal civil, nos casos previstos na lei.

Artigo 72º – Pedido em separado

1. O pedido de indemnização civil pode ser deduzido em separado, perante o tribunal civil, quando:

a) O processo penal não tiver conduzido à acusação dentro de oito meses a contar da notícia do crime, ou estiver sem andamento durante esse lapso de tempo;

b) O processo penal tiver sido arquivado ou suspenso provisoriamente, ou o procedimento se tiver extinguido antes do julgamento;

c) O procedimento depender de queixa ou de acusação particular;

d) Não houver ainda danos ao tempo da acusação, estes não forem conhecidos ou não forem conhecidos em toda a sua extensão;

e) A sentença penal não se tiver pronunciado sobre o pedido de indemnização civil, nos termos do nº 3 do artigo 82º;

f) For deduzido contra o arguido e outras pessoas com responsabilidade meramente civil, ou somente contra estas haja sido provocada, nessa acção, a intervenção principal do arguido;

g) O valor do pedido permitir a intervenção civil do tribunal colectivo, devendo o processo penal correr perante tribunal singular;

h) O processo penal correr sob a forma sumária ou sumaríssima;

i) O lesado não tiver sido informado da possibilidade de deduzir o pedido civil no processo penal ou notificado para o fazer, nos termos do nº 1 do artigo 75º e do nº 2 do artigo 77º

2. No caso de o procedimento depender de queixa ou de acusação particular, a prévia dedução do pedido perante o tribunal civil pelas pessoas com direito de queixa ou de acusação vale como renúncia a este direito.

Artigo 73º – Pessoas com responsabilidade meramente civil

1. O pedido de indemnização civil pode ser deduzido contra pessoas com responsabilidade meramente civil e estas podem intervir voluntariamente no processo penal.

2. A intervenção voluntária impede as pessoas com responsabilidade meramente civil de praticarem actos que o arguido tiver perdido o direito de praticar.

Artigo 74º – Legitimidade e poderes processuais

1. O pedido de indemnização civil é deduzido pelo lesado, entendendo-se como tal a pessoa que sofreu danos ocasionados pelo crime, ainda que se não tenha constituído ou não possa constituir-se assistente.

2. A intervenção processual do lesado restringe-se à sustentação e à prova do pedido de indemnização civil, competindo-lhe, correspondentemente, os direitos que a lei confere aos assistentes.

3. Os demandados e os intervenientes têm posição processual idêntica à do arguido quanto à sustentação e à prova das questões civis julgadas no processo, sendo independente cada uma das defesas.

Artigo 75º - Dever de informação

1. Logo que, no decurso do inquérito, tomarem conhecimento da existência de eventuais lesados, as autoridades judiciárias e os órgãos de polícia criminal devem informá-los da possibilidade de deduzirem pedido de indemnização civil em processo penal e das formalidades a observar.

2. Quem tiver sido informado de que pode deduzir pedido de indemnização civil nos termos do número anterior, ou, não o tendo sido, se considere lesado, pode manifestar no processo, até ao encerramento do inquérito, o propósito de o fazer.

Artigo 76º - Representação

1. O lesado pode fazer-se representar por advogado, sendo obrigatória a representação sempre que, em razão do valor do pedido, se deduzido em separado, fosse obrigatória a constituição de advogado, nos termos da lei do processo civil.

2. Os demandados e os intervenientes devem fazer-se representar por advogado.

3. Compete ao Ministério Público formular o pedido de indemnização civil em representação do Estado e de outras pessoas e interesses cuja representação lhe seja atribuída por lei.

Artigo 77º - Formulação do pedido

1. Quando apresentado pelo Ministério Público ou pelo assistente, o pedido é deduzido na acusação ou, em requerimento articulado, no prazo em que esta deve ser formulada.

2. O lesado que tiver manifestado o propósito de deduzir pedido de indemnização civil, nos termos do nº 2 do artigo 75º, é notificado do despacho de acusação, ou, não o havendo, do despacho de pronúncia, se a ele houver lugar, para, querendo, deduzir o pedido, em requerimento articulado, no prazo de 20 dias.

3. Se não tiver manifestado o propósito de deduzir pedido de indemnização ou se não tiver sido notificado nos termos do número anterior, o lesado pode deduzir o pedido até 20 dias depois de ao arguido ser notificado o despacho de acusação ou, se o não houver, o despacho de pronúncia.

4. Quando, em razão do valor do pedido, se deduzido em separado, não fosse obrigatória a constituição de advogado, o lesado, nos prazos estabelecidos nos números anteriores, pode requerer que lhe seja arbitrada a indemnização civil. O requerimento não está sujeito a formalidades especiais e pode consistir em declaração em auto, com indicação do prejuízo sofrido e das provas.

5. Salvo nos casos previstos no número anterior, o pedido de indemnização civil é acompanhado de duplicados para os demandados e para a secretaria.

Artigo 78º - Contestação

1. A pessoa contra quem for deduzido pedido de indemnização civil é notificada para, querendo, contestar no prazo de 20 dias.

2. A contestação é deduzida por artigos.

3. A falta de contestação não implica confissão dos factos.

Artigo 79º - Provas

1. As provas são requeridas com os articulados.

2. Cada requerente, demandado ou interveniente pode arrolar testemunhas em número não superior a 10 ou a 5, consoante o valor do pedido exceda ou não a alçada da relação em matéria cível.

Artigo 80º - Julgamento

O lesado, os demandados e os intervenientes são obrigados a comparecer no julgamento apenas quando tiverem de prestar declarações a que não puderem recusar-se.

Artigo 81º - Renúncia, desistência e conversão do pedido

O lesado pode, em qualquer altura do processo:

a) Renunciar ao direito de indemnização civil e desistir do pedido formulado;

b) Requerer que o objecto da prestação indemnizatória seja convertido em diferente atribuição patrimonial, desde que prevista na lei.

Artigo 82º - Liquidação em execução de sentença e reenvio para os tribunais civis

1. Se não dispuser de elementos bastantes para fixar a indemnização, o tribunal condena no que se liquidar em execução de sentença. Neste caso, a execução corre perante o tribunal civil, servindo de título executivo a sentença penal.

2. Pode, no entanto, o tribunal, oficiosamente ou a requerimento, estabelecer uma indemnização provisória por conta da indemnização a fixar posteriormente, se dispuser de elementos bastantes, e conferir-lhe o efeito previsto no artigo seguinte.

3. O tribunal pode, oficiosamente ou a requerimento, remeter as partes para os tribunais civis quando as questões suscitadas pelo pedido de indemnização civil inviabilizarem uma decisão rigorosa ou forem susceptíveis de gerar incidentes que retardem intoleravelmente o processo penal.

Artigo 82º-A - Reparação da vítima em casos especiais

1. Não tendo sido deduzido pedido de indemnização civil no processo penal ou em separado, nos termos dos artigos 72º e 77º, o tribunal, em caso de condenação, pode arbitrar uma quantia a título de reparação pelos prejuízos sofridos quando particulares exigências de protecção da vítima o imponham.

2. No caso previsto no número anterior, é assegurado o respeito pelo contraditório.

3. A quantia arbitrada a título de reparação é tida em conta em acção que venha a conhecer de pedido civil de indemnização.

Artigo 83º - Exequibilidade provisória

A requerimento do lesado, o tribunal pode declarar a condenação em indemnização civil, no todo ou em parte, provisoriamente executiva, nomeadamente sob a forma de pensão.

Artigo 84º - Caso julgado

A decisão penal, ainda que absolutória, que conhecer do pedido civil constitui caso julgado nos termos em que a lei atribui eficácia de caso julgado às sentenças civis.

LIVRO II - DOS ACTOS PROCESSUAIS

TÍTULO I - Disposições gerais

Artigo 85º - Manutenção da ordem nos actos processuais

1. Compete às autoridades judiciárias, às autoridades de polícia criminal e aos funcionários de justiça regular os trabalhos e manter a ordem nos actos processuais a que presidirem ou que dirigirem, tomando as providências necessárias contra quem perturbar o decurso dos actos respectivos.

2. Se o prevaricador dever ainda intervir ou estar presente no próprio dia, em acto presidido pelo juiz, este ordena, se necessário, que aquele seja detido até à altura da sua intervenção, ou durante o tempo em que a sua presença for indispensável.

3. Verificando-se, no decurso de um acto processual, a prática de qualquer infracção, a entidade competente, nos termos do nº 1, levanta ou manda levantar auto e, se for caso disso, detém ou manda deter o agente, para efeito de procedimento.

4. Para manutenção da ordem nos actos processuais requisita-se, sempre que necessário, o auxílio da força pública, a qual fica submetida, para o efeito, ao poder de direcção da autoridade judiciária que presidir ao acto.

Artigo 86º - Publicidade do processo e segredo de justiça

1. O processo penal é, sob pena de nulidade, público, ressalvadas as excepções previstas na lei.

2. O juiz de instrução pode, mediante requerimento do arguido, do assistente ou do ofendido e ouvido o Ministério Público, determinar, por despacho irrecorrível, a sujeição do processo, durante a fase de inquérito, a segredo de justiça, quando entenda que a publicidade prejudica os direitos daqueles sujeitos ou participantes processuais.

3. Sempre que o Ministério Público entender que os interesses da investigação ou os direitos dos sujeitos processuais o justifiquem, pode determinar a aplicação ao processo, durante a fase de inquérito, do segredo de justiça, ficando essa decisão sujeita a validação pelo juiz de instrução no prazo máximo de setenta e duas horas.

4. No caso de o processo ter sido sujeito, nos termos do número anterior, a segredo de justiça, o Ministério Público, oficiosamente ou mediante requerimento do arguido, do assistente ou do ofendido, pode determinar o seu levantamento em qualquer momento do inquérito.

5. No caso de o arguido, o assistente ou o ofendido requererem o levantamento do segredo de justiça, mas o Ministério Público não o determinar, os autos são remetidos ao juiz de instrução para decisão, por despacho irrecorrível.

6. A publicidade do processo implica, nos termos definidos pela lei e, em especial, pelos artigos seguintes, os direitos de:

a) Assistência, pelo público em geral, à realização do debate instrutório e dos actos processuais na fase de julgamento;

b) Narração dos actos processuais, ou reprodução dos seus termos, pelos meios de comunicação social;

c) Consulta do auto e obtenção de cópias, extractos e certidões de quaisquer partes dele.

7. A publicidade não abrange os dados relativos à reserva da vida privada que não constituam meios de prova. A autoridade judiciária especifica, por despacho, oficiosamente ou a requerimento, os elementos relativamente aos quais se mantém o segredo de justiça, ordenando, se for caso disso, a sua destruição ou que sejam entregues à pessoa a quem disserem respeito.

8. O segredo de justiça vincula todos os sujeitos e participantes processuais, bem como as pessoas que, por qualquer título, tiverem tomado contacto com o processo ou conhecimento de elementos a ele pertencentes, e implica as proibições de:

a) Assistência à prática ou tomada de conhecimento do conteúdo de acto processual a que não tenham o direito ou o dever de assistir;

b) Divulgação da ocorrência de acto processual ou dos seus termos, independentemente do motivo que presidir a tal divulgação.

9. A autoridade judiciária pode, fundamentadamente, dar ou ordenar ou permitir que seja dado conhecimento a determinadas pessoas do conteúdo de acto ou de documento em segredo de justiça, se tal não puser em causa a investigação e se afigurar:

a) Conveniente ao esclarecimento da verdade; ou

b) Indispensável ao exercício de direitos pelos interessados.

10. As pessoas referidas no número anterior são identificadas no processo, com indicação do acto ou documento de cujo conteúdo tomam conhecimento e ficam, em todo o caso, vinculadas pelo segredo de justiça.

11. A autoridade judiciária pode autorizar a passagem de certidão em que seja dado conhecimento do conteúdo de acto ou de documento em segredo de justiça, desde que necessária a processo de natureza criminal ou à instrução de processo disciplinar de natureza pública, bem como à dedução do pedido de indemnização civil.

12. Se o processo respeitar a acidente causado por veículo de circulação terrestre, a autoridade judiciária autoriza a passagem de certidão:

a) Em que seja dado conhecimento de acto ou documento em segredo de justiça, para os fins previstos na última parte do número anterior e perante requerimento fundamentado no disposto na alínea *a*) do nº 1 do artigo 72º;

b) Do auto de notícia do acidente levantado por entidade policial, para efeitos de composição extrajudicial de litígio em que seja interessada entidade seguradora para a qual esteja transferida a responsabilidade civil.

13. O segredo de justiça não impede a prestação de esclarecimentos públicos pela autoridade judiciária, quando forem necessários ao restabelecimento da verdade e não prejudicarem a investigação:

a) A pedido de pessoas publicamente postas em causa; ou

b) Para garantir a segurança de pessoas e bens ou a tranquilidade pública.

(Redação dada pela Lei nº 26/2010, de 30-08)

Artigo 87º – Assistência do público a actos processuais

1. Aos actos processuais declarados públicos pela lei, nomeadamente às audiências, pode assistir qualquer pessoa. Oficiosamente ou a requerimento do Ministério Público, do arguido ou do assistente pode, porém, o juiz decidir, por despacho, restringir a livre assistência do público ou que o acto, ou parte dele, decorra com exclusão da publicidade.

2. O despacho referido na segunda parte do número anterior deve fundar-se em factos ou circunstâncias concretas que façam presumir que a publicidade causaria grave dano à dignidade das pessoas, à moral pública ou ao normal decurso do acto e deve ser revogado logo que cessarem os motivos que lhe deram causa.

3. Em caso de processo por crime de tráfico de órgãos humanos, tráfico de pessoas, ou contra a liberdade e autodeterminação sexual, os atos processuais decorrem, em regra, com exclusão da publicidade.

4. Decorrendo o acto com exclusão da publicidade, apenas podem assistir as pessoas que nele tiverem de intervir, bem como outras que o juiz admitir por razões atendíveis, nomeadamente de ordem profissional ou científica.

5. A exclusão da publicidade não abrange, em caso algum, a leitura da sentença.

6. Não implica restrição ou exclusão da publicidade, para efeito do disposto nos números anteriores, a proibição, pelo juiz, da assistência de menor de 18 anos ou de quem, pelo seu comportamento, puser em causa a dignidade ou a disciplina do acto.

(Redação dada pela Lei nº 102/2019, de 06-09)

Artigo 88º – Meios de comunicação social

1. É permitida aos órgãos de comunicação social, dentro dos limites da lei, a narração circunstanciada do teor de actos processuais que se não encontrem cobertos por segredo de justiça ou a cujo decurso for permitida a assistência do público em geral.

2. Não é, porém, autorizada, sob pena de desobediência simples:

a) A reprodução de peças processuais ou de documentos incorporados no processo, até à sentença de 1ª instância, salvo se tiverem sido obtidos mediante certidão solicitada com menção do fim a que se destina, ou se para tal tiver havido autorização expressa da autoridade judiciária que presidir à fase do processo no momento da publicação;

b) A transmissão ou registo de imagens ou de tomadas de som relativas à prática de qualquer acto processual, nomeadamente da audiência, salvo se a autoridade judiciária referida na alínea anterior, por despacho, a autorizar; não pode, porém, ser autorizada a transmissão ou registo de imagens ou tomada de som relativas a pessoa que a tal se opuser;

c) A publicitação, por qualquer meio, da identidade de vítimas de crimes de tráfico de órgãos humanos, tráfico de pessoas, contra a liberdade e autodeterminação sexual, a honra ou a reserva da vida privada, exceto se a vítima consentir expressamente na revelação da sua identidade ou se o crime for praticado através de órgão de comunicação social.

3. Até à decisão sobre a publicidade da audiência não é ainda autorizada, sob pena de desobediência simples, a narração de actos processuais anteriores àquela quando o juiz, oficiosamente ou a requerimento, a tiver proibido com fundamento nos factos ou circunstâncias referidos no nº 2 do artigo anterior.

4. Não é permitida, sob pena de desobediência simples, a publicação, por qualquer meio, de conversações ou comunicações interceptadas no âmbito de um processo, salvo se não estiverem sujeitas a segredo de justiça e os intervenientes expressamente consentirem na publicação.

(Redação dada pela Lei nº 102/2019, de 06-09)

Artigo 89º – Consulta de auto e obtenção de certidão e informação por sujeitos processuais

1. Durante o inquérito, o arguido, o assistente, o ofendido, o lesado e o responsável civil podem consultar, mediante requerimento, o processo ou elementos dele constantes, bem como obter os correspondentes extractos, cópias ou certidões, salvo quando, tratando-se de processo que se encontre em segredo de justiça, o Ministério Público a isso se opuser por considerar, fundamentadamente, que pode prejudicar a investigação ou os direitos dos participantes processuais ou das vítimas.

2. Se o Ministério Público se opuser à consulta ou à obtenção dos elementos previstos no número anterior, o requerimento é presente ao juiz, que decide por despacho irrecorrível.

3. Para efeitos do disposto nos números anteriores, os autos ou as partes dos autos a que o arguido, o assistente, o ofendido, o lesado e o responsável civil devam ter acesso são depositados na secretaria, por fotocópia e em avulso, sem prejuízo do andamento do processo, e persistindo para todos o dever de guardar segredo de justiça.

4. Quando, nos termos dos nºs 1, 4 e 5 do artigo 86º, o processo se tornar público, as pessoas mencionadas no nº 1 podem requerer à autoridade judiciária competente o exame gratuito dos autos fora da secretaria, devendo o despacho que o autorizar fixar o prazo para o efeito.

5. São correspondentemente aplicáveis à hipótese prevista no número anterior as disposições da lei do processo civil respeitantes à falta de restituição do processo dentro do prazo; sendo a falta da responsabilidade do Ministério Público, a ocorrência é comunicada ao superior hierárquico.

6. Findos os prazos previstos no artigo 276º, o arguido, o assistente e o ofendido podem consultar todos os elementos de processo que se encontre em segredo de justiça, salvo se o juiz de instrução determinar, a requerimento do Ministério Público, que o acesso aos autos seja adiado por um período máximo de três meses, o qual pode ser prorrogado, por uma só vez, quando estiver em causa a criminalidade a que se referem as alíneas *i*) a *m*) do artigo 1º, e por um prazo objectivamente indispensável à conclusão da investigação.

Artigo 90º – Consulta de auto e obtenção de certidão por outras pessoas

1. Qualquer pessoa que nisso revelar interesse legítimo pode pedir que seja admitida a consultar auto de um processo que se não encontre em segredo de justiça e que lhe seja fornecida, à sua custa, cópia, extracto ou certidão de auto ou de parte dele. Sobre o pedido decide, por despacho, a autoridade judiciária que presidir à fase em que se encontra o processo ou que nele tiver proferido a última decisão.

2. Excetuam-se do disposto no número anterior os autos de interrogatório ou outras diligências processuais nas quais participe arguido menor.

3. A permissão de consulta de auto e de obtenção de cópia, extracto ou certidão realiza-se sem prejuízo da proibição, que no caso se verificar, de narração dos actos processuais ou de reprodução dos seus termos através dos meios de comunicação social.

(Redação dada pela Lei nº 33/2019, de 22-05)

Artigo 91º – Juramento e compromisso

1. As testemunhas prestam o seguinte juramento: «Juro, por minha honra, dizer toda a verdade e só a verdade.»

2. Os peritos e os intérpretes prestam, em qualquer fase do processo, o seguinte compromisso: «Comprometo-me, por minha honra, a desempenhar fielmente as funções que me são confiadas.»

3. O juramento referido no nº 1 é prestado perante a autoridade judiciária competente e o compromisso referido no número anterior é prestado perante a autoridade judiciária ou a autoridade de polícia criminal competente, as quais advertem previamente quem os dever prestar das sanções em que incorre se os recusar ou a eles faltar.

4. A recusa a prestar o juramento ou o compromisso equivale à recusa a depor ou a exercer as funções.

5. O juramento e o compromisso, uma vez prestados, não necessitam de ser renovados na mesma fase de um mesmo processo.

6. Não prestam o juramento e o compromisso referidos nos números anteriores:

a) Os menores de 16 anos;

b) Os peritos e os intérpretes que forem funcionários públicos e intervierem no exercício das suas funções.

TÍTULO II – Da forma dos actos e da sua documentação

Artigo 92º – Língua dos actos e nomeação de intérprete

1. Nos actos processuais, tanto escritos como orais, utiliza-se a língua portuguesa, sob pena de nulidade.

2. Quando houver de intervir no processo pessoa que não conhecer ou não dominar a língua portuguesa, é nomeado, sem encargo para ela, intérprete idóneo, ainda que a entidade que preside ao acto ou qualquer dos participantes processuais conheçam a língua por aquela utilizada.

3. O arguido pode escolher, sem encargo para ele, intérprete diferente do previsto no número anterior para traduzir as conversações com o seu defensor.

4. O intérprete está sujeito a segredo de justiça, nos termos gerais, e não pode revelar as conversações entre o arguido e o seu defensor, seja qual for a fase do processo em que ocorrerem, sob pena de violação do segredo profissional.

5. Não podem ser utilizadas as provas obtidas mediante violação do disposto nos nºs 3 e 4.

6. É igualmente nomeado intérprete quando se tornar necessário traduzir documento em língua estrangeira e desacompanhado de tradução autenticada.

7. O intérprete é nomeado por autoridade judiciária ou autoridade de polícia criminal.

8. Ao desempenho da função de intérprete é correspondentemente aplicável o disposto nos artigos 153º e 162º

Artigo 93º – Participação de surdo, de deficiente auditivo ou de mudo

1. Quando um surdo, um deficiente auditivo ou um mudo devam prestar declarações, observam-se as seguintes regras:

a) Ao surdo ou deficiente auditivo é nomeado intérprete idóneo de língua gestual, leitura labial ou expressão escrita, conforme mais adequado à situação do interessado;

b) Ao mudo, se souber escrever, formulam-se as perguntas oralmente, respondendo por escrito. Em caso contrário e sempre que requerido nomeia-se intérprete idóneo.

2. A falta de intérprete implica o adiamento da diligência.

3. O disposto nos números anteriores é aplicável em todas as fases do processo e independentemente da posição do interessado na causa.

4. É correspondentemente aplicável o disposto nos nºs 3 a 5 do artigo anterior.

Artigo 94º – Forma escrita dos actos

1. Os actos processuais que tiverem de praticar-se sob a forma escrita são redigidos de modo perfeitamente legível, não contendo espaços em branco que não sejam inutilizados, nem entrelinhas, rasuras ou emendas que não sejam ressalvadas.

2. Podem utilizar-se máquinas de escrever ou processadores de texto, caso em que se certifica, antes da assinatura, que o documento foi integralmente revisto e se identifica a entidade que o elaborou.

3. Podem igualmente utilizar-se fórmulas pré-impressas, formulários em suporte electrónico ou carimbos, a completar com o texto respectivo, podendo recorrer-se a assinatura electrónica certificada.

4. Em caso de manifesta ilegibilidade do documento, qualquer participante processual interessado pode solicitar, sem encargos, a respectiva transcrição dactilográfica.

5. As abreviaturas a que houver de recorrer-se devem possuir significado inequívoco. As datas e os números podem ser escritos por algarismos, ressalvada a indicação por extenso das penas, montantes indemnizatórios e outros elementos cuja certeza importe acautelar.

6. É obrigatória a menção do dia, mês e ano da prática do acto, bem como, tratando-se de acto que afecte liberdades fundamentais das pessoas, da hora da sua ocorrência, com referência ao momento do respectivo início e conclusão. O lugar da prática do acto deve ser indicado.

Artigo 95º - Assinatura

1. O escrito a que houver de reduzir-se um acto processual é no final, e ainda que este deva continuar-se em momento posterior, assinado por quem a ele presidir, por aquelas pessoas que nele tiverem participado e pelo funcionário de justiça que tiver feito a redacção, sendo as folhas que não contiverem assinatura rubricadas pelos que tiverem assinado.

2. As assinaturas e as rubricas são feitas pelo próprio punho, sendo, para o efeito, proibido o uso de quaisquer meios de reprodução.

3. No caso de qualquer das pessoas cuja assinatura for obrigatória não puder ou se recusar a prestá-la, a autoridade ou o funcionário presentes declaram no auto essa impossibilidade ou recusa e os motivos que para elas tenham sido dados.

Artigo 96º - Oralidade dos actos

1. Salvo quando a lei dispuser de modo diferente, a prestação de quaisquer declarações processa-se por forma oral, não sendo autorizada a leitura de documentos escritos previamente elaborados para aquele efeito.

2. A entidade que presidir ao acto pode autorizar que o declarante se socorra de apontamentos escritos como adjuvantes de memória, fazendo consignar no auto tal circunstância.

3. No caso a que se refere o número anterior devem ser tomadas providências para defesa da espontaneidade das declarações feitas, ordenando-se, se for caso disso, a exibição dos apontamentos escritos, sobre cuja origem o declarante será detalhadamente perguntado.

4. Os despachos e sentenças proferidos oralmente são consignados no auto.

5. O disposto no presente artigo não prejudica as normas relativas às leituras permitidas e proibidas em audiência.

Artigo 97º - Actos decisórios

1. Os actos decisórios dos juízes tomam a forma de:

a) Sentenças, quando conhecerem a final do objecto do processo;

b) Despachos, quando conhecerem de qualquer questão interlocutória ou quando puserem termo ao processo fora do caso previsto na alínea anterior.

2. Os actos decisórios previstos no número anterior tomam a forma de acórdãos quando forem proferidos por um tribunal colegial.

3. Os actos decisórios do Ministério Público tomam a forma de despachos.

4. Os actos decisórios referidos nos números anteriores revestem os requisitos formais dos actos escritos ou orais, consoante o caso.

5. Os actos decisórios são sempre fundamentados, devendo ser especificados os motivos de facto e de direito da decisão.

Artigo 98º - Exposições, memoriais e requerimentos

1. O arguido, ainda que em liberdade, pode apresentar exposições, memoriais e requerimentos em qualquer fase do processo, embora não assinados pelo defensor, desde que se contenham dentro do objecto do processo ou tenham por finalidade a salvaguarda dos seus direitos fundamentais. As exposições, memoriais e requerimentos do arguido são sempre integrados nos autos.

2. Os requerimentos dos outros participantes processuais que se encontrem representados por advogados são assinados por estes, salvo se se verificar impossibilidade de eles o fazerem e o requerimento visar a prática de acto sujeito a prazo de caducidade.

3. Quando for legalmente admissível a formulação oral de requerimentos, estes são consignados no auto pela entidade que dirigir o processo ou pelo funcionário de justiça que o tiver a seu cargo.

Artigo 99º - Auto

1. O auto é o instrumento destinado a fazer fé quanto aos termos em que se desenrolaram os actos processuais a cuja documentação a lei obrigar e aos quais tiver assistido quem o redige, bem como a recolher as declarações, requerimentos, promoções e actos decisórios orais que tiverem ocorrido perante aquele.

2. O auto respeitante ao debate instrutório e à audiência denomina-se acta e rege-se complementarmente pelas disposições legais que este Código lhe manda aplicar.

3. O auto contém, além dos requisitos previstos para os actos escritos, menção dos elementos seguintes:

a) Identificação das pessoas que intervieram no acto;

b) Causas, se conhecidas, da ausência das pessoas cuja intervenção no acto estava prevista;

c) Descrição especificada das operações praticadas, da intervenção de cada um dos participantes processuais, das declarações prestadas, do modo como o foram e das circunstâncias em que o foram, incluindo, quando houver lugar a registo áudio ou audiovisual, à consignação do início e termo de cada declaração, dos documentos apresentados ou recebidos e dos resultados alcançados, de modo a garantir a genuína expressão da ocorrência;

d) Qualquer ocorrência relevante para apreciação da prova ou da regularidade do acto.

4. É correspondentemente aplicável o disposto no artigo 169º

(Redação dada pela Lei nº 20/2013, de 21-02)

Artigo 100º - Redacção do auto

1. A redacção do auto é efectuada pelo funcionário de justiça, ou pelo funcionário de polícia criminal durante o inquérito, sob a direcção da entidade que presidir ao acto.

2. Sempre que o auto dever ser redigido por súmula, compete à entidade que presidir ao acto velar por que a súmula corresponda ao essencial do que se tiver passado ou das declarações prestadas, podendo para o efeito ditar o conteúdo do auto ou delegar, oficiosamente ou a requerimento, nos participantes processuais ou nos seus representantes.

3. Em caso de alegada desconformidade entre o teor do que for ditado e o ocorrido, são feitas consignar as declarações relativas à discrepância, com indicação das rectificações a efectuar, após o que a entidade que presidir ao acto profere, ouvidos os participantes processuais interessados que estiverem presentes, decisão definitiva sustentando ou modificando a redacção inicial.

Artigo 101º – Registo e transcrição

1. O funcionário referido no nº 1 do artigo anterior pode redigir o auto utilizando os meios estenográficos, estenotípicos ou outros diferentes da escrita comum, bem como, nos casos legalmente previstos, proceder à gravação áudio ou audiovisual da tomada de declarações e decisões verbalmente proferidas.

2. Quando forem utilizados meios estenográficos, estenotípicos ou outros meios técnicos diferentes da escrita comum, o funcionário que deles se tiver socorrido faz a transcrição no prazo mais curto possível, devendo a entidade que presidiu ao ato certificar-se da conformidade da transcrição antes da assinatura.

3. As folhas estenografadas e as fitas estenotipadas ou gravadas são conservadas em envelope lacrado à ordem do tribunal, sendo feita menção no auto, de toda a abertura e encerramento dos registos guardados pela entidade que proceder à operação.

4. Sempre que for utilizado registo áudio ou audiovisual não há lugar a transcrição e o funcionário, sem prejuízo do disposto relativamente ao segredo de justiça, entrega, no prazo máximo de 48 horas, uma cópia a qualquer sujeito processual que a requeira, bem como, em caso de recurso, procede ao envio de cópia ao tribunal superior.

5. Em caso de recurso, quando for absolutamente indispensável para a boa decisão da causa, o relator, por despacho fundamentado, pode solicitar ao tribunal recorrido a transcrição de toda ou parte da sentença.

(Redação dada pela Lei nº 20/2013, de 21-02)

Artigo 102º – Reforma de auto perdido, extraviado ou destruído

1. Quando se perder, extraviar ou destruir auto ou parte dele procede-se à sua reforma no tribunal em que o processo tiver corrido ou dever correr termos em 1ª instância, ainda mesmo quando nele tiver havido algum recurso.

2. A reforma é ordenada pelo juiz, oficiosamente ou a requerimento do Ministério Público, do arguido, do assistente ou das partes civis.

3. Na reforma seguem-se os trâmites previstos na lei do processo civil em tudo quanto se não especifica nas alíneas seguintes:

a) Na conferência intervêm o Ministério Público, o arguido, o assistente e as partes civis;

b) O acordo dos intervenientes, transcrito no auto, só supre o processo em matéria civil, sendo meramente informativo em matéria penal.

TÍTULO III – Do tempo dos actos e da aceleração do processo

Artigo 103º – Quando se praticam os actos

1. Os actos processuais praticam-se nos dias úteis, às horas de expediente dos serviços de justiça e fora do período de férias judiciais.

2. Exceptuam-se do disposto no número anterior:

a) Os actos processuais relativos a arguidos detidos ou presos, ou indispensáveis à garantia da liberdade das pessoas;

b) Os atos relativos a processos em que intervenham arguidos menores, ainda que não haja arguidos presos;

c) Os actos de inquérito e de instrução, bem como os debates instrutórios e audiências relativamente aos quais for reconhecida, por despacho de quem a elas presidir, vantagem em que o seu início, prosseguimento ou conclusão ocorra sem aquelas limitações;

d) Os actos relativos a processos sumários e abreviados, até à sentença em primeira instância;

e) Os actos processuais relativos aos conflitos de competência, requerimentos de recusa e pedidos de escusa;

f) Os actos relativos à concessão da liberdade condicional, quando se encontrar cumprida a parte da pena necessária à sua aplicação;

g) Os actos de mero expediente, bem como as decisões das autoridades judiciárias, sempre que necessário.

h) Os atos considerados urgentes em legislação especial.

3. O interrogatório do arguido não pode ser efectuado entre as 0 e as 7 horas, salvo em acto seguido à detenção:

a) Nos casos da alínea *a*) do nº 5 do artigo 174º; ou

b) Quando o próprio arguido o solicite.

4. O interrogatório do arguido tem a duração máxima de quatro horas, podendo ser retomado, em cada dia, por uma só vez e idêntico prazo máximo, após um intervalo mínimo de sessenta minutos.

5. São nulas, não podendo ser utilizadas como prova, as declarações prestadas para além dos limites previstos nos nºs 3 e 4.

(Redação dada pela Lei nº 33/2019, de 22-05)

Artigo 104º – Contagem dos prazos de actos processuais

1. Aplicam-se à contagem dos prazos para a prática de actos processuais as disposições da lei do processo civil.

2. Correm em férias os prazos relativos a processos nos quais devam praticar-se os actos referidos nas alíneas *a*) a *e*) do nº 2 do artigo anterior.

Artigo 105º – Prazo e seu excesso

1. Salvo disposição legal em contrário, é de 10 dias o prazo para a prática de qualquer acto processual.

2. Salvo disposição legal em contrário, os despachos ou promoções de mero expediente, bem como os considerados urgentes, devem ser proferidos no prazo máximo de dois dias.

3. Decorridos três meses sobre o termo do prazo fixado para a prática de ato próprio do juiz ou do Ministério Público sem que o mesmo tenha sido praticado, devem o juiz ou o magistrado do Ministério Público consignar a concreta razão da inobservância do prazo.

4. A secretaria remete, mensalmente, ao presidente do tribunal de comarca e ao magistrado do Ministério Público coordenador de comarca informação discriminada dos casos em que se mostrem decorridos três meses sobre o termo do prazo fixado para a prática de ato próprio do juiz ou do Ministério Público, respetivamente, acompanhada da exposição das razões que determinaram os atrasos, ainda que o ato tenha sido entretanto praticado, incumbindo ao presidente do tribunal de comarca e ao magistrado do Ministério Público coordenador de comarca, no prazo de 10 dias contado da data de receção, remeter o expediente à entidade com competência disciplinar.

(Redação dada pela Lei nº 27/2015, de 14-04)

Artigo 106º – Prazo para termos e mandados

1. Os funcionários de justiça lavram os termos do processo e passam os mandados no prazo de dois dias.

2. O disposto no número anterior não se aplica quando neste Código se estabelecer prazo diferente, nem quando houver arguidos detidos ou presos e o prazo ali fixado afectar o tempo de privação da liberdade; neste último caso os actos são praticados imediatamente e com preferência sobre qualquer outro serviço.

Artigo 107º – Renúncia ao decurso e prática de acto fora do prazo

1. A pessoa em benefício da qual um prazo for estabelecido pode renunciar ao seu decurso, mediante requerimento endereçado à autoridade judiciária que dirigir a fase do processo a que o acto respeitar, a qual o despacha em vinte e quatro horas.

2. Os actos processuais só podem ser praticados fora dos prazos estabelecidos por lei, por despacho da autoridade referida no número anterior, a requerimento do interessado e ouvidos os outros sujeitos processuais a quem o caso respeitar, desde que se prove justo impedimento.

3. O requerimento referido no número anterior é apresentado no prazo de três dias, contado do termo do prazo legalmente fixado ou da cessação do impedimento.

4. A autoridade que defira a prática de acto fora do prazo procede, na medida do possível, à renovação dos actos aos quais o interessado teria o direito de assistir.

5. Independentemente do justo impedimento, pode o acto ser praticado no prazo, nos termos e com as mesmas consequências que em processo civil, com as necessárias adaptações.

6. Quando o procedimento se revelar de excepcional complexidade, nos termos da parte final do nº 3 do artigo 215º, o juiz, a requerimento do Ministério Público, do assistente, do arguido ou das partes civis, pode prorrogar os prazos previstos nos artigos 78º, 287º e 315º e nos nºs 1 e 3 do artigo 411º, até ao limite máximo de 30 dias.

Artigo 107º-A – Sanção pela prática extemporânea de actos processuais

Sem prejuízo do disposto no artigo anterior, à prática extemporânea de actos processuais penais aplica-se o disposto nos nºs 5 a 7 do artigo 145º do Código de Processo Civil, com as seguintes alterações:

a) Se o acto for praticado no 1º dia, a multa é equivalente a 0,5 UC;

b) Se o acto for praticado no 2º dia, a multa é equivalente a 1 UC;

c) Se o acto for praticado no 3º dia, a multa é equivalente a 2 UC.

(Aditado pelo Decreto-Lei nº 34/2008, de 26-02)

Artigo 108º – Aceleração de processo atrasado

1. Quando tiverem sido excedidos os prazos previstos na lei para a duração de cada fase do processo, podem o Ministério Público, o arguido, o assistente ou as partes civis requerer a aceleração processual.

2. O pedido é decidido:

a) Pelo Procurador-Geral da República, se o processo estiver sob a direcção do Ministério Público;

b) Pelo Conselho Superior da Magistratura, se o processo decorrer perante o tribunal ou o juiz.

3. Encontram-se impedidos de intervir na deliberação os juízes que, por qualquer forma, tiverem participado no processo.

Artigo 109º – Tramitação do pedido de aceleração

1. O pedido de aceleração processual é dirigido ao presidente do Conselho Superior da Magistratura, ou ao Procurador-Geral da República, conforme os casos, e entregue no tribunal ou entidade a que o processo estiver afecto.

2. O juiz ou o Ministério Público instruem o pedido com os elementos disponíveis e relevantes para a decisão e remetem o processo assim organizado, em três dias, ao Conselho Superior da Magistratura ou à Procuradoria-Geral da República.

3. O Procurador-Geral da República profere despacho no prazo de cinco dias.

4. Se a decisão competir ao Conselho Superior da Magistratura, uma vez distribuído o processo vai à primeira sessão ordinária ou a sessão extraordinária se nisso houver conveniência, e nela o relator faz uma breve exposição, em que conclui por proposta de deliberação. Não há lugar a vistos, mas a deliberação pode ser adiada até dois dias para análise do processo.

5. A decisão é tomada, sem outras formalidades especiais, no sentido de:

a) Indeferir o pedido por falta de fundamento bastante ou por os atrasos verificados se encontrarem justificados;

b) Requisitar informações complementares, a serem fornecidas no prazo máximo de cinco dias;

c) Mandar proceder a inquérito, em prazo que não pode exceder 15 dias, sobre os atrasos e as condições em que se verificaram, suspendendo a decisão até à realização do inquérito; ou

d) Propor ou determinar as medidas disciplinares, de gestão, de organização ou de racionalização de métodos que a situação justificar.

6. A decisão é notificada ao requerente e imediatamente comunicada ao tribunal ou à entidade que tiver o processo a seu cargo. É-o igualmente às entidades com jurisdição disciplinar sobre os responsáveis por atrasos que se tenham verificado.

Artigo 110º – Pedido manifestamente infundado

Se o pedido de aceleração processual do arguido, do assistente ou das partes civis for julgado manifestamente infundado, o tribunal, ou o juiz de instrução, no caso da alínea *a*) do nº 2 do artigo 108º, condena o peticionante no pagamento de uma soma entre 6 UC e 20 UC.

TÍTULO IV – Da comunicação dos actos e da convocação para eles

Artigo 111º – Comunicação dos actos processuais

1. A comunicação dos actos processuais destina-se a transmitir:

a) Uma ordem de comparência perante os serviços de justiça;

b) Uma convocação para participar em diligência processual;

c) O conteúdo de acto realizado ou de despacho proferido no processo.

2. A comunicação é feita pela secretaria, oficiosamente ou precedendo despacho da autoridade judiciária ou de polícia criminal competente, e é executada pelo funcionário de justiça que tiver o processo a seu cargo, ou por agente policial, administrativo ou pertencente ao serviço postal que for designado para o efeito e se encontrar devidamente credenciado.

3. A comunicação entre serviços de justiça e entre as autoridades judiciárias e os órgãos de polícia criminal efectua-se mediante:

a) Mandado: quando se determinar a prática de acto processual a entidade com um âmbito de funções situado dentro dos limites da competência territorial da entidade que proferir a ordem;

b) Carta: quando se tratar de acto a praticar fora daqueles limites, denominando-se precatória quando a prática do acto em causa se contiver dentro dos limites do território nacional e rogatória havendo que concretizar-se no estrangeiro;

c) Ofício, aviso, carta, telegrama, telex, telecópia, comunicação telefónica, correio electrónico ou qualquer outro meio de telecomunicações: quando estiver em causa um pedido de notificação ou qualquer outro tipo de transmissão de mensagens.

4. A comunicação telefónica é sempre seguida de confirmação por qualquer meio escrito.

Artigo 112º – Convocação para acto processual

1. A convocação de uma pessoa para comparecer a acto processual pode ser feita por qualquer meio destinado a dar-lhe conhecimento do facto, inclusivamente por via telefónica, lavrando-se cota no auto quanto ao meio utilizado.

2. Quando for utilizada a via telefónica a entidade que efectuar a convocação identifica-se e dá conta do cargo que desempenha, bem como dos elementos que permitam ao chamado inteirar-se do acto para que é convocado e efectuar, caso queira, a contraprova de que se trata de telefonema oficial e verdadeiro.

3. Revestem a forma de notificação, que indique a finalidade da convocação ou comunicação, por transcrição, cópia ou resumo do despacho ou mandado que a tiver ordenado, para além de outros casos que a lei determinar:

a) A comunicação do termo inicial ou final de um prazo legalmente estipulado sob pena de caducidade;

b) A convocação para interrogatório ou para declarações ou para participar em debate instrutório ou em audiência;

c) A convocação de pessoa que haja já sido chamada, sem efeito cominatório, e tenha faltado;

d) A convocação para aplicação de uma medida de coacção ou de garantia patrimonial.

Artigo 113º – Regras gerais sobre notificações

1. As notificações efectuam-se mediante:

a) Contacto pessoal com o notificando e no lugar em que este for encontrado;

b) Via postal registada, por meio de carta ou aviso registados;

c) Via postal simples, por meio de carta ou aviso, nos casos expressamente previstos; ou

d) Editais e anúncios, nos casos em que a lei expressamente o admitir.

2. Quando efetuadas por via postal registada, as notificações presumem-se feitas no terceiro dia posterior ao do seu envio, quando seja útil, ou no primeiro dia útil seguinte a esse, quando o não seja, devendo a cominação aplicável constar do ato de notificação.

3. Quando efectuadas por via postal simples, o funcionário judicial lavra uma cota no processo com a indicação da data da expedição da carta e do domicílio para a qual foi enviada e o distribuidor do serviço postal deposita a carta na caixa de correio do notificando, lavra uma declaração indicando a data e confirmando o local exacto do depósito, e envia-a de imediato ao serviço ou ao tribunal remetente, considerando-se a notificação efectuada no 5º dia posterior à data indicada na declaração lavrada pelo distribuidor do serviço postal, cominação esta que deverá constar do acto de notificação.

4. Se for impossível proceder ao depósito da carta na caixa de correio, o distribuidor do serviço postal lavra nota do incidente, apõe-lhe a data e envia-a de imediato ao serviço ou ao tribunal remetente.

5. Ressalva-se do disposto nos nºs 3 e 4 as notificações por via postal simples a que alude a alínea *d*) do nº 4 do artigo 277º, que são expedidas sem prova de depósito, devendo o funcionário lavrar uma cota no processo com a indicação da data de expedição e considerando-se a notificação efetuada no 5º dia útil posterior à data de expedição.

6. Quando a notificação for efectuada por via postal registada, o rosto do sobrescrito ou do aviso deve indicar, com precisão, a natureza da correspondência, a identificação do tribunal ou do serviço remetente e as normas de procedimento referidas no número seguinte.

7. Se:

a) O destinatário se recusar a assinar, o agente dos serviços postais entrega a carta ou o aviso e lavra nota do incidente, valendo o acto como notificação;

b) O destinatário se recusar a receber a carta ou o aviso, o agente dos serviços postais lavra nota do incidente, valendo o acto como notificação;

c) O destinatário não for encontrado, a carta ou o aviso são entregues a pessoa que com ele habite ou a pessoa indicada pelo destinatário que com ele trabalhe, fazendo os serviços postais menção do facto com identificação da pessoa que recebeu a carta ou o aviso;

d) Não for possível, pela ausência de pessoa ou por outro qualquer motivo, proceder nos termos das alíneas anteriores, os serviços postais cumprem o disposto nos respectivos regulamentos, mas sempre que deixem aviso indicarão expressamente a natureza da correspondência e a identificação do tribunal ou do serviço remetente.

8. Valem como notificação, salvo nos casos em que a lei exigir forma diferente, as convocações e comunicações feitas:

a) Por autoridade judiciária ou de polícia criminal aos interessados presentes em acto processual por ela presidido, desde que documentadas no auto;

b) Por via telefónica em caso de urgência, se respeitarem os requisitos constantes do nº 2 do artigo anterior e se, além disso, no telefonema se avisar o notificando de que a convocação ou comunicação vale como notificação e ao telefonema se seguir confirmação telegráfica, por telex ou por telecópia.

9. O notificando pode indicar pessoa, com residência ou domicílio profissional situados na área de competência territorial do tribunal, para o efeito de receber notificações. Neste caso, as notificações, levadas a cabo com observância do formalismo previsto nos números anteriores, consideram-se como tendo sido feitas ao próprio notificando.

10. As notificações do arguido, do assistente e das partes civis podem ser feitas ao respectivo defensor ou advogado. Ressalvam-se as notificações respeitantes à acusação, à decisão instrutória, à designação de dia para julgamento e à sentença, bem como as relativas à aplicação de medidas de coacção e de garantia patrimonial e à dedução do pedido de indemnização civil, as quais, porém, devem igualmente ser notificadas ao advogado ou defensor nomeado; neste caso, o prazo para a prática de acto processual subsequente conta-se a partir da data da notificação efectuada em último lugar.

11. As notificações ao advogado ou ao defensor nomeado, quando outra forma não resultar da lei, são feitas por via eletrónica, nos termos a definir em portaria do membro do Governo responsável pela área da justiça, ou, quando tal não for possível, nos termos das alíneas *a*), *b*) e *c*) do nº 1, ou por telecópia.

12. Quando efetuadas por via eletrónica, as notificações presumem-se feitas no terceiro dia posterior ao do seu envio, quando seja útil, ou no primeiro dia útil seguinte a esse, quando o não seja.

13. A notificação edital é feita mediante a afixação de um edital na porta da última residência do notificando e outro nos lugares para o efeito destinados pela respetiva junta de freguesia, seguida da publicação de anúncio na área de serviços digitais dos tribunais, acessível no endereço eletrónico https://tribunais.org.pt.

14. Nos casos expressamente previstos, havendo vários arguidos ou assistentes, quando o prazo para a prática de actos subsequentes à notificação termine em dias diferentes, o acto pode ser praticado por todos ou por cada um deles até ao termo do prazo que começou a correr em último lugar.

15. A assinatura do funcionário responsável pela elaboração da notificação pode ser substituída por indicação do código identificador da notificação, bem como do endereço do sítio eletrónico do Ministério da Justiça no qual, através da inserção do código, é possível confirmar a autenticidade da notificação.

(Redação dada pela Lei nº 71/2018, de 31-12)

Artigo 114º – Casos especiais

1. A notificação de pessoa que se encontrar presa é requisitada ao director do estabelecimento prisional respectivo e efectuada na pessoa do notificando por funcionário para o efeito designado.

2. A notificação de funcionário ou agente administrativo pode fazer-se mediante requisição ao respectivo serviço, mas a comparência do notificado não carece de autorização do superior hierárquico; quando, porém, a notificação seja feita por outro modo, o notificado deve informar imediatamente da notificação o seu superior e apresentar-lhe documento comprovativo da comparência.

Artigo 115º – Dificuldades em efectuar notificação ou cumprir mandado

1. O funcionário de justiça encarregado de efectuar uma notificação ou de cumprir um mandado pode, quando tal se revelar necessário, recorrer à colaboração da força pública, a qual é requisitada à autoridade mais próxima do local onde dever intervir.

2. Todos os agentes de manutenção da ordem pública devem prestar auxílio e colaboração ao funcionário mencionado no número anterior e para os fins nele referidos, quando for pedida a sua intervenção e exibida a notificação ou o mandado respectivos.

3. Se, apesar do auxílio e da colaboração prestados nos termos dos números anteriores, o funcionário de justiça não tiver conseguido efectuar a notificação ou cumprir o mandado, redige auto da ocorrência, no qual indica especificadamente as diligências a que procedeu, e transmite-o sem demora à entidade notificante ou mandante.

Artigo 116º – Falta injustificada de comparecimento

1. Em caso de falta injustificada de comparecimento de pessoa regularmente convocada ou notificada, no dia, hora e local designados, o juiz condena o faltoso ao pagamento de uma soma entre 2 UC e 10 UC.

2. Sem prejuízo do disposto no número anterior, o juiz pode ordenar, oficiosamente ou a requerimento, a detenção de quem tiver faltado injustificadamente pelo tempo indispensável à realização da diligência e, bem assim, condenar o faltoso ao pagamento das despesas ocasionadas pela sua não comparência, nomeadamente das relacionadas com notificações, expediente e deslocação de pessoas. Tratando-se do arguido, pode ainda ser-lhe aplicada medida de prisão preventiva, se esta for legalmente admissível.

3. Se a falta for cometida pelo Ministério Público ou por advogado constituído ou nomeado no processo, dela é dado conhecimento, respectivamente, ao superior hierárquico ou à Ordem dos Advogados.

4. É correspondentemente aplicável o disposto no nº 5 do artigo 68º

Artigo 117º – Justificação da falta de comparecimento

1. Considera-se justificada a falta motivada por facto não imputável ao faltoso que o impeça de comparecer no acto processual para que foi convocado ou notificado.

2. A impossibilidade de comparecimento deve ser comunicada com cinco dias de antecedência, se for previsível, e no dia e hora designados para a prática do acto, se for imprevisível. Da comunicação consta, sob pena de não justificação da falta, a indicação do respectivo motivo, do local onde o faltoso pode ser encontrado e da duração previsível do impedimento.

3. Os elementos de prova da impossibilidade de comparecimento devem ser apresentados com a comunicação referida no número anterior, salvo tratando-se de impedimento imprevisível comunicado no próprio dia e hora, caso em que, por motivo justificado, podem ser apresentados até ao 3º dia útil seguinte. Não podem ser indicadas mais de três testemunhas.

4. Se for alegada doença, o faltoso apresenta atestado médico especificando a impossibilidade ou grave inconveniência no comparecimento e o tempo provável de duração do impedimento. A autoridade judiciária pode ordenar o comparecimento do médico que subscreveu o atestado e fazer verificar por outro médico a veracidade da alegação da doença.

5. Se for impossível obter atestado médico, é admissível qualquer outro meio de prova.

6. Havendo impossibilidade de comparecimento, mas não de prestação de declarações ou de depoimento, esta realizar-se-á no dia, hora e local que a autoridade judiciária designar, ouvido o médico assistente, se necessário.

7. A falsidade da justificação é punida, consoante os casos, nos termos dos artigos 260º e 360º do Código Penal.

8. O disposto nos números anteriores no que se refere aos elementos exigíveis de prova não se aplica aos advogados, podendo a autoridade judiciária comunicar as faltas injustificadas ao organismo disciplinar da respectiva Ordem.

TÍTULO V – Das nulidades

Artigo 118º – Princípio da legalidade

1. A violação ou a inobservância das disposições da lei do processo penal só determina a nulidade do acto quando esta for expressamente cominada na lei.

2. Nos casos em que a lei não cominar a nulidade, o acto ilegal é irregular.

3. As disposições do presente título não prejudicam as normas deste Código relativas a proibições de prova.

Artigo 119º – Nulidades insanáveis

Constituem nulidades insanáveis, que devem ser oficiosamente declaradas em qualquer fase do procedimento, além das que como tal forem cominadas em outras disposições legais:

a) A falta do número de juízes ou de jurados que devam constituir o tribunal, ou a violação das regras legais relativas ao modo de determinar a respectiva composição;

b) A falta de promoção do processo pelo Ministério Público, nos termos do artigo 48º, bem como a sua ausência a actos relativamente aos quais a lei exigir a respectiva comparência;

c) A ausência do arguido ou do seu defensor, nos casos em que a lei exigir a respectiva comparência;

d) A falta de inquérito ou de instrução, nos casos em que a lei determinar a sua obrigatoriedade;

e) A violação das regras de competência do tribunal, sem prejuízo do disposto no nº 2 do artigo 32º;

f) O emprego de forma de processo especial fora dos casos previstos na lei.

Artigo 120º – Nulidades dependentes de arguição

1. Qualquer nulidade diversa das referidas no artigo anterior deve ser arguida pelos interessados e fica sujeita à disciplina prevista neste artigo e no artigo seguinte.

2. Constituem nulidades dependentes de arguição, além das que forem cominadas noutras disposições legais:

a) O emprego de uma forma de processo quando a lei determinar a utilização de outra, sem prejuízo do disposto na alínea *f*) do artigo anterior;

b) A ausência, por falta de notificação, do assistente e das partes civis, nos casos em que a lei exigir a respectiva comparência;

c) A falta de nomeação de intérprete, nos casos em que a lei a considerar obrigatória;

d) A insuficiência do inquérito ou da instrução, por não terem sido praticados actos legalmente obrigatórios, e a omissão posterior de diligências que pudessem reputar-se essenciais para a descoberta da verdade.

3. As nulidades referidas nos números anteriores devem ser arguidas:

a) Tratando-se de nulidade de acto a que o interessado assista, antes que o acto esteja terminado;

b) Tratando-se da nulidade referida na alínea *b*) do número anterior, até cinco dias após a notificação do despacho que designar dia para a audiência;

c) Tratando-se de nulidade respeitante ao inquérito ou à instrução, até ao encerramento do debate instrutório ou, não havendo lugar a instrução, até cinco dias após a notificação do despacho que tiver encerrado o inquérito;

d) Logo no início da audiência nas formas de processo especiais.

Artigo 121º - Sanação de nulidades

1. Salvo nos casos em que a lei dispuser de modo diferente, as nulidades ficam sanadas se os participantes processuais interessados:

a) Renunciarem expressamente a arguí-las;

b) Tiverem aceite expressamente os efeitos do acto anulável; ou

c) Se tiverem prevalecido de faculdade a cujo exercício o acto anulável se dirigia.

2. As nulidades respeitantes a falta ou a vício de notificação ou de convocação para acto processual ficam sanadas se a pessoa interessada comparecer ou renunciar a comparecer ao acto.

3. Ressalvam-se do disposto no número anterior os casos em que o interessado comparecer apenas com a intenção de arguir a nulidade.

Artigo 122º - Efeitos da declaração de nulidade

1. As nulidades tornam inválido o acto em que se verificarem, bem como os que dele dependerem e aquelas puderem afectar.

2. A declaração de nulidade determina quais os actos que passam a considerar-se inválidos e ordena, sempre que necessário e possível, a sua repetição, pondo as despesas respectivas a cargo do arguido, do assistente ou das partes civis que tenham dado causa, culposamente, à nulidade.

3. Ao declarar uma nulidade o juiz aproveita todos os actos que ainda puderem ser salvos do efeito daquela.

Artigo 123º - Irregularidades

1. Qualquer irregularidade do processo só determina a invalidade do acto a que se refere e dos termos subsequentes que possa afectar quando tiver sido arguida pelos interessados no próprio acto ou, se a este não tiverem assistido, nos três dias seguintes a contar daquele em que tiverem sido notificados para qualquer termo do processo ou intervindo em algum acto nele praticado.

2. Pode ordenar-se oficiosamente a reparação de qualquer irregularidade, no momento em que da mesma se tomar conhecimento, quando ela puder afectar o valor do acto praticado.

LIVRO III - DA PROVA

TÍTULO I - Disposições gerais

Artigo 124º - Objecto da prova

1. Constituem objecto da prova todos os factos juridicamente relevantes para a existência ou inexistência do crime, a punibilidade ou não punibilidade do arguido e a determinação da pena ou da medida de segurança aplicáveis.

2. Se tiver lugar pedido civil, constituem igualmente objecto da prova os factos relevantes para a determinação da responsabilidade civil.

Artigo 125º – Legalidade da prova

São admissíveis as provas que não forem proibidas por lei.

Artigo 126º – Métodos proibidos de prova

1. São nulas, não podendo ser utilizadas, as provas obtidas mediante tortura, coacção ou, em geral, ofensa da integridade física ou moral das pessoas.

2. São ofensivas da integridade física ou moral das pessoas as provas obtidas, mesmo que com consentimento delas, mediante:

a) Perturbação da liberdade de vontade ou de decisão através de maus tratos, ofensas corporais, administração de meios de qualquer natureza, hipnose ou utilização de meios cruéis ou enganosos;

b) Perturbação, por qualquer meio, da capacidade de memória ou de avaliação;

c) Utilização da força, fora dos casos e dos limites permitidos pela lei;

d) Ameaça com medida legalmente inadmissível e, bem assim, com denegação ou condicionamento da obtenção de benefício legalmente previsto;

e) Promessa de vantagem legalmente inadmissível.

3. Ressalvados os casos previstos na lei, são igualmente nulas, não podendo ser utilizadas, as provas obtidas mediante intromissão na vida privada, no domicílio, na correspondência ou nas telecomunicações sem o consentimento do respectivo titular.

4. Se o uso dos métodos de obtenção de provas previstos neste artigo constituir crime, podem aquelas ser utilizadas com o fim exclusivo de proceder contra os agentes do mesmo.

Artigo 127º – Livre apreciação da prova

Salvo quando a lei dispuser diferentemente, a prova é apreciada segundo as regras da experiência e a livre convicção da entidade competente.

TÍTULO II – Dos meios de prova

CAPÍTULO I – Da prova testemunhal

Artigo 128º – Objecto e limites do depoimento

1. A testemunha é inquirida sobre factos de que possua conhecimento directo e que constituam objecto da prova.

2. Salvo quando a lei dispuser diferentemente, antes do momento de o tribunal proceder à determinação da pena ou da medida de segurança aplicáveis, a inquirição sobre factos relativos à personalidade e ao carácter do arguido, bem como às suas condições pessoais e à sua conduta anterior, só é permitida na medida estritamente indispensável para a prova de elementos constitutivos do crime, nomeadamente da culpa do agente, ou para a aplicação de medida de coacção ou de garantia patrimonial.

Artigo 129º – Depoimento indirecto

1. Se o depoimento resultar do que se ouviu dizer a pessoas determinadas, o juiz pode chamar estas a depor. Se o não fizer, o depoimento produzido não pode, naquela parte, servir como meio de prova, salvo se a inquirição das pessoas indicadas não for possível por morte, anomalia psíquica superveniente ou impossibilidade de serem encontradas.

2. O disposto no número anterior aplica-se ao caso em que o depoimento resultar da leitura de documento de autoria de pessoa diversa da testemunha.

3. Não pode, em caso algum, servir como meio de prova o depoimento de quem recusar ou não estiver em condições de indicar a pessoa ou a fonte através das quais tomou conhecimento dos factos.

Artigo 130º – Vozes públicas e convicções pessoais

1. Não é admissível como depoimento a reprodução de vozes ou rumores públicos.

2. A manifestação de meras convicções pessoais sobre factos ou a sua interpretação só é admissível nos casos seguintes e na estrita medida neles indicada:

a) Quando for impossível cindi-la do depoimento sobre factos concretos;

b) Quando tiver lugar em função de qualquer ciência, técnica ou arte;

c) Quando ocorrer no estádio de determinação da sanção.

Artigo 131º – Capacidade e dever de testemunhar

1. Qualquer pessoa tem capacidade para ser testemunha desde que tenha aptidão mental para depor sobre os factos que constituam objeto da prova e só pode recusar-se nos casos previstos na lei.

2. A autoridade judiciária verifica a aptidão física ou mental de qualquer pessoa para prestar testemunho, quando isso for necessário para avaliar da sua credibilidade e puder ser feito sem retardamento da marcha normal do processo.

3. Tratando-se de depoimento de menor de 18 anos em crimes contra a liberdade e autodeterminação sexual de menores, pode ter lugar perícia sobre a personalidade.

4. As indagações referidas nos números anteriores, ordenadas anteriormente ao depoimento, não impedem que este se produza.

(Redação dada pela Lei nº 49/2018 de 14-08)

Artigo 132º – Direitos e deveres da testemunha

1. Salvo quando a lei dispuser de forma diferente, incumbem à testemunha os deveres de:

a) Se apresentar, no tempo e no lugar devidos, à autoridade por quem tiver sido legitimamente convocada ou notificada, mantendo-se à sua disposição até ser por ela desobrigada;

b) Prestar juramento, quando ouvida por autoridade judiciária;

c) Obedecer às indicações que legitimamente lhe forem dadas quanto à forma de prestar depoimento;

d) Responder com verdade às perguntas que lhe forem dirigidas.

2. A testemunha não é obrigada a responder a perguntas quando alegar que das respostas resulta a sua responsabilização penal.

3. Para o efeito de ser notificada, a testemunha pode indicar a sua residência, o local de trabalho ou outro domicílio à sua escolha.

4. Sempre que deva prestar depoimento, ainda que no decurso de acto vedado ao público, a testemunha pode fazer-se acompanhar de advogado, que a informa, quando entender necessário, dos direitos que lhe assistem, sem intervir na inquirição.

5. Não pode acompanhar testemunha, nos termos do número anterior, o advogado que seja defensor de arguido no processo.

Artigo 133º – Impedimentos

1. Estão impedidos de depor como testemunhas:

a) O arguido e os co-arguidos no mesmo processo ou em processos conexos, enquanto mantiverem aquela qualidade;

b) As pessoas que se tiverem constituído assistentes, a partir do momento da constituição;

c) As partes civis;

d) Os peritos, em relação às perícias que tiverem realizado.

2. Em caso de separação de processos, os arguidos de um mesmo crime ou de um crime conexo, mesmo que já condenados por sentença transitada em julgado, só podem depor como testemunhas se nisso expressamente consentirem.

Artigo 134º – Recusa de depoimento

1. Podem recusar-se a depor como testemunhas:

a) Os descendentes, os ascendentes, os irmãos, os afins até ao 2º grau, os adoptantes, os adoptados e o cônjuge do arguido;

b) Quem tiver sido cônjuge do arguido ou quem, sendo de outro ou do mesmo sexo, com ele conviver ou tiver convivido em condições análogas às dos cônjuges, relativamente a factos ocorridos durante o casamento ou a coabitação.

2. A entidade competente para receber o depoimento adverte, sob pena de nulidade, as pessoas referidas no número anterior da faculdade que lhes assiste de recusarem o depoimento.

Artigo 135º – Segredo profissional

1. Os ministros de religião ou confissão religiosa e os advogados, médicos, jornalistas, membros de instituições de crédito e as demais pessoas a quem a lei permitir ou impuser que guardem segredo podem escusar-se a depor sobre os factos por ele abrangidos.

2. Havendo dúvidas fundadas sobre a legitimidade da escusa, a autoridade judiciária perante a qual o incidente se tiver suscitado procede às averiguações necessárias. Se, após estas, concluir pela ilegitimidade da escusa, ordena, ou requer ao tribunal que ordene, a prestação do depoimento.

3. O tribunal superior àquele onde o incidente tiver sido suscitado, ou, no caso de o incidente ter sido suscitado perante o Supremo Tribunal de Justiça, o pleno das secções criminais, pode decidir da prestação de testemunho com quebra do segredo profissional sempre que esta se mostre justificada, segundo o princípio da prevalência do interesse preponderante, nomeadamente tendo em conta a imprescindibilidade do depoimento para a descoberta da verdade, a gravidade do crime e a necessidade de protecção de bens jurídicos. A intervenção é suscitada pelo juiz, oficiosamente ou a requerimento.

4. Nos casos previstos nos nºs 2 e 3, a decisão da autoridade judiciária ou do tribunal é tomada ouvido o organismo representativo da profissão relacionada com o segredo profissional em causa, nos termos e com os efeitos previstos na legislação que a esse organismo seja aplicável.

5. O disposto nos nºs 3 e 4 não se aplica ao segredo religioso.

Artigo 136º - Segredo de funcionários

1. Os funcionários não podem ser inquiridos sobre factos que constituam segredo e de que tiverem tido conhecimento no exercício das suas funções.

2. É correspondentemente aplicável o disposto nos nºs 2 e 3 do artigo anterior.

Artigo 137º - Segredo de Estado

1. As testemunhas não podem ser inquiridas sobre factos que constituam segredo de Estado.

2. O segredo de Estado a que se refere o presente artigo abrange, nomeadamente, os factos cuja revelação, ainda que não constitua crime, possa causar dano à segurança, interna ou externa, do Estado Português ou à defesa da ordem constitucional.

3. A invocação de segredo de Estado por parte da testemunha é regulada nos termos da lei que aprova o regime do segredo de Estado e da Lei-Quadro do Sistema de Informações da República Portuguesa.

(Redação dada pela Lei Orgânica nº 2/2014, de 06-08)

Artigo 138º - Regras da inquirição

1. O depoimento é um acto pessoal que não pode, em caso algum, ser feito por intermédio de procurador.

2. Às testemunhas não devem ser feitas perguntas sugestivas ou impertinentes, nem quaisquer outras que possam prejudicar a espontaneidade e a sinceridade das respostas.

3. A inquirição deve incidir, primeiramente, sobre os elementos necessários à identificação da testemunha, sobre as suas relações de parentesco e de interesse com o arguido, o ofendido, o assistente, as partes civis e com outras testemunhas, bem como sobre quaisquer circunstâncias relevantes para avaliação da credibilidade do depoimento. Seguidamente, se for obrigada a juramento, deve prestá-lo, após o que depõe nos termos e dentro dos limites legais.

4. Quando for conveniente, podem ser mostradas às testemunhas quaisquer peças do processo, documentos que a ele respeitem, instrumentos com que o crime foi cometido ou quaisquer outros objectos apreendidos.

5. Se a testemunha apresentar algum objecto ou documento que puder servir a prova, faz-se menção da sua apresentação e junta-se ao processo ou guarda-se devidamente.

Artigo 139º - Imunidades, prerrogativas e medidas especiais de protecção

1. Têm aplicação em processo penal todas as imunidades e prerrogativas estabelecidas na lei quanto ao dever de testemunhar e ao modo e local de prestação dos depoimentos.

2. A protecção das testemunhas e de outros intervenientes no processo contra formas de ameaça, pressão ou intimidação, nomeadamente nos casos de terrorismo, criminalidade violenta ou altamente organizada, é regulada em lei especial.

3. Fica assegurada a possibilidade de realização do contraditório legalmente admissível no caso.

CAPÍTULO II - Das declarações do arguido, do assistente e das partes civis

Artigo 140º - Declarações do arguido: Regras gerais

1. Sempre que o arguido prestar declarações, e ainda que se encontre detido ou preso, deve encontrar-se livre na sua pessoa, salvo se forem necessárias cautelas para prevenir o perigo de fuga ou actos de violência.

2. Às declarações do arguido é correspondentemente aplicável o disposto nos artigos 128º e 138º, salvo quando a lei dispuser de forma diferente.

3. O arguido não presta juramento em caso algum.

Artigo 141º - Primeiro interrogatório judicial de arguido detido

1. O arguido detido que não deva ser de imediato julgado é interrogado pelo juiz de instrução, no prazo máximo de quarenta e oito horas após a detenção, logo que lhe for presente com a indicação circunstanciada dos motivos da detenção e das provas que a fundamentam.

2. O interrogatório é feito exclusivamente pelo juiz, com assistência do Ministério Público e do defensor e estando presente o funcionário de justiça. Não é admitida a presença de qualquer outra pessoa, a não ser que, por motivo de segurança, o detido deva ser guardado à vista.

3. O arguido é perguntado pelo seu nome, filiação, freguesia e concelho de naturalidade, data de nascimento, estado civil, profissão, residência, local de trabalho, sendo-lhe exigida, se necessário, a exibição de documento oficial bastante de identificação. Deve ser advertido de que a falta de resposta a estas perguntas ou a falsidade das respostas o pode fazer incorrer em responsabilidade penal.

4. Seguidamente, o juiz informa o arguido:

a) Dos direitos referidos no nº 1 do artigo 61º, explicando-lhos se isso for necessário;

b) De que não exercendo o direito ao silêncio as declarações que prestar poderão ser utilizadas no processo, mesmo que seja julgado na ausência, ou não preste declarações em audiência de julgamento, estando sujeitas à livre apreciação da prova;

c) Dos motivos da detenção;

d) Dos factos que lhe são concretamente imputados, incluindo, sempre que forem conhecidas, as circunstâncias de tempo, lugar e modo; e

e) Dos elementos do processo que indiciam os factos imputados, sempre que a sua comunicação não puser em causa a investigação, não dificultar a descoberta da verdade nem criar perigo para a vida, a integridade física ou psíquica ou a liberdade dos participantes processuais ou das vítimas do crime;

ficando todas as informações, à excepção das previstas na alínea *a*), a constar do auto de interrogatório.

5. Prestando declarações, o arguido pode confessar ou negar os factos ou a sua participação neles e indicar as causas que possam excluir a ilicitude ou a culpa, bem como quaisquer circunstâncias que possam relevar para a determinação da sua responsabilidade ou da medida da sanção.

6. Durante o interrogatório, o Ministério Público e o defensor, sem prejuízo do direito de arguir nulidades, abstêm-se de qualquer interferência, podendo o juiz permitir que suscitem pedidos de esclarecimento das respostas dadas pelo arguido. Findo o interrogatório, podem requerer ao juiz que formule àquele as perguntas que entenderem relevantes para a descoberta da verdade. O juiz decide, por despacho irrecorrível, se o requerimento há-de ser feito na presença do arguido e sobre a relevância das perguntas.

7. O interrogatório do arguido é efetuado, em regra, através de registo áudio ou audiovisual, só podendo ser utilizados outros meios, designadamente estenográficos ou estenotípicos, ou qualquer outro meio técnico idóneo a assegurar a reprodução integral daquelas, ou a documentação através de auto, quando aqueles meios não estiverem disponíveis, o que deverá ficar a constar do auto.

8. Quando houver lugar a registo áudio ou audiovisual devem ser consignados no auto o início e o termo da gravação de cada declaração.

9. É correspondentemente aplicável o disposto no artigo 101º

(Redação dada pela Lei nº 20/2013, de 21-02)

Artigo 142º – Juiz de instrução competente

1. Havendo fundado receio de que o prazo máximo referido no nº 1 do artigo anterior não seja suficiente para apresentar o detido ao juiz de instrução competente para o processo, ou não sendo possível apresentá-lo dentro desse prazo com segurança, o primeiro interrogatório judicial é feito pelo juiz de instrução competente na área em que a detenção se tiver operado.

2. Se do interrogatório, feito nos termos da parte final do número anterior, resultar a necessidade de medidas de coacção ou de garantia patrimonial, são estas imediatamente aplicadas.

Artigo 143º - Primeiro interrogatório não judicial de arguido detido

1. O arguido detido que não for interrogado pelo juiz de instrução em acto seguido à detenção é apresentado ao Ministério Público competente na área em que a detenção se tiver operado, podendo este ouvi-lo sumariamente.

2. O interrogatório obedece, na parte aplicável, às disposições relativas ao primeiro interrogatório judicial de arguido detido.

3. Após o interrogatório sumário, o Ministério Público, se não libertar o detido, providencia para que ele seja presente ao juiz de instrução nos termos dos artigos 141º e 142º

4. Nos casos de terrorismo, criminalidade violenta ou altamente organizada, o Ministério Público pode determinar que o detido não comunique com pessoa alguma, salvo o defensor, antes do primeiro interrogatório judicial.

Artigo 144º - Outros interrogatórios

1. Os subsequentes interrogatórios de arguido preso e os interrogatórios de arguido em liberdade são feitos no inquérito pelo Ministério Público e na instrução e em julgamento pelo respectivo juiz, obedecendo, em tudo quanto for aplicável, às disposições deste capítulo.

2. No inquérito, os interrogatórios referidos no número anterior podem ser feitos por órgão de polícia criminal no qual o Ministério Público tenha delegado a sua realização, obedecendo, em tudo o que for aplicável, às disposições deste capítulo, exceto quanto ao disposto nas alíneas *b*) e *e*) do nº 4 do artigo 141º

3. Os interrogatórios de arguido preso são sempre feitos com assistência do defensor.

4. A entidade que proceder ao interrogatório de arguido em liberdade informa-o previamente de que tem o direito de ser assistido por advogado.

(Redação dada pela Lei nº 20/2013, de 21-02)

Artigo 145º - Declarações e notificações do assistente e das partes civis

1. Ao assistente e às partes civis podem ser tomadas declarações a requerimento seu ou do arguido ou sempre que a autoridade judiciária o entender conveniente.

2. O assistente e as partes civis ficam sujeitos ao dever de verdade e a responsabilidade penal pela sua violação.

3. A prestação de declarações pelo assistente e pelas partes civis fica sujeita ao regime de prestação da prova testemunhal, salvo no que lhe for manifestamente inaplicável e no que a lei dispuser diferentemente.

4. A prestação de declarações pelo assistente e pelas partes civis não é precedida de juramento.

5. Para os efeitos de serem notificados por via postal simples, nos termos da alínea *c*) do nº 1 do artigo 113º, o denunciante com a faculdade de se constituir assistente, o assistente e as partes civis indicam a sua residência, o local de trabalho ou outro domicílio à sua escolha.

6. A indicação de local para efeitos de notificação, nos termos do número anterior, é acompanhada da advertência de que as posteriores notificações serão feitas para a morada indicada no número anterior, exceto se for comunicada outra, através de

requerimento entregue ou remetido por via postal registada à secretaria onde os autos se encontrem a correr nesse momento.
(Redação dada pela Lei nº 20/2013, de 21-02)

CAPÍTULO III - Da prova por acareação

Artigo 146º - Pressupostos e procedimento

1. É admissível acareação entre co-arguidos, entre o arguido e o assistente, entre testemunhas ou entre estas, o arguido e o assistente sempre que houver contradição entre as suas declarações e a diligência se afigurar útil à descoberta da verdade.

2. O disposto no número anterior é correspondentemente aplicável às partes civis.

3. A acareação tem lugar oficiosamente ou a requerimento.

4. A entidade que presidir à diligência, após reproduzir as declarações, pede às pessoas acareadas que as confirmem ou modifiquem e, quando necessário, que contestem as das outras pessoas, formulando-lhes em seguida as perguntas que entender convenientes para o esclarecimento da verdade.

CAPÍTULO IV - Da prova por reconhecimento

Artigo 147º - Reconhecimento de pessoas

1. Quando houver necessidade de proceder ao reconhecimento de qualquer pessoa, solicita-se à pessoa que deva fazer a identificação que a descreva, com indicação de todos os pormenores de que se recorda. Em seguida, é-lhe perguntado se já a tinha visto antes e em que condições. Por último, é interrogada sobre outras circunstâncias que possam influir na credibilidade da identificação.

2. Se a identificação não for cabal, afasta-se quem dever proceder a ela e chamam-se pelo menos duas pessoas que apresentem as maiores semelhanças possíveis, inclusive de vestuário, com a pessoa a identificar. Esta última é colocada ao lado delas, devendo, se possível, apresentar-se nas mesmas condições em que poderia ter sido vista pela pessoa que procede ao reconhecimento. Esta é então chamada e perguntada sobre se reconhece algum dos presentes e, em caso afirmativo, qual.

3. Se houver razão para crer que a pessoa chamada a fazer a identificação pode ser intimidada ou perturbada pela efectivação do reconhecimento e este não tiver lugar em audiência, deve o mesmo efectuar-se, se possível, sem que aquela pessoa seja vista pelo identificando.

4. As pessoas que intervierem no processo de reconhecimento previsto no nº 2 são, se nisso consentirem, fotografadas, sendo as fotografias juntas ao auto.

5. O reconhecimento por fotografia, filme ou gravação realizado no âmbito da investigação criminal só pode valer como meio de prova quando for seguido de reconhecimento efectuado nos termos do nº 2.

6. As fotografias, filmes ou gravações que se refiram apenas a pessoas que não tiverem sido reconhecidas podem ser juntas ao auto, mediante o respectivo consentimento.

7. O reconhecimento que não obedecer ao disposto neste artigo não tem valor como meio de prova, seja qual for a fase do processo em que ocorrer.

Artigo 148º – Reconhecimento de objectos

1. Quando houver necessidade de proceder ao reconhecimento de qualquer objecto relacionado com o crime, procede-se de harmonia com o disposto no nº 1 do artigo anterior, em tudo quanto for correspondentemente aplicável.

2. Se o reconhecimento deixar dúvidas, junta-se o objecto a reconhecer com pelo menos dois outros semelhantes e pergunta-se à pessoa se reconhece algum de entre eles e, em caso afirmativo, qual.

3. É correspondentemente aplicável o disposto no nº 7 do artigo anterior.

Artigo 149º – Pluralidade de reconhecimento

1. Quando houver necessidade de proceder ao reconhecimento da mesma pessoa ou do mesmo objecto por mais de uma pessoa, cada uma delas fá-lo separadamente, impedindo-se a comunicação entre elas.

2. Quando houver necessidade de a mesma pessoa reconhecer várias pessoas ou vários objectos, o reconhecimento é feito separadamente para cada pessoa ou cada objecto.

3. É correspondentemente aplicável o disposto nos artigos 147º e 148º

CAPÍTULO V – Da reconstituição do facto

Artigo 150º – Pressupostos e procedimento

1. Quando houver necessidade de determinar se um facto poderia ter ocorrido de certa forma, é admissível a sua reconstituição. Esta consiste na reprodução, tão fiel quanto possível, das condições em que se afirma ou se supõe ter ocorrido o facto e na repetição do modo de realização do mesmo.

2. O despacho que ordenar a reconstituição do facto deve conter uma indicação sucinta do seu objecto, do dia, hora e local em que ocorrerão as diligências e da forma da sua efectivação, eventualmente com recurso a meios audiovisuais. No mesmo despacho pode ser designado perito para execução de operações determinadas.

3. A publicidade da diligência deve, na medida do possível, ser evitada.

CAPÍTULO VI – Da prova pericial

Artigo 151º – Quando tem lugar

A prova pericial tem lugar quando a percepção ou a apreciação dos factos exigirem especiais conhecimentos técnicos, científicos ou artísticos.

Artigo 152º – Quem a realiza

1. A perícia é realizada em estabelecimento, laboratório ou serviço oficial apropriado ou, quando tal não for possível ou conveniente, por perito nomeado de entre

pessoas constantes de listas de peritos existentes em cada comarca, ou, na sua falta ou impossibilidade de resposta em tempo útil, por pessoa de honorabilidade e de reconhecida competência na matéria em causa.

2. Quando a perícia se revelar de especial complexidade ou exigir conhecimentos de matérias distintas, pode ela ser deferida a vários peritos funcionando em moldes colegiais ou interdisciplinares.

Artigo 153º – Desempenho da função de perito

1. O perito é obrigado a desempenhar a função para que tiver sido competentemente nomeado, sem prejuízo do disposto no artigo 47º e no número seguinte.

2. O perito nomeado pode pedir escusa com base na falta de condições indispensáveis para realização da perícia e pode ser recusado, pelos mesmos fundamentos, pelo Ministério Público, pelo arguido, pelo assistente ou pelas partes civis, sem prejuízo, porém, da realização da perícia se for urgente ou houver perigo na demora.

3. O perito pode ser substituído pela autoridade judiciária que o tiver nomeado quando não apresentar o relatório no prazo fixado ou quando desempenhar de forma negligente o encargo que lhe foi cometido. A decisão de substituição do perito é irrecorrível.

4. Operada a substituição, o substituído é notificado para comparecer perante a autoridade judiciária competente e expor as razões por que não cumpriu o encargo. Se aquela considerar existente grosseira violação dos deveres que ao substituído incumbiam, o juiz, oficiosamente ou a requerimento, condena-o ao pagamento de uma soma entre 1 UC e 6 UC.

Artigo 154º – Despacho que ordena a perícia

1. A perícia é ordenada, oficiosamente ou a requerimento, por despacho da autoridade judiciária, contendo a indicação do objeto da perícia e os quesitos a que os peritos devem responder, bem como a indicação da instituição, laboratório ou o nome dos peritos que realizarão a perícia.

2. A autoridade judiciária deve transmitir à instituição, ao laboratório ou aos peritos, consoante os casos, toda a informação relevante à realização da perícia, bem como a sua atualização superveniente, sempre que eventuais alterações processuais modifiquem a pertinência do pedido ou o objeto da perícia, aplicando-se neste último caso o disposto no número anterior quanto à formulação de quesitos.

3. Quando se tratar de perícia sobre características físicas ou psíquicas de pessoa que não haja prestado consentimento, o despacho previsto no número anterior é da competência do juiz, que pondera a necessidade da sua realização, tendo em conta o direito à integridade pessoal e à reserva da intimidade do visado.

4. O despacho é notificado ao Ministério Público, quando este não for o seu autor, ao arguido, ao assistente e às partes civis, com a antecedência mínima de três dias sobre a data indicada para a realização da perícia.

5. Ressalvam-se do disposto no número anterior os casos:
a) Em que a perícia tiver lugar no decurso do inquérito e a autoridade judiciária que a ordenar tiver razões para crer que o conhecimento dela ou dos seus resultados, pelo arguido, pelo assistente ou pelas partes civis, poderia prejudicar as finalidades do inquérito;
b) De urgência ou de perigo na demora.
(Redação dada pela Lei nº 20/2013, de 21-02)

Artigo 155º - Consultores técnicos

1. Ordenada a perícia, o Ministério Público, o arguido, o assistente e as partes civis podem designar para assistir à realização da mesma, se isso ainda for possível, um consultor técnico da sua confiança.
2. O consultor técnico pode propor a efectivação de determinadas diligências e formular observações e objecções, que ficam a constar do auto.
3. Se o consultor técnico for designado após a realização da perícia, pode, salvo no caso previsto na alínea *a*) do nº 5 do artigo anterior, tomar conhecimento do relatório.
4. A designação de consultor técnico e o desempenho da sua função não podem atrasar a realização da perícia e o andamento normal do processo.
(Redação dada pela Lei nº 20/2013, de 21-02)

Artigo 156º - Procedimento

1. Os peritos prestam compromisso, podendo a autoridade judiciária competente, oficiosamente ou a requerimento dos peritos ou dos consultores técnicos, formular quesitos quando a sua existência se revelar conveniente.
2. A autoridade judiciária assiste, sempre que possível e conveniente, à realização da perícia, podendo a autoridade que a tiver ordenado permitir também a presença do arguido e do assistente, salvo se a perícia for susceptível de ofender o pudor.
3. Se os peritos carecerem de quaisquer diligências ou esclarecimentos, requerem que essas diligências se pratiquem ou esses esclarecimentos lhes sejam fornecidos, podendo, com essa finalidade, ter acesso a quaisquer atos ou documentos do processo.
4. Sempre que o despacho que ordena a perícia não contiver os elementos a que alude o nº 1 do artigo 154º, os peritos devem obrigatoriamente requerer as diligências ou esclarecimentos, que devem ser praticadas ou fornecidos, consoante os casos, no prazo máximo de cinco dias.
5. Os elementos de que o perito tome conhecimento no exercício das suas funções só podem ser utilizados dentro do objecto e das finalidades da perícia.
6. As perícias referidas no nº 3 do artigo 154º são realizadas por médico ou outra pessoa legalmente autorizada e não podem criar perigo para a saúde do visado.
7. Quando se tratar de análises de sangue ou de outras células corporais, os exames efectuados e as amostras recolhidas só podem ser utilizados no processo em curso ou em outro já instaurado, devendo ser destruídos, mediante despacho do juiz, logo que não sejam necessários.
(Redação dada pela Lei nº 20/2013, de 21-02)

Artigo 157º - Relatório pericial

1. Finda a perícia, os peritos procedem à elaboração de um relatório, no qual mencionam e descrevem as suas respostas e conclusões devidamente fundamentadas. Aos peritos podem ser pedidos esclarecimentos pela autoridade judiciária, pelo arguido, pelo assistente, pelas partes civis e pelos consultores técnicos.

2. O relatório, elaborado logo em seguida à realização da perícia, pode ser ditado para o auto.

3. Se o relatório não puder ser elaborado logo em seguida à realização da perícia, é marcado um prazo, não superior a 60 dias, para a sua apresentação. Em casos de especial complexidade, o prazo pode ser prorrogado, a requerimento fundamentado dos peritos, por mais 30 dias.

4. Se o conhecimento dos resultados da perícia não for indispensável para o juízo sobre a acusação ou sobre a pronúncia, pode a autoridade judiciária competente autorizar que o relatório seja apresentado até à abertura da audiência.

5. Se a perícia for realizada por mais de um perito e houver discordância entre eles, apresenta cada um o seu relatório, o mesmo sucedendo na perícia interdisciplinar. Tratando-se de perícia colegial, pode haver lugar a opinião vencedora e opinião vencida.

Artigo 158º - Esclarecimentos e nova perícia

1. Em qualquer altura do processo pode a autoridade judiciária competente determinar, oficiosamente ou a requerimento, quando isso se revelar de interesse para a descoberta da verdade, que:

a) Os peritos sejam convocados para prestarem esclarecimentos complementares, devendo ser-lhes comunicados o dia, a hora e o local em que se efectivará a diligência; ou

b) Seja realizada nova perícia ou renovada a perícia anterior a cargo de outro ou outros peritos.

2. Os peritos dos estabelecimentos, laboratórios ou serviços oficiais são ouvidos por teleconferência a partir do seu local de trabalho, sempre que tal seja tecnicamente possível, sendo tão-só necessária a notificação do dia e da hora a que se procederá à sua audição.

Artigo 159º - Perícias médico-legais e forenses

1. As perícias médico-legais e forenses que se insiram nas atribuições do Instituto Nacional de Medicina Legal são realizadas pelas delegações deste e pelos gabinetes médico-legais.

2. Excepcionalmente, perante manifesta impossibilidade dos serviços, as perícias referidas no número anterior podem ser realizadas por entidades terceiras, públicas ou privadas, contratadas ou indicadas para o efeito pelo Instituto.

3. Nas comarcas não compreendidas na área de actuação das delegações e dos gabinetes médico-legais em funcionamento, as perícias médico-legais e forenses podem ser realizadas por médicos a contratar pelo Instituto.

4. As perícias médico-legais e forenses solicitadas ao Instituto em que se verifique a necessidade de formação médica especializada noutros domínios e que não possam ser realizadas pelas delegações do Instituto ou pelos gabinetes médico-legais, por aí não existirem peritos com a formação requerida ou condições materiais para a sua realização, podem ser efectuadas, por indicação do Instituto, por serviço universitário ou de saúde público ou privado.

5. Sempre que necessário, as perícias médico-legais e forenses de natureza laboratorial podem ser realizadas por entidades terceiras, públicas ou privadas, contratadas ou indicadas pelo Instituto.

6. O disposto nos números anteriores é correspondente aplicável à perícia relativa a questões psiquiátricas, na qual podem participar também especialistas em psicologia e criminologia.

7. A perícia psiquiátrica pode ser efectuada a requerimento do representante legal do arguido, do cônjuge não separado judicialmente de pessoas e bens ou da pessoa, de outro ou do mesmo sexo, que com o arguido viva em condições análogas às dos cônjuges, dos descendentes e adoptados, ascendentes e adoptantes, ou, na falta deles, dos irmãos e seus descendentes.

Artigo 159º-A – Perícias médico-veterinárias legais e forenses

1. As perícias médico-veterinárias legais e forenses devem ser realizadas por entidades designadas pela autoridade judiciária, nomeadamente o Instituto Nacional de Investigação Agrária e Veterinária, as faculdades que reúnam as condições para o efeito, bem como médicos veterinários e médicos veterinários municipais.

2. As perícias médico-veterinárias legais e forenses em que se verifique a necessidade de formação especializada noutros domínios e que não possam ser realizadas pelas entidades referidas no número anterior, por aí não existirem peritos com a formação requerida ou condições materiais para a sua realização, podem ser efetuadas por serviço universitário ou de saúde público ou privado.

3. Sempre que necessário, as perícias médico-veterinárias podem ser realizadas por médicos veterinários ligados a entidades terceiras, públicas ou privadas, ou ser solicitada perícia a outros médicos veterinários especialistas que laborem em entidades públicas ou privadas.

(Aditado pela Lei nº 39/2020, de 18-08)

Artigo 160º – Perícia sobre a personalidade

1. Para efeito de avaliação da personalidade e da perigosidade do arguido pode haver lugar a perícia sobre as suas características psíquicas independentes de causas patológicas, bem como sobre o seu grau de socialização. A perícia pode relevar, nomeadamente para a decisão sobre a revogação da prisão preventiva, a culpa do agente e a determinação da sanção.

2. A perícia deve ser deferida a serviços especializados, incluindo os serviços de reinserção social, ou, quando isso não for possível ou conveniente, a especialistas em criminologia, em psicologia, em sociologia ou em psiquiatria.

3. Os peritos podem requerer informações sobre os antecedentes criminais do arguido, se delas tiverem necessidade.

Artigo 160º-A – Realização de perícias

1. As perícias referidas nos artigos 152º e 160º podem ser realizadas por entidades terceiras que para tanto tenham sido contratadas por quem as tivesse de realizar, desde que aquelas não tenham qualquer interesse na decisão a proferir ou ligação com o assistente ou com o arguido.

2. Quando, por razões técnicas ou de serviço, quem tiver de realizar a perícia não conseguir, por si ou através de entidades terceiras para tanto contratadas, observar o prazo determinado pela autoridade judiciária, deve imediatamente comunicar-lhe tal facto, para que esta possa determinar a eventual designação de novo perito.

Artigo 161º – Destruição de objectos

Se os peritos, para procederem à perícia, precisarem de destruir, alterar ou comprometer gravemente a integridade de qualquer objecto, pedem autorização para tal à entidade que tiver ordenado a perícia. Concedida a autorização, fica nos autos a descrição exacta do objecto e, sempre que possível, a sua fotografia; tratando-se de documento, fica a sua fotocópia, devidamente conferida.

Artigo 162º – Remuneração do perito

1. Sempre que a perícia for feita em estabelecimento ou por perito não oficial, a entidade que a tiver ordenado fixa a remuneração do perito em função de tabelas aprovadas pelo Ministério da Justiça ou, na sua falta, tendo em atenção os honorários correntemente pagos por serviços do género e do relevo dos que foram prestados.

2. Em caso de substituição do perito, nos termos do nº 3 do artigo 153º, pode a entidade competente determinar que não há lugar a remuneração para o substituído.

3. Das decisões sobre a remuneração cabe, conforme os casos, recurso ou reclamação hierárquica.

Artigo 163º – Valor da prova pericial

1. O juízo técnico, científico ou artístico inerente à prova pericial presume-se subtraído à livre apreciação do julgador.

2. Sempre que a convicção do julgador divergir do juízo contido no parecer dos peritos, deve aquele fundamentar a divergência.

CAPÍTULO VII – Da prova documental

Artigo 164º – Admissibilidade

1. É admissível prova por documento, entendendo-se por tal a declaração, sinal ou notação corporizada em escrito ou qualquer outro meio técnico, nos termos da lei penal.

2. A junção da prova documental é feita oficiosamente ou a requerimento, não podendo juntar-se documento que contiver declaração anónima, salvo se for, ele mesmo, objecto ou elemento do crime.

Artigo 165º – Quando podem juntar-se documentos

1. O documento deve ser junto no decurso do inquérito ou da instrução e, não sendo isso possível, deve sê-lo até ao encerramento da audiência.

2. Fica assegurada, em qualquer caso, a possibilidade de contraditório, para realização do qual o tribunal pode conceder um prazo não superior a oito dias.

3. O disposto nos números anteriores é correspondentemente aplicável a pareceres de advogados, de jurisconsultos ou de técnicos, os quais podem sempre ser juntos até ao encerramento da audiência.

Artigo 166º – Tradução, decifração e transcrição de documentos

1. Se o documento for escrito em língua estrangeira, é ordenada, sempre que necessário, a sua tradução, nos termos do nº 6 do artigo 92º

2. Se o documento for dificilmente legível, é feito acompanhar de transcrição que o esclareça e, se for cifrado, é submetido a perícia destinada a obter a sua decifração.

3. Se o documento consistir em registo fonográfico, é, sempre que necessário, transcrito nos autos nos termos do nº 2 do artigo 101º, podendo o Ministério Público, o arguido, o assistente e as partes civis requerer a conferência, na sua presença, da transcrição.

Artigo 167º – Valor probatório das reproduções mecânicas

1. As reproduções fotográficas, cinematográficas, fonográficas ou por meio de processo electrónico e, de um modo geral, quaisquer reproduções mecânicas só valem como prova dos factos ou coisas reproduzidas se não forem ilícitas, nos termos da lei penal.

2. Não se consideram, nomeadamente, ilícitas para os efeitos previstos no número anterior as reproduções mecânicas que obedecerem ao disposto no título III deste livro.

Artigo 168º – Reprodução mecânica de documentos

Sem prejuízo do disposto no artigo anterior, quando não se puder juntar ao auto ou nele conservar o original de qualquer documento, mas unicamente a sua reprodução mecânica, esta tem o mesmo valor probatório do original, se com ele tiver sido identificada nesse ou noutro processo.

Artigo 169º – Valor probatório dos documentos autênticos e autenticados

Consideram-se provados os factos materiais constantes de documento autêntico ou autenticado enquanto a autenticidade do documento ou a veracidade do seu conteúdo não forem fundadamente postas em causa.

Artigo 170º - Documento falso

1. O tribunal pode, oficiosamente ou a requerimento, declarar no dispositivo da sentença, mesmo que esta seja absolutória, um documento junto aos autos como falso, devendo, para tal fim, quando o julgar necessário e sem retardamento sensível do processo, mandar proceder às diligências e admitir a produção da prova necessárias.

2. Do dispositivo relativo à falsidade de um documento pode recorrer-se autonomamente, nos mesmos termos em que poderia recorrer-se da parte restante da sentença.

3. No caso previsto no nº 1 e ainda sempre que o tribunal tiver ficado com fundada suspeita da falsidade de um documento, transmite cópia deste ao Ministério Público, para os efeitos da lei.

TÍTULO III - Dos meios de obtenção da prova

CAPÍTULO I - Dos exames

Artigo 171º - Pressupostos

1. Por meio de exames das pessoas, dos lugares, dos animais e das coisas, inspecionam-se os vestígios que possa ter deixado o crime e todos os indícios relativos ao modo como e ao lugar onde foi praticado, às pessoas que o cometeram ou sobre as quais foi cometido.

2. Logo que houver notícia da prática de crime, providencia-se para evitar, quando possível, que os seus vestígios se apaguem ou alterem antes de serem examinados, proibindo-se, se necessário, a entrada ou o trânsito de pessoas estranhas no local do crime ou quaisquer outros actos que possam prejudicar a descoberta da verdade.

3. Se os vestígios deixados pelo crime se encontrarem alterados ou tiverem desaparecido, descreve-se o estado em que se encontram as pessoas, os lugares, os animais e as coisas em que possam ter existido, procurando-se, quanto possível, reconstituí-los e descrevendo-se o modo, o tempo e as causas da alteração ou do desaparecimento.

4. Enquanto não estiver presente no local a autoridade judiciária ou o órgão de polícia criminal competentes, cabe a qualquer agente da autoridade tomar provisoriamente as providências referidas no nº 2, se de outro modo houver perigo iminente para obtenção da prova.

(Redação dada pela Lei nº 39/2020, de 18-08)

Artigo 172º - Sujeição a exame

1. Se alguém pretender eximir-se ou obstar a qualquer exame devido ou a facultar animal ou coisa que deva ser objeto de exame, pode ser compelido por decisão da autoridade judiciária competente.

2. É correspondentemente aplicável o disposto nos nºs 3 do artigo 154º e 6 e 7 do artigo 156º

3. Os exames susceptíveis de ofender o pudor das pessoas devem respeitar a dignidade e, na medida do possível, o pudor de quem a eles se submeter. Ao exame só assistem quem a ele proceder e a autoridade judiciária competente, podendo o examinando fazer-se acompanhar de pessoa da sua confiança, se não houver perigo na demora, e devendo ser informado de que possui essa faculdade.

(Redação dada pela Lei nº 39/2020, de 18-08)

Artigo 173º – Pessoas no local do exame

1. A autoridade judiciária ou o órgão de polícia criminal competentes podem determinar que alguma ou algumas pessoas se não afastem do local do exame e obrigar, com o auxílio da força pública, se necessário, as que pretenderem afastar-se a que nele se conservem enquanto o exame não terminar e a sua presença for indispensável.

2. É correspondentemente aplicável o disposto no nº 4 do artigo 171º

CAPÍTULO II – Das revistas e buscas

Artigo 174º – Pressupostos

1. Quando houver indícios de que alguém oculta na sua pessoa quaisquer animais, coisas ou objetos relacionados com um crime ou que possam servir de prova, é ordenada revista.

2. Quando houver indícios de que os animais, as coisas ou os objetos referidos no número anterior, ou o arguido ou outra pessoa que deva ser detida, se encontram em lugar reservado ou não livremente acessível ao público, é ordenada busca.

3. As revistas e as buscas são autorizadas ou ordenadas por despacho pela autoridade judiciária competente, devendo esta, sempre que possível, presidir à diligência.

4. O despacho previsto no número anterior tem um prazo de validade máxima de 30 dias, sob pena de nulidade.

5. Ressalvam-se das exigências contidas no nº 3 as revistas e as buscas efectuadas por órgão de polícia criminal nos casos:

a) De terrorismo, criminalidade violenta ou altamente organizada, quando haja fundados indícios da prática iminente de crime que ponha em grave risco a vida ou a integridade de qualquer pessoa;

b) Em que os visados consintam, desde que o consentimento prestado fique, por qualquer forma, documentado; ou

c) Aquando de detenção em flagrante por crime a que corresponda pena de prisão.

6. Nos casos referidos na alínea *a*) do número anterior, a realização da diligência é, sob pena de nulidade, imediatamente comunicada ao juiz de instrução e por este apreciada em ordem à sua validação.

(Redação dada pela Lei nº 39/2020, de 18-08)

Artigo 175º – Formalidades da revista

1. Antes de se proceder a revista é entregue ao visado, salvo nos casos do nº 5 do artigo anterior, cópia do despacho que a determinou, no qual se faz menção de que aquele pode indicar, para presenciar a diligência, pessoa da sua confiança e que se apresente sem delonga.

2. A revista deve respeitar a dignidade pessoal e, na medida do possível, o pudor do visado.

Artigo 176º – Formalidades da busca

1. Antes de se proceder a busca, é entregue, salvo nos casos do nº 5 do artigo 174º, a quem tiver a disponibilidade do lugar em que a diligência se realiza, cópia do despacho que a determinou, na qual se faz menção de que pode assistir à diligência e fazer-se acompanhar ou substituir por pessoa da sua confiança e que se apresente sem delonga.

2. Faltando as pessoas referidas no número anterior, a cópia é, sempre que possível, entregue a um parente, a um vizinho, ao porteiro ou a alguém que o substitua.

3. Juntamente com a busca ou durante ela pode proceder-se a revista de pessoas que se encontrem no lugar, se quem ordenar ou efectuar a busca tiver razões para presumir que se verificam os pressupostos do nº 1 do artigo 174º Pode igualmente proceder-se como se dispõe no artigo 173º

Artigo 177º – Busca domiciliária

1. A busca em casa habitada ou numa sua dependência fechada só pode ser ordenada ou autorizada pelo juiz e efectuada entre as 7 e as 21 horas, sob pena de nulidade.

2. Entre as 21 e as 7 horas, a busca domiciliária só pode ser realizada nos casos de:

a) Terrorismo ou criminalidade especialmente violenta ou altamente organizada;

b) Consentimento do visado, documentado por qualquer forma;

c) Flagrante delito pela prática de crime punível com pena de prisão superior, no seu máximo, a 3 anos.

3. As buscas domiciliárias podem também ser ordenadas pelo Ministério Público ou ser efectuadas por órgão de polícia criminal:

a) Nos casos referidos no nº 5 do artigo 174º, entre as 7 e as 21 horas;

b) Nos casos referidos nas alíneas *b*) e *c*) do número anterior, entre as 21 e as 7 horas.

4. É correspondentemente aplicável o disposto no nº 6 do artigo 174º nos casos em que a busca domiciliária for efectuada por órgão de polícia criminal sem consentimento do visado e fora de flagrante delito.

5. Tratando-se de busca em escritório de advogado ou em consultório médico, ela é, sob pena de nulidade, presidida pessoalmente pelo juiz, o qual avisa previamente o presidente do conselho local da Ordem dos Advogados ou da Ordem dos Médicos, para que o mesmo, ou um seu delegado, possa estar presente.

6. Tratando-se de busca em estabelecimento oficial de saúde, o aviso a que se refere o número anterior é feito ao presidente do conselho directivo ou de gestão do estabelecimento ou a quem legalmente o substituir.

CAPÍTULO III – Das apreensões

Artigo 178º – Objeto e pressupostos da apreensão

1. São apreendidos os instrumentos, produtos ou vantagens relacionados com a prática de um facto ilícito típico, e bem assim todos os animais, as coisas e os objetos que tiverem sido deixados pelo agente no local do crime ou quaisquer outros suscetíveis de servir a prova.

2. Os instrumentos, produtos ou vantagens e demais objetos apreendidos nos termos do número anterior são juntos ao processo, quando possível, e, quando não, confiados à guarda do funcionário de justiça adstrito ao processo ou de um depositário, de tudo se fazendo menção no auto, devendo os animais apreendidos ser confiados à guarda de depositários idóneos para a função com a possibilidade de serem ordenadas as diligências de prestação de cuidados, como a alimentação e demais deveres previstos no Código Civil.

3. As apreensões são autorizadas, ordenadas ou validadas por despacho da autoridade judiciária.

4. Os órgãos de polícia criminal podem efectuar apreensões no decurso de revistas ou de buscas ou quando haja urgência ou perigo na demora, nos termos previstos na alínea *c*) do nº 2 do artigo 249º

5. Os órgãos de polícia criminal podem ainda efetuar apreensões quando haja fundado receio de desaparecimento, destruição, danificação, inutilização, ocultação ou transferência de animais, instrumentos, produtos ou vantagens ou outros objetos ou coisas provenientes da prática de um facto ilícito típico suscetíveis de serem declarados perdidos a favor do Estado.

6. As apreensões efectuadas por órgão de polícia criminal são sujeitas a validação pela autoridade judiciária, no prazo máximo de setenta e duas horas.

7. Os titulares de instrumentos, produtos ou vantagens ou outros objetos ou coisas ou animais apreendidos podem requerer ao juiz a modificação ou a revogação da medida.

8. O requerimento a que se refere o número anterior é autuado por apenso, notificando-se o Ministério Público para, em 10 dias, deduzir oposição.

9. Se os instrumentos, produtos ou vantagens ou outros objetos ou coisas ou animais apreendidos forem suscetíveis de ser declarados perdidos a favor do Estado e não pertencerem ao arguido, a autoridade judiciária ordena a presença do interessado e ouve-o.

10. A autoridade judiciária prescinde da presença do interessado quando esta não for possível.

11. Realizada a apreensão, é promovido o respetivo registo nos casos e nos termos previstos na legislação registal aplicável.

12. Nos casos a que se refere o número anterior, havendo sobre o bem registo de aquisição ou de reconhecimento do direito de propriedade ou da mera posse a favor de pessoa diversa da que no processo for considerada titular do mesmo, antes de promover o registo da apreensão a autoridade judiciária notifica o titular inscrito para que, querendo, se pronuncie no prazo de 10 dias.

(Redação dada pela Lei nº 39/2020, de 18-08)

Artigo 179º - Apreensão de correspondência

1. Sob pena de nulidade, o juiz pode autorizar ou ordenar, por despacho, a apreensão, mesmo nas estações de correios e de telecomunicações, de cartas, encomendas, valores, telegramas ou qualquer outra correspondência, quando tiver fundadas razões para crer que:

a) A correspondência foi expedida pelo suspeito ou lhe é dirigida, mesmo que sob nome diverso ou através de pessoa diversa;

b) Está em causa crime punível com pena de prisão superior, no seu máximo, a 3 anos; e

c) A diligência se revelará de grande interesse para a descoberta da verdade ou para a prova.

2. É proibida, sob pena de nulidade, a apreensão e qualquer outra forma de controlo da correspondência entre o arguido e o seu defensor, salvo se o juiz tiver fundadas razões para crer que aquela constitui objecto ou elemento de um crime.

3. O juiz que tiver autorizado ou ordenado a diligência é a primeira pessoa a tomar conhecimento do conteúdo da correspondência apreendida. Se a considerar relevante para a prova, fá-la juntar ao processo; caso contrário, restitui-a a quem de direito, não podendo ela ser utilizada como meio de prova, e fica ligado por dever de segredo relativamente àquilo de que tiver tomado conhecimento e não tiver interesse para a prova.

Artigo 180º - Apreensão em escritório de advogado ou em consultório médico

1. À apreensão operada em escritório de advogado ou em consultório médico é correspondentemente aplicável o disposto nos nºs 5 e 6 do artigo 177º

2. Nos casos referidos no número anterior não é permitida, sob pena de nulidade, a apreensão de documentos abrangidos pelo segredo profissional, ou abrangidos por segredo profissional médico, salvo se eles mesmos constituírem objecto ou elemento de um crime.

3. É correspondentemente aplicável o disposto no nº 3 do artigo anterior.

Artigo 181º - Apreensão em estabelecimento bancário

1. O juiz procede à apreensão em bancos ou outras instituições de crédito de documentos, títulos, valores, quantias e quaisquer outros objectos, mesmo que em cofres individuais, quando tiver fundadas razões para crer que eles estão relacionados com um crime e se revelarão de grande interesse para a descoberta da verdade ou para a prova, mesmo que não pertençam ao arguido ou não estejam depositados em seu nome.

2. O juiz pode examinar a correspondência e qualquer documentação bancárias para descoberta dos objectos a apreender nos termos do número anterior.

3. O exame é feito pessoalmente pelo juiz, coadjuvado, quando necessário, por órgãos de polícia criminal e por técnicos qualificados, ficando ligados por dever de segredo relativamente a tudo aquilo de que tiverem tomado conhecimento e não tiver interesse para a prova.

Artigo 182º – Segredo profissional ou de funcionário e segredo de Estado

1. As pessoas indicadas nos artigos 135º a 137º apresentam à autoridade judiciária, quando esta o ordenar, os documentos ou quaisquer objectos que tiverem na sua posse e devam ser apreendidos, salvo se invocarem, por escrito, segredo profissional ou de funcionário ou segredo de Estado.

2. Se a recusa se fundar em segredo profissional ou de funcionário, é correspondentemente aplicável o disposto nos nºs 2 e 3 do artigo 135º e no nº 2 do artigo 136º

3. Se a recusa se fundar em segredo de Estado, é correspondentemente aplicável o disposto no nº 3 do artigo 137º

Artigo 183º – Cópias e certidões

1. Aos autos pode ser junta cópia dos documentos apreendidos, restituindo-se nesse caso o original. Tornando-se necessário conservar o original, dele pode ser feita cópia ou extraída certidão e entregue a quem legitimamente o detinha. Na cópia e na certidão é feita menção expressa da apreensão.

2. Do auto de apreensão é entregue cópia, sempre que solicitada, a quem legitimamente detinha o documento ou o objecto apreendidos.

Artigo 184º – Aposição e levantamento de selos

Sempre que possível, os objectos apreendidos são selados. Ao levantamento dos selos assistem, sendo possível, as mesmas pessoas que tiverem estado presentes na sua aposição, as quais verificam se os selos não foram violados nem foi feita qualquer alteração nos objectos apreendidos.

Artigo 185º – Apreensão de coisas sem valor, perecíveis, perigosas ou deterioráveis

1. Se a apreensão respeitar a coisas sem valor, perecíveis, perigosas, deterioráveis ou cuja utilização implique perda de valor ou qualidades, a autoridade judiciária pode ordenar, conforme os casos, a sua venda ou afetação a finalidade pública ou socialmente útil, as medidas de conservação ou manutenção necessárias ou a sua destruição imediata, ressalvado o disposto nos nºs 4 e 5.

2. Salvo disposição legal em contrário, a autoridade judiciária determina qual a forma a que deve obedecer a venda, de entre as previstas na lei processual civil.

3. O produto apurado nos termos do número anterior reverte para o Estado após a dedução das despesas resultantes da guarda, conservação e venda.

4. Quando a coisa a que se refere o nº 1 for um veículo automóvel, uma embarcação ou uma aeronave, no prazo máximo de 30 dias após a apreensão, a autoridade judiciária profere despacho determinando a sua remessa ao Gabinete de Administração de Bens para efeitos de administração em conformidade com o disposto na Lei nº 45/2011, de 24 de junho, nomeadamente nos seus artigos 14º e 20º-A, comunicando àquele gabinete informação sobre o valor probatório do veículo e sobre a probabilidade da sua perda a favor do Estado.

5. Se, por força do disposto no número anterior, tiver sido comunicado ao Gabinete de Administração de Bens que o veículo automóvel, a embarcação ou a aeronave constitui meio de prova relevante, logo que tal deixe de se verificar, a autoridade judiciária comunica-lhe imediatamente o facto.

(Redação dada pela Lei nº 114/2017, de 29-12)

Artigo 186º – Restituição de animais, coisas e objetos apreendidos

1. Logo que se tornar desnecessário manter a apreensão para efeito de prova, os animais, as coisas ou os objetos apreendidos são restituídos a quem de direito ou, no caso dos animais, a quem tenha sido nomeado seu fiel depositário.

2. Logo que transitar em julgado a sentença, os animais as coisas ou os objetos são restituídos a quem de direito, salvo se tiverem sido declarados perdidos a favor do Estado.

3. As pessoas a quem devam ser restituídos os animais, as coisas ou os objetos são notificadas para procederem ao seu levantamento no prazo máximo de 60 dias, findo o qual, se não o fizerem, se consideram perdidos a favor do Estado.

4. Se se revelar comprovadamente impossível determinar a identidade ou o paradeiro das pessoas referidas no número anterior, procede-se, mediante despacho fundamentado do juiz, à notificação edital, sendo, nesse caso, de 90 dias o prazo máximo para levantamento dos animais, das coisas ou dos objetos.

5. Ressalva-se do disposto nos números anteriores o caso em que a apreensão de animais, coisas ou objetos pertencentes ao arguido, ao responsável civil ou a terceiro deva ser mantida a título de arresto preventivo, nos termos do artigo 228º

6. Quando a restituição ou o arresto referidos nos números anteriores respeitarem a bem cuja apreensão tenha sido previamente registada, é promovido o cancelamento de tal registo e, no segundo caso, o simultâneo registo do arresto.

7. No que respeita à restituição de animais, deve ser sempre salvaguardado que estão reunidas as condições de bem-estar animal previstas na lei.

(Redação dada pela Lei nº 39/2020, de 18-08)

CAPÍTULO IV – Das escutas telefónicas

Artigo 187º – Admissibilidade

1. A intercepção e a gravação de conversações ou comunicações telefónicas só podem ser autorizadas durante o inquérito, se houver razões para crer que a diligência é indispensável para a descoberta da verdade ou que a prova seria, de outra forma, impossível ou muito difícil de obter, por despacho fundamentado do juiz de instrução e mediante requerimento do Ministério Público, quanto a crimes:

a) Puníveis com pena de prisão superior, no seu máximo, a 3 anos;

b) Relativos ao tráfico de estupefacientes;

c) De detenção de arma proibida e de tráfico de armas;

d) De contrabando;

e) De injúria, de ameaça, de coacção, de devassa da vida privada e perturbação da paz e do sossego, quando cometidos através de telefone;

f) De ameaça com prática de crime ou de abuso e simulação de sinais de perigo; ou

g) De evasão, quando o arguido haja sido condenado por algum dos crimes previstos nas alíneas anteriores.

2. A autorização a que alude o número anterior pode ser solicitada ao juiz dos lugares onde eventualmente se puder efectivar a conversação ou comunicação telefónica ou da sede da entidade competente para a investigação criminal, tratando-se dos seguintes crimes:

a) Terrorismo, criminalidade violenta ou altamente organizada;

b) Sequestro, rapto e tomada de reféns;

c) Contra a identidade cultural e integridade pessoal, previstos no título III do livro II do Código Penal e previstos na Lei Penal Relativa às Violações do Direito Internacional Humanitário;

d) Contra a segurança do Estado previstos no capítulo I do título V do livro II do Código Penal;

e) Falsificação de moeda ou títulos equiparados a moeda prevista nos artigos 262º, 264º, na parte em que remete para o artigo 262º, e 267º, na parte em que remete para os artigos 262º e 264º, do Código Penal;

f) Abrangidos por convenção sobre segurança da navegação aérea ou marítima.

3. Nos casos previstos no número anterior, a autorização é levada, no prazo máximo de setenta e duas horas, ao conhecimento do juiz do processo, a quem cabe praticar os actos jurisdicionais subsequentes.

4. A intercepção e a gravação previstas nos números anteriores só podem ser autorizadas, independentemente da titularidade do meio de comunicação utilizado, contra:

a) Suspeito ou arguido;

b) Pessoa que sirva de intermediário, relativamente à qual haja fundadas razões para crer que recebe ou transmite mensagens destinadas ou provenientes de suspeito ou arguido; ou

c) Vítima de crime, mediante o respectivo consentimento, efectivo ou presumido.

5. É proibida a intercepção e a gravação de conversações ou comunicações entre o arguido e o seu defensor, salvo se o juiz tiver fundadas razões para crer que elas constituem objecto ou elemento de crime.

6. A intercepção e a gravação de conversações ou comunicações são autorizadas pelo prazo máximo de três meses, renovável por períodos sujeitos ao mesmo limite, desde que se verifiquem os respectivos requisitos de admissibilidade.

7. Sem prejuízo do disposto no artigo 248º, a gravação de conversações ou comunicações só pode ser utilizada em outro processo, em curso ou a instaurar, se tiver resultado de intercepção de meio de comunicação utilizado por pessoa referida no nº 4 e na medida em que for indispensável à prova de crime previsto no nº 1.

8. Nos casos previstos no número anterior, os suportes técnicos das conversações ou comunicações e os despachos que fundamentaram as respectivas intercepções são juntos, mediante despacho do juiz, ao processo em que devam ser usados como meio de prova, sendo extraídas, se necessário, cópias para o efeito.

Artigo 188º – Formalidades das operações

1. O órgão de polícia criminal que efectuar a intercepção e a gravação a que se refere o artigo anterior lavra o correspondente auto e elabora relatório no qual indica as passagens relevantes para a prova, descreve de modo sucinto o respectivo conteúdo e explica o seu alcance para a descoberta da verdade.

2. O disposto no número anterior não impede que o órgão de polícia criminal que proceder à investigação tome previamente conhecimento do conteúdo da comunicação interceptada a fim de poder praticar os actos cautelares necessários e urgentes para assegurar os meios de prova.

3. O órgão de polícia criminal referido no nº 1 leva ao conhecimento do Ministério Público, de 15 em 15 dias a partir do início da primeira intercepção efectuada no processo, os correspondentes suportes técnicos, bem como os respectivos autos e relatórios.

4. O Ministério Público leva ao conhecimento do juiz os elementos referidos no número anterior no prazo máximo de quarenta e oito horas.

5. Para se inteirar do conteúdo das conversações ou comunicações, o juiz é coadjuvado, quando entender conveniente, por órgão de polícia criminal e nomeia, se necessário, intérprete.

6. Sem prejuízo do disposto no nº 7 do artigo anterior, o juiz determina a destruição imediata dos suportes técnicos e relatórios manifestamente estranhos ao processo:

a) Que disserem respeito a conversações em que não intervenham pessoas referidas no nº 4 do artigo anterior;

b) Que abranjam matérias cobertas pelo segredo profissional, de funcionário ou de Estado; ou

c) Cuja divulgação possa afectar gravemente direitos, liberdades e garantias;

ficando todos os intervenientes vinculados ao dever de segredo relativamente às conversações de que tenham tomado conhecimento.

7. Durante o inquérito, o juiz determina, a requerimento do Ministério Público, a transcrição e junção aos autos das conversações e comunicações indispensáveis para fundamentar a aplicação de medidas de coacção ou de garantia patrimonial, à excepção do termo de identidade e residência.

8. A partir do encerramento do inquérito, o assistente e o arguido podem examinar os suportes técnicos das conversações ou comunicações e obter, à sua custa, cópia das partes que pretendam transcrever para juntar ao processo, bem como dos relatórios previstos no nº 1, até ao termo dos prazos previstos para requerer a abertura da instrução ou apresentar a contestação, respectivamente.

9. Só podem valer como prova as conversações ou comunicações que:

a) O Ministério Público mandar transcrever ao órgão de polícia criminal que tiver efectuado a intercepção e a gravação e indicar como meio de prova na acusação;

b) O arguido transcrever a partir das cópias previstas no número anterior e juntar ao requerimento de abertura da instrução ou à contestação; ou

c) O assistente transcrever a partir das cópias previstas no número anterior e juntar ao processo no prazo previsto para requerer a abertura da instrução, ainda que não a requeira ou não tenha legitimidade para o efeito.

10. O tribunal pode proceder à audição das gravações para determinar a correcção das transcrições já efectuadas ou a junção aos autos de novas transcrições, sempre que o entender necessário à descoberta da verdade e à boa decisão da causa.

11. As pessoas cujas conversações ou comunicações tiverem sido escutadas e transcritas podem examinar os respectivos suportes técnicos até ao encerramento da audiência de julgamento.

12. Os suportes técnicos referentes a conversações ou comunicações que não forem transcritas para servirem como meio de prova são guardados em envelope lacrado, à ordem do tribunal, e destruídos após o trânsito em julgado da decisão que puser termo ao processo.

13. Após o trânsito em julgado previsto no número anterior, os suportes técnicos que não forem destruídos são guardados em envelope lacrado, junto ao processo, e só podem ser utilizados em caso de interposição de recurso extraordinário.

Artigo 189º - Extensão

1. O disposto nos artigos 187º e 188º é correspondentemente aplicável às conversações ou comunicações transmitidas por qualquer meio técnico diferente do telefone, designadamente correio electrónico ou outras formas de transmissão de dados por via telemática, mesmo que se encontrem guardadas em suporte digital, e à intercepção das comunicações entre presentes.

2. A obtenção e junção aos autos de dados sobre a localização celular ou de registos da realização de conversações ou comunicações só podem ser ordenadas ou autorizadas, em qualquer fase do processo, por despacho do juiz, quanto a crimes previstos no nº 1 do artigo 187º e em relação às pessoas referidas no nº 4 do mesmo artigo.

Artigo 190º - Nulidade

Os requisitos e condições referidos nos artigos 187º, 188º e 189º são estabelecidos sob pena de nulidade.

LIVRO IV - DAS MEDIDAS DE COACÇÃO E DE GARANTIA PATRIMONIAL

TÍTULO I - Disposições gerais

Artigo 191º - Princípio da legalidade

1. A liberdade das pessoas só pode ser limitada, total ou parcialmente, em função de exigências processuais de natureza cautelar, pelas medidas de coacção e de garantia patrimonial previstas na lei.

2. Para efeitos do disposto no presente livro, não se considera medida de coacção a obrigação de identificação perante a autoridade competente, nos termos e com os efeitos previstos no artigo 250º

Artigo 192º – Condições gerais de aplicação

1. A aplicação de qualquer medida de coação depende da prévia constituição como arguido, nos termos do artigo 58º, da pessoa que dela for objeto.

2. A aplicação de medidas de garantia patrimonial depende da prévia constituição como arguido, nos termos do artigo 58º, da pessoa que delas for objeto, ressalvado o disposto nos nºs 3 a 5 do presente artigo.

3. No caso do arresto, sempre que a prévia constituição como arguido puser em sério risco o seu fim ou a sua eficácia, pode a constituição como arguido ocorrer em momento imediatamente posterior ao da aplicação da medida, mediante despacho devidamente fundamentado do juiz, sem exceder, em caso algum, o prazo máximo de 72 horas a contar da data daquela aplicação.

4. A não constituição como arguido no prazo máximo previsto no número anterior determina a nulidade da medida de arresto, sem prejuízo do disposto no número seguinte.

5. Caso a constituição como arguido para efeitos de arresto nos termos dos nºs 2 e 3 se tenha revelado comprovadamente impossível por o visado estar ausente em parte incerta e se terem frustrado as tentativas de localizar o seu paradeiro, pode a mesma ser dispensada, mediante despacho devidamente fundamentado do juiz, quando existam, cumulativamente, indícios objetivos de dissipação do respetivo património e fundada suspeita da prática do crime.

6. Nenhuma medida de coacção ou de garantia patrimonial é aplicada quando houver fundados motivos para crer na existência de causas de isenção da responsabilidade ou de extinção do procedimento criminal.

(Redação dada pela Lei nº 30/2017, de 30-05)

Artigo 193º – Princípios da necessidade, adequação e proporcionalidade

1. As medidas de coacção e de garantia patrimonial a aplicar em concreto devem ser necessárias e adequadas às exigências cautelares que o caso requerer e proporcionais à gravidade do crime e às sanções que previsivelmente venham a ser aplicadas.

2. A prisão preventiva e a obrigação de permanência na habitação só podem ser aplicadas quando se revelarem inadequadas ou insuficientes as outras medidas de coacção.

3. Quando couber ao caso medida de coacção privativa da liberdade nos termos do número anterior, deve ser dada preferência à obrigação de permanência na habitação sempre que ela se revele suficiente para satisfazer as exigências cautelares.

4. A execução das medidas de coacção e de garantia patrimonial não deve prejudicar o exercício de direitos fundamentais que não forem incompatíveis com as exigências cautelares que o caso requerer.

Artigo 194º – Audição do arguido e despacho de aplicação

1. À exceção do termo de identidade e residência, as medidas de coação e de garantia patrimonial são aplicadas por despacho do juiz, durante o inquérito a requerimento do Ministério Público e depois do inquérito mesmo oficiosamente, ouvido o Ministério Público, sob pena de nulidade.

2. Durante o inquérito, o juiz pode aplicar medida de coação diversa, ainda que mais grave, quanto à sua natureza, medida ou modalidade de execução, da requerida pelo Ministério Público, com fundamento nas alíneas *a*) e *c*) do artigo 204º

3. Durante o inquérito, o juiz não pode aplicar medida de coação mais grave, quanto à sua natureza, medida ou modalidade de execução, com fundamento na alínea *b*) do artigo 204º nem medida de garantia patrimonial mais grave do que a requerida pelo Ministério Público, sob pena de nulidade.

4. A aplicação referida no nº 1 é precedida de audição do arguido, ressalvados os casos de impossibilidade devidamente fundamentada, e pode ter lugar no acto de primeiro interrogatório judicial, aplicando-se sempre à audição o disposto no nº 4 do artigo 141º

5. Durante o inquérito, e salvo impossibilidade devidamente fundamentada, o juiz decide a aplicação de medida de coacção ou de garantia patrimonial a arguido não detido, no prazo de cinco dias a contar do recebimento da promoção do Ministério Público.

6. A fundamentação do despacho que aplicar qualquer medida de coacção ou de garantia patrimonial, à excepção do termo de identidade e residência, contém, sob pena de nulidade:

a) A descrição dos factos concretamente imputados ao arguido, incluindo, sempre que forem conhecidas, as circunstâncias de tempo, lugar e modo;

b) A enunciação dos elementos do processo que indiciam os factos imputados, sempre que a sua comunicação não puser gravemente em causa a investigação, impossibilitar a descoberta da verdade ou criar perigo para a vida, a integridade física ou psíquica ou a liberdade dos participantes processuais ou das vítimas do crime;

c) A qualificação jurídica dos factos imputados;

d) A referência aos factos concretos que preenchem os pressupostos de aplicação da medida, incluindo os previstos nos artigos 193º e 204º

7. Sem prejuízo do disposto na alínea *b*) do número anterior, não podem ser considerados para fundamentar a aplicação ao arguido de medida de coacção ou de garantia patrimonial, à excepção do termo de identidade e residência, quaisquer factos ou elementos do processo que lhe não tenham sido comunicados durante a audição a que se refere o nº 3.

8. Sem prejuízo do disposto na alínea *b*) do nº 6, o arguido e o seu defensor podem consultar os elementos do processo determinantes da aplicação da medida de coacção ou de garantia patrimonial, à exceção do termo de identidade e residência, durante o interrogatório judicial e no prazo previsto para a interposição de recurso.

9. O despacho referido no nº 1, com a advertência das consequências do incumprimento das obrigações impostas, é notificado ao arguido.

10. No caso de prisão preventiva, o despacho é comunicado de imediato ao defensor e, sempre que o arguido o pretenda, a parente ou a pessoa da sua confiança.

11. Sendo o arguido menor, o despacho referido no nº 1 é comunicado, de imediato, aos titulares das responsabilidades parentais, ao seu representante legal ou à pessoa que tiver a sua guarda de facto.

(Redação dada pela Lei nº 33/2019, de 22-05)

Artigo 195º – Determinação da pena

Se a aplicação de uma medida de coacção depender da pena aplicável, atende-se, na sua determinação, ao máximo da pena correspondente ao crime que justifica a medida.

TÍTULO II – Das medidas de coacção

CAPÍTULO I – Das medidas admissíveis

Artigo 196º – Termo de identidade e residência

1. A autoridade judiciária ou o órgão de polícia criminal sujeitam a termo de identidade e residência lavrado no processo todo aquele que for constituído arguido, ainda que já tenha sido identificado nos termos do artigo 250º

2. Para o efeito de ser notificado mediante via postal simples, nos termos da alínea *c*) do nº 1 do artigo 113º, o arguido indica a sua residência, o local de trabalho ou outro domicílio à sua escolha.

3. Do termo deve constar que àquele foi dado conhecimento:

a) Da obrigação de comparecer perante a autoridade competente ou de se manter à disposição dela sempre que a lei o obrigar ou para tal for devidamente notificado;

b) Da obrigação de não mudar de residência nem dela se ausentar por mais de cinco dias sem comunicar a nova residência ou o lugar onde possa ser encontrado;

c) De que as posteriores notificações serão feitas por via postal simples para a morada indicada no nº 2, excepto se o arguido comunicar uma outra, através de requerimento entregue ou remetido por via postal registada à secretaria onde os autos se encontrem a correr nesse momento;

d) De que o incumprimento do disposto nas alíneas anteriores legitima a sua representação por defensor em todos os actos processuais nos quais tenha o direito ou o dever de estar presente e bem assim a realização da audiência na sua ausência, nos termos do artigo 333º

e) De que, em caso de condenação, o termo de identidade e residência só se extinguirá com a extinção da pena.

4. A aplicação da medida referida neste artigo é sempre cumulável com qualquer outra das previstas no presente livro.

(Redação dada pela Lei nº 20/2013, de 21-02)

Artigo 197º – Caução

1. Se o crime imputado for punível com pena de prisão, o juiz pode impor ao arguido a obrigação de prestar caução.

2. Se o arguido estiver impossibilitado de prestar caução ou tiver graves dificuldades ou inconvenientes em prestá-la, pode o juiz, oficiosamente ou a requerimento, substituí-la por qualquer ou quaisquer outras medidas de coacção, à excepção da prisão preventiva ou de obrigação de permanência na habitação, legalmente cabidas ao caso, as quais acrescerão a outras que já tenham sido impostas.

3. Na fixação do montante da caução tomam-se em conta os fins de natureza cautelar a que se destina, a gravidade do crime imputado, o dano por este causado e a condição sócio-económica do arguido.

Artigo 198º – Obrigação de apresentação periódica

1. Se o crime imputado for punível com pena de prisão de máximo superior a 6 meses, o juiz pode impor ao arguido a obrigação de se apresentar a uma entidade judiciária ou a um certo órgão de polícia criminal em dias e horas preestabelecidos, tomando em conta as exigências profissionais do arguido e o local em que habita.

2. A obrigação de apresentação periódica pode ser cumulada com qualquer outra medida de coacção, com a excepção da obrigação de permanência na habitação e da prisão preventiva.

Artigo 199º – Suspensão do exercício de profissão, de função, de actividade e de direitos

1. Se o crime imputado for punível com pena de prisão de máximo superior a 2 anos, o juiz pode impor ao arguido, cumulativamente, se disso for caso, com qualquer outra medida de coacção, a suspensão do exercício:

a) De profissão, função ou actividade, públicas ou privadas;

b) Do poder paternal, da tutela, da curatela, da administração de bens ou da emissão de títulos de crédito;

sempre que a interdição do respectivo exercício possa vir a ser decretada como efeito do crime imputado.

2. Quando se referir a função pública, a profissão ou actividade cujo exercício dependa de um título público ou de uma autorização ou homologação da autoridade pública, ou ao exercício dos direitos previstos na alínea *b*) do número anterior, a suspensão é comunicada à autoridade administrativa, civil ou judiciária normalmente competente para decretar a suspensão ou a interdição respectivas.

Artigo 200º – Proibição e imposição de condutas

1. Se houver fortes indícios de prática de crime doloso punível com pena de prisão de máximo superior a 3 anos, o juiz pode impor ao arguido, cumulativa ou separadamente, as obrigações de:

a) Não permanecer, ou não permanecer sem autorização, na área de uma determinada povoação, freguesia ou concelho ou na residência onde o crime tenha sido cometido ou onde habitem os ofendidos, seus familiares ou outras pessoas sobre as quais possam ser cometidos novos crimes;

b) Não se ausentar para o estrangeiro, ou não se ausentar sem autorização;

c) Não se ausentar da povoação, freguesia ou concelho do seu domicílio, ou não se ausentar sem autorização, salvo para lugares predeterminados, nomeadamente para o lugar do trabalho;

d) Não contactar, por qualquer meio, com determinadas pessoas ou não frequentar certos lugares ou certos meios;

e) Não adquirir, não usar ou, no prazo que lhe for fixado, entregar armas ou outros objectos e utensílios que detiver, capazes de facilitar a prática de outro crime;

f) Se sujeitar, mediante prévio consentimento, a tratamento de dependência de que padeça e haja favorecido a prática do crime, em instituição adequada.

2. As autorizações referidas no número anterior podem, em caso de urgência, ser requeridas e concedidas verbalmente, lavrando-se cota no processo.

3. A proibição de o arguido se ausentar para o estrangeiro implica a entrega à guarda do tribunal do passaporte que possuir e a comunicação às autoridades competentes, com vista à não concessão ou não renovação de passaporte e ao controlo das fronteiras.

4. As obrigações previstas nas alíneas *a*), *d*), *e*) e *f*) do nº 1 também podem ser impostas pelo juiz ao arguido, se houver fortes indícios de prática do crime de ameaça, de coação ou de perseguição, no prazo máximo de 48 horas.

5. Para efeitos do disposto no número anterior, quando esteja em causa a obrigação prevista na alínea *d*) e quando tal se demonstre imprescindível para a proteção da vítima, podem ser aplicados, fundamentadamente, meios técnicos de controlo à distância, podendo ser dispensada a audiência prévia do suspeito, caso em que, se necessário, a constituição como arguido será feita aquando da notificação da medida de coação.

6. A aplicação de obrigação ou obrigações que impliquem a restrição de contacto entre progenitores são imediatamente comunicadas ao representante do Ministério Público que exerce funções no tribunal competente, para efeitos de instauração, com caráter de urgência, do respetivo processo de regulação ou alteração da regulação do exercício das responsabilidades parentais.

(Redação dada pela Lei nº 101/2019, de 06-09)

Artigo 201º – Obrigação de permanência na habitação

1. Se considerar inadequadas ou insuficientes, no caso, as medidas referidas nos artigos anteriores, o juiz pode impor ao arguido a obrigação de não se ausentar, ou de não se ausentar sem autorização, da habitação própria ou de outra em que de momento resida ou, nomeadamente, quando tal se justifique, em instituição adequada a prestar-lhe apoio social e de saúde, se houver fortes indícios de prática de crime doloso punível com pena de prisão de máximo superior a 3 anos.

2. A obrigação de permanência na habitação é cumulável com a obrigação de não contactar, por qualquer meio, com determinadas pessoas.

3. Para fiscalização do cumprimento das obrigações referidas nos números anteriores podem ser utilizados meios técnicos de controlo à distância, nos termos previstos na lei.

Artigo 202º – Prisão preventiva

1. Se considerar inadequadas ou insuficientes, no caso, as medidas referidas nos artigos anteriores, o juiz pode impor ao arguido a prisão preventiva quando:

a) Houver fortes indícios de prática de crime doloso punível com pena de prisão de máximo superior a 5 anos;

b) Houver fortes indícios de prática de crime doloso que corresponda a criminalidade violenta;

c) Houver fortes indícios de prática de crime doloso de terrorismo ou que corresponda a criminalidade altamente organizada punível com pena de prisão de máximo superior a 3 anos;

d) Houver fortes indícios de prática de crime doloso de ofensa à integridade física qualificada, furto qualificado, dano qualificado, burla informática e nas comunicações, receptação, falsificação ou contrafacção de documento, atentado à segurança de transporte rodoviário, puníveis com pena de prisão de máximo superior a 3 anos;

e) Houver fortes indícios da prática de crime doloso de detenção de arma proibida, detenção de armas e outros dispositivos, produtos ou substâncias em locais proibidos ou crime cometido com arma, nos termos do regime jurídico das armas e suas munições, puníveis com pena de prisão de máximo superior a 3 anos;

f) Se tratar de pessoa que tiver penetrado ou permaneça irregularmente em território nacional, ou contra a qual estiver em curso processo de extradição ou de expulsão.

2. Mostrando-se que o arguido a sujeitar a prisão preventiva sofre de anomalia psíquica, o juiz pode impor, ouvido o defensor e, sempre que possível, um familiar, que, enquanto a anomalia persistir, em vez da prisão tenha lugar internamento preventivo em hospital psiquiátrico ou outro estabelecimento análogo adequado, adoptando as cautelas necessárias para prevenir os perigos de fuga e de cometimento de novos crimes.

(Redação dada pela Lei nº 26/2010, de 30-08)

Artigo 203º – Violação das obrigações impostas

1. Em caso de violação das obrigações impostas por aplicação de uma medida de coacção, o juiz, tendo em conta a gravidade do crime imputado e os motivos da violação, pode impor outra ou outras medidas de coacção previstas neste Código e admissíveis no caso.

2. Sem prejuízo do disposto nos nºs 2 e 3 do artigo 193º, o juiz pode impor a prisão preventiva, desde que ao crime caiba pena de prisão de máximo superior a 3 anos:

a) Nos casos previstos no número anterior; ou

b) Quando houver fortes indícios de que, após a aplicação de medida de coacção, o arguido cometeu crime doloso da mesma natureza, punível com pena de prisão de máximo superior a 3 anos.

(Redação dada pela Lei nº 26/2010, de 30-08)

CAPÍTULO II – Das condições de aplicação das medidas

Artigo 204º – Requisitos gerais

Nenhuma medida de coacção, à excepção da prevista no artigo 196º, pode ser aplicada se em concreto se não verificar, no momento da aplicação da medida:

a) Fuga ou perigo de fuga;

b) Perigo de perturbação do decurso do inquérito ou da instrução do processo e, nomeadamente, perigo para a aquisição, conservação ou veracidade da prova; ou

c) Perigo, em razão da natureza e das circunstâncias do crime ou da personalidade do arguido, de que este continue a actividade criminosa ou perturbe gravemente a ordem e a tranquilidade públicas.

Artigo 205º - Cumulação com a caução

A aplicação de qualquer medida de coacção, à excepção da prisão preventiva ou da obrigação de permanência na habitação, pode sempre ser cumulada com a obrigação de prestar caução.

Artigo 206º - Prestação da caução

1. A caução é prestada por meio de depósito, penhor, hipoteca, fiança bancária ou fiança, nos concretos termos em que o juiz o admitir.

2. Precedendo autorização do juiz, pode o arguido que tiver prestado caução por qualquer um dos meios referidos no número anterior substituí-lo por outro.

3. A prestação de caução é processada por apenso.

4. Ao arguido que não preste caução é correspondentemente aplicável o disposto no artigo 228º

Artigo 207º - Reforço da caução

1. Se, posteriormente a ter sido prestada caução, forem conhecidas circunstâncias que a tornem insuficiente ou impliquem a modificação da modalidade de prestação, pode o juiz impor o seu reforço ou modificação.

2. É correspondentemente aplicável o disposto no nº 2 do artigo 197º e no artigo 203º

Artigo 208º - Quebra da caução

1. A caução considera-se quebrada quando se verificar falta injustificada do arguido a acto processual a que deva comparecer ou incumprimento de obrigações derivadas de medida de coacção que lhe tiver sido imposta.

2. Quebrada a caução, o seu valor reverte para o Estado.

Artigo 209º - Dificuldades de aplicação ou de execução de uma medida de coacção

Para efeito de aplicação ou de execução de uma medida de coacção é correspondentemente aplicável o disposto no artigo 115º

Artigo 210º - Inêxito das diligências para aplicação da prisão preventiva

Se o juiz tiver elementos para supor que uma pessoa pretende subtrair-se à aplicação ou execução da prisão preventiva, pode aplicar-lhe imediatamente, até que a execução da medida se efective, as medidas previstas nos artigos 198º a 201º, inclusive, ou alguma ou algumas delas.

Artigo 211º – Suspensão da execução da prisão preventiva

1. No despacho que aplicar a prisão preventiva ou durante a execução desta o juiz pode estabelecer a suspensão da execução da medida, se tal for exigido por razão de doença grave do arguido, de gravidez ou de puerpério. A suspensão cessa logo que deixarem de verificar-se as circunstâncias que a determinaram e de todo o modo, no caso de puerpério, quando se esgotar o 3º mês posterior ao parto.

2. Durante o período de suspensão da execução da prisão preventiva o arguido fica sujeito à medida prevista no artigo 201º e a quaisquer outras que se revelarem adequadas ao seu estado e compatíveis com ele, nomeadamente a de internamento hospitalar.

CAPÍTULO III – Da revogação, alteração e extinção das medidas

Artigo 212º – Revogação e substituição das medidas

1. As medidas de coacção são imediatamente revogadas, por despacho do juiz, sempre que se verificar:

a) Terem sido aplicadas fora das hipóteses ou das condições previstas na lei; ou

b) Terem deixado de subsistir as circunstâncias que justificaram a sua aplicação.

2. As medidas revogadas podem de novo ser aplicadas, sem prejuízo da unidade dos prazos que a lei estabelecer, se sobrevierem motivos que legalmente justifiquem a sua aplicação.

3. Quando se verificar uma atenuação das exigências cautelares que determinaram a aplicação de uma medida de coacção, o juiz substitui-a por outra menos grave ou determina uma forma menos gravosa da sua execução.

4. A revogação e a substituição previstas neste artigo têm lugar oficiosamente ou a requerimento do Ministério Público ou do arguido, devendo estes ser ouvidos, salvo nos casos de impossibilidade devidamente fundamentada, e devendo ser ainda ouvida a vítima, sempre que necessário, mesmo que não se tenha constituído assistente.

(Redação dada pela Lei nº 130/2015, de 04-09)

Artigo 213º – Reexame dos pressupostos da prisão preventiva e da obrigação de permanência na habitação

1. O juiz procede oficiosamente ao reexame dos pressupostos da prisão preventiva ou da obrigação de permanência na habitação, decidindo se elas são de manter ou devem ser substituídas ou revogadas:

a) No prazo máximo de três meses, a contar da data da sua aplicação ou do último reexame; e

b) Quando no processo forem proferidos despacho de acusação ou de pronúncia ou decisão que conheça, a final, do objecto do processo e não determine a extinção da medida aplicada.

2. Na decisão a que se refere o número anterior, ou sempre que necessário, o juiz verifica os fundamentos da elevação dos prazos da prisão preventiva ou da obrigação de permanência na habitação, nos termos e para os efeitos do disposto nos nºs 2, 3 e 5 do artigo 215º e no nº 3 do artigo 218º

3. Sempre que necessário, o juiz ouve o Ministério Público e o arguido.

4. A fim de fundamentar as decisões sobre a manutenção, substituição ou revogação da prisão preventiva ou da obrigação de permanência na habitação, o juiz, oficiosamente ou a requerimento do Ministério Público ou do arguido, pode solicitar a elaboração de perícia sobre a personalidade e de relatório social ou de informação dos serviços de reinserção social, desde que o arguido consinta na sua realização.

5. A decisão que mantenha a prisão preventiva ou a obrigação de permanência na habitação é susceptível de recurso nos termos gerais, mas não determina a inutilidade superveniente de recurso interposto de decisão prévia que haja aplicado ou mantido a medida em causa.

Artigo 214º – Extinção das medidas

1. As medidas de coacção extinguem-se de imediato:

a) Com o arquivamento do inquérito;

b) Com a prolação do despacho de não pronúncia;

c) Com a prolação do despacho que rejeitar a acusação, nos termos da alínea *a*) do nº 2 do artigo 311º;

d) Com a sentença absolutória, mesmo que dela tenha sido interposto recurso; ou

e) Com o trânsito em julgado da sentença condenatória, à exceção do termo de identidade e residência que só se extinguirá com a extinção da pena.

2. As medidas de prisão preventiva e de obrigação de permanência na habitação extinguem-se igualmente de imediato quando for proferida sentença condenatória, ainda que dela tenha sido interposto recurso, se a pena aplicada não for superior à prisão ou à obrigação de permanência já sofridas.

3. Se, no caso da alínea *d*) do nº 1, o arguido vier a ser posteriormente condenado no mesmo processo, pode, enquanto a sentença condenatória não transitar em julgado, ser sujeito a medidas de coacção previstas neste Código e admissíveis no caso.

4. Se a medida de coacção for a de caução e o arguido vier a ser condenado em prisão, aquela só se extingue com o início da execução da pena.

(Redação dada pela Lei nº 20/2013, de 21-02)

Artigo 215º – Prazos de duração máxima da prisão preventiva

1. A prisão preventiva extingue-se quando, desde o seu início, tiverem decorrido:

a) Quatro meses sem que tenha sido deduzida acusação;

b) Oito meses sem que, havendo lugar a instrução, tenha sido proferida decisão instrutória;

c) Um ano e dois meses sem que tenha havido condenação em 1ª instância;

d) Um ano e seis meses sem que tenha havido condenação com trânsito em julgado.

2. Os prazos referidos no número anterior são elevados, respectivamente, para seis meses, dez meses, um ano e seis meses e dois anos, em casos de terrorismo, criminalidade violenta ou altamente organizada, ou quando se proceder por crime punível com pena de prisão de máximo superior a 8 anos, ou por crime:

a) Previsto no artigo 299º, no nº 1 do artigo 318º, nos artigos 319º, 326º, 331º ou no nº 1 do artigo 333º do Código Penal e nos artigos 30º, 79º e 80º do Código de Justiça Militar, aprovado pela Lei nº 100/2003, de 15 de Novembro;

b) De furto de veículos ou de falsificação de documentos a eles respeitantes ou de elementos identificadores de veículos;

c) De falsificação de moeda, títulos de crédito, valores selados, selos e equiparados ou da respectiva passagem;

d) De burla, insolvência dolosa, administração danosa do sector público ou cooperativo, falsificação, corrupção, peculato ou de participação económica em negócio;

e) De branqueamento de vantagens de proveniência ilícita;

f) De fraude na obtenção ou desvio de subsídio, subvenção ou crédito;

g) Abrangido por convenção sobre segurança da navegação aérea ou marítima.

3. Os prazos referidos no nº 1 são elevados, respectivamente, para um ano, um ano e quatro meses, dois anos e seis meses e três anos e quatro meses, quando o procedimento for por um dos crimes referidos no número anterior e se revelar de excepcional complexidade, devido, nomeadamente, ao número de arguidos ou de ofendidos ou ao carácter altamente organizado do crime.

4. A excepcional complexidade a que se refere o presente artigo apenas pode ser declarada durante a 1ª instância, por despacho fundamentado, oficiosamente ou a requerimento do Ministério Público, ouvidos o arguido e o assistente.

5. Os prazos referidos nas alíneas *c*) e *d*) do nº 1, bem como os correspondentemente referidos nos nºs 2 e 3, são acrescentados de seis meses se tiver havido recurso para o Tribunal Constitucional ou se o processo penal tiver sido suspenso para julgamento em outro tribunal de questão prejudicial.

6. No caso de o arguido ter sido condenado a pena de prisão em 1ª instância e a sentença condenatória ter sido confirmada em sede de recurso ordinário, o prazo máximo da prisão preventiva eleva-se para metade da pena que tiver sido fixada.

7. A existência de vários processos contra o arguido por crimes praticados antes de lhe ter sido aplicada a prisão preventiva não permite exceder os prazos previstos nos números anteriores.

8. Na contagem dos prazos de duração máxima da prisão preventiva são incluídos os períodos em que o arguido tiver estado sujeito a obrigação de permanência na habitação.

Artigo 216º – Suspensão do decurso dos prazos de duração máxima da prisão preventiva

O decurso dos prazos previstos no artigo anterior suspende-se em caso de doença do arguido que imponha internamento hospitalar, se a sua presença for indispensável à continuação das investigações.

Artigo 217º – Libertação do arguido sujeito a prisão preventiva

1. O arguido sujeito a prisão preventiva é posto em liberdade logo que a medida se extinguir, salvo se a prisão dever manter-se por outro processo.

2. Se a libertação tiver lugar por se terem esgotado os prazos de duração máxima da prisão preventiva, o juiz pode sujeitar o arguido a alguma ou algumas das medidas previstas nos artigos 197º a 200º, inclusive.

3. Quando considerar que a libertação do arguido pode criar perigo para o ofendido, o tribunal informa-o, oficiosamente ou a requerimento do Ministério Público, da data em que a libertação terá lugar.

Artigo 218º – Prazos de duração máxima de outras medidas de coacção

1. As medidas de coacção previstas nos artigos 198º e 199º extinguem-se quando, desde o início da sua execução, tiverem decorrido os prazos referidos no nº 1 do artigo 215º, elevados ao dobro.

2. À medida de coacção prevista no artigo 200º é correspondentemente aplicável o disposto nos artigos 215º e 216º

3. À medida de coacção prevista no artigo 201º é correspondentemente aplicável o disposto nos artigos 215º, 216º e 217º

CAPÍTULO IV – Dos modos de impugnação

Artigo 219º – Recurso

1. Da decisão que aplicar, substituir ou mantiver medidas previstas no presente título, cabe recurso a interpor pelo arguido ou pelo Ministério Público, a julgar no prazo máximo de 30 dias a contar do momento em que os autos forem recebidos.

2. Não existe relação de litispendência ou de caso julgado entre o recurso previsto no número anterior e a providência de *habeas corpus*, independentemente dos respectivos fundamentos.

(Redação dada pela Lei nº 26/2010, de 30-08)

Artigo 220º – *Habeas corpus* em virtude de detenção ilegal

1. Os detidos à ordem de qualquer autoridade podem requerer ao juiz de instrução da área onde se encontrarem que ordene a sua imediata apresentação judicial, com algum dos seguintes fundamentos:

a) Estar excedido o prazo para entrega ao poder judicial;

b) Manter-se a detenção fora dos locais legalmente permitidos;

c) Ter sido a detenção efectuada ou ordenada por entidade incompetente;

d) Ser a detenção motivada por facto pelo qual a lei a não permite.

2. O requerimento pode ser subscrito pelo detido ou por qualquer cidadão no gozo dos seus direitos políticos.

3. É punível com a pena prevista no artigo 382º do Código Penal qualquer autoridade que levantar obstáculo ilegítimo à apresentação do requerimento referido nos números anteriores ou à sua remessa ao juiz competente.

Artigo 221º - Procedimento

1. Recebido o requerimento, o juiz, se o não considerar manifestamente infundado, ordena, por via telefónica, se necessário, a apresentação imediata do detido, sob pena de desobediência qualificada.

2. Conjuntamente com a ordem referida no número anterior, o juiz manda notificar a entidade que tiver o detido à sua guarda, ou quem puder representá-la, para se apresentar no mesmo acto munida das informações e esclarecimentos necessários à decisão sobre o requerimento.

3. O juiz decide, ouvidos o Ministério Público e o defensor constituído ou nomeado para o efeito.

4. Se o juiz recusar o requerimento por manifestamente infundado, condena o requerente ao pagamento de uma soma entre 6 UC e 20 UC.

Artigo 222º - *Habeas corpus* em virtude de prisão ilegal

1. A qualquer pessoa que se encontrar ilegalmente presa o Supremo Tribunal de Justiça concede, sob petição, a providência de *habeas corpus.*

2. A petição é formulada pelo preso ou por qualquer cidadão no gozo dos seus direitos políticos, é dirigida, em duplicado, ao Presidente do Supremo Tribunal de Justiça, apresentada à autoridade à ordem da qual aquele se mantenha preso e deve fundar-se em ilegalidade da prisão proveniente de:

a) Ter sido efectuada ou ordenada por entidade incompetente;

b) Ser motivada por facto pelo qual a lei a não permite; ou

c) Manter-se para além dos prazos fixados pela lei ou por decisão judicial.

Artigo 223º - Procedimento

1. A petição é enviada imediatamente ao Presidente do Supremo Tribunal de Justiça, com informação sobre as condições em que foi efectuada ou se mantém a prisão.

2. Se da informação constar que a prisão se mantém, o Presidente do Supremo Tribunal de Justiça convoca a secção criminal, que delibera nos oito dias subsequentes, notificando o Ministério Público e o defensor e nomeando este, se não estiver já constituído. São correspondentemente aplicáveis os artigos 424º e 435º.

3. O relator faz uma exposição da petição e da resposta, após o que é concedida a palavra, por quinze minutos, ao Ministério Público e ao defensor; seguidamente, a secção reúne para deliberação, a qual é imediatamente tornada pública.

4. A deliberação pode ser tomada no sentido de:

a) Indeferir o pedido por falta de fundamento bastante;

b) Mandar colocar imediatamente o preso à ordem do Supremo Tribunal de Justiça e no local por este indicado, nomeando um juiz para proceder a averiguações, dentro do prazo que lhe for fixado, sobre as condições de legalidade da prisão;

c) Mandar apresentar o preso no tribunal competente e no prazo de vinte e quatro horas, sob pena de desobediência qualificada; ou

d) Declarar ilegal a prisão e, se for caso disso, ordenar a libertação imediata.

5. Tendo sido ordenadas averiguações, nos termos da alínea *b*) do número anterior, é o relatório apresentado à secção criminal, a fim de ser tomada a decisão que ao caso couber dentro do prazo de oito dias.

6. Se o Supremo Tribunal de Justiça julgar a petição de *habeas corpus* manifestamente infundada, condena o peticionante ao pagamento de uma soma entre 6 UC e 30 UC.

Artigo 224º - Incumprimento da decisão

É punível com as penas previstas nos nºs 4 e 5 do artigo 369º do Código Penal, conforme o caso, o incumprimento da decisão do Supremo Tribunal de Justiça sobre a petição de *habeas corpus*, relativa ao destino a dar à pessoa presa.

CAPÍTULO V - Da indemnização por privação da liberdade ilegal ou injustificada

Artigo 225º - Modalidades

1. Quem tiver sofrido detenção, prisão preventiva ou obrigação de permanência na habitação pode requerer, perante o tribunal competente, indemnização dos danos sofridos quando:

a) A privação da liberdade for ilegal, nos termos do nº 1 do artigo 220º, ou do nº 2 do artigo 222º;

b) A privação da liberdade se tiver devido a erro grosseiro na apreciação dos pressupostos de facto de que dependia; ou

c) Se comprovar que o arguido não foi agente do crime ou actuou justificadamente.

2. Nos casos das alíneas *b*) e *c*) do número anterior o dever de indemnizar cessa se o arguido tiver concorrido, por dolo ou negligência, para a privação da sua liberdade.

Artigo 226º - Prazo e legitimidade

1. O pedido de indemnização não pode, em caso algum, ser proposto depois de decorrido um ano sobre o momento em que o detido ou preso foi libertado ou foi definitivamente decidido o processo penal respectivo.

2. Em caso de morte do injustificadamente privado da liberdade e desde que não tenha havido renúncia da sua parte, pode a indemnização ser requerida pelo cônjuge não separado de pessoas e bens, pelos descendentes e pelos ascendentes. A indemnização arbitrada às pessoas que a houverem requerido não pode, porém, no seu conjunto, ultrapassar a que seria arbitrada ao detido ou preso.

TÍTULO III - Das medidas de garantia patrimonial

Artigo 227º - Caução económica

1. O Ministério Público requer prestação de caução económica quando haja fundado receio de que faltem ou diminuam substancialmente as garantias:

a) Do pagamento da pena pecuniária, das custas do processo ou de qualquer outra dívida para com o Estado relacionada com o crime;

b) Da perda dos instrumentos, produtos e vantagens de facto ilícito típico ou do pagamento do valor a estes correspondente.

2. O requerimento indica os termos e as modalidades em que deve ser prestada a caução económica.

3. Havendo fundado receio de que faltem ou diminuam substancialmente as garantias de pagamento da indemnização ou de outras obrigações civis derivadas do crime, o lesado pode requerer que o arguido ou o civilmente responsável prestem caução económica, nos termos do número anterior.

4. A caução económica prestada a requerimento do Ministério Público aproveita também ao lesado.

5. A caução económica mantém-se distinta e autónoma relativamente à caução referida no artigo 197º e subsiste até à decisão final absolutória ou até à extinção das obrigações. Em caso de condenação, são pagas pelo seu valor, sucessivamente, a multa, a taxa de justiça, as custas do processo, a indemnização e outras obrigações civis e, ainda, o valor correspondente aos instrumentos, produtos e vantagens do crime.

(Redação dada pela Lei nº 30/2017, de 30-05)

Artigo 228º – Arresto preventivo

1. Para garantia das quantias referidas no artigo anterior, a requerimento do Ministério Público ou do lesado, pode o juiz decretar o arresto, nos termos da lei do processo civil; se tiver sido previamente fixada e não prestada caução económica, fica o requerente dispensado da prova do fundado receio de perda da garantia patrimonial.

2. O arresto preventivo referido no número anterior pode ser decretado mesmo em relação a comerciante.

3. A oposição ao despacho que tiver decretado arresto não possui efeito suspensivo.

4. Em caso de controvérsia sobre a propriedade dos bens arrestados, pode o juiz remeter a decisão para tribunal civil, mantendo-se entretanto o arresto decretado.

5. O arresto é revogado a todo o tempo em que o arguido ou o civilmente responsável prestem a caução económica imposta.

6. Decretado o arresto, é promovido o respetivo registo nos casos e nos termos previstos na legislação registal aplicável, promovendo-se o subsequente cancelamento do mesmo quando sobrevier a extinção da medida.

(Redação dada pela Lei nº 30/2017, de 30-05)

LIVRO V - RELAÇÕES COM AUTORIDADES ESTRANGEIRAS E ENTIDADES JUDICIÁRIAS INTERNACIONAIS

TÍTULO I - Disposições gerais

Artigo 229º - Prevalência dos acordos e convenções internacionais

As rogatórias, a extradição, a delegação do procedimento penal, os efeitos das sentenças penais estrangeiras e as restantes relações com as autoridades estrangeiras relativas à administração da justiça penal são reguladas pelos tratados e convenções internacionais e, na sua falta ou insuficiência, pelo disposto em lei especial e ainda pelas disposições deste livro.

Artigo 230º - Rogatórias ao estrangeiro

1. Sem prejuízo do disposto no artigo anterior, as rogatórias às autoridades estrangeiras são entregues ao Ministério Público para expedição.

2. As rogatórias às autoridades estrangeiras só são passadas quando a autoridade judiciária competente entender que são necessárias à prova de algum facto essencial para a acusação ou para a defesa.

Artigo 231º - Recepção e cumprimento de rogatórias

1. As rogatórias são recebidas por qualquer via, competindo ao Ministério Público promover o seu cumprimento.

2. A decisão de cumprimento das rogatórias dirigidas a autoridades judiciárias portuguesas cabe ao juiz ou ao Ministério Público, no âmbito das respectivas competências.

3. Recebida a rogatória que não deva ser cumprida pelo Ministério Público, é-lhe dada vista para opor ao cumprimento o que julgar conveniente.

Artigo 232º - Recusa do cumprimento de rogatórias

1. O cumprimento de rogatórias é recusado nos casos seguintes:

a) Quando a autoridade judiciária rogada não tiver competência para a prática do acto;

b) Quando a solicitação se dirigir a acto que a lei proíba ou que seja contrário à ordem pública portuguesa;

c) Quando a execução da rogatória for atentatória da soberania ou da segurança do Estado;

d) Quando o acto implicar execução de decisão de tribunal estrangeiro sujeita a revisão e confirmação e a decisão se não mostrar revista e confirmada.

2. No caso a que se refere a alínea *a*) do número anterior, a autoridade judiciária rogada envia a rogatória à autoridade judiciária competente, se esta for portuguesa.

Artigo 233º – Cooperação com entidades judiciárias internacionais

O disposto no artigo 229º aplica-se, com as devidas adaptações, à cooperação com entidades judiciárias internacionais estabelecidas no âmbito de tratados ou convenções que vinculem o Estado Português.

TÍTULO II – Da revisão e confirmação de sentença penal estrangeira

Artigo 234º – Necessidade de revisão e confirmação

1. Quando, por força da lei ou de tratado ou convenção, uma sentença penal estrangeira dever ter eficácia em Portugal, a sua força executiva depende de prévia revisão e confirmação.

2. A pedido do interessado pode ser confirmada, no mesmo processo de revisão e confirmação de sentença penal estrangeira, a condenação em indemnização civil constante da mesma.

3. O disposto no nº 1 não tem aplicação quando a sentença penal estrangeira for invocada nos tribunais portugueses como meio de prova.

Artigo 235º – Tribunal competente

1. É competente para a revisão e confirmação a relação do distrito judicial em que o arguido tiver o último domicílio ou, na sua falta, for encontrado, ou em que tiver o último domicílio ou for encontrado o maior número de arguidos.

2. Se não for possível determinar o tribunal competente segundo as disposições do número anterior, é competente o Tribunal da Relação de Lisboa.

3. Se a revisão e confirmação for pedida apenas relativamente à parte civil da sentença penal, é competente para ela a relação do distrito judicial onde os respectivos efeitos devam valer.

Artigo 236º – Legitimidade

Têm legitimidade para pedir a revisão e confirmação de sentença penal estrangeira o Ministério Público, o arguido, o assistente e as partes civis.

Artigo 237º – Requisitos da confirmação

1. Para confirmação de sentença penal estrangeira é necessário que se verifiquem as condições seguintes:

a) Que, por lei, tratado ou convenção, a sentença possa ter força executiva em território português;

b) Que o facto que motivou a condenação seja também punível pela lei portuguesa;

c) Que a sentença não tenha aplicado pena ou medida de segurança proibida pela lei portuguesa;

d) Que o arguido tenha sido assistido por defensor e, quando ignorasse a língua usada no processo, por intérprete;

e) Que, salvo tratado ou convenção em contrário, a sentença não respeite a crime qualificável, segundo a lei portuguesa ou a do país em que foi proferida a sentença, de crime contra a segurança do Estado.

2. Valem correspondentemente para confirmação de sentença penal estrangeira, na parte aplicável, os requisitos de que a lei do processo civil faz depender a confirmação de sentença civil estrangeira.

3. Se a sentença penal estrangeira tiver aplicado pena que a lei portuguesa não prevê ou pena que a lei portuguesa prevê, mas em medida superior ao máximo legal admissível, a sentença é confirmada, mas a pena aplicada converte-se naquela que ao caso coubesse segundo a lei portuguesa ou reduz-se até ao limite adequado. Não obsta, porém, à confirmação a aplicação pela sentença estrangeira de pena em limite inferior ao mínimo admissível pela lei portuguesa.

Artigo 238º - Exclusão da exequibilidade

Verificando-se todos os requisitos necessários para a confirmação, mas encontrando-se extintos, segundo a lei portuguesa, o procedimento criminal ou a pena, por prescrição, amnistia ou qualquer outra causa, a confirmação é concedida, mas a força executiva das penas ou medidas de segurança aplicadas é denegada.

Artigo 239º - Início da execução

A execução de sentença penal estrangeira confirmada não se inicia enquanto o condenado não cumprir as penas ou medidas de segurança da mesma natureza em que tiver sido condenado pelos tribunais portugueses.

Artigo 240º - Procedimento

No procedimento de revisão e confirmação de sentença penal estrangeira seguem-se os trâmites da lei do processo civil em tudo quanto se não prevê na lei especial, bem como nos artigos anteriores e ainda nas alíneas seguintes:

a) Da decisão da relação cabe recurso, interposto e processado como os recursos penais, para a secção criminal do Supremo Tribunal de Justiça;

b) O Ministério Público tem sempre legitimidade para recorrer.

PARTE II

LIVRO VI – DAS FASES PRELIMINARES

TÍTULO I – Disposições gerais

CAPÍTULO I – Da notícia do crime

Artigo 241º – Aquisição da notícia do crime

O Ministério Público adquire notícia do crime por conhecimento próprio, por intermédio dos órgãos de polícia criminal ou mediante denúncia, nos termos dos artigos seguintes.

Artigo 242º – Denúncia obrigatória

1. A denúncia é obrigatória, ainda que os agentes do crime não sejam conhecidos:

a) Para as entidades policiais, quanto a todos os crimes de que tomarem conhecimento;

b) Para os funcionários, na acepção do artigo 386º do Código Penal, quanto a crimes de que tomarem conhecimento no exercício das suas funções e por causa delas.

2. Quando várias pessoas forem obrigadas à denúncia do mesmo crime, a sua apresentação por uma delas dispensa as restantes.

3. Quando se referir a crime cujo procedimento dependa de queixa ou de acusação particular, a denúncia só dá lugar a instauração de inquérito se a queixa for apresentada no prazo legalmente previsto.

Artigo 243º – Auto de notícia

1. Sempre que uma autoridade judiciária, um órgão de polícia criminal ou outra entidade policial presenciarem qualquer crime de denúncia obrigatória, levantam ou mandam levantar auto de notícia, onde se mencionem:

a) Os factos que constituem o crime;

b) O dia, a hora, o local e as circunstâncias em que o crime foi cometido; e *c*) Tudo o que puderem averiguar acerca da identificação dos agentes e dos ofendidos, bem como os meios de prova conhecidos, nomeadamente as testemunhas que puderem depor sobre os factos.

2. O auto de notícia é assinado pela entidade que o levantou e pela que o mandou levantar.

3. O auto de notícia é obrigatoriamente remetido ao Ministério Público no mais curto prazo, que não pode exceder 10 dias, e vale como denúncia.

4. Nos casos de conexão, nos termos dos artigos 24º e seguintes, pode levantar-se um único auto de notícia.

Artigo 244º – Denúncia facultativa

Qualquer pessoa que tiver notícia de um crime pode denunciá-lo ao Ministério Público, a outra autoridade judiciária ou aos órgãos de polícia criminal, salvo se o procedimento respectivo depender de queixa ou de acusação particular.

Artigo 245º – Denúncia a entidade incompetente para o procedimento

A denúncia feita a entidade diversa do Ministério Público é transmitida a este no mais curto prazo, que não pode exceder 10 dias.

Artigo 246º – Forma, conteúdo e espécies de denúncias

1. A denúncia pode ser feita verbalmente ou por escrito e não está sujeita a formalidades especiais.

2. A denúncia verbal é reduzida a escrito e assinada pela entidade que a receber e pelo denunciante, devidamente identificado. É correspondentemente aplicável o disposto no nº 3 do artigo 95º

3. A denúncia contém, na medida possível, a indicação dos elementos referidos nas alíneas do nº 1 do artigo 243º

4. O denunciante pode declarar, na denúncia, que deseja constituir-se assistente. Tratando-se de crime cujo procedimento depende de acusação particular, a declaração é obrigatória, devendo, neste caso, a autoridade judiciária ou o órgão de polícia criminal a quem a denúncia for feita verbalmente advertir o denunciante da obrigatoriedade de constituição de assistente e dos procedimentos a observar.

5. Sem prejuízo do disposto nos artigos 92º e 93º, caso o denunciante não conheça ou domine a língua portuguesa a denúncia deve ser feita numa língua que compreenda.

6. A denúncia anónima só pode determinar a abertura de inquérito se:

a) Dela se retirarem indícios da prática de crime; ou

b) Constituir crime.

7. Nos casos previstos no número anterior, a autoridade judiciária ou órgão de polícia criminal competentes informam o titular do direito de queixa ou participação da existência da denúncia.

8. Quando a denúncia anónima não determinar a abertura de inquérito, a autoridade judiciária competente promove a sua destruição.

(Redação dada pela Lei nº 130/2015, de 04-09)

Artigo 247º – Comunicação, registo e certificado da denúncia

1. O Ministério Público informa o ofendido da notícia do crime, sempre que tenha razões para crer que ele não a conhece.

2. Em todo o caso, o Ministério Público informa o ofendido sobre o regime do direito de queixa e as suas consequências processuais, bem como sobre o regime jurídico do apoio judiciário.

3. Sem prejuízo do disposto no artigo 82º-A, o Ministério Público informa ainda o ofendido sobre o regime e serviços responsáveis pela instrução de pedidos de indemnização a vítimas de crimes violentos, formulados ao abrigo do regime previsto na Lei nº 104/2009, de 14 de setembro, e os pedidos de adiantamento às vítimas de violência doméstica, bem como da existência de instituições públicas, associativas ou particulares, que desenvolvam atividades de apoio às vítimas de crimes.

4. O ofendido é informado, em especial, nos casos de reconhecida perigosidade potencial do agressor, das principais decisões judiciárias que afectem o estatuto deste.

5. O Ministério Público procede ou manda proceder ao registo de todas as denúncias que lhe forem transmitidas.

6. O denunciante pode, a todo o tempo, requerer ao Ministério Público certificado do registo da denúncia.

7. Sendo a denúncia apresentada pela vítima, o certificado referido no número anterior deve conter a descrição dos factos essenciais do crime em causa, e a sua entrega ser assegurada de imediato, independentemente de requerimento, cumprindo-se ainda o disposto no nº 5 do artigo anterior, se necessário.

(Redação dada pela Lei nº 130/2015, de 04-09)

CAPÍTULO II – Das medidas cautelares e de polícia

Artigo 248º – Comunicação da notícia do crime

1. Os órgãos de polícia criminal que tiverem notícia de um crime, por conhecimento próprio ou mediante denúncia, transmitem-na ao Ministério Público no mais curto prazo, que não pode exceder 10 dias.

2. Aplica-se o disposto no número anterior a notícias de crime manifestamente infundadas que hajam sido transmitidas aos órgãos de polícia criminal.

3. Em caso de urgência, a transmissão a que se refere o número anterior pode ser feita por qualquer meio de comunicação para o efeito disponível. A comunicação oral deve, porém, ser seguida de comunicação escrita.

Artigo 249º – Providências cautelares quanto aos meios de prova

1. Compete aos órgãos de polícia criminal, mesmo antes de receberem ordem da autoridade judiciária competente para procederem a investigações, praticar os actos cautelares necessários e urgentes para assegurar os meios de prova.

2. Compete-lhes, nomeadamente, nos termos do número anterior:

a) Proceder a exames dos vestígios do crime, em especial às diligências previstas no nº 2 do artigo 171º, e no artigo 173º, assegurando a integridade dos animais e a manutenção do estado das coisas, dos objetos e dos lugares;

b) Colher informações das pessoas que facilitem a descoberta dos agentes do crime e a sua reconstituição;

c) Proceder a apreensões no decurso de revistas ou buscas ou em caso de urgência ou perigo na demora, bem como adotar as medidas cautelares necessárias à conservação da integridade dos animais e à conservação ou manutenção das coisas e dos objetos apreendidos.

3. Mesmo após a intervenção da autoridade judiciária, cabe aos órgãos de polícia criminal assegurar novos meios de prova de que tiverem conhecimento, sem prejuízo de deverem dar deles notícia imediata àquela autoridade.

(Redação dada pela Lei nº 39/2020, de 18-08)

Artigo 250º – Identificação de suspeito e pedido de informações

1. Os órgãos de polícia criminal podem proceder à identificação de qualquer pessoa encontrada em lugar público, aberto ao público ou sujeito a vigilância policial, sempre que sobre ela recaiam fundadas suspeitas da prática de crimes, da pendência de processo de extradição ou de expulsão, de que tenha penetrado ou permaneça irregularmente no território nacional ou de haver contra si mandado de detenção.

2. Antes de procederem à identificação, os órgãos de polícia criminal devem provar a sua qualidade, comunicar ao suspeito as circunstâncias que fundamentam a obrigação de identificação e indicar os meios por que este se pode identificar.

3. O suspeito pode identificar-se mediante a apresentação de um dos seguintes documentos:

a) Bilhete de identidade ou passaporte, no caso de ser cidadão português;

b) Título de residência, bilhete de identidade, passaporte ou documento que substitua o passaporte, no caso de ser cidadão estrangeiro.

4. Na impossibilidade de apresentação de um dos documentos referidos no número anterior, o suspeito pode identificar-se mediante a apresentação de documento original, ou cópia autenticada, que contenha o seu nome completo, a sua assinatura e a sua fotografia.

5. Se não for portador de nenhum documento de identificação, o suspeito pode identificar-se por um dos seguintes meios:

a) Comunicação com uma pessoa que apresente os seus documentos de identificação;

b) Deslocação, acompanhado pelos órgãos de polícia criminal, ao lugar onde se encontram os seus documentos de identificação;

c) Reconhecimento da sua identidade por uma pessoa identificada nos termos do nº 3 ou do nº 4 que garanta a veracidade dos dados pessoais indicados pelo identificando.

6. Na impossibilidade de identificação nos termos dos nºs 3, 4 e 5, os órgãos de polícia criminal podem conduzir o suspeito ao posto policial mais próximo e compeli-

-lo a permanecer ali pelo tempo estritamente indispensável à identificação, em caso algum superior a seis horas, realizando, em caso de necessidade, provas dactiloscópicas, fotográficas ou de natureza análoga e convidando o identificando a indicar residência onde possa ser encontrado e receber comunicações.

7. Os actos de identificação levados a cabo nos termos do número anterior são sempre reduzidos a auto e as provas de identificação dele constantes são destruídas na presença do identificando, a seu pedido, se a suspeita não se confirmar.

8. Os órgãos de polícia criminal podem pedir ao suspeito, bem como a quaisquer pessoas susceptíveis de fornecerem informações úteis, e deles receber, sem prejuízo, quanto ao suspeito, do disposto no artigo 59º, informações relativas a um crime e, nomeadamente, à descoberta e à conservação de meios de prova que poderiam perder-se antes da intervenção da autoridade judiciária.

9. Será sempre facultada ao identificando a possibilidade de contactar com pessoa da sua confiança.

Artigo 251º – Revistas e buscas

1. Para além dos casos previstos no nº 5 do artigo 174º, os órgãos de polícia criminal podem proceder, sem prévia autorização da autoridade judiciária:

a) À revista de suspeitos em caso de fuga iminente ou de detenção e a buscas no lugar em que se encontrarem, salvo tratando-se de busca domiciliária, sempre que tiverem fundada razão para crer que neles se ocultam objectos relacionados com o crime, susceptíveis de servirem a prova e que de outra forma poderiam perder-se;

b) À revista de pessoas que tenham de participar ou pretendam assistir a qualquer acto processual ou que, na qualidade de suspeitos, devam ser conduzidos a posto policial, sempre que houver razões para crer que ocultam armas ou outros objectos com os quais possam praticar actos de violência.

2. É correspondentemente aplicável o disposto no nº 6 do artigo 174º.

Artigo 252º – Apreensão de correspondência

1. Nos casos em que deva proceder-se à apreensão de correspondência, os órgãos de polícia criminal transmitem-na intacta ao juiz que tiver autorizado ou ordenado a diligência.

2. Tratando-se de encomendas ou valores fechados susceptíveis de serem apreendidos, sempre que tiverem fundadas razões para crer que eles podem conter informações úteis à investigação de um crime ou conduzir à sua descoberta, e que podem perder-se em caso de demora, os órgãos de polícia criminal informam do facto, pelo meio mais rápido, o juiz, o qual pode autorizar a sua abertura imediata.

3. Verificadas as razões referidas no número anterior, os órgãos de polícia criminal podem ordenar a suspensão da remessa de qualquer correspondência nas estações de correios e de telecomunicações. Se, no prazo de quarenta e oito horas, a ordem não for convalidada por despacho fundamentado do juiz, a correspondência é remetida ao destinatário.

Artigo 252º-A – Localização celular

1. As autoridades judiciárias e as autoridades de polícia criminal podem obter dados sobre a localização celular quando eles forem necessários para afastar perigo para a vida ou de ofensa à integridade física grave.

2. Se os dados sobre a localização celular previstos no número anterior se referirem a um processo em curso, a sua obtenção deve ser comunicada ao juiz no prazo máximo de quarenta e oito horas.

3. Se os dados sobre a localização celular previstos no nº 1 não se referirem a nenhum processo em curso, a comunicação deve ser dirigida ao juiz da sede da entidade competente para a investigação criminal.

4. É nula a obtenção de dados sobre a localização celular com violação do disposto nos números anteriores.

Artigo 253º – Relatório

1. Os órgãos de polícia criminal que procederem a diligências referidas nos artigos anteriores elaboram um relatório onde mencionam, de forma resumida, as investigações levadas a cabo, os resultados das mesmas, a descrição dos factos apurados e as provas recolhidas.

2. O relatório é remetido ao Ministério Público ou ao juiz de instrução, conforme os casos.

CAPÍTULO III – Da detenção

Artigo 254º – Finalidades

1. A detenção a que se referem os artigos seguintes é efectuada:

a) Para, no prazo máximo de quarenta e oito horas, o detido ser apresentado a julgamento sob forma sumária ou ser presente ao juiz competente para primeiro interrogatório judicial ou para aplicação ou execução de uma medida de coacção; ou

b) Para assegurar a presença imediata ou, não sendo possível, no mais curto prazo, mas sem nunca exceder vinte e quatro horas, do detido perante a autoridade judiciária em acto processual.

2. O arguido detido fora de flagrante delito para aplicação ou execução da medida de prisão preventiva é sempre apresentado ao juiz, sendo correspondentemente aplicável o disposto no artigo 141º

Artigo 255º – Detenção em flagrante delito

1. Em caso de flagrante delito, por crime punível com pena de prisão:

a) Qualquer autoridade judiciária ou entidade policial procede à detenção;

b) Qualquer pessoa pode proceder à detenção, se uma das entidades referidas na alínea anterior não estiver presente nem puder ser chamada em tempo útil.

2. No caso previsto na alínea *b*) do número anterior, a pessoa que tiver procedido à detenção entrega imediatamente o detido a uma das entidades referidas na alínea *a*), a qual redige auto sumário da entrega e procede de acordo com o estabelecido no artigo 259º

3. Tratando-se de crime cujo procedimento dependa de queixa, a detenção só se mantém quando, em acto a ela seguido, o titular do direito respectivo o exercer. Neste caso, a autoridade judiciária ou a entidade policial levantam ou mandam levantar auto em que a queixa fique registada.

4. Tratando-se de crime cujo procedimento dependa de acusação particular, não há lugar a detenção em flagrante delito, mas apenas à identificação do infractor.

Artigo 256º – Flagrante delito

1. É flagrante delito todo o crime que se está cometendo ou se acabou de cometer.

2. Reputa-se também flagrante delito o caso em que o agente for, logo após o crime, perseguido por qualquer pessoa ou encontrado com objectos ou sinais que mostrem claramente que acabou de o cometer ou nele participar.

3. Em caso de crime permanente, o estado de flagrante delito só persiste enquanto se mantiverem sinais que mostrem claramente que o crime está a ser cometido e o agente está nele a participar.

Artigo 257º – Detenção fora de flagrante delito

1. Fora de flagrante delito, a detenção só pode ser efectuada por mandado do juiz ou, nos casos em que for admissível prisão preventiva, do Ministério Público:

a) Quando houver fundadas razões para considerar que o visado se não apresentaria voluntariamente perante autoridade judiciária no prazo que lhe fosse fixado;

b) Quando se verifique, em concreto, alguma das situações previstas no artigo 204º, que apenas a detenção permita acautelar; ou

c) Se tal se mostrar imprescindível para a protecção da vítima.

2. As autoridades de polícia criminal podem também ordenar a detenção fora de flagrante delito, por iniciativa própria, quando:

a) Se tratar de caso em que é admissível a prisão preventiva;

b) Existirem elementos que tornem fundados o receio de fuga ou de continuação da actividade criminosa; e

c) Não for possível, dada a situação de urgência e de perigo na demora, esperar pela intervenção da autoridade judiciária.

(Redação dada pela Lei nº 26/2010, de 30-08)

Artigo 258º – Mandados de detenção

1. Os mandados de detenção são passados em triplicado e contêm, sob pena de nulidade:

a) A data da emissão e a assinatura da autoridade judiciária ou de polícia criminal competentes;

b) A identificação da pessoa a deter; e

c) A indicação do facto que motivou a detenção e das circunstâncias que legalmente a fundamentam.

2. Em caso de urgência e de perigo na demora é admissível a requisição da detenção por qualquer meio de telecomunicação, seguindo-se-lhe imediatamente confirmação por mandado, nos termos do número anterior.

3. Ao detido é exibido o mandado de detenção e entregue uma das cópias. No caso do número anterior, é-lhe exibida a ordem de detenção donde conste a requisição, a indicação da autoridade judiciária ou de polícia criminal que a fez e os demais requisitos referidos no nº 1 e entregue a respectiva cópia.

Artigo 259º – Dever de comunicação

Sempre que qualquer entidade policial proceder a uma detenção, comunica-a de imediato:

a) Ao juiz do qual dimanar o mandado de detenção, se esta tiver a finalidade referida na alínea *b*) do artigo 254º;

b) Ao Ministério Público, nos casos restantes.

Artigo 260º – Condições gerais de efectivação

É correspondentemente aplicável à detenção o disposto nos nºs 2 do artigo 192º e 9 do artigo 194º

(Redação dada pela Lei nº 20/2013, de 21-02)

Artigo 261º – Libertação imediata do detido

1. Qualquer entidade que tiver ordenado a detenção ou a quem o detido for presente, nos termos do presente capítulo, procede à sua imediata libertação logo que se tornar manifesto que a detenção foi efectuada por erro sobre a pessoa ou fora dos casos em que era legalmente admissível ou que a medida se tornou desnecessária.

2. Tratando-se de entidade que não seja autoridade judiciária, faz relatório sumário da ocorrência e transmite-o de imediato ao Ministério Público; se for autoridade judiciária, a libertação é precedida de despacho.

TÍTULO II – Do inquérito

CAPÍTULO I – Disposições gerais

Artigo 262º – Finalidade e âmbito do inquérito

1. O inquérito compreende o conjunto de diligências que visam investigar a existência de um crime, determinar os seus agentes e a responsabilidade deles e descobrir e recolher as provas, em ordem à decisão sobre a acusação.

2. Ressalvadas as excepções previstas neste Código, a notícia de um crime dá sempre lugar à abertura de inquérito.

Artigo 263º – Direcção do inquérito

1. A direcção do inquérito cabe ao Ministério Público, assistido pelos órgãos de polícia criminal.

2. Para efeito do disposto no número anterior, os órgãos de polícia criminal actuam sob a directa orientação do Ministério Público e na sua dependência funcional.

Artigo 264º – Competência

1. É competente para a realização do inquérito o Ministério Público que exercer funções no local em que o crime tiver sido cometido.

2. Enquanto não for conhecido o local em que o crime foi cometido, a competência pertence ao Ministério Público que exercer funções no local em que primeiro tiver havido notícia do crime.

3. Se o crime for cometido no estrangeiro, é competente o Ministério Público que exercer funções junto do tribunal competente para o julgamento.

4. Independentemente do disposto nos números anteriores, qualquer magistrado ou agente do Ministério Público procede, em caso de urgência ou de perigo na demora, a actos de inquérito, nomeadamente de detenção, de interrogatório e, em geral, de aquisição e conservação de meios de prova.

5. É correspondentemente aplicável o disposto nos artigos 24º a 30º

Artigo 265º – Inquérito contra magistrados

1. Se for objecto da notícia do crime magistrado judicial ou do Ministério Público, é designado para a realização do inquérito magistrado de categoria igual ou superior à do visado.

2. Se for objecto da notícia do crime o Procurador-Geral da República, a competência para o inquérito pertence a um juiz do Supremo Tribunal de Justiça, designado por sorteio, que fica impedido de intervir nos subsequentes actos do processo.

Artigo 266º – Transmissão dos autos

1. Se, no decurso do inquérito, se apurar que a competência pertence a diferente magistrado ou agente do Ministério Público, os autos são transmitidos ao magistrado ou agente do Ministério Público competente.

2. Os actos de inquérito realizados antes da transmissão só são repetidos se não puderem ser aproveitados.

3. Em caso de conflito sobre a competência, decide o superior hierárquico que imediatamente superintende nos magistrados ou agentes em conflito.

CAPÍTULO II - Dos actos de inquérito

Artigo 267º - Actos do Ministério Público

O Ministério Público pratica os actos e assegura os meios de prova necessários à realização das finalidades referidas no nº 1 do artigo 262º, nos termos e com as restrições constantes dos artigos seguintes.

Artigo 268º - Actos a praticar pelo juiz de instrução

1. Durante o inquérito compete exclusivamente ao juiz de instrução:

a) Proceder ao primeiro interrogatório judicial de arguido detido;

b) Proceder à aplicação de uma medida de coacção ou de garantia patrimonial, à excepção da prevista no artigo 196º, a qual pode ser aplicada pelo Ministério Público;

c) Proceder a buscas e apreensões em escritório de advogado, consultório médico ou estabelecimento bancário, nos termos do nº 3 do artigo 177º, do nº 1 do artigo 180º e do artigo 181º;

d) Tomar conhecimento, em primeiro lugar, do conteúdo da correspondência apreendida, nos termos do nº 3 do artigo 179º;

e) Declarar a perda a favor do Estado de bens apreendidos, com expressa menção das disposições legais aplicadas, quando o Ministério Público proceder ao arquivamento do inquérito nos termos dos artigos 277º, 280º e 282º;

f) Praticar quaisquer outros actos que a lei expressamente reservar ao juiz de instrução.

2. O juiz pratica os actos referidos no número anterior a requerimento do Ministério Público, da autoridade de polícia criminal em caso de urgência ou de perigo na demora, do arguido ou do assistente.

3. O requerimento, quando proveniente do Ministério Público ou de autoridade de polícia criminal, não está sujeito a quaisquer formalidades.

4. Nos casos referidos nos números anteriores, o juiz decide, no prazo máximo de vinte e quatro horas, com base na informação que, conjuntamente com o requerimento, lhe for prestada, dispensando a apresentação dos autos sempre que a não considerar imprescindível.

(Redação dada pela Lei nº 30/2017, de 30-05)

Artigo 269º - Actos a ordenar ou autorizar pelo juiz de instrução

1. Durante o inquérito compete exclusivamente ao juiz de instrução ordenar ou autorizar:

a) A efetivação de perícias, nos termos do nº 3 do artigo 154º;

b) A efectivação de exames, nos termos do nº 2 do artigo 172º;

c) Buscas domiciliárias, nos termos e com os limites do artigo 177º;

d) Apreensões de correspondência, nos termos do nº 1 do artigo 179º;

e) Intercepção, gravação ou registo de conversações ou comunicações, nos termos dos artigos 187º e 189º;

f) A prática de quaisquer outros actos que a lei expressamente fizer depender de ordem ou autorização do juiz de instrução.

2. É correspondentemente aplicável o disposto nos nºs 2, 3 e 4 do artigo anterior. *(Redação dada pela Lei nº 20/2013, de 21-02)*

Artigo 270º – Actos que podem ser delegados pelo Ministério Público nos órgãos de polícia criminal

1. O Ministério Público pode conferir a órgãos de polícia criminal o encargo de procederem a quaisquer diligências e investigações relativas ao inquérito.

2. Exceptuam-se do disposto no número anterior, além dos actos que são da competência exclusiva do juiz de instrução, nos termos dos artigos 268º e 269º, os actos seguintes:

a) Receber depoimentos ajuramentados, nos termos da segunda parte do nº 3 do artigo 138º;

b) Ordenar a efectivação de perícia, nos termos do artigo 154º

c) Assistir a exame susceptível de ofender o pudor da pessoa, nos termos da segunda parte do nº 3 do artigo 172º;

d) Ordenar ou autorizar revistas e buscas, nos termos e limites dos nºs 3 e 5 do artigo 174º;

e) Quaisquer outros actos que a lei expressamente determinar que sejam presididos ou praticados pelo Ministério Público.

3. O Ministério Público pode, porém, delegar em autoridades de polícia criminal a faculdade de ordenar a efectivação da perícia relativamente a determinados tipos de crime, em caso de urgência ou de perigo na demora, nomeadamente quando a perícia deva ser realizada conjuntamente com o exame de vestígios. Exceptuam-se a perícia que envolva a realização de autópsia médico-legal, bem como a prestação de esclarecimentos complementares e a realização de nova perícia nos termos do artigo 158º

4. Sem prejuízo do disposto no nº 2, no nº 3 do artigo 58º, no nº 3 do artigo 243º e no nº 1 do artigo 248º, a delegação a que se refere o nº 1 pode ser efectuada por despacho de natureza genérica que indique os tipos de crime ou os limites das penas aplicáveis aos crimes em investigação.

Artigo 271º – Declarações para memória futura

1. Em caso de doença grave ou de deslocação para o estrangeiro de uma testemunha, que previsivelmente a impeça de ser ouvida em julgamento, bem como nos casos de vítima de crime de tráfico de órgãos humanos, tráfico de pessoas ou contra a liberdade e autodeterminação sexual, o juiz de instrução, a requerimento do Ministério Público, do arguido, do assistente ou das partes civis, pode proceder à sua inquirição no decurso do inquérito, a fim de que o depoimento possa, se necessário, ser tomado em conta no julgamento.

2. No caso de processo por crime contra a liberdade e autodeterminação sexual de menor, procede-se sempre à inquirição do ofendido no decurso do inquérito, desde que a vítima não seja ainda maior.

3. Ao Ministério Público, ao arguido, ao defensor e aos advogados do assistente e das partes civis são comunicados o dia, a hora e o local da prestação do depoimento para que possam estar presentes, sendo obrigatória a comparência do Ministério Público e do defensor.

4. Nos casos previstos no nº 2, a tomada de declarações é realizada em ambiente informal e reservado, com vista a garantir, nomeadamente, a espontaneidade e a sinceridade das respostas, devendo o menor ser assistido no decurso do acto processual por um técnico especialmente habilitado para o seu acompanhamento, previamente designado para o efeito.

5. A inquirição é feita pelo juiz, podendo em seguida o Ministério Público, os advogados do assistente e das partes civis e o defensor, por esta ordem, formular perguntas adicionais.

6. É correspondentemente aplicável o disposto nos artigos 352º, 356º, 363º e 364º

7. O disposto nos números anteriores é correspondentemente aplicável a declarações do assistente e das partes civis, de peritos e de consultores técnicos e a acareações.

8. A tomada de declarações nos termos dos números anteriores não prejudica a prestação de depoimento em audiência de julgamento, sempre que ela for possível e não puser em causa a saúde física ou psíquica de pessoa que o deva prestar.

(Redação dada pela Lei nº 102/2019, de 06-09)

Artigo 272º – Primeiro interrogatório e comunicações ao arguido

1. Correndo inquérito contra pessoa determinada em relação à qual haja suspeita fundada da prática de crime é obrigatório interrogá-la como arguido, salvo se não for possível notificá-la.

2. O Ministério Público, quando proceder a interrogatório de um arguido ou a acareação ou reconhecimento em que aquele deva participar, comunica-lhe, pelo menos com vinte e quatro horas de antecedência, o dia, a hora e o local da diligência.

3. O período de antecedência referido no número anterior:

a) É facultativo sempre que o arguido se encontrar preso;

b) Não tem lugar relativamente ao interrogatório previsto no artigo 143º, ou, nos casos de extrema urgência, sempre que haja fundado motivo para recear que a demora possa prejudicar o asseguramento de meios de prova, ou ainda quando o arguido dele prescindir.

4. Quando haja defensor, este é notificado para a diligência com pelo menos vinte e quatro horas de antecedência, salvo nos casos previstos na alínea *b*) do número anterior.

Artigo 273º – Mandado de comparência, notificação e detenção

1. Sempre que for necessário assegurar a presença de qualquer pessoa em acto de inquérito, o Ministério Público ou a autoridade de polícia criminal em que tenha sido delegada a diligência emitem mandado de comparência, do qual conste a identificação da pessoa, a indicação do dia, do local e da hora a que deve apresentar-se e a menção das sanções em que incorre no caso de falta injustificada.

2. O mandado de comparência é notificado ao interessado com pelo menos três dias de antecedência, salvo em caso de urgência devidamente fundamentado, em que pode ser deixado ao notificando apenas o tempo necessário à comparência.

3. Se o mandado se referir ao assistente ou ao denunciante com a faculdade de se constituir assistente representado por advogado, este é informado da realização da diligência para, querendo, estar presente.

4. É correspondentemente aplicável o disposto no nº 2 do artigo 116º

Artigo 274º – Certidões e certificados de registo

São juntos aos autos as certidões e certificados de registo, nomeadamente o certificado do registo criminal do arguido, que se afigurem previsivelmente necessários ao inquérito ou à instrução ou ao julgamento que venham a ter lugar e à determinação da competência do tribunal.

Artigo 275º – Autos de inquérito

1. As diligências de prova realizadas no decurso do inquérito são reduzidas a auto, que pode ser redigido por súmula, salvo aquelas cuja documentação o Ministério Público entender desnecessário.

2. É obrigatoriamente reduzida a auto a denúncia, quando feita oralmente, bem como os actos a que se referem os artigos 268º, 269º e 271º

3. Concluído o inquérito, o auto fica à guarda do Ministério Público ou é remetido ao tribunal competente para a instrução ou para o julgamento.

CAPÍTULO III – Do encerramento do inquérito

Artigo 276º – Prazos de duração máxima do inquérito

1. O Ministério Público encerra o inquérito, arquivando-o ou deduzindo acusação, nos prazos máximos de seis meses, se houver arguidos presos ou sob obrigação de permanência na habitação, ou de oito meses, se os não houver.

2. O prazo de seis meses referido no número anterior é elevado:

a) Para 8 meses, quando o inquérito tiver por objecto um dos crimes referidos no nº 2 do artigo 215º;

b) Para 10 meses, quando, independentemente do tipo de crime, o procedimento se revelar de excepcional complexidade, nos termos da parte final do nº 3 do artigo 215º;

c) Para 12 meses, nos casos referidos no nº 3 do artigo 215º

3. O prazo de oito meses referido no nº 1 é elevado:

a) Para 14 meses, quando o inquérito tiver por objecto um dos crimes referidos no nº 2 do artigo 215º;

b) Para 16 meses, quando, independentemente do tipo de crime, o procedimento se revelar de excepcional complexidade, nos termos da parte final do nº 3 do artigo 215º;

c) Para 18 meses, nos casos referidos no nº 3 do artigo 215º

4. Para efeito do disposto nos números anteriores, o prazo conta-se a partir do momento em que o inquérito tiver passado a correr contra pessoa determinada ou em que se tiver verificado a constituição de arguido.

5. Em caso de expedição de carta rogatória, o decurso dos prazos previstos nos nºs 1 a 3 suspende-se até à respectiva devolução, não podendo o período total de suspensão, em cada processo, ser superior a metade do prazo máximo que corresponder ao inquérito.

6. O magistrado titular do processo comunica ao superior hierárquico imediato a violação de qualquer prazo previsto nos nºs 1 a 3 do presente artigo ou no nº 6 do artigo 89º, indicando as razões que explicam o atraso e o período necessário para concluir o inquérito.

7. Nos casos referidos no número anterior, o superior hierárquico pode avocar o processo e dá sempre conhecimento ao Procurador-Geral da República, ao arguido e ao assistente da violação do prazo e do período necessário para concluir o inquérito.

8. Recebida a comunicação prevista no número anterior, o Procurador-Geral da República pode determinar, oficiosamente ou a requerimento do arguido ou do assistente, a aceleração processual nos termos do artigo 109º

(Redação dada pela Lei nº 26/2010, de 30-08)

Artigo 277º - Arquivamento do inquérito

1. O Ministério Público procede, por despacho, ao arquivamento do inquérito, logo que tiver recolhido prova bastante de se não ter verificado crime, de o arguido não o ter praticado a qualquer título ou de ser legalmente inadmissível o procedimento.

2. O inquérito é igualmente arquivado se não tiver sido possível ao Ministério Público obter indícios suficientes da verificação de crime ou de quem foram os agentes.

3. O despacho de arquivamento é comunicado ao arguido, ao assistente, ao denunciante com faculdade de se constituir assistente e a quem tenha manifestado o propósito de deduzir pedido de indemnização civil nos termos do artigo 75º, bem como ao respectivo defensor ou advogado.

4. As comunicações a que se refere o número anterior efectuam-se:

a) Por notificação mediante contacto pessoal ou via postal registada ao assistente e ao arguido, excepto se estes tiverem indicado um local determinado para efeitos de notificação por via postal simples, nos termos dos nºs 5 e 6 do artigo 145º, do nº 2 e da alínea *c*) do nº 3 do artigo 196º, e não tenham entretanto indicado uma outra, através de requerimento entregue ou remetido por via postal registada à secretaria onde os autos se encontrarem a correr nesse momento;

b) Por editais, se o arguido não tiver defensor nomeado ou advogado constituído e não for possível a sua notificação mediante contacto pessoal, via postal registada ou simples, nos termos previstos na alínea anterior;

c) Por notificação mediante via postal simples ao denunciante com a faculdade de se constituir assistente e a quem tenha manifestado o propósito de deduzir pedido de indemnização civil;

d) Por notificação mediante via postal simples sempre que o inquérito não correr contra pessoa determinada.

5. Nos casos previstos no nº 1, sempre que se verificar que existiu por parte de quem denunciou ou exerceu um alegado direito de queixa, uma utilização abusiva do processo, o tribunal condena-o no pagamento de uma soma entre 6 UC e 20 UC sem prejuízo do apuramento de responsabilidade penal.

Artigo 278º – Intervenção hierárquica

1. No prazo de 20 dias a contar da data em que a abertura de instrução já não puder ser requerida, o imediato superior hierárquico do magistrado do Ministério Público pode, por sua iniciativa ou a requerimento do assistente ou do denunciante com a faculdade de se constituir assistente, determinar que seja formulada acusação ou que as investigações prossigam, indicando, neste caso, as diligências a efectuar e o prazo para o seu cumprimento.

2. O assistente e o denunciante com a faculdade de se constituir assistente podem, se optarem por não requerer a abertura da instrução, suscitar a intervenção hierárquica, ao abrigo do número anterior, no prazo previsto para aquele requerimento.

Artigo 279º – Reabertura do inquérito

1. Esgotado o prazo a que se refere o artigo anterior, o inquérito só pode ser reaberto se surgirem novos elementos de prova que invalidem os fundamentos invocados pelo Ministério Público no despacho de arquivamento.

2. Do despacho do Ministério Público que deferir ou recusar a reabertura do inquérito há reclamação para o superior hierárquico imediato.

Artigo 280º – Arquivamento em caso de dispensa da pena

1. Se o processo for por crime relativamente ao qual se encontre expressamente prevista na lei penal a possibilidade de dispensa da pena, o Ministério Público, com a concordância do juiz de instrução, pode decidir-se pelo arquivamento do processo, se se verificarem os pressupostos daquela dispensa.

2. Se a acusação tiver sido já deduzida, pode o juiz de instrução, enquanto esta decorrer, arquivar o processo com a concordância do Ministério Público e do arguido, se se verificarem os pressupostos da dispensa da pena.

3. A decisão de arquivamento, em conformidade com o disposto nos números anteriores, não é susceptível de impugnação.

Artigo 281º – Suspensão provisória do processo

1. Se o crime for punível com pena de prisão não superior a 5 anos ou com sanção diferente da prisão, o Ministério Público, oficiosamente ou a requerimento do arguido ou do assistente, determina, com a concordância do juiz de instrução, a suspensão do processo, mediante a imposição ao arguido de injunções e regras de conduta, sempre que se verificarem os seguintes pressupostos:

a) Concordância do arguido e do assistente;

b) Ausência de condenação anterior por crime da mesma natureza;

c) Ausência de aplicação anterior de suspensão provisória de processo por crime da mesma natureza;

d) Não haver lugar a medida de segurança de internamento;

e) Ausência de um grau de culpa elevado; e

f) Ser de prever que o cumprimento das injunções e regras de conduta responda suficientemente às exigências de prevenção que no caso se façam sentir.

2. São oponíveis ao arguido, cumulativa ou separadamente, as seguintes injunções e regras de conduta:

a) Indemnizar o lesado;

b) Dar ao lesado satisfação moral adequada;

c) Entregar ao Estado, a instituições privadas de solidariedade social, associação de utilidade pública ou associações zoófilas legalmente constituídas certa quantia ou efetuar prestação de serviço de interesse público;

d) Residir em determinado lugar;

e) Frequentar certos programas ou actividades;

f) Não exercer determinadas profissões;

g) Não frequentar certos meios ou lugares;

h) Não residir em certos lugares ou regiões;

i) Não acompanhar, alojar ou receber certas pessoas;

j) Não frequentar certas associações ou participar em determinadas reuniões;

l) Não ter em seu poder determinados animais, coisas ou objetos capazes de facilitar a prática de outro crime;

m) Qualquer outro comportamento especialmente exigido pelo caso.

3. Sem prejuízo do disposto no número anterior, tratando-se de crime para o qual esteja legalmente prevista pena acessória de proibição de conduzir veículos com motor, é obrigatoriamente oponível ao arguido a aplicação de injunção de proibição de conduzir veículos com motor.

4. Não são oponíveis injunções e regras de conduta que possam ofender a dignidade do arguido.

5. Para apoio e vigilância do cumprimento das injunções e regras de conduta podem o juiz de instrução e o Ministério Público, consoante os casos, recorrer aos serviços de reinserção social, a órgãos de polícia criminal e às autoridades administrativas.

6. A decisão de suspensão, em conformidade com o nº 1, não é susceptível de impugnação.

7. Em processos por crime de violência doméstica não agravado pelo resultado, o Ministério Público, mediante requerimento livre e esclarecido da vítima, determina a suspensão provisória do processo, com a concordância do juiz de instrução e do arguido, desde que se verifiquem os pressupostos das alíneas *b*) e *c*) do nº 1.

8. Em processos por crime contra a liberdade e autodeterminação sexual de menor não agravado pelo resultado, o Ministério Público, tendo em conta o interesse da vítima, determina a suspensão provisória do processo, com a concordância do juiz de instrução e do arguido, desde que se verifiquem os pressupostos das alíneas *b*) e *c*) do nº 1.

9. No caso do artigo 203º do Código Penal, é dispensada a concordância do assistente prevista na alínea *a*) do nº 1 do presente artigo quando a conduta ocorrer em estabelecimento comercial, durante o período de abertura ao público, relativamente à subtração de coisas móveis de valor diminuto e desde que tenha havido recuperação imediata destas, salvo quando cometida por duas ou mais pessoas.
(Redação dada pela Lei nº 39/2020, de 18-08)

Artigo 282º – Duração e efeitos da suspensão

1. A suspensão do processo pode ir até dois anos, com excepção do disposto no nº 5.
2. A prescrição não corre no decurso do prazo de suspensão do processo.
3. Se o arguido cumprir as injunções e regras de conduta, o Ministério Público arquiva o processo, não podendo ser reaberto.
4. O processo prossegue e as prestações feitas não podem ser repetidas:
a) Se o arguido não cumprir as injunções e regras de conduta; ou
b) Se, durante o prazo de suspensão do processo, o arguido cometer crime da mesma natureza pelo qual venha a ser condenado.
5. Nos casos previstos nos nºs 6 e 7 do artigo anterior, a duração da suspensão pode ir até cinco anos.

Artigo 283º – Acusação pelo Ministério Público

1. Se durante o inquérito tiverem sido recolhidos indícios suficientes de se ter verificado crime e de quem foi o seu agente, o Ministério Público, no prazo de 10 dias, deduz acusação contra aquele.
2. Consideram-se suficientes os indícios sempre que deles resultar uma possibilidade razoável de ao arguido vir a ser aplicada, por força deles, em julgamento, uma pena ou uma medida de segurança.
3. A acusação contém, sob pena de nulidade:
a) As indicações tendentes à identificação do arguido;
b) A narração, ainda que sintética, dos factos que fundamentam a aplicação ao arguido de uma pena ou de uma medida de segurança, incluindo, se possível, o lugar, o tempo e a motivação da sua prática, o grau de participação que o agente neles teve e quaisquer circunstâncias relevantes para a determinação da sanção que lhe deve ser aplicada;
c) A indicação das disposições legais aplicáveis;
d) O rol com o máximo de 20 testemunhas, com a respectiva identificação, discriminando-se as que só devam depor sobre os aspectos referidos no nº 2 do artigo 128º, as quais não podem exceder o número de cinco;
e) A indicação dos peritos e consultores técnicos a serem ouvidos em julgamento, com a respectiva identificação;
f) A indicação de outras provas a produzir ou a requerer;
g) A indicação do relatório social ou de informação dos serviços de reinserção social, quando o arguido seja menor, salvo quando não se mostre ainda junto e seja prescindível em função do superior interesse do menor;
h) A data e assinatura.

4. Em caso de conexão de processos, é deduzida uma só acusação.

5. É correspondentemente aplicável o disposto no nº 3 do artigo 277º, prosseguindo o processo quando os procedimentos de notificação se tenham revelado ineficazes.

6. As comunicações a que se refere o número anterior efectuam-se mediante contacto pessoal ou por via postal registada, excepto se o arguido e o assistente tiverem indicado a sua residência ou domicílio profissional à autoridade policial ou judiciária que elaborar o auto de notícia ou que os ouvir no inquérito ou na instrução, caso em que são notificados mediante via postal simples, nos termos da alínea *c*) do nº 1 do artigo 113º

7. O limite do número de testemunhas previsto na alínea *d*) do nº 3 apenas pode ser ultrapassado desde que tal se afigure necessário para a descoberta da verdade material, designadamente quando tiver sido praticado algum dos crimes referidos no nº 2 do artigo 215º ou se o processo se revelar de excecional complexidade, devido ao número de arguidos ou ofendidos ou ao caráter altamente organizado do crime, enunciando-se no respetivo requerimento os factos sobre os quais as testemunhas irão depor e o motivo pelo qual têm conhecimento direto dos mesmos.

8. O requerimento referido no número anterior é indeferido caso se verifiquem as circunstâncias previstas nas alíneas *b*), *c*) e *d*) do nº 4 do artigo 340º

(Redação dada pela Lei nº 33/2019, de 22-05)

Artigo 284º - Acusação pelo assistente

1. Até 10 dias após a notificação da acusação do Ministério Público, o assistente pode também deduzir acusação pelos factos acusados pelo Ministério Público, por parte deles ou por outros que não importem alteração substancial daqueles.

2. É correspondentemente aplicável o disposto nos nºs 3, 7 e 8 do artigo anterior, com as seguintes modificações:

a) A acusação do assistente pode limitar-se a mera adesão à acusação do Ministério Público;

b) Só são indicadas provas a produzir ou a requerer que não constem da acusação do Ministério Público.

(Redação dada pela Lei nº 27/2015, de 14-04)

Artigo 285º - Acusação particular

1. Findo o inquérito, quando o procedimento depender de acusação particular, o Ministério Público notifica o assistente para que este deduza em 10 dias, querendo, acusação particular.

2. O Ministério Público indica, na notificação prevista no número anterior, se foram recolhidos indícios suficientes da verificação do crime e de quem foram os seus agentes.

3. É correspondentemente aplicável à acusação particular o disposto nos nºs 3, 7 e 8 do artigo 283º

4. O Ministério Público pode, nos cinco dias posteriores à apresentação da acusação particular, acusar pelos mesmos factos, por parte deles ou por outros que não importem uma alteração substancial daqueles.

(Redação dada pela Lei nº 27/2015, de 14-04)

TÍTULO III – Da instrução

CAPÍTULO I – Disposições gerais

Artigo 286º – Finalidade e âmbito da instrução

1. A instrução visa a comprovação judicial da decisão de deduzir acusação ou de arquivar o inquérito em ordem a submeter ou não a causa a julgamento.

2. A instrução tem carácter facultativo.

3. Não há lugar a instrução nas formas de processo especiais.

Artigo 287º – Requerimento para abertura da instrução

1. A abertura da instrução pode ser requerida, no prazo de 20 dias a contar da notificação da acusação ou do arquivamento:

a) Pelo arguido, relativamente a factos pelos quais o Ministério Público ou o assistente, em caso de procedimento dependente de acusação particular, tiverem deduzido acusação; ou

b) Pelo assistente, se o procedimento não depender de acusação particular, relativamente a factos pelos quais o Ministério Público não tiver deduzido acusação.

2. O requerimento não está sujeito a formalidades especiais, mas deve conter, em súmula, as razões de facto e de direito de discordância relativamente à acusação ou não acusação, bem como, sempre que disso for caso, a indicação dos actos de instrução que o requerente pretende que o juiz leve a cabo, dos meios de prova que não tenham sido considerados no inquérito e dos factos que, através de uns e de outros, se espera provar, sendo ainda aplicável ao requerimento do assistente o disposto nas alíneas *b*) e *c*) do nº 3 do artigo 283º Não podem ser indicadas mais de 20 testemunhas.

3. O requerimento só pode ser rejeitado por extemporâneo, por incompetência do juiz ou por inadmissibilidade legal da instrução.

4. No despacho de abertura de instrução o juiz nomeia defensor ao arguido que não tenha advogado constituído nem defensor nomeado.

5. O despacho de abertura de instrução é notificado ao Ministério Público, ao assistente, ao arguido e ao seu defensor.

6. É aplicável o disposto no nº 14 do artigo 113º

(Redação dada pela Lei nº 1/2018, de 29-01)

Artigo 288º – Direcção da instrução

1. A direcção da instrução compete a um juiz de instrução, assistido pelos órgãos de polícia criminal.

2. As regras de competência relativas ao tribunal são correspondentemente aplicáveis ao juiz de instrução.

3. Quando a competência para a instrução pertencer ao Supremo Tribunal de Justiça ou à relação, o instrutor é designado, por sorteio, de entre os juízes da secção e fica impedido de intervir nos subsequentes actos do processo.

4. O juiz investiga autonomamente o caso submetido a instrução, tendo em conta a indicação, constante do requerimento da abertura de instrução, a que se refere o nº 2 do artigo anterior.

Artigo 289º - Conteúdo da instrução

1. A instrução é formada pelo conjunto dos actos de instrução que o juiz entenda dever levar a cabo e, obrigatoriamente, por um debate instrutório, oral e contraditório, no qual podem participar o Ministério Público, o arguido, o defensor, o assistente e o seu advogado, mas não as partes civis.

2. O Ministério Público, o arguido, o defensor, o assistente e o seu advogado podem assistir aos actos de instrução por qualquer deles requeridos e suscitar pedidos de esclarecimento ou requerer que sejam formuladas as perguntas que entenderem relevantes para a descoberta da verdade.

CAPÍTULO II - Dos actos de instrução

Artigo 290º - Actos do juiz de instrução e actos delegáveis

1. O juiz pratica todos os actos necessários à realização das finalidades referidas no nº 1 do artigo 286º

2. O juiz pode, todavia, conferir a órgãos de polícia criminal o encargo de procederem a quaisquer diligências e investigações relativas à instrução, salvo tratando-se do interrogatório do arguido, da inquirição de testemunhas, de actos que por lei sejam cometidos em exclusivo à competência do juiz e, nomeadamente, os referidos no nº 1 do artigo 268º e no nº 2 do artigo 270º

Artigo 291º - Ordem dos actos e repetição

1. Os actos de instrução efectuam-se pela ordem que o juiz reputar mais conveniente para o apuramento da verdade. O juiz indefere os actos requeridos que entenda não interessarem à instrução ou servirem apenas para protelar o andamento do processo e pratica ou ordena oficiosamente aqueles que considerar úteis.

2. Do despacho previsto no número anterior cabe apenas reclamação, sendo irrecorrível o despacho que a decidir.

3. Os actos e diligências de prova praticados no inquérito só são repetidos no caso de não terem sido observadas as formalidades legais ou quando a repetição se revelar indispensável à realização das finalidades da instrução.

4. Não são inquiridas testemunhas que devam depor sobre os aspectos referidos no nº 2 do artigo 128º

Artigo 292º - Provas admissíveis

1. São admissíveis na instrução todas as provas que não forem proibidas por lei.

2. O juiz de instrução interroga o arguido e ouve a vítima, mesmo que não se tenha constituído assistente, quando o julgar necessário e sempre que estes o solicitarem.
(Redação dada pela Lei nº 130/2015, de 04-09)

Artigo 293º – Mandado de comparência e notificação

1. Sempre que for necessário assegurar a presença de qualquer pessoa em acto de instrução, o juiz emite mandado de comparência do qual constem a identificação da pessoa, a indicação do dia, do local e da hora a que deve apresentar-se e a menção das sanções em que incorre no caso de falta injustificada.

2. O mandado de comparência é notificado ao interessado com pelo menos três dias de antecedência, salvo em caso de urgência devidamente fundamentada, em que o juiz pode deixar ao notificando apenas o tempo necessário à comparência.

Artigo 294º – Declarações para memória futura

Oficiosamente ou a requerimento, o juiz pode proceder, durante a instrução, à inquirição de testemunhas, à tomada de declarações do assistente, das partes civis, de peritos e de consultores técnicos e a acareações, nos termos e com as finalidades referidas no artigo 271º

Artigo 295º – Certidões e certificados de registo

São juntas aos autos as certidões e certificados de registo, nomeadamente o certificado do registo criminal do arguido, que ainda não constarem dos autos e se afigurarem previsivelmente necessários à instrução ou ao julgamento que venha a ter lugar e à determinação da competência do tribunal.

Artigo 296º – Auto de instrução

As diligências de prova realizadas em acto de instrução são documentadas, mediante gravação ou redução a auto, sendo juntos ao processo os requerimentos apresentados pela acusação e pela defesa nesta fase, bem como quaisquer documentos relevantes para apreciação da causa.

CAPÍTULO III – Do debate instrutório

Artigo 297º – Designação da data para o debate

1. Quando considerar que não há lugar à prática de actos de instrução, nomeadamente nos casos em que estes não tiverem sido requeridos, ou em cinco dias a partir da prática do último acto, o juiz designa dia, hora e local para o debate instrutório. Este é fixado para a data mais próxima possível, de modo que o prazo máximo de duração da instrução possa em qualquer caso ser respeitado.

2. É correspondentemente aplicável o disposto no nº 3 do artigo 312º

3. A designação de data para o debate instrutório é notificada ao Ministério Público, ao arguido e ao assistente pelo menos cinco dias antes de aquele ter lugar. Em caso de conexão de processos nos termos das alíneas *c*), *d*) e *e*) do nº 1 do artigo 24º, a designação da data para o debate instrutório é notificada aos arguidos que não tenham requerido a instrução.

4. A designação de data para o debate é igualmente notificada, pelo menos três dias antes de aquele ter lugar, a quaisquer testemunhas, peritos e consultores técnicos cuja presença no debate o juiz considerar indispensável.

5. É correspondentemente aplicável o disposto nos nºs 1 e 2 do artigo 116º e nos artigos 254º e 293º

Artigo 298º - Finalidade do debate

O debate instrutório visa permitir uma discussão perante o juiz, por forma oral e contraditória, sobre se, do decurso do inquérito e da instrução, resultam indícios de facto e elementos de direito suficientes para justificar a submissão do arguido a julgamento.

Artigo 299º - Actos supervenientes

1. A designação de data para o debate não prejudica o dever do juiz de levar a cabo, antes do debate ou durante ele, os actos de instrução cujo interesse para a descoberta da verdade se tenha entretanto revelado.

2. A realização dos actos referidos no número anterior processa-se com observância das formalidades estabelecidas no capítulo anterior.

Artigo 300º - Adiamento do debate

1. O debate só pode ser adiado por absoluta impossibilidade de ter lugar, nomeadamente por grave e legítimo impedimento de o arguido estar presente.

2. Em caso de adiamento, o juiz designa imediatamente nova data, a qual não pode exceder em 10 dias a anteriormente fixada. A nova data é comunicada aos presentes, mandando o juiz proceder à notificação dos ausentes cuja presença seja necessária.

3. Se o arguido renunciar ao direito de estar presente, o debate não é adiado com fundamento na sua falta, sendo ele representado pelo defensor constituído ou nomeado.

4. O debate só pode ser adiado uma vez. Se o arguido faltar na segunda data marcada, é representado pelo defensor constituído ou nomeado.

Artigo 301º - Disciplina, direcção e organização do debate

1. A disciplina do debate, a sua direcção e organização competem ao juiz, detendo este, no necessário, poderes correspondentes aos conferidos por este Código ao presidente, na audiência.

2. O debate decorre sem sujeição a formalidades especiais. O juiz assegura, todavia, a contraditoriedade na produção da prova e a possibilidade de o arguido ou o seu defensor se pronunciarem sobre ela em último lugar.

3. O juiz recusa qualquer requerimento ou diligência de prova que ultrapasse a natureza indiciária para aquela exigida nesta fase.

Artigo 302º - Decurso do debate

1. O juiz abre o debate com uma exposição sumária sobre os actos de instrução a que tiver procedido e sobre as questões de prova relevantes para a decisão instrutória e que, em sua opinião, apresentem carácter controverso.

2. Em seguida concede a palavra ao Ministério Público, ao advogado do assistente e ao defensor para que estes, querendo, requeiram a produção de provas indiciárias suplementares que se proponham apresentar, durante o debate, sobre questões concretas controversas.

3. Segue-se a produção da prova sob a directa orientação do juiz, o qual decide, sem formalidades, quaisquer questões que a propósito se suscitarem. O juiz pode dirigir-se directamente aos presentes, formulando-lhes as perguntas que entender necessárias à realização das finalidades do debate.

4. Antes de encerrar o debate, o juiz concede de novo a palavra ao Ministério Público, ao advogado do assistente e ao defensor para que estes, querendo, formulem em síntese as suas conclusões sobre a suficiência ou insuficiência dos indícios recolhidos e sobre questões de direito de que dependa o sentido da decisão instrutória.

5. É admissível réplica sucinta, a exercer uma só vez, sendo, porém, sempre o defensor, se pedir a palavra, o último a falar.

Artigo 303º - Alteração dos factos descritos na acusação ou no requerimento para abertura da instrução

1. Se dos actos de instrução ou do debate instrutório resultar alteração não substancial dos factos descritos na acusação do Ministério Público ou do assistente, ou no requerimento para abertura da instrução, o juiz, oficiosamente ou a requerimento, comunica a alteração ao defensor, interroga o arguido sobre ela sempre que possível e concede-lhe, a requerimento, um prazo para preparação da defesa não superior a oito dias, com o consequente adiamento do debate, se necessário.

2. Não tem aplicação o disposto no número anterior se a alteração verificada determinar a incompetência do juiz de instrução.

3. Uma alteração substancial dos factos descritos na acusação ou no requerimento para abertura da instrução não pode ser tomada em conta pelo tribunal para o efeito de pronúncia no processo em curso, nem implica a extinção da instância.

4. A comunicação da alteração substancial dos factos ao Ministério Público vale como denúncia para que ele proceda pelos novos factos, se estes forem autonomizáveis em relação ao objecto do processo.

5. O disposto no nº 1 é correspondentemente aplicável quando o juiz alterar a qualificação jurídica dos factos descritos na acusação ou no requerimento para a abertura da instrução.

Artigo 304º - Continuidade do debate

1. Ao debate instrutório é correspondentemente aplicável o disposto nos nºs 1 e 2 do artigo 328º

2. O juiz interrompe o debate sempre que, no decurso dele, se aperceber de que é indispensável a prática de novos actos de instrução que não possam ser levados a cabo no próprio debate.

Artigo 305º – Acta

1. Do debate instrutório é lavrada acta, a qual, sem prejuízo do disposto no nº 3 do artigo 99º, é redigida por súmula em tudo o que se referir a declarações orais, nos termos do nº 2 do artigo 100º

2. A acta é assinada pelo juiz e pelo funcionário de justiça que a lavrar.

CAPÍTULO IV – Do encerramento da instrução

Artigo 306º – Prazos de duração máxima da instrução

1. O juiz encerra a instrução nos prazos máximos de dois meses, se houver arguidos presos ou sob obrigação de permanência na habitação, ou de quatro meses, se os não houver.

2. O prazo de dois meses referido no número anterior é elevado para três meses quando a instrução tiver por objecto um dos crimes referidos no nº 2 do artigo 215º

3. Para efeito do disposto nos números anteriores, o prazo conta-se a partir da data de recebimento do requerimento para abertura da instrução.

Artigo 307º – Decisão instrutória

1. Encerrado o debate instrutório, o juiz profere despacho de pronúncia ou de não pronúncia, que é logo ditado para a acta, considerando-se notificado aos presentes, podendo fundamentar por remissão para as razões de facto e de direito enunciadas na acusação ou no requerimento de abertura da instrução.

2. É correspondentemente aplicável o disposto no artigo 281º, obtida a concordância do Ministério Público.

3. Quando a complexidade da causa em instrução o aconselhar, o juiz, no acto de encerramento do debate instrutório, ordena que os autos lhe sejam feitos conclusos a fim de proferir, no prazo máximo de 10 dias, o despacho de pronúncia ou de não pronúncia. Neste caso, o juiz comunica de imediato aos presentes a data em que o despacho será lido, sendo correspondentemente aplicável o disposto na segunda parte do nº 1.

4. A circunstância de ter sido requerida apenas por um dos arguidos não prejudica o dever de o juiz retirar da instrução as consequências legalmente impostas a todos os arguidos.

5. À notificação do lesado que tiver manifestado o propósito de deduzir pedido de indemnização civil, quando não for assistente, bem como, no caso previsto no nº 4, à notificação de pessoas não presentes é correspondentemente aplicável o disposto no nº 5 do artigo 283º

Artigo 308º – Despacho de pronúncia ou de não pronúncia

1. Se, até ao encerramento da instrução, tiverem sido recolhidos indícios suficientes de se terem verificado os pressupostos de que depende a aplicação ao arguido de uma pena ou de uma medida de segurança, o juiz, por despacho, pronuncia o arguido pelos factos respectivos; caso contrário, profere despacho de não pronúncia.

2. É correspondentemente aplicável ao despacho referido no número anterior o disposto nos nºs 2, 3 e 4 do artigo 283º, sem prejuízo do disposto na segunda parte do nº 1 do artigo anterior.

3. No despacho referido no nº 1 o juiz começa por decidir das nulidades e outras questões prévias ou incidentais de que possa conhecer.

Artigo 309º – Nulidade da decisão instrutória

1. A decisão instrutória é nula na parte em que pronunciar o arguido por factos que constituam alteração substancial dos descritos na acusação do Ministério Público ou do assistente ou no requerimento para abertura da instrução.

2. A nulidade é arguida no prazo de oito dias contados da data da notificação da decisão.

Artigo 310º – Recursos

1. A decisão instrutória que pronunciar o arguido pelos factos constantes da acusação do Ministério Público, formulada nos termos do artigo 283º ou do nº 4 do artigo 285º, é irrecorrível, mesmo na parte em que apreciar nulidades e outras questões prévias ou incidentais, e determina a remessa imediata dos autos ao tribunal competente para o julgamento.

2. O disposto no número anterior não prejudica a competência do tribunal de julgamento para excluir provas proibidas.

3. É recorrível o despacho que indeferir a arguição da nulidade cominada no artigo anterior.

LIVRO VII – DO JULGAMENTO

TÍTULO I – Dos actos preliminares

Artigo 311º – Saneamento do processo

1. Recebidos os autos no tribunal, o presidente pronuncia-se sobre as nulidades e outras questões prévias ou incidentais que obstem à apreciação do mérito da causa, de que possa desde logo conhecer.

2. Se o processo tiver sido remetido para julgamento sem ter havido instrução, o presidente despacha no sentido:

a) De rejeitar a acusação, se a considerar manifestamente infundada;

b) De não aceitar a acusação do assistente ou do Ministério Público na parte em que ela representa uma alteração substancial dos factos, nos termos do nº 1 do artigo 284º e do nº 4 do artigo 285º, respectivamente.

3. Para efeitos do disposto no número anterior, a acusação considera-se manifestamente infundada:

a) Quando não contenha a identificação do arguido;

b) Quando não contenha a narração dos factos;

c) Se não indicar as disposições legais aplicáveis ou as provas que a fundamentam; ou

d) Se os factos não constituírem crime.

Artigo 312º - Data da audiência

1. Resolvidas as questões referidas no artigo anterior, o presidente despacha designando dia, hora e local para a audiência. Esta é fixada para a data mais próxima possível, de modo que entre ela e o dia em que os autos foram recebidos não decorram mais de dois meses.

2. No despacho a que se refere o número anterior é, desde logo, igualmente designada data para realização da audiência em caso de adiamento nos termos do nº 1 do artigo 333º, ou para audição do arguido a requerimento do seu advogado ou defensor nomeado ao abrigo do nº 3 do artigo 333º

3. Sempre que o arguido se encontrar em prisão preventiva ou com obrigação de permanência na habitação, a data da audiência é fixada com precedência sobre qualquer outro julgamento.

4. O tribunal deve marcar a data da audiência de modo a evitar a sobreposição com outros actos judiciais a que os advogados ou defensores tenham a obrigação de comparecer, aplicando-se o disposto no artigo 155º do Código de Processo Civil.

Artigo 313º - Despacho que designa dia para a audiência

1. O despacho que designa dia para a audiência contém, sob pena de nulidade:

a) A indicação dos factos e disposições legais aplicáveis, o que pode ser feito por remissão para a acusação ou para a pronúncia, se a houver;

b) A indicação do lugar, do dia e da hora da comparência;

c) A nomeação de defensor do arguido, se ainda não estiver constituído no processo; e

d) A data e a assinatura do presidente.

2. O despacho, acompanhado de cópia da acusação ou da pronúncia, é notificado ao Ministério Público, bem como ao arguido e seu defensor, ao assistente, às partes civis e aos seus representantes, pelo menos 30 dias antes da data fixada para a audiência.

3. A notificação do arguido e do assistente ao abrigo do número anterior tem lugar nos termos das alíneas *a*) e *b*) nº 1 do artigo 113º, excepto quando aqueles tiverem indicado a sua residência ou domicílio profissional à autoridade policial ou judiciária que elaborar o auto de notícia ou que os ouvir no inquérito ou na instrução e nunca tiverem comunicado a alteração da mesma através de carta registada, caso em que a notificação é feita mediante via postal simples, nos termos da alínea *c*) do nº 1 do artigo 113º

4. Do despacho que designa dia para a audiência não há recurso.

Artigo 314º - Comunicação aos restantes juízes

1. O despacho que designa dia para a audiência é imediatamente comunicado, por cópia, aos juízes que fazem parte do tribunal.

2. Conjuntamente, ou logo que possível, são-lhes remetidas cópias da acusação ou arquivamento, da acusação do assistente, da decisão instrutória, da contestação do arguido, dos articulados das partes civis e de qualquer despacho relativo a medidas de coacção ou de garantia patrimonial.

3. Sempre que se mostrar necessário, nomeadamente em razão da especial complexidade da causa ou de qualquer questão prévia ou incidental que nele se suscite, o presidente pode, oficiosamente ou a solicitação de qualquer dos restantes juízes, ordenar que o processo lhes vá com vista por prazo não superior a oito dias. Nesse caso, não é feita remessa dos documentos referidos no número anterior.

Artigo 315º – Contestação e rol de testemunhas

1. O arguido, em 20 dias a contar da notificação do despacho que designa dia para a audiência, apresenta, querendo, a contestação, acompanhada do rol de testemunhas. É aplicável o disposto no nº 14 do artigo 113º.

2. A contestação não está sujeita a formalidades especiais.

3. Juntamente com o rol de testemunhas, o arguido indica os peritos e consultores técnicos que devem ser notificados para a audiência.

4. Ao rol de testemunhas é aplicável o disposto na alínea *d*) do nº 3 e nos nºs 7 e 8 do artigo 283º.

(Redação dada pela Lei nº 1/2018, de 29-01)

Artigo 316º – Adicionamento ou alteração do rol de testemunhas

1. O Ministério Público, o assistente, o arguido ou as partes civis podem alterar o rol de testemunhas, inclusivamente requerendo a inquirição para além do limite legal, nos casos previstos nos nºs 7 e 8 do artigo 283º, contanto que o adicionamento ou a alteração requeridos possam ser comunicados aos outros até três dias antes da data fixada para a audiência.

2. Depois de apresentado o rol não podem oferecer-se novas testemunhas de fora da comarca, salvo se quem as oferecer se prontificar a apresentá-las na audiência.

3. O disposto nos números anteriores é correspondentemente aplicável à indicação de peritos e consultores técnicos.

(Redação dada pela Lei nº 27/2015, de 14-04)

Artigo 317º – Notificação e compensação de testemunhas, peritos e consultores técnicos

1. As testemunhas, os peritos e os consultores técnicos indicados por quem se não tiver comprometido a apresentá-los na audiência são notificados para comparência, excepto os peritos dos estabelecimentos, laboratórios ou serviços oficiais apropriados, os quais são ouvidos por teleconferência a partir do seu local de trabalho, sempre que tal seja tecnicamente possível, sendo tão-só necessária a notificação do dia e da hora a que se procederá à sua audição.

2. Quando as pessoas referidas no número anterior tiverem a qualidade de órgão de polícia criminal ou de trabalhador da Administração Pública e forem convocadas em razão do exercício das suas funções, o juiz arbitra, sem dependência de requerimento, uma quantia correspondente à dos montantes das ajudas de custo e dos subsídios de viagem e de marcha que no caso forem devidos, que reverte, como receita própria, para o serviço onde aquelas prestam serviço.

3. Para os efeitos do disposto no número anterior, os serviços em causa devem remeter ao tribunal informações necessárias, até cinco dias após a realização da audiência.

4. Quando não houver lugar à aplicação do disposto no nº 2, o juiz pode, a requerimento dos convocados que se apresentarem à audiência, arbitrar-lhes uma quantia, calculada em função de tabelas aprovadas pelo Ministério da Justiça, a título de compensação das despesas realizadas.

5. Da decisão sobre o arbitramento das quantias referidas nos números anteriores e sobre o seu montante não há recurso.

6. As quantias arbitradas valem como custas do processo.

7. A secretaria, oficiosamente ou sob a direcção do presidente, procede a todas as diligências necessárias à localização e notificação das pessoas referidas no nº 1, podendo, sempre que for indispensável, solicitar a colaboração de outras entidades.

Artigo 318º – Residentes fora do município

1. Excecionalmente, a tomada de declarações ao assistente, às partes civis, às testemunhas, a peritos ou a consultores técnicos pode, oficiosamente ou a requerimento, não ser prestada presencialmente, podendo ser solicitada ao juiz de outro tribunal ou juízo, por meio adequado de comunicação, nos termos do artigo 111º, se:

a) Aquelas pessoas residirem fora do município onde se situa o tribunal ou juízo da causa;

b) Não houver razões para crer que a sua presença na audiência é essencial à descoberta da verdade; e

c) Forem previsíveis graves dificuldades ou inconvenientes, funcionais ou pessoais, na sua deslocação.

2. A solicitação é de imediato comunicada ao Ministério Público, bem como aos representantes do arguido, do assistente e das partes civis.

3. Quem tiver requerido a tomada de declarações informa, no mesmo acto, quais os factos ou as circunstâncias sobre que aquelas devem versar.

4. A tomada de declarações processa-se com observância das formalidades estabelecidas para a audiência.

5. A tomada de declarações realiza-se em simultâneo com a audiência de julgamento, com recurso a equipamento tecnológico que permita a comunicação, por meio visual e sonoro, em tempo real.

6. Nos casos previstos no número anterior, observam-se as disposições aplicáveis à tomada de declarações em audiência de julgamento. No dia da inquirição, a pessoa identifica-se perante o funcionário judicial do tribunal ou juízo onde o depoimento é prestado, mas a partir desse momento a inquirição é efetuada perante o juiz da causa e os mandatários das partes, através de equipamento tecnológico que permita a comunicação, por meio visual e sonoro, em tempo real, sem necessidade de intervenção do juiz do local onde o depoimento é prestado.

7. Fora dos casos previstos no nº 5, o conteúdo das declarações é reduzido a auto, sendo aquelas reproduzidas integralmente ou por súmula, conforme o juiz determinar, tendo em atenção os meios disponíveis de registo e transcrição, nos termos do artigo 101º

8. Sem prejuízo do disposto em instrumentos internacionais ou europeus, o assistente, partes civis ou testemunhas residentes no estrangeiro são inquiridos através de equipamento tecnológico que permita a comunicação, por meio visual e sonoro, em tempo real, sempre que no local da sua residência existam os meios tecnológicos necessários. *(Redação dada pela Lei nº 40-A/2016, de 22-12)*

Artigo 319º – Tomada de declarações no domicílio

1. Se, por fundadas razões, o assistente, uma parte civil, uma testemunha, um perito ou um consultor técnico se encontrarem impossibilitados de comparecer na audiência, pode o presidente ordenar, oficiosamente ou a requerimento, que lhes sejam tomadas declarações no lugar em que se encontrarem, em dia e hora que lhes comunicará.

2. É correspondentemente aplicável o disposto nos nºs 2, 3 e 7 do artigo anterior.

3. A tomada de declarações processa-se com observância das formalidades estabelecidas para a audiência, salvo no que respeita à publicidade.

Artigo 320º – Realização de actos urgentes

1. O presidente, oficiosamente ou a requerimento, procede à realização dos actos urgentes ou cuja demora possa acarretar perigo para a aquisição ou a conservação da prova, ou para a descoberta da verdade, nomeadamente à tomada de declarações nos casos e às pessoas referidas nos artigos 271º e 294º

2. É correspondentemente aplicável o disposto nos nºs 2, 3, 4 e 7 do artigo 318º

TÍTULO II – Da audiência

CAPÍTULO I – Disposições gerais

Artigo 321º – Publicidade da audiência

1. A audiência de julgamento é pública, sob pena de nulidade insanável, salvo nos casos em que o presidente decidir a exclusão ou a restrição da publicidade.

2. É correspondentemente aplicável o disposto no artigo 87º

3. A decisão de exclusão ou de restrição da publicidade é, sempre que possível, precedida de audição contraditória dos sujeitos processuais interessados.

Artigo 322º – Disciplina da audiência e direcção dos trabalhos

1. A disciplina da audiência e a direcção dos trabalhos competem ao presidente. É correspondentemente aplicável o disposto no artigo 85º

2. As decisões relativas à disciplina da audiência e à direcção dos trabalhos são tomadas sem formalidades, podem ser ditadas para a acta e precedidas de audição contraditória, se o presidente entender que isso não põe em causa a tempestividade e a eficácia das medidas a tomar.

Artigo 323º - Poderes de disciplina e de direcção

Para disciplina e direcção dos trabalhos cabe ao presidente, sem prejuízo de outros poderes e deveres que por lei lhe forem atribuídos:

a) Proceder a interrogatórios, inquirições, exames e quaisquer outros actos de produção da prova, mesmo que com prejuízo da ordem legalmente fixada para eles, sempre que o entender necessário à descoberta da verdade;

b) Ordenar, pelos meios adequados, a comparência de quaisquer pessoas e a reprodução de quaisquer declarações legalmente admissíveis, sempre que o entender necessário à descoberta da verdade;

c) Ordenar a leitura de documentos, ou de autos de inquérito ou de instrução, nos casos em que aquela leitura seja legalmente admissível;

d) Receber os juramentos e os compromissos;

e) Tomar todas as medidas preventivas, disciplinares e coactivas, legalmente admissíveis, que se mostrarem necessárias ou adequadas a fazer cessar os actos de perturbação da audiência e a garantir a segurança de todos os participantes processuais;

f) Garantir o contraditório e impedir a formulação de perguntas legalmente inadmissíveis;

g) Dirigir e moderar a discussão, proibindo, em especial, todos os expedientes manifestamente impertinentes ou dilatórios.

Artigo 324º - Deveres de conduta das pessoas que assistem à audiência

1. As pessoas que assistem à audiência devem comportar-se de modo a não prejudicar a ordem e a regularidade dos trabalhos, a independência de critério e a liberdade de acção dos participantes processuais e a respeitar a dignidade do lugar.

2. Cabe, em especial, às pessoas referidas no número anterior:

a) Acatar as determinações relativas à disciplina da audiência;

b) Comportar-se com compostura, mantendo-se em silêncio, de cabeça descoberta e sentadas;

c) Não transportar objectos perturbadores ou perigosos, nomeadamente armas, salvo, quanto a estas, tratando-se de entidades encarregadas da segurança do tribunal;

d) Não manifestar sentimentos ou opiniões, nomeadamente de aprovação ou de reprovação, a propósito do decurso da audiência.

Artigo 325º - Situação e deveres de conduta do arguido

1. O arguido, ainda que se encontre detido ou preso, assiste à audiência livre na sua pessoa, salvo se forem necessárias cautelas para prevenir o perigo de fuga ou actos de violência.

2. O arguido detido ou preso é, sempre que possível, o último a entrar na sala de audiência e o primeiro a ser dela retirado.

3. O arguido está obrigado aos mesmos deveres de conduta que, nos termos do artigo anterior, impendem sobre as pessoas que assistem à audiência.

4. Se, no decurso da audiência, o arguido faltar ao respeito devido ao tribunal, é advertido e, se persistir no comportamento, é mandado recolher a qualquer dependência do tribunal, sem prejuízo da faculdade de comparecer ao último interrogatório e à leitura da sentença e do dever de regressar à sala sempre que o tribunal reputar a sua presença necessária.

5. O arguido afastado da sala de audiência, nos termos do número anterior, considera-se presente e é representado pelo defensor.

6. O afastamento do arguido vale só para a sessão durante a qual ele tiver sido ordenado.

7. É correspondentemente aplicável o disposto no nº 3 do artigo 85º

Artigo 326º – Conduta dos advogados e defensores

Se os advogados ou defensores, nas suas alegações ou requerimentos:

a) Se afastarem do respeito devido ao tribunal;

b) Procurarem, manifesta e abusivamente, protelar ou embaraçar o decurso normal dos trabalhos;

c) Usarem de expressões injuriosas ou difamatórias ou desnecessariamente violentas ou agressivas; ou

d) Fizerem, ou incitarem a que sejam feitos, comentários ou explanações sobre assuntos alheios ao processo e que de modo algum sirvam para esclarecê-lo;

são advertidos com urbanidade pelo presidente do tribunal; e se, depois de advertidos, continuarem, pode aquele retirar-lhes a palavra, sendo aplicável neste caso o disposto na lei do processo civil.

Artigo 327º – Contraditoriedade

1. As questões incidentais sobrevindas no decurso da audiência são decididas pelo tribunal, ouvidos os sujeitos processuais que nelas forem interessados.

2. Os meios de prova apresentados no decurso da audiência são submetidos ao princípio do contraditório, mesmo que tenham sido oficiosamente produzidos pelo tribunal.

Artigo 328º – Continuidade da audiência

1. A audiência é contínua, decorrendo sem qualquer interrupção ou adiamento até ao seu encerramento.

2. São admissíveis, na mesma audiência, as interrupções estritamente necessárias, em especial para alimentação e repouso dos participantes. Se a audiência não puder ser concluída no dia em que se tiver iniciado, é interrompida, para continuar no dia útil imediatamente posterior.

3. O adiamento da audiência só é admissível, sem prejuízo dos demais casos previstos neste Código, quando, não sendo a simples interrupção bastante para remover o obstáculo:

a) Faltar ou ficar impossibilitada de participar pessoa que não possa ser de imediato substituída e cuja presença seja indispensável por força da lei ou de despacho do tribunal, excepto se estiverem presentes outras pessoas, caso em que se procederá à sua inquirição ou audição, mesmo que tal implique a alteração da ordem de produção de prova referida no artigo 341º;

b) For absolutamente necessário proceder à produção de qualquer meio de prova superveniente e indisponível no momento em que a audiência estiver a decorrer;

c) Surgir qualquer questão prejudicial, prévia ou incidental, cuja resolução seja essencial para a boa decisão da causa e que torne altamente inconveniente a continuação da audiência; ou

d) For necessário proceder à elaboração de relatório social ou de informação dos serviços de reinserção social, nos termos do nº 1 do artigo 370º

4. Em caso de interrupção da audiência ou do seu adiamento, a audiência retoma-se a partir do último acto processual praticado na audiência interrompida ou adiada.

5. A interrupção e o adiamento dependem sempre de despacho fundamentado do presidente que é notificado a todos os sujeitos processuais.

6. O adiamento não pode exceder 30 dias. Se não for possível retomar a audiência neste prazo, por impedimento do tribunal ou por impedimento dos defensores constituídos em consequência de outro serviço judicial já marcado de natureza urgente e com prioridade sobre a audiência em curso, deve o respetivo motivo ficar consignado em ata, identificando-se expressamente a diligência e o processo a que respeita.

7. Para efeitos da contagem do prazo referido no número anterior, não é considerado o período das férias judiciais, nem o período em que, por motivo estranho ao tribunal, os autos aguardem a realização de diligências de prova, a prolação de sentença ou que, em via de recurso, o julgamento seja anulado parcialmente, nomeadamente para repetição da prova ou produção de prova suplementar.

8. O anúncio público em audiência do dia e da hora para continuação ou recomeço daquela vale como notificação das pessoas que devam considerar-se presentes.

(Redação dada pela Lei nº 27/2015, de 14-04)

Artigo 328º-A – Princípio da plenitude da assistência dos juízes

1. Só podem intervir na sentença os juízes que tenham assistido a todos os atos de instrução e discussão praticados na audiência de julgamento, salvo o disposto nos números seguintes.

2. Se durante a discussão e julgamento por tribunal coletivo falecer ou ficar impossibilitado permanentemente um dos juízes adjuntos, não se repetem os atos já praticados, a menos que as circunstâncias aconselhem a repetição de algum ou alguns dos atos já praticados, o que é decidido, em despacho fundamentado, pelo juiz que deva presidir à continuação da audiência, ouvido o juiz substituto.

3. Sendo temporária a impossibilidade, interrompe-se a audiência pelo tempo indispensável, a não ser que as circunstâncias aconselhem a substituição do juiz impossibilitado, o que é decidido, em despacho fundamentado, pelo juiz que deva presidir à continuação da audiência.

4. O juiz substituto continua a intervir, não obstante o regresso ao serviço do juiz efetivo.

5. O juiz que for transferido, promovido ou aposentado conclui o julgamento, exceto se a aposentação tiver por fundamento a incapacidade física, moral ou profissional para o exercício do cargo, ou se em qualquer dos casos as circunstâncias aconselharem a substituição do juiz transferido, promovido ou aposentado, o que é decidido, em despacho fundamentado, pelo juiz que deva presidir à continuação da audiência.

6. O disposto no nº 2 é correspondentemente aplicável às situações previstas nos nºs 3 e 5.

7. Para o efeito de ser proferida a decisão prevista no nº 2 devem ser ponderados, nomeadamente, o número de sessões já realizadas, o número de testemunhas já inquiridas, a possibilidade de repetição da prova já produzida, a data da prática dos factos e a natureza dos crimes em causa.

(Aditado pela Lei nº 27/2015, de 14-04)

CAPÍTULO II – Dos actos introdutórios

Artigo 329º – Chamada e abertura da audiência

1. Na hora a que deva realizar-se a audiência, o funcionário de justiça, de viva voz e publicamente, começa por identificar o processo e chama, em seguida, as pessoas que nele devam intervir.

2. Se faltar alguma das pessoas que devam intervir na audiência, o funcionário de justiça faz nova chamada, após o que comunica verbalmente ao presidente o rol dos presentes e dos faltosos.

3. Seguidamente, o tribunal entra na sala e o presidente declara aberta a audiência.

Artigo 330º – Falta do Ministério Público, do defensor e do representante do assistente ou das partes civis

1. Se, no início da audiência, não estiver presente o Ministério Público ou o defensor, o presidente procede, sob pena de nulidade insanável, à substituição do Ministério Público pelo substituto legal e do defensor por outro advogado ou advogado estagiário, aos quais pode conceder, se assim o requererem, algum tempo para examinarem o processo e prepararem a intervenção.

2. Em caso de falta do representante do assistente ou das partes civis a audiência prossegue, sendo o faltoso admitido a intervir logo que comparecer. Tratando-se da falta de representante do assistente em procedimento dependente de acusação particular, a audiência é adiada por uma só vez; a falta não justificada ou a segunda falta valem como desistência da acusação, salvo se houver oposição do arguido.

Artigo 331º – Falta do assistente, de testemunhas, peritos, consultores técnicos ou das partes civis

1. Sem prejuízo do disposto no artigo 116º, a falta do assistente, de testemunhas, peritos ou consultores técnicos ou das partes civis não dá lugar ao adiamento da audiência. O assistente e as partes civis são, nesse caso, representados para todos os efeitos legais pelos respectivos advogados constituídos.

2. Se o presidente, oficiosamente ou a requerimento, decidir, por despacho, que a presença de alguma das pessoas mencionadas no número anterior é indispensável à boa decisão da causa e não for previsível a obtenção do seu comparecimento com a simples interrupção da audiência, são inquiridas as testemunhas e ouvidos o assistente, os peritos ou consultores técnicos ou as partes civis presentes, mesmo que tal implique a alteração da ordem de produção de prova referida no artigo 341º

3. Por falta das pessoas mencionadas no nº 1 não pode haver mais de um adiamento.

Artigo 332º - Presença do arguido

1. É obrigatória a presença do arguido na audiência, sem prejuízo do disposto nos nºs 1 e 2 do artigo 333º e nos nºs 1 e 2 do artigo 334º

2. O arguido que deva responder perante determinado tribunal, segundo as normas gerais da competência, e estiver preso em comarca diferente pela prática de outro crime, é requisitado à entidade que o tiver à sua ordem.

3. A requerimento fundamentado do arguido, cabe ao tribunal proporcionar àquele as condições para a sua deslocação.

4. O arguido que tiver comparecido à audiência não pode afastar-se dela até ao seu termo. O presidente toma as medidas necessárias e adequadas para evitar o afastamento, incluída a detenção durante as interrupções da audiência, se isso parecer indispensável.

5. Se, não obstante o disposto no número anterior, o arguido se afastar da sala de audiência, pode esta prosseguir até final se o arguido já tiver sido interrogado e o tribunal não considerar indispensável a sua presença, sendo para todos os efeitos representado pelo defensor.

6. O disposto no número anterior vale correspondentemente para o caso em que o arguido, por dolo ou negligência, se tiver colocado numa situação de incapacidade para continuar a participar na audiência.

7. Nos casos previstos nos nºs 5 e 6 deste artigo, bem como no nº 4 do artigo 325º, voltando o arguido à sala de audiência é, sob pena de nulidade, resumidamente instruído pelo presidente do que se tiver passado na sua ausência.

8. É correspondentemente aplicável o disposto nos nºs 1 e 2 do artigo 116º e no artigo 254º

Artigo 333º - Falta e julgamento na ausência do arguido notificado para a audiência

1. Se o arguido regularmente notificado não estiver presente na hora designada para o início da audiência, o presidente toma as medidas necessárias e legalmente admissíveis para obter a sua comparência e a audiência só é adiada se o tribunal considerar que é absolutamente indispensável para a descoberta da verdade material a sua presença desde o início da audiência.

2. Se o tribunal considerar que a audiência pode começar sem a presença do arguido, ou se a falta de arguido tiver como causa os impedimentos enunciados nos nºs 2 a 4 do artigo 117º, a audiência não é adiada, sendo inquiridas ou ouvidas as pessoas presentes pela ordem referida nas alíneas *b)* e *c)* do artigo 341º, sem prejuízo da alteração que seja necessária efectuar no rol apresentado, e as suas declarações documentadas, aplicando-se sempre que necessário o disposto no nº 6 do artigo 117º

3. No caso referido no número anterior, o arguido mantém o direito de prestar declarações até ao encerramento da audiência e, se ocorrer na primeira data marcada, o advogado constituído ou o defensor nomeado ao arguido pode requerer que este seja ouvido na segunda data designada pelo juiz ao abrigo do nº 2 do artigo 312º

4. O disposto nos números anteriores não prejudica que a audiência tenha lugar na ausência do arguido com o seu consentimento, nos termos do nº 2 do artigo 334º

5. No caso previsto nos nºs 2 e 3, havendo lugar a audiência na ausência do arguido, a sentença é notificada ao arguido logo que seja detido ou se apresente voluntariamente. O prazo para a interposição de recurso pelo arguido conta-se a partir da notificação da sentença.

6. Na notificação prevista no número anterior o arguido é expressamente informado do direito a recorrer da sentença e do respectivo prazo.

7. É correspondentemente aplicável o disposto nos nºs 1 e 2 do artigo 116º, no artigo 254º e nos nºs 4 e 5 do artigo seguinte.

(Redação dada pela Lei nº 26/2010, de 30-08)

Artigo 334º – Audiência na ausência do arguido em casos especiais e de notificação edital

1. Se ao caso couber processo sumaríssimo mas o procedimento tiver sido reenviado para a forma comum e se o arguido não puder ser notificado do despacho que designa dia para a audiência ou faltar a esta injustificadamente, o tribunal pode determinar que a audiência tenha lugar na ausência do arguido.

2. Sempre que o arguido se encontrar praticamente impossibilitado de comparecer à audiência, nomeadamente por idade, doença grave ou residência no estrangeiro, pode requerer ou consentir que a audiência tenha lugar na sua ausência.

3. Nos casos previstos nos nºs 1 e 2, se o tribunal vier a considerar absolutamente indispensável a presença do arguido, ordena-a, interrompendo ou adiando a audiência, se isso for necessário.

4. Sempre que a audiência tiver lugar na ausência do arguido, este é representado, para todos os efeitos possíveis, pelo defensor.

5. Em caso de conexão de processos, os arguidos presentes e ausentes são julgados conjuntamente, salvo se o tribunal tiver como mais conveniente a separação de processos.

6. Fora dos casos previstos nos nºs 1 e 2, a sentença é notificada ao arguido que foi julgado como ausente logo que seja detido ou se apresente voluntariamente. O prazo para a interposição do recurso pelo arguido conta-se a partir da notificação da sentença.

7. Na notificação prevista no número anterior o arguido é expressamente informado do direito a recorrer da sentença e do respectivo prazo.

8. É correspondentemente aplicável o disposto nos nºs 1 e 2 do artigo 116º e no artigo 254º

(Redação dada pela Lei nº 26/2010, de 30-08)

Artigo 335º – Declaração de contumácia

1. Fora dos casos previstos nos nºs 1 e 2 do artigo anterior, se, depois de realizadas as diligências necessárias à notificação a que se refere o nº 2 e a primeira parte do nº 3 do artigo 313º, não for possível notificar o arguido do despacho que designa o dia para a audiência, ou executar a detenção ou a prisão preventiva referidas no nº 2 do artigo 116º e no artigo 254º, ou consequentes a uma evasão, o arguido é notificado por editais para se apresentar em juízo, num prazo até 30 dias, sob pena de ser declarado contumaz.

2. Os editais contêm as indicações tendentes à identificação do arguido, do crime que lhe é imputado e das disposições legais que o punem e a comunicação de que, não se apresentando no prazo assinado, será declarado contumaz.

3. A declaração de contumácia é da competência do presidente e implica a suspensão dos termos ulteriores do processo até à apresentação ou à detenção do arguido, sem prejuízo do disposto no nº 4 e da realização de atos urgentes nos termos do artigo 320º

4. Em caso de conexão de processos, a declaração de contumácia implica a separação daqueles em que tiver sido proferida.

5. A declaração de contumácia não impede o prosseguimento do processo para efeitos da declaração da perda de instrumentos, produtos e vantagens a favor do Estado. *(Redação dada pela Lei nº 30/2017, de 30-05)*

Artigo 336º – Caducidade da declaração de contumácia

1. A declaração de contumácia caduca logo que o arguido se apresentar ou for detido, sem prejuízo do disposto no nº 4 do artigo anterior.

2. Logo que se apresente ou for detido, o arguido é sujeito a termo de identidade e residência, sem prejuízo de outras medidas de coacção, observando-se o disposto nos nºs 2, 4 e 5 do artigo 58º

3. Se o processo tiver prosseguido nos termos da parte final do nº 5 do artigo 283º, o arguido é notificado da acusação, podendo requerer abertura de instrução no prazo a que se refere o artigo 287º, seguindo-se os demais termos previstos para o processo comum.

Artigo 337º – Efeitos e notificação da contumácia

1. A declaração de contumácia implica para o arguido a passagem imediata de mandado de detenção para efeitos do disposto no nº 2 do artigo anterior ou para aplicação da medida de prisão preventiva, se for caso disso, e a anulabilidade dos negócios jurídicos de natureza patrimonial celebrados após a declaração.

2. A anulabilidade é deduzida perante o tribunal competente pelo Ministério Público até à cessação da contumácia.

3. Quando a medida se mostrar necessária para desmotivar a situação de contumácia, o tribunal pode decretar a proibição de obter determinados documentos, certidões ou registos junto de autoridades públicas, bem como o arresto, na totalidade ou em parte, dos bens do arguido.

4. Ao arresto é correspondentemente aplicável o disposto nos nºs 2, 3, 4 e 5 do artigo 228º

5. O despacho que declarar a contumácia é anunciado nos termos da parte final do nº 13 do artigo 113º e notificado, com indicação dos efeitos previstos no nº 1, ao defensor e a parente ou a pessoa da confiança do arguido.

6. O despacho que declarar a contumácia, com especificação dos respectivos efeitos, e aquele que declarar a sua cessação são registados no registo de contumácia.

(Redação dada pela Lei nº 1/2018, de 29-01)

Artigo 338º – Questões prévias ou incidentais

1. O tribunal conhece e decide das nulidades e de quaisquer outras questões prévias ou incidentais susceptíveis de obstar à apreciação do mérito da causa acerca das quais não tenha ainda havido decisão e que possa desde logo apreciar.

2. A discussão das questões referidas no número anterior deve conter-se nos limites de tempo estritamente necessários, não ultrapassando, em regra, uma hora. A decisão pode ser proferida oralmente, com transcrição na acta.

Artigo 339º – Exposições introdutórias

1. Realizados os actos introdutórios referidos nos artigos anteriores, o presidente ordena a retirada da sala das pessoas que devam testemunhar, podendo proceder de igual modo relativamente a outras pessoas que devam ser ouvidas, e faz uma exposição sucinta sobre o objecto do processo.

2. Em seguida o presidente dá a palavra, pela ordem indicada, ao Ministério Público, aos advogados do assistente, do lesado e do responsável civil e ao defensor, para que cada um deles indique, se assim o desejar, sumariamente e no prazo de dez minutos, os factos que se propõe provar.

3. O presidente regula activamente as exposições referidas no número anterior, com vista a evitar divagações, repetições ou interrupções, bem como a que elas se transformem em alegações preliminares.

4. Sem prejuízo do regime aplicável à alteração dos factos, a discussão da causa tem por objecto os factos alegados pela acusação e pela defesa e os que resultarem da prova produzida em audiência, bem como todas as soluções jurídicas pertinentes, independentemente da qualificação jurídica dos factos resultante da acusação ou da pronúncia, tendo em vista as finalidades a que se referem os artigos 368º e 369º

CAPÍTULO III – Da produção da prova

Artigo 340º – Princípios gerais

1. O tribunal ordena, oficiosamente ou a requerimento, a produção de todos os meios de prova cujo conhecimento se lhe afigure necessário à descoberta da verdade e à boa decisão da causa.

2. Se o tribunal considerar necessária a produção de meios de prova não constantes da acusação, da pronúncia ou da contestação, dá disso conhecimento, com a antecedência possível, aos sujeitos processuais e fá-lo constar da acta.

3. Sem prejuízo do disposto no nº 3 do artigo 328º, os requerimentos de prova são indeferidos por despacho quando a prova ou o respectivo meio forem legalmente inadmissíveis.

4. Os requerimentos de prova são ainda indeferidos se for notório que:

a) As provas requeridas já podiam ter sido juntas ou arroladas com a acusação ou a contestação, exceto se o tribunal entender que são indispensáveis à descoberta da verdade e boa decisão da causa;

b) As provas requeridas são irrelevantes ou supérfluas;

c) O meio de prova é inadequado, de obtenção impossível ou muito duvidosa; ou

d) O requerimento tem finalidade meramente dilatória.

(Redação dada pela Lei nº 20/2013, de 21-02)

Artigo 341º – Ordem de produção da prova

A produção da prova deve respeitar a ordem seguinte:

a) Declarações do arguido;

b) Apresentação dos meios de prova indicados pelo Ministério Público, pelo assistente e pelo lesado;

c) Apresentação dos meios de prova indicados pelo arguido e pelo responsável civil.

Artigo 342º – Identificação do arguido

1. O presidente começa por perguntar ao arguido pelo seu nome, filiação, freguesia e concelho de naturalidade, data de nascimento, estado civil, profissão, local de trabalho e residência e, se necessário, pede-lhe a exibição de documento oficial bastante de identificação.

2. O presidente adverte o arguido de que a falta de resposta às perguntas feitas ou a falsidade da mesma o pode fazer incorrer em responsabilidade penal.

(Redação dada pela Lei nº 20/2013, de 21-02)

Artigo 343º – Declarações do arguido

1. O presidente informa o arguido de que tem direito a prestar declarações em qualquer momento da audiência, desde que elas se refiram ao objecto do processo, sem que no entanto a tal seja obrigado e sem que o seu silêncio possa desfavorecê-lo.

2. Se o arguido se dispuser a prestar declarações, o tribunal ouve-o em tudo quanto disser, nos limites assinalados no número anterior, sem manifestar qualquer opinião ou tecer quaisquer comentários donde possa inferir-se um juízo sobre a culpabilidade.

3. Se, no decurso das declarações, o arguido se afastar do objecto do processo, reportando-se a matéria irrelevante para a boa decisão da causa, o presidente adverte-o e, se aquele persistir, retira-lhe a palavra.

4. Respondendo vários co-arguidos, o presidente determina se devem ser ouvidos na presença uns dos outros; em caso de audição separada, o presidente, uma vez todos os arguidos ouvidos e regressados à audiência, dá-lhes resumidamente conhecimento, sob pena de nulidade, do que se tiver passado na sua ausência.

5. Ao Ministério Público, ao defensor e aos representantes do assistente e das partes civis não são permitidas interferências nas declarações do arguido, nomeadamente sugestões quanto ao modo de declarar. Ressalva-se, todavia, relativamente ao defensor, o disposto na segunda parte do nº 1 do artigo 345º.

Artigo 344º - Confissão

1. No caso de o arguido declarar que pretende confessar os factos que lhe são imputados, o presidente, sob pena de nulidade, pergunta-lhe se o faz de livre vontade e fora de qualquer coacção, bem como se se propõe fazer uma confissão integral e sem reservas.

2. A confissão integral e sem reservas implica:

a) Renúncia à produção da prova relativa aos factos imputados e consequente consideração destes como provados;

b) Passagem de imediato às alegações orais e, se o arguido não dever ser absolvido por outros motivos, à determinação da sanção aplicável; e

c) Redução da taxa de justiça em metade.

3. Exceptuam-se do disposto no número anterior os casos em que:

a) Houver co-arguidos e não se verificar a confissão integral, sem reservas e coerente de todos eles;

b) O tribunal, em sua convicção, suspeitar do carácter livre da confissão, nomeadamente por dúvidas sobre a imputabilidade plena do arguido ou da veracidade dos factos confessados; ou

c) O crime for punível com pena de prisão superior a 5 anos.

4. Verificando-se a confissão integral e sem reservas nos casos do número anterior ou a confissão parcial ou com reservas, o tribunal decide, em sua livre convicção, se deve ter lugar e em que medida, quanto aos factos confessados, a produção da prova.

Artigo 345º - Perguntas sobre os factos

1. Se o arguido se dispuser a prestar declarações, cada um dos juízes e dos jurados pode fazer-lhe perguntas sobre os factos que lhe sejam imputados e solicitar-lhe esclarecimentos sobre as declarações prestadas. O arguido pode, espontaneamente ou a recomendação do defensor, recusar a resposta a algumas ou a todas as perguntas, sem que isso o possa desfavorecer.

2. O Ministério Público, o advogado do assistente e o defensor podem solicitar ao presidente que formule ao arguido perguntas, nos termos do número anterior.

3. Podem ser mostrados ao arguido quaisquer pessoas, documentos ou objectos relacionados com o tema da prova, bem como peças anteriores do processo, sem prejuízo do disposto nos artigos 356º e 357º.

4. Não podem valer como meio de prova as declarações de um co-arguido em prejuízo de outro co-arguido quando o declarante se recusar a responder às perguntas formuladas nos termos dos nºs 1 e 2.

Artigo 346º – Declarações do assistente

1. Podem ser tomadas declarações ao assistente, mediante perguntas formuladas por qualquer dos juízes e dos jurados ou pelo presidente, a solicitação do Ministério Público, do defensor ou dos advogados das partes civis ou do assistente.

2. É correspondentemente aplicável o disposto nos nºs 2 e 4 do artigo 145º e no nº 3 do artigo anterior.

Artigo 347º – Declarações das partes civis

1. Ao responsável civil e ao lesado podem ser tomadas declarações, mediante perguntas formuladas por qualquer dos juízes ou dos jurados ou pelo presidente, a solicitação do Ministério Público, do defensor ou dos advogados do assistente ou das partes civis.

2. É correspondentemente aplicável o disposto nos nºs 2 e 4 do artigo 145º e no nº 3 do artigo 345º

Artigo 347º-A – Declarações do terceiro titular dos instrumentos, produtos ou vantagens suscetíveis de ser declarados perdidos a favor do Estado

1. Ao terceiro ao qual pertençam instrumentos, produtos ou vantagens suscetíveis de ser declarados perdidos a favor do Estado, é garantido o exercício do direito de contraditório e a prestação de declarações, mediante perguntas formuladas por qualquer dos juízes ou dos jurados ou pelo presidente, a solicitação do próprio terceiro, do Ministério Público, do defensor ou dos advogados do assistente ou das partes civis.

2. É correspondentemente aplicável o disposto nos nºs 2 e 4 do artigo 145º e no nº 3 do artigo 345º

(Aditado pela Lei nº 30/2017, de 30-05)

Artigo 348º – Inquirição das testemunhas

1. À produção da prova testemunhal na audiência são correspondentemente aplicáveis as disposições gerais sobre aquele meio de prova, em tudo o que não for contrariado pelo disposto neste capítulo.

2. As testemunhas são inquiridas, uma após outra, pela ordem por que foram indicadas, salvo se o presidente, por fundado motivo, dispuser de outra maneira.

3. O presidente pergunta à testemunha pela sua identificação, pelas suas relações pessoais, familiares e profissionais com os participantes e pelo seu interesse na causa, de tudo se fazendo menção na acta.

4. Seguidamente a testemunha é inquirida por quem a indicou, sendo depois sujeita a contra-interrogatório. Quando neste forem suscitadas questões não levantadas no interrogatório directo, quem tiver indicado a testemunha pode reinquiri-la sobre aquelas questões, podendo seguir-se novo contra-interrogatório com o mesmo âmbito.

5. Os juízes e os jurados podem, a qualquer momento, formular à testemunha as perguntas que entenderem necessárias para esclarecimento do depoimento prestado e para boa decisão da causa.

6. Mediante autorização do presidente, podem as testemunhas indicadas por um co-arguido ser inquiridas pelo defensor de outro co-arguido.

7. É correspondentemente aplicável o disposto no nº 3 do artigo 345º

Artigo 349º – Testemunhas menores de 16 anos

A inquirição de testemunhas menores de 16 anos é levada a cabo apenas pelo presidente. Finda ela, os outros juízes, os jurados, o Ministério Público, o defensor e os advogados do assistente e das partes civis podem pedir ao presidente que formule à testemunha perguntas adicionais.

Artigo 350º – Declarações de peritos e consultores técnicos

1. As declarações de peritos e consultores técnicos são tomadas pelo presidente, a quem os outros juízes, os jurados, o Ministério Público, o defensor e os advogados do assistente e das partes civis podem sugerir quaisquer pedidos de esclarecimento ou perguntas úteis para a boa decisão da causa.

2. Durante a prestação de declarações, os peritos e consultores podem, com autorização do presidente, consultar notas, documentos ou elementos bibliográficos, bem como servir-se dos instrumentos técnicos de que careçam, sendo-lhes ainda correspondentemente aplicável o disposto no nº 3 do artigo 345º

3. Os peritos dos estabelecimentos, laboratórios ou serviços oficiais são ouvidos por teleconferência a partir do seu local de trabalho, sempre que tal seja tecnicamente possível, sendo tão-só necessária a notificação do dia e da hora a que se procederá à sua audição.

Artigo 351º – Perícia sobre o estado psíquico do arguido

1. Quando na audiência se suscitar fundadamente a questão da inimputabilidade do arguido, o presidente, oficiosamente ou a requerimento, ordena a comparência de um perito para se pronunciar sobre o estado psíquico daquele.

2. O tribunal pode também ordenar a comparência do perito quando na audiência se suscitar fundadamente a questão da imputabilidade diminuída do arguido.

3. Em casos justificados, pode o tribunal requisitar a perícia a estabelecimento especializado.

4. Se o perito não tiver ainda examinado o arguido ou a perícia for requisitada a estabelecimento especializado, o tribunal, para o efeito, interrompe a audiência ou, se for absolutamente indispensável, adia-a.

Artigo 352º – Afastamento do arguido durante a prestação de declarações

1. O tribunal ordena o afastamento do arguido da sala de audiência, durante a prestação de declarações, se:

a) Houver razões para crer que a presença do arguido inibiria o declarante de dizer a verdade;

b) O declarante for menor de 16 anos e houver razões para crer que a sua audição na presença do arguido poderia prejudicá-lo gravemente; ou *c*) Dever ser ouvido um perito e houver razão para crer que a sua audição na presença do arguido poderia prejudicar gravemente a integridade física ou psíquica deste.

2. Salvo na hipótese da alínea *c*) do número anterior, é correspondentemente aplicável o disposto no nº 7 do artigo 332º

Artigo 353º - Dispensa de testemunhas e outros declarantes

1. As testemunhas, os peritos, o assistente e as partes civis só podem abandonar o local da audiência por ordem ou com autorização do presidente.

2. A autorização é denegada sempre que houver razões para crer que a presença pode ser útil à descoberta da verdade.

3. O Ministério Público, o defensor e os advogados do assistente e das partes civis são ouvidos sobre a ordem ou a autorização.

Artigo 354º - Exame no local

O tribunal pode, quando o considerar necessário à boa decisão da causa, deslocar-se ao local onde tiver ocorrido qualquer facto cuja prova se mostre essencial e convocar para o efeito os participantes processuais cuja presença entender conveniente.

Artigo 355º - Proibição de valoração de provas

1. Não valem em julgamento, nomeadamente para o efeito de formação da convicção do tribunal, quaisquer provas que não tiverem sido produzidas ou examinadas em audiência.

2. Ressalvam-se do disposto no número anterior as provas contidas em actos processuais cuja leitura, visualização ou audição em audiência sejam permitidas, nos termos dos artigos seguintes.

Artigo 356º - Reprodução ou leitura permitidas de autos e declarações

1. Só é permitida a leitura em audiência de autos:

a) Relativos a actos processuais levados a cabo nos termos dos artigos 318º, 319º e 320º; ou

b) De instrução ou de inquérito que não contenham declarações do arguido, do assistente, das partes civis ou de testemunhas.

2. A leitura de declarações do assistente, das partes civis e de testemunhas só é permitida tendo sido prestadas perante o juiz nos casos seguintes:

a) Se as declarações tiverem sido tomadas nos termos dos artigos 271º e 294º;

b) Se o Ministério Público, o arguido e o assistente estiverem de acordo na sua leitura;

c) Tratando-se de declarações obtidas mediante rogatórias ou precatórias legalmente permitidas.

3. É também permitida a reprodução ou leitura de declarações anteriormente prestadas perante autoridade judiciária:

a) Na parte necessária ao avivamento da memória de quem declarar na audiência que já não recorda certos factos; ou *b*) Quando houver, entre elas e as feitas em audiência, contradições ou discrepâncias.

4. É permitida a reprodução ou leitura de declarações prestadas perante a autoridade judiciária se os declarantes não tiverem podido comparecer por falecimento, anomalia psíquica superveniente ou impossibilidade duradoira, designadamente se, esgotadas as diligências para apurar o seu paradeiro, não tiver sido possível a sua notificação para comparecimento.

5. Verificando-se o disposto na alínea *b*) do nº 2, a leitura pode ter lugar mesmo que se trate de declarações prestadas perante o Ministério Público ou perante órgãos de polícia criminal.

6. É proibida, em qualquer caso, a leitura do depoimento prestado em inquérito ou instrução por testemunha que, em audiência, se tenha validamente recusado a depor.

7. Os órgãos de polícia criminal que tiverem recebido declarações cuja leitura não for permitida, bem como quaisquer pessoas que, a qualquer título, tiverem participado na sua recolha, não podem ser inquiridos como testemunhas sobre o conteúdo daquelas.

8. A visualização ou a audição de gravações de actos processuais só é permitida quando o for a leitura do respectivo auto nos termos dos números anteriores.

9. A permissão de uma leitura, visualização ou audição e a sua justificação legal ficam a constar da acta, sob pena de nulidade.

(Redação dada pela Lei nº 20/2013, de 21-02)

Artigo 357º – Reprodução ou leitura permitidas de declarações do arguido

1. A reprodução ou leitura de declarações anteriormente feitas pelo arguido no processo só é permitida:

a) A sua própria solicitação e, neste caso, seja qual for a entidade perante a qual tiverem sido prestadas; ou

b) Quando tenham sido feitas perante autoridade judiciária com assistência de defensor e o arguido tenha sido informado nos termos e para os efeitos do disposto na alínea *b*) do nº 4 do artigo 141º

2. As declarações anteriormente prestadas pelo arguido reproduzidas ou lidas em audiência não valem como confissão nos termos e para os efeitos do artigo 344º

3. correspondentemente aplicável o disposto nos nºs 7 a 9 do artigo anterior.

(Redação dada pela Lei nº 20/2013, de 21-02)

Artigo 358º – Alteração não substancial dos factos descritos na acusação ou na pronúncia

1. Se no decurso da audiência se verificar uma alteração não substancial dos factos descritos na acusação ou na pronúncia, se a houver, com relevo para a decisão da causa, o presidente, oficiosamente ou a requerimento, comunica a alteração ao arguido e concede-lhe, se ele o requerer, o tempo estritamente necessário para a preparação da defesa.

2. Ressalva-se do disposto no número anterior o caso de a alteração ter derivado de factos alegados pela defesa.

3. O disposto no nº 1 é correspondentemente aplicável quando o tribunal alterar a qualificação jurídica dos factos descritos na acusação ou na pronúncia.

Artigo 359º – Alteração substancial dos factos descritos na acusação ou na pronúncia

1. Uma alteração substancial dos factos descritos na acusação ou na pronúncia não pode ser tomada em conta pelo tribunal para o efeito de condenação no processo em curso, nem implica a extinção da instância.

2. A comunicação da alteração substancial dos factos ao Ministério Público vale como denúncia para que ele proceda pelos novos factos, se estes forem autonomizáveis em relação ao objecto do processo.

3. Ressalvam-se do disposto nos números anteriores os casos em que o Ministério Público, o arguido e o assistente estiverem de acordo com a continuação do julgamento pelos novos factos, se estes não determinarem a incompetência do tribunal.

4. Nos casos referidos no número anterior, o presidente concede ao arguido, a requerimento deste, prazo para preparação da defesa não superior a 10 dias, com o consequente adiamento da audiência, se necessário.

Artigo 360º – Alegações orais

1. Finda a produção da prova, o presidente concede a palavra, sucessivamente, ao Ministério Público, aos advogados do assistente e das partes civis e ao defensor, para alegações orais nas quais exponham as conclusões, de facto e de direito, que hajam extraído da prova produzida.

2. É admissível réplica, a exercer uma só vez, sendo, porém, sempre o defensor, se pedir a palavra, o último a falar, sob pena de nulidade. A réplica deve conter-se dentro dos limites estritamente necessários para a refutação dos argumentos contrários que não tenham sido anteriormente discutidos.

3. As alegações orais não podem exceder, para cada um dos intervenientes, uma hora e as réplicas vinte minutos; o presidente pode, porém, permitir que continue no uso da palavra aquele que, esgotado o máximo do tempo legalmente consentido, assim fundadamente o requerer com base na complexidade da causa.

4. Em casos excepcionais, o tribunal pode ordenar ou autorizar, por despacho, a suspensão das alegações para produção de meios de prova supervenientes quando tal se revelar indispensável para a boa decisão da causa; o despacho fixa o tempo concedido para aquele efeito.

Artigo 361º – Últimas declarações do arguido e encerramento da discussão

1. Findas as alegações, o presidente pergunta ao arguido se tem mais alguma coisa a alegar em sua defesa, ouvindo-o em tudo o que declarar a bem dela.

2. Em seguida o presidente declara encerrada a discussão, sem prejuízo do disposto no artigo 371º, e o tribunal retira-se para deliberar.

CAPÍTULO IV – Da documentação da audiência

Artigo 362º – Acta

1. A acta da audiência contém:

a) O lugar, a data e a hora de abertura e de encerramento da audiência e das sessões que a compuseram;

b) O nome dos juízes, dos jurados e do representante do Ministério Público;

c) A identificação do arguido, do defensor, do assistente, das partes civis e dos respectivos advogados;

d) A identificação das testemunhas, dos peritos, dos consultores técnicos e dos intérpretes e a indicação de todas as provas produzidas ou examinadas em audiência;

e) A decisão de exclusão ou restrição da publicidade, nos termos do artigo 321º;

f) Os requerimentos, decisões e quaisquer outras indicações que, por força da lei, dela devam constar;

g) A assinatura do presidente e do funcionário de justiça que a lavrar.

2. O presidente pode ordenar que a transcrição dos requerimentos e protestos verbais seja feita somente depois da sentença, se os considerar dilatórios.

Artigo 363º – Documentação de declarações orais

As declarações prestadas oralmente na audiência são sempre documentadas na acta, sob pena de nulidade.

Artigo 364º – Forma da documentação

1. A documentação das declarações prestadas oralmente na audiência é efetuada, em regra, através de registo áudio ou audiovisual, só podendo ser utilizados outros meios, designadamente estenográficos ou estenotípicos, ou qualquer outro meio técnico idóneo a assegurar a reprodução integral daquelas, quando aqueles meios não estiverem disponíveis.

2. Além das declarações prestadas oralmente em audiência, são objeto do registo áudio ou audiovisual as informações, os esclarecimentos, os requerimentos e as promoções, bem como as respetivas respostas, os despachos e as alegações orais.

3. Quando houver lugar a registo áudio ou audiovisual devem ser consignados na ata o início e o termo de cada um dos atos enunciados no número anterior.

4. A secretaria procede à transcrição de requerimentos e respetivas respostas, despachos e decisões que o juiz, oficiosamente ou a requerimento, determine, por despacho irrecorrível.

5. A transcrição é feita no prazo de cinco dias, a contar do respetivo ato; o prazo para arguir qualquer desconformidade da transcrição é de cinco dias, a contar da notificação da sua incorporação nos autos.

6. É correspondentemente aplicável o disposto no artigo 101º

(Redação dada pela Lei nº 27/2015, de 14-04)

TÍTULO III – Da sentença

Artigo 365º – Deliberação e votação

1. Salvo em caso de absoluta impossibilidade, declarada em despacho, a deliberação segue-se ao encerramento da discussão.

2. Na deliberação participam todos os juízes e jurados que constituem o tribunal, sob a direcção do presidente.

3. Cada juiz e cada jurado enunciam as razões da sua opinião, indicando, sempre que possível, os meios de prova que serviram para formar a sua convicção, e votam sobre cada uma das questões, independentemente do sentido do voto que tenham expresso sobre outras. Não é admissível a abstenção.

4. O presidente recolhe os votos, começando pelo juiz com menor antiguidade de serviço, e vota em último lugar. No tribunal do júri votam primeiro os jurados, por ordem crescente de idade.

5. As deliberações são tomadas por maioria simples de votos.

Artigo 366º - Secretário

1. À deliberação e votação pode assistir o secretário ou o funcionário de justiça que o presidente designar.

2. O secretário presta ao tribunal todo o auxílio e colaboração de que este necessitar durante o processo de deliberação e votação, nomeadamente, tomando nota, sempre que o presidente o entender, das razões e dos meios de prova indicados por cada membro do tribunal e do resultado da votação de cada uma das questões a considerar.

3. As notas tomadas pelo secretário são destruídas logo que a sentença for elaborada.

Artigo 367º - Segredo da deliberação e votação

1. Os participantes no acto de deliberação e votação referido nos artigos anteriores não podem revelar nada do que durante ela se tiver passado e se relacionar com a causa, nem exprimir a sua opinião sobre a deliberação tomada, salvo o disposto no nº 2 do artigo 372º

2. A violação do disposto no número anterior é punível com a sanção prevista no artigo 371º do Código Penal, sem prejuízo da responsabilidade disciplinar a que possa dar lugar.

Artigo 368º - Questão da culpabilidade

1. O tribunal começa por decidir separadamente as questões prévias ou incidentais sobre as quais ainda não tiver recaído decisão.

2. Em seguida, se a apreciação do mérito não tiver ficado prejudicada, o presidente enumera discriminada e especificamente e submete a deliberação e votação os factos alegados pela acusação e pela defesa e, bem assim, os que resultarem da discussão da causa, relevantes para as questões de saber:

a) Se se verificaram os elementos constitutivos do tipo de crime;

b) Se o arguido praticou o crime ou nele participou;

c) Se o arguido actuou com culpa;

d) Se se verificou alguma causa que exclua a ilicitude ou a culpa;

e) Se se verificaram quaisquer outros pressupostos de que a lei faça depender a punibilidade do agente ou a aplicação a este de uma medida de segurança;

f) Se se verificaram os pressupostos de que depende o arbitramento da indemnização civil.

3. Em seguida, o presidente enumera discriminadamente e submete a deliberação e votação todas as questões de direito suscitadas pelos factos referidos no número anterior.

Artigo 369º – Questão da determinação da sanção

1. Se, das deliberações e votações realizadas nos termos do artigo anterior, resultar que ao arguido deve ser aplicada uma pena ou uma medida de segurança, o presidente lê ou manda ler toda a documentação existente nos autos relativa aos antecedentes criminais do arguido, à perícia sobre a sua personalidade e ao relatório social.

2. Em seguida, o presidente pergunta se o tribunal considera necessária produção de prova suplementar para determinação da espécie e da medida da sanção a aplicar. Se a resposta for negativa, ou após a produção da prova nos termos do artigo 371º, o tribunal delibera e vota sobre a espécie e a medida da sanção a aplicar.

3. Se, na deliberação e votação a que se refere a parte final do número anterior, se manifestarem mais de duas opiniões, os votos favoráveis à sanção de maior gravidade somam-se aos favoráveis à sanção de gravidade imediatamente inferior, até se obter maioria.

Artigo 370º – Relatório social

1. O tribunal pode em qualquer altura do julgamento, logo que, em função da prova para o efeito produzida em audiência, o considerar necessário à correcta determinação da sanção que eventualmente possa vir a ser aplicada, solicitar a elaboração de relatório social ou de informação dos serviços de reinserção social, ou a respectiva actualização quando aqueles já constarem do processo.

2. No caso de arguido menor, se o relatório social ou a informação dos serviços de reinserção social não se mostrar ainda junta ao processo, deve a respetiva junção ocorrer no prazo de 30 dias, salvo se, fundamentadamente, se justificar a respetiva dispensa face às circunstâncias do caso e desde que seja compatível com o superior interesse do menor.

3. Independentemente de solicitação, os serviços de reinserção social podem enviar ao tribunal, quando o acompanhamento do arguido o aconselhar, o relatório social ou a respectiva actualização.

4. A leitura em audiência do relatório social ou da informação dos serviços de reinserção social só é permitida a requerimento, nos termos e para os efeitos previstos no artigo seguinte.

5. É correspondentemente aplicável o disposto no artigo 355º

(Redação dada pela Lei nº 33/2019, de 22-05)

Artigo 371º – Reabertura da audiência para a determinação da sanção

1. Tornando-se necessária produção de prova suplementar, nos termos do nº 2 do artigo 369º, o tribunal volta à sala de audiência e declara esta reaberta.

2. Em seguida procede-se à produção da prova necessária, ouvindo sempre que possível o perito criminológico, o técnico de reinserção social e quaisquer pessoas que possam depor com relevo sobre a personalidade e as condições de vida do arguido.

3. Os interrogatórios são feitos sempre pelo presidente, podendo, findos eles, os outros juízes, os jurados, o Ministério Público, o defensor e o advogado do assistente sugerir quaisquer pedidos de esclarecimento ou perguntas úteis à decisão.

4. Finda a produção da prova suplementar, o Ministério Público, o advogado do assistente e o defensor podem alegar conclusivamente até um máximo de vinte minutos cada um.

5. A produção de prova suplementar decorre com exclusão da publicidade, salvo se o presidente, por despacho, entender que da publicidade não pode resultar ofensa à dignidade do arguido.

Artigo 371º-A – Abertura da audiência para aplicação retroactiva de lei penal mais favorável

Se, após o trânsito em julgado da condenação mas antes de ter cessado a execução da pena, entrar em vigor lei penal mais favorável, o condenado pode requerer a reabertura da audiência para que lhe seja aplicado o novo regime.

Artigo 372º – Elaboração e assinatura da sentença

1. Concluída a deliberação e votação, o presidente ou, se este ficar vencido, o juiz mais antigo dos que fizerem vencimento, elaboram a sentença de acordo com as posições que tiverem feito vencimento.

2. Em seguida, a sentença é assinada por todos os juízes e pelos jurados e, se algum dos juízes assinar vencido, declara com precisão os motivos do seu voto.

3. Regressado o tribunal à sala de audiência, a sentença é lida publicamente pelo presidente ou por outro dos juízes. A leitura do relatório pode ser omitida. A leitura da fundamentação ou, se esta for muito extensa, de uma sua súmula, bem como do dispositivo, é obrigatória, sob pena de nulidade.

4. A leitura da sentença equivale à sua notificação aos sujeitos processuais que deverem considerar-se presentes na audiência.

5. Logo após a leitura da sentença, o presidente procede ao seu depósito na secretaria. O secretário apõe a data, subscreve a declaração de depósito e entrega cópia aos sujeitos processuais que o solicitem.

Artigo 373º – Leitura da sentença

1. Quando, atenta a especial complexidade da causa, não for possível proceder imediatamente à elaboração da sentença, o presidente fixa publicamente a data dentro dos 10 dias seguintes para a leitura da sentença.

2. Na data fixada procede-se publicamente à leitura da sentença e ao seu depósito na secretaria, nos termos do artigo anterior.

3. O arguido que não estiver presente considera-se notificado da sentença depois de esta ter sido lida perante o defensor nomeado ou constituído.

Artigo 374º - Requisitos da sentença

1. A sentença começa por um relatório, que contém:

a) As indicações tendentes à identificação do arguido;

b) As indicações tendentes à identificação do assistente e das partes civis;

c) A indicação do destino a dar a animais, coisas ou objetos relacionados com o crime, com expressa menção das disposições legais aplicadas;

d) A indicação sumária das conclusões contidas na contestação, se tiver sido apresentada.

2. Ao relatório segue-se a fundamentação, que consta da enumeração dos factos provados e não provados, bem como de uma exposição tanto quanto possível completa, ainda que concisa, dos motivos, de facto e de direito, que fundamentam a decisão, com indicação e exame crítico das provas que serviram para formar a convicção do tribunal.

3. A sentença termina pelo dispositivo que contém:

a) As disposições legais aplicáveis;

b) A decisão condenatória ou absolutória;

c) A indicação do destino a dar a animais, coisas ou objetos relacionados com o crime, com expressa menção das disposições legais aplicadas;

d) A ordem de remessa de boletins ao registo criminal;

e) A data e as assinaturas dos membros do tribunal.

4. A sentença observa o disposto neste Código e no Regulamento das Custas Processuais em matéria de custas.

(Redação dada pela Lei nº 39/2020, de 18-08)

Artigo 375º - Sentença condenatória

1. A sentença condenatória especifica os fundamentos que presidiram à escolha e à medida da sanção aplicada, indicando, nomeadamente, se for caso disso, o início e o regime do seu cumprimento, outros deveres que ao condenado sejam impostos e a sua duração, bem como o plano individual de readaptação social.

2. Após a leitura da sentença condenatória, o presidente, quando o julgar conveniente, dirige ao arguido breve alocução, exortando-o a corrigir-se.

3. Para efeito do disposto neste Código, considera-se também sentença condenatória a que tiver decretado dispensa da pena.

4. Sempre que necessário, o tribunal procede ao reexame da situação do arguido, sujeitando-o às medidas de coacção admissíveis e adequadas às exigências cautelares que o caso requerer.

Artigo 376º - Sentença absolutória

1. A sentença absolutória declara a extinção de qualquer medida de coacção e ordena a imediata libertação do arguido preso preventivamente, salvo se ele dever continuar preso por outro motivo ou sofrer medida de segurança de internamento.

2. A sentença absolutória condena o assistente em custas, nos termos previstos neste Código e no Regulamento das Custas Processuais.

3. Se o crime tiver sido cometido por inimputável, a sentença é absolutória; mas se nela for aplicada medida de segurança, vale como sentença condenatória para efeitos do disposto no nº 1 do artigo anterior e de recurso do arguido.

(Redação dada pelo Decreto-Lei nº 34/2008, de 26-02)

Artigo 377º - Decisão sobre o pedido de indemnização civil

1. A sentença, ainda que absolutória, condena o arguido em indemnização civil sempre que o pedido respectivo vier a revelar-se fundado, sem prejuízo do disposto no nº 3 do artigo 82º

2. Se o responsável civil tiver intervindo no processo penal, a condenação em indemnização civil é proferida contra ele ou contra ele e o arguido solidariamente, sempre que a sua responsabilidade vier a ser reconhecida.

3. Havendo condenação no que respeita ao pedido de indemnização civil, é o demandado condenado a pagar as custas suportadas pelo demandante nesta qualidade e, caso cumule, na qualidade de assistente.

4. Havendo absolvição no que respeita ao pedido de indemnização civil, é o demandante condenado em custas nos termos previstos no Regulamento das Custas Processuais.

(Redação dada pelo Decreto-Lei nº 34/2008, de 26-02)

Artigo 378º - Publicação de sentença absolutória

1. Quando o considerar justificado, o tribunal ordena no dispositivo a publicação integral ou por extracto da sentença absolutória em jornal indicado pelo arguido, desde que este o requeira até ao encerramento da audiência e haja assistente constituído no processo.

2. As despesas correm a cargo do assistente e valem como custas.

Artigo 379º - Nulidade da sentença

1. É nula a sentença:

a) Que não contiver as menções referidas no nº 2 e na alínea *b*) do nº 3 do artigo 374º ou, em processo sumário ou abreviado, não contiver a decisão condenatória ou absolutória ou as menções referidas nas alíneas *a*) a *d*) do nº 1 do artigo 389º-A e 391º-F;

b) Que condenar por factos diversos dos descritos na acusação ou na pronúncia, se a houver, fora dos casos e das condições previstos nos artigos 358º e 359º;

c) Quando o tribunal deixe de pronunciar-se sobre questões que devesse apreciar ou conheça de questões de que não podia tomar conhecimento.

2. As nulidades da sentença devem ser arguidas ou conhecidas em recurso, devendo o tribunal supri-las, aplicando-se, com as necessárias adaptações, o disposto no nº 4 do artigo 414º

3. Se, em consequência de nulidade de sentença conhecida em recurso, tiver de ser proferida nova decisão no tribunal recorrido, o recurso que desta venha a ser interposto é sempre distribuído ao mesmo relator, exceto em caso de impossibilidade.

(Redação dada pela Lei nº 20/2013, de 21-02)

Artigo 380º - Correcção da sentença

1. O tribunal procede, oficiosamente ou a requerimento, à correcção da sentença quando:

a) Fora dos casos previstos no artigo anterior, não tiver sido observado ou não tiver sido integralmente observado o disposto no artigo 374º;

b) A sentença contiver erro, lapso, obscuridade ou ambiguidade cuja eliminação não importe modificação essencial.

2. Se já tiver subido recurso da sentença, a correcção é feita, quando possível, pelo tribunal competente para conhecer do recurso.

3. O disposto nos números anteriores é correspondentemente aplicável aos restantes actos decisórios previstos no artigo 97º

LIVRO VIII - DOS PROCESSOS ESPECIAIS

TÍTULO I - Do processo sumário

Artigo 381º - Quando tem lugar

1. São julgados em processo sumário os detidos em flagrante delito, nos termos dos artigos 255º e 256º, por crime punível com pena de prisão cujo limite máximo não seja superior a 5 anos, mesmo em caso de concurso de infrações:

a) Quando à detenção tiver procedido qualquer autoridade judiciária ou entidade policial; ou

b) Quando a detenção tiver sido efetuada por outra pessoa e, num prazo que não exceda duas horas, o detido tenha sido entregue a uma autoridade judiciária ou entidade policial, tendo esta redigido auto sumário da entrega.

2. São ainda julgados em processo sumário, nos termos do número anterior, os detidos em flagrante delito por crime punível com pena de prisão de limite máximo superior a 5 anos, mesmo em caso de concurso de infrações, quando o Ministério Público, na acusação, entender que não deve ser aplicada, em concreto, pena de prisão superior a 5 anos.

(Redação dada pela Lei nº 1/2016, de 25-02)

Artigo 382º - Apresentação ao Ministério Público e a julgamento

1. A autoridade judiciária, se não for o Ministério Público, ou a entidade policial que tiverem procedido à detenção ou a quem tenha sido efetuada a entrega do detido apresentam-no imediatamente, ou no mais curto prazo possível, sem exceder as 48 horas, ao Ministério Público junto do tribunal competente para julgamento, que assegura a nomeação de defensor ao arguido.

2. Se o arguido não exercer o direito ao prazo para preparação da sua defesa, o Ministério Público, depois de, se o julgar conveniente, o interrogar sumariamente, apresenta-o imediatamente, ou no mais curto prazo possível, ao tribunal competente para julgamento, exceto nos casos previstos no nº 4 e nos casos previstos nos nºs 1 e 2 do artigo 384º

3. Se o arguido tiver exercido o direito ao prazo para a preparação da sua defesa, o Ministério Público pode interrogá-lo nos termos do artigo 143º, para efeitos de validação da detenção e libertação do arguido, sujeitando-o, se for caso disso, a termo de identidade e residência, ou apresenta-o ao juiz de instrução para efeitos de aplicação de medida de coação ou de garantia patrimonial, sem prejuízo da aplicação do processo sumário.

4. Se tiver razões para crer que a audiência de julgamento não se pode iniciar nos prazos previstos no nº 1 e na alínea *a*) do nº 2 do artigo 387º, designadamente por considerar necessárias diligências de prova essenciais à descoberta da verdade, o Ministério Público profere despacho em que ordena de imediato a realização das diligências em falta, sendo correspondentemente aplicável o disposto no número anterior.

5. Nos casos previstos nos nºs 3 e 4, o Ministério Público notifica o arguido e as testemunhas para comparecerem, decorrido o prazo solicitado pelo arguido para a preparação da sua defesa, ou o prazo necessário às diligências de prova essenciais à descoberta da verdade, em data compreendida até ao limite máximo de 20 dias após a detenção, para apresentação a julgamento em processo sumário.

6. O arguido que não se encontre sujeito a prisão preventiva é notificado com a advertência de que o julgamento se realizará mesmo que não compareça, sendo representado por defensor para todos os efeitos legais.

(Redação dada pela Lei nº 20/2013, de 21-02)

Artigo 383º – Notificações

1. A autoridade judiciária ou a entidade policial que tiverem procedido à detenção notificam verbalmente, no próprio ato, as testemunhas presentes, em número não superior a sete, e o ofendido para comparecerem perante o Ministério Público junto do tribunal competente para o julgamento.

2. No mesmo ato, o arguido é notificado de que tem direito a prazo não superior a 15 dias para apresentar a sua defesa, o que deve comunicar ao Ministério Público junto do tribunal competente para o julgamento e de que pode apresentar até sete testemunhas, sendo estas verbalmente notificadas caso se achem presentes.

(Redação dada pela Lei nº 20/2013, de 21-02)

Artigo 384º – Arquivamento ou suspensão do processo

1. Nos casos em que se verifiquem os pressupostos a que aludem os artigos 280º e 281º, o Ministério Público, oficiosamente ou mediante requerimento do arguido ou do assistente, determina, com a concordância do juiz de instrução, respetivamente, o arquivamento ou a suspensão provisória do processo.

2. Para os efeitos do disposto no número anterior, o Ministério Público pode interrogar o arguido nos termos do artigo 143º, para efeitos de validação da detenção e libertação do arguido, sujeitando-o, se for caso disso, a termo de identidade e residência, devendo o juiz de instrução pronunciar-se no prazo máximo de 48 horas sobre a proposta de arquivamento ou suspensão.

3. Se não for obtida a concordância do juiz de instrução, é correspondentemente aplicável o disposto nos nºs 5 e 6 do artigo 382º, salvo se o arguido não tiver exercido o direito a prazo para apresentação da sua defesa, caso em que será notificado para comparecer no prazo máximo de 15 dias após a detenção.

4. Nos casos previstos no nº 4 do artigo 282º, o Ministério Público deduz acusação para julgamento em processo abreviado no prazo de 90 dias a contar da verificação do incumprimento ou da condenação.

(Redação dada pela Lei nº 20/2013, de 21-02)

Artigo 385º – Libertação do arguido

1. Se a apresentação ao juiz não tiver lugar em ato seguido à detenção em flagrante delito, o arguido só continua detido se houver razões para crer que:

a) Não se apresentará voluntariamente perante a autoridade judiciária na data e hora que lhe forem fixadas;

b) Quando se verificar em concreto alguma das circunstâncias previstas no artigo 204º que apenas a manutenção da detenção permita acautelar; ou

c) Se tal se mostrar imprescindível para a protecção da vítima.

2. No caso de libertação nos termos do número anterior, o órgão de polícia criminal sujeita o arguido a termo de identidade e residência e notifica-o para comparecer perante o Ministério Público, no dia e hora que forem designados, para ser submetido:

a) A audiência de julgamento em processo sumário, com a advertência de que esta se realizará, mesmo que não compareça, sendo representado por defensor; ou

b) A primeiro interrogatório judicial e eventual aplicação de medida de coação ou de garantia patrimonial.

3. Em qualquer caso, sempre que a autoridade de polícia criminal tiver fundadas razões para crer que o arguido não poderá ser apresentado no prazo a que alude o nº 1 do artigo 382º, procede à imediata libertação do arguido, sujeitando-o a termo de identidade e residência e fazendo relatório fundamentado da ocorrência, o qual transmite, de imediato e conjuntamente com o auto, ao Ministério Público.

(Redação dada pela Lei nº 1/2016, de 25-02)

Artigo 386º – Princípios gerais do julgamento

1. O julgamento em processo sumário regula-se pelas disposições deste Código relativas ao julgamento em processo comum, com as modificações constantes deste título.

2. Os actos e termos do julgamento são reduzidos ao mínimo indispensável ao conhecimento e boa decisão da causa.

(Redação dada pela Lei nº 26/2010, de 30-08)

Artigo 387º - Audiência

1. O início da audiência de julgamento em processo sumário tem lugar no prazo máximo de quarenta e oito horas após a detenção, sem prejuízo do disposto no número seguinte.

2. O início da audiência também pode ter lugar:

a) Até ao limite do 5º dia posterior à detenção, quando houver interposição de um ou mais dias não úteis no prazo previsto no número anterior, nos casos previstos no nº 1 do artigo 385º;

b) Até ao limite do 15º dia posterior à detenção, nos casos previstos no nº 3 do artigo 384º;

c) Até ao limite de 20 dias após a detenção, sempre que o arguido tiver requerido prazo para preparação da sua defesa ou o Ministério Público julgar necessária a realização de diligências essenciais à descoberta da verdade.

3. Se faltarem testemunhas de que o Ministério Público, o assistente ou o arguido não prescindam, a audiência não é adiada, sendo inquiridas as testemunhas presentes pela ordem indicada nas alíneas *b*) e *c*) do artigo 341º, sem prejuízo da possibilidade de alterar o rol apresentado.

4. As testemunhas que não se encontrem notificadas nos termos do nº 5 do artigo 382º ou do artigo 383º são sempre a apresentar e a sua falta não pode dar lugar ao adiamento da audiência, exceto se o juiz, oficiosamente ou a requerimento, considerar o seu depoimento indispensável para a descoberta da verdade e para a boa decisão da causa, caso em que ordenará a sua imediata notificação.

5. Em caso de impossibilidade de o juiz titular iniciar a audiência nos prazos previstos nos nºs 1 e 2, deve intervir o juiz substituto.

6. Nos casos previstos no nº 2 do artigo 389º, a audiência pode ser adiada, a requerimento do arguido, com vista ao exercício do contraditório, pelo prazo máximo de 10 dias, sem prejuízo de se proceder à tomada de declarações ao arguido e à inquirição do assistente, da parte civil, dos peritos e das testemunhas presentes.

7. A audiência pode, ainda, ser adiada, pelo prazo máximo de 20 dias, para obter a comparência de testemunhas devidamente notificadas ou para a junção de exames, relatórios periciais ou documentos, cujo depoimento ou junção o juiz considere imprescindíveis para a boa decisão da causa.

8. Os exames, relatórios periciais e documentos que se destinem a instruir processo sumário revestem, para as entidades a quem são requisitados, carácter urgente, devendo o Ministério Público ou juiz requisitá-las ou insistir pelo seu envio, consoante os casos, com essa menção.

9. *(Revogado.)*

10. *(Revogado.)*

(Redação dada pela Lei nº 1/2016, de 25-02)

Artigo 388º - Assistente e partes civis

Em processo sumário, as pessoas com legitimidade para tal podem constituir-se assistentes ou intervir como partes civis se assim o solicitarem, mesmo que só verbalmente, no início da audiência.

(Redação dada pela Lei nº 26/2010, de 30-08)

Artigo 389º - Tramitação

1. O Ministério Público pode substituir a apresentação da acusação pela leitura do auto de notícia da autoridade que tiver procedido à detenção.

2. Caso seja insuficiente, a factualidade constante do auto de notícia pode ser completada por despacho do Ministério Público proferido antes da apresentação a julgamento, sendo tal despacho igualmente lido em audiência.

3. Nos casos em que tiver considerado necessária a realização de diligências, o Ministério Público, se não apresentar acusação, deve juntar requerimento donde conste, consoante o caso, a indicação das testemunhas a apresentar, ou a descrição de qualquer outra prova que junte, ou protesta juntar, neste último caso com indicação da entidade encarregue do exame, ou perícia, ou a quem foi requisitado o documento.

4. A acusação, a contestação, o pedido de indemnização e a sua contestação, quando verbalmente apresentados, são documentados na acta, nos termos dos artigos 363º e 364º

5. A apresentação da acusação e da contestação substituem as exposições introdutórias referidas no artigo 339º

6. Finda a produção de prova, a palavra é concedida por uma só vez, ao Ministério Público, aos representantes dos assistentes e das partes civis e ao defensor pelo prazo máximo de 30 minutos.

(Redação dada pela Lei nº 1/2016, de 25-02)

Artigo 389º-A - Sentença

1. A sentença é logo proferida oralmente e contém:

a) A indicação sumária dos factos provados e não provados, que pode ser feita por remissão para a acusação e contestação, com indicação e exame crítico sucintos das provas;

b) A exposição concisa dos motivos de facto e de direito que fundamentam a decisão;

c) Em caso de condenação, os fundamentos sucintos que presidiram à escolha e medida da sanção aplicada;

d) O dispositivo, nos termos previstos nas alíneas *a*) a *d*) do nº 3 do artigo 374º

2. O dispositivo é sempre ditado para a acta.

3. A sentença é, sob pena de nulidade, documentada nos termos dos artigos 363º e 364º

4. É sempre entregue cópia da gravação ao arguido, ao assistente e ao Ministério Público no prazo de 48 horas, salvo se aqueles expressamente declararem prescindir da entrega, sem prejuízo de qualquer sujeito processual a poder requerer nos termos do nº 4 do artigo 101º

5. Se for aplicada pena privativa da liberdade ou, excepcionalmente, se as circunstâncias do caso o tornarem necessário, o juiz, logo após a discussão, elabora a sentença por escrito e procede à sua leitura.

(Redação dada pela Lei nº 20/2013, de 21-02)

Artigo 390º - Reenvio para outra forma de processo

1. O tribunal só remete os autos ao Ministério Público para tramitação sob outra forma processual quando:

a) Se verificar a inadmissibilidade legal do processo sumário;

b) Não tenham podido, por razões devidamente justificadas, realizar-se, no prazo máximo previsto no artigo 387º, as diligências de prova necessárias à descoberta da verdade; ou

c) O procedimento se revelar de excecional complexidade, devido, nomeadamente, ao número de arguidos ou de ofendidos ou ao carácter altamente organizado do crime.

2. Se, depois de recebidos os autos, o Ministério Público deduzir acusação em processo comum com intervenção do tribunal singular, em processo abreviado, ou requerer a aplicação de pena ou medida de segurança não privativas da liberdade em processo sumaríssimo, a competência para o respectivo conhecimento mantém-se no tribunal competente para o julgamento sob a forma sumária.

(Redação dada pela Lei nº 1/2016, de 25-02)

Artigo 391º - Recorribilidade

1. Em processo sumário só é admissível recurso da sentença ou de despacho que puser termo ao processo.

2. Excepto no caso previsto no nº 4 do artigo 389º-A, o prazo para interposição do recurso conta-se a partir da entrega da cópia da gravação da sentença.

(Redação dada pela Lei nº 26/2010, de 30-08)

TÍTULO II - Do processo abreviado

Artigo 391º-A - Quando tem lugar

1. Em caso de crime punível com pena de multa ou com pena de prisão não superior a 5 anos, havendo provas simples e evidentes de que resultem indícios suficientes de se ter verificado o crime e de quem foi o seu agente, o Ministério Público, em face do auto de notícia ou após realizar inquérito sumário, deduz acusação para julgamento em processo abreviado.

2. São ainda julgados em processo abreviado, nos termos do número anterior, os crimes puníveis com pena de prisão de limite máximo superior a 5 anos, mesmo em caso de concurso de infracções, quando o Ministério Público, na acusação, entender que não deve ser aplicada, em concreto, pena de prisão superior a 5 anos.

3. Para efeitos do disposto no nº 1, considera-se que há provas simples e evidentes quando:

a) O agente tenha sido detido em flagrante delito e o julgamento não puder efectuar-se sob a forma de processo sumário;

b) A prova for essencialmente documental e possa ser recolhida no prazo previsto para a dedução da acusação; ou

c) A prova assentar em testemunhas presenciais com versão uniforme dos factos.

(Redação dada pela Lei nº 26/2010, de 30-08)

Artigo 391º-B – Acusação, arquivamento e suspensão do processo

1. A acusação do Ministério Público deve conter os elementos a que se refere o nº 3 do artigo 283º A identificação do arguido e a narração dos factos podem ser efectuadas, no todo ou em parte, por remissão para o auto de notícia ou para a denúncia.

2. Sem prejuízo do disposto no nº 4 do artigo 384º, a acusação é deduzida no prazo de 90 dias a contar da:

a) Aquisição da notícia do crime, nos termos do disposto no artigo 241º, tratando-se de crime público; ou

b) Apresentação de queixa, nos restantes casos.

3. Se o procedimento depender de acusação particular, a acusação do Ministério Público tem lugar depois de deduzida acusação nos termos do artigo 285º

4. É correspondentemente aplicável em processo abreviado o disposto nos artigos 280º a 282º

(Redação dada pela Lei nº 20/2013, de 21-02)

Artigo 391º-C – Saneamento do processo

1. Recebidos os autos, o juiz conhece das questões a que se refere o artigo 311º

2. Se não rejeitar a acusação, o juiz designa dia para audiência, com precedência sobre os julgamentos em processo comum, sem prejuízo da prioridade a conferir aos processos urgentes.

Artigo 391º-D – Reenvio para outra forma de processo

1. O tribunal só remete os autos ao Ministério Público para tramitação sob outra forma processual quando se verificar a inadmissibilidade, no caso, do processo abreviado.

2. Se, depois de recebidos os autos, o Ministério Público deduzir acusação em processo comum com intervenção do tribunal singular ou requerer a aplicação de pena ou medida de segurança não privativas da liberdade em processo sumaríssimo, a competência para o respectivo conhecimento mantém-se no tribunal competente para o julgamento na forma abreviada.

(Redação dada pela Lei nº 26/2010, de 30-08)

Artigo 391º-E – Julgamento

1. O julgamento regula-se pelas disposições relativas ao julgamento em processo comum, com as alterações previstas neste artigo.

2. Finda a produção da prova, é concedida a palavra ao Ministério Público, aos representantes do assistente e das partes civis e ao defensor, os quais podem usar dela por um máximo de trinta minutos, prorrogáveis se necessário e assim for requerido. É admitida réplica por um máximo de dez minutos.

3. *(Revogado.)*

(Redação dada pela Lei nº 26/2010, de 30-08)

Artigo 391º-F - Sentença

É correspondentemente aplicável à sentença o disposto no artigo 389º-A.

(Redação dada pela Lei nº 26/2010, de 30-08)

Artigo 391º-G - Recorribilidade

É correspondentemente aplicável ao processo abreviado o disposto no artigo 391º

(Aditado pela Lei nº 26/2010, de 30-08)

TÍTULO III - Do processo sumaríssimo

Artigo 392º - Quando tem lugar

1. Em caso de crime punível com pena de prisão não superior a 5 anos ou só com pena de multa, o Ministério Público, por iniciativa do arguido ou depois de o ter ouvido e quando entender que ao caso deve ser concretamente aplicada pena ou medida de segurança não privativas da liberdade, requer ao tribunal que a aplicação tenha lugar em processo sumaríssimo.

2. Se o procedimento depender de acusação particular, o requerimento previsto no número anterior depende da concordância do assistente.

Artigo 393º - Partes civis

1. Não é permitida, em processo sumaríssimo, a intervenção de partes civis, sem prejuízo do disposto no número seguinte.

2. Até ao momento da apresentação do requerimento do Ministério Público referido no artigoanterior, pode o lesado manifestar a intenção de obter a reparação dos danos sofridos, caso em que aquele requerimento deverá conter a indicação a que alude a alínea *b*) do nº 2 do artigo 394º

(Redação dada pela Lei nº 26/2010, de 30-08)

Artigo 394º - Requerimento

1. O requerimento do Ministério Público é escrito e contém as indicações tendentes à identificação do arguido, a descrição dos factos imputados e a menção das disposições legais violadas, a prova existente e o enunciado sumário das razões pelas quais entende que ao caso não deve concretamente ser aplicada pena de prisão.

2. O requerimento termina com a indicação precisa pelo Ministério Público:

a) Das sanções concretamente propostas;

b) Da quantia exacta a atribuir a título de reparação, nos termos do disposto no artigo 82º-A, quando este deva ser aplicado.

Artigo 395º – Rejeição do requerimento

1. O juiz rejeita o requerimento e reenvia o processo para outra forma que lhe caiba:

a) Quando for legalmente inadmissível o procedimento;

b) Quando o requerimento for manifestamente infundado, nos termos do disposto no nº 3 do artigo 311º;

c) Quando entender que a sanção proposta é manifestamente insusceptível de realizar de forma adequada e suficiente as finalidades da punição.

2. No caso previsto na alínea *c*) do número anterior, o juiz pode, em alternativa ao reenvio do processo para outra forma, fixar sanção diferente, na sua espécie ou medida, da proposta pelo Ministério Público, com a concordância deste e do arguido.

3. Se o juiz reenviar o processo para outra forma, o requerimento do Ministério Público equivale, em todos os casos, à acusação.

4. Do despacho a que se refere o nº 1 não há recurso.

Artigo 396º – Notificação e oposição do arguido

1. O juiz, se não rejeitar o requerimento nos termos do artigo anterior:

a) Nomeia defensor ao arguido que não tenha advogado constituído ou defensor nomeado; e

b) Ordena a notificação ao arguido do requerimento do Ministério Público e, sendo caso disso, do despacho a que se refere o nº 2 do artigo anterior, para, querendo, se opor no prazo de 15 dias.

2. A notificação a que se refere o número anterior é feita por contacto pessoal, nos termos da alínea *a*) do nº 1 do artigo 113º, e deve conter obrigatoriamente:

a) A informação do direito de o arguido se opor à sanção e da forma de o fazer;

b) A indicação do prazo para a oposição e do seu termo final;

c) O esclarecimento dos efeitos da oposição e da não oposição a que se refere o artigo seguinte.

3. O requerimento é igualmente notificado ao defensor.

4. A oposição pode ser deduzida por simples declaração.

Artigo 397º – Decisão

1. Quando o arguido não se opuser ao requerimento, o juiz, por despacho, procede à aplicação da sanção e à condenação no pagamento da taxa de justiça.

2. O despacho a que se refere o número anterior vale como sentença condenatória e não admite recurso ordinário.

3. É nulo o despacho que aplique pena diferente da proposta ou fixada nos termos do disposto no nº 2 do artigo 394º e no nº 2 do artigo 395º

(Redação dada pela Lei nº 20/2013, de 21-02)

Artigo 398º – Prosseguimento do processo

1. Se o arguido deduzir oposição, o juiz ordena o reenvio do processo para outra forma que lhe caiba, equivalendo à acusação, em todos os casos, o requerimento do Ministério Público formulado nos termos do artigo 394º

2. Ordenado o reenvio, o arguido é notificado da acusação, bem como para requerer, no caso de o processo seguir a forma comum, a abertura de instrução.

LIVRO IX – DOS RECURSOS

TÍTULO I – Dos recursos ordinários

CAPÍTULO I – Princípios gerais

Artigo 399º – Princípio geral

É permitido recorrer dos acórdãos, das sentenças e dos despachos cuja irrecorribilidade não estiver prevista na lei.

Artigo 400º – Decisões que não admitem recurso

1. Não é admissível recurso:

a) De despachos de mero expediente;

b) De decisões que ordenam actos dependentes da livre resolução do tribunal;

c) De acórdãos proferidos, em recurso, pelas relações que não conheçam, a final, do objecto do processo;

d) De acórdãos absolutórios proferidos, em recurso, pelas relações, exceto no caso de decisão condenatória em 1ª instância em pena de prisão superior a 5 anos;

e) De acórdãos proferidos, em recurso, pelas relações que apliquem pena não privativa de liberdade ou pena de prisão não superior a 5 anos;*

f) De acórdãos condenatórios proferidos, em recurso, pelas relações, que confirmem decisão de 1ª instância e apliquem pena de prisão não superior a 8 anos;

g) Nos demais casos previstos na lei.

2. Sem prejuízo do disposto nos artigos 427º e 432º, o recurso da parte da sentença relativa à indemnização civil só é admissível desde que o valor do pedido seja superior à alçada do tribunal recorrido e a decisão impugnada seja desfavorável para o recorrente em valor superior a metade desta alçada.

3. Mesmo que não seja admissível recurso quanto à matéria penal, pode ser interposto recurso da parte da sentença relativa à indemnização civil.

(Redação dada pela Lei nº 20/2013, de 21-02)

Artigo 401º – Legitimidade e interesse em agir

1. Têm legitimidade para recorrer:

a) O Ministério Público, de quaisquer decisões, ainda que no exclusivo interesse do arguido;

* Declarada a inconstitucionalidade, com força obrigatória geral, pelo Acórdão do Tribunal Constitucional nº 595/2018, de 11 de dezembro.

b) O arguido e o assistente, de decisões contra eles proferidas;
c) As partes civis, da parte das decisões contra cada uma proferidas;
d) Aqueles que tiverem sido condenados ao pagamento de quaisquer importâncias, nos termos deste Código, ou tiverem a defender um direito afectado pela decisão.
2. Não pode recorrer quem não tiver interesse em agir.

Artigo 402º – Âmbito do recurso

1. Sem prejuízo do disposto no artigo seguinte, o recurso interposto de uma sentença abrange toda a decisão.
2. Salvo se for fundado em motivos estritamente pessoais, o recurso interposto:
a) Por um dos arguidos, em caso de comparticipação, aproveita aos restantes;
b) Pelo arguido, aproveita ao responsável civil;
c) Pelo responsável civil, aproveita ao arguido, mesmo para efeitos penais.
3. O recurso interposto apenas contra um dos arguidos, em casos de comparticipação, não prejudica os restantes.

Artigo 403º – Limitação do recurso

1. É admissível a limitação do recurso a uma parte da decisão quando a parte recorrida puder ser separada da parte não recorrida, por forma a tornar possível uma apreciação e uma decisão autónomas.
2. Para efeito do disposto no número anterior, é autónoma, nomeadamente, a parte da decisão que se referir:
a) A matéria penal;
b) A matéria civil;
c) Em caso de concurso de crimes, a cada um dos crimes;
d) Em caso de unidade criminosa, à questão da culpabilidade, relativamente àquela que se referir à questão da determinação da sanção;
e) Em caso de comparticipação criminosa, a cada um dos arguidos, sem prejuízo do disposto nas alíneas *a*) e *c*) do nº 2 do artigo 402º;
f) Dentro da questão da determinação da sanção, a cada uma das penas ou medidas de segurança.
3. A limitação do recurso a uma parte da decisão não prejudica o dever de retirar da procedência daquele as consequências legalmente impostas relativamente a toda a decisão recorrida.

Artigo 404º – Recurso subordinado

1. Em caso de recurso interposto por uma das partes civis, a parte contrária pode interpor recurso subordinado.
2. O recurso subordinado é interposto no prazo de 30 dias contado da data da notificação referida nos nºs 6 e 7 do artigo 411º
3. Se o primeiro recorrente desistir do recurso, este ficar sem efeito ou o tribunal não tomar conhecimento dele, o recurso subordinado fica sem efeito.
(Redação dada pela Lei nº 20/2013, de 21-02)

Artigo 405º – Reclamação contra despacho que não admitir ou que retiver o recurso

1. Do despacho que não admitir ou que retiver o recurso, o recorrente pode reclamar para o presidente do tribunal a que o recurso se dirige.

2. A reclamação é apresentada na secretaria do tribunal recorrido no prazo de 10 dias contados da notificação do despacho que não tiver admitido o recurso ou da data em que o recorrente tiver tido conhecimento da retenção.

3. No requerimento o reclamante expõe as razões que justificam a admissão ou a subida imediata do recurso e indica os elementos com que pretende instruir a reclamação.

4. A decisão do presidente do tribunal superior é definitiva quando confirmar o despacho de indeferimento. No caso contrário, não vincula o tribunal de recurso.

Artigo 406º – Subida nos autos e em separado

1. Sobem nos próprios autos os recursos interpostos de decisões que ponham termo à causa e os que com aqueles deverem subir.

2. Sobem em separado os recursos não referidos no número anterior que deverem subir imediatamente.

Artigo 407º – Momento da subida

1. Sobem imediatamente os recursos cuja retenção os tornaria absolutamente inúteis.

2. Também sobem imediatamente os recursos interpostos:

a) De decisões que ponham termo à causa;

b) De decisões posteriores às referidas na alínea anterior;

c) De decisões que apliquem ou mantenham medidas de coacção ou de garantia patrimonial, nos termos deste Código;

d) De decisões que condenem no pagamento de quaisquer importâncias, nos termos deste Código;

e) De despacho em que o juiz não reconhecer impedimento contra si deduzido;

f) De despacho que recusar ao Ministério Público legitimidade para a prossecução do processo;

g) De despacho que não admitir a constituição de assistente ou a intervenção de parte civil;

h) De despacho que indeferir o requerimento para a abertura de instrução;

i) Da decisão instrutória, sem prejuízo do disposto no artigo 310º;

j) De despacho que indeferir requerimento de submissão de arguido suspeito de anomalia mental à perícia respectiva;

k) De despacho proferido ao abrigo do disposto nos nºs 2, 3 e 5 do artigo 328º-A.

3. Quando não deverem subir imediatamente, os recursos sobem e são instruídos e julgados conjuntamente com o recurso interposto da decisão que tiver posto termo à causa.

(Redação dada pela Lei nº 27/2015, de 14-04)

Artigo 408º – Recurso com efeito suspensivo

1. Têm efeito suspensivo do processo:

a) Os recursos interpostos de decisões finais condenatórias, sem prejuízo do disposto no artigo 214º;

b) O recurso do despacho de pronúncia, sem prejuízo do disposto no artigo 310º

2. Suspendem os efeitos da decisão recorrida:

a) Os recursos interpostos de decisões que condenarem ao pagamento de quaisquer importâncias, nos termos deste Código, se o recorrente depositar o seu valor;

b) O recurso do despacho que julgar quebrada a caução;

c) O recurso de despacho que ordene a execução da prisão, em caso de não cumprimento de pena não privativa da liberdade;

d) O recurso de despacho que considere sem efeito, por falta de pagamento de taxa de justiça, o recurso da decisão final condenatória.

3. Os recursos previstos no nº 1 do artigo anterior têm efeito suspensivo do processo quando deles depender a validade ou a eficácia dos actos subsequentes, suspendendo a decisão recorrida nos restantes casos.

Artigo 409º – Proibição de *reformatio in pejus*

1. Interposto recurso de decisão final somente pelo arguido, pelo Ministério Público, no exclusivo interesse daquele, ou pelo arguido e pelo Ministério Público no exclusivo interesse do primeiro, o tribunal superior não pode modificar, na sua espécie ou medida, as sanções constantes da decisão recorrida, em prejuízo de qualquer dos arguidos, ainda que não recorrentes.

2. A proibição estabelecida no número anterior não se aplica à agravação da quantia fixada para cada dia de multa, se a situação económica e financeira do arguido tiver entretanto melhorado de forma sensível.

CAPÍTULO II – Da tramitação unitária

Artigo 410º – Fundamentos do recurso

1. Sempre que a lei não restringir a cognição do tribunal ou os respectivos poderes, o recurso pode ter como fundamento quaisquer questões de que pudesse conhecer a decisão recorrida.

2. Mesmo nos casos em que a lei restrinja a cognição do tribunal de recurso a matéria de direito, o recurso pode ter como fundamentos, desde que o vício resulte do texto da decisão recorrida, por si só ou conjugada com as regras da experiência comum:

a) A insuficiência para a decisão da matéria de facto provada;

b) A contradição insanável da fundamentação ou entre a fundamentação e a decisão;

c) Erro notório na apreciação da prova.

3. O recurso pode ainda ter como fundamento, mesmo que a lei restrinja a cognição do tribunal de recurso a matéria de direito, a inobservância de requisito cominado sob pena de nulidade que não deva considerar-se sanada.

Artigo 411º – Interposição e notificação do recurso

1. O prazo para interposição de recurso é de 30 dias e conta-se:

a) A partir da notificação da decisão;

b) Tratando-se de sentença, do respectivo depósito na secretaria;

c) Tratando-se de decisão oral reproduzida em acta, a partir da data em que tiver sido proferida, se o interessado estiver ou dever considerar-se presente.

2. O recurso de decisão proferida em audiência pode ser interposto por simples declaração na acta.

3. O requerimento de interposição do recurso é sempre motivado, sob pena de não admissão do recurso, podendo a motivação, no caso de recurso interposto por declaração na ata, ser apresentada no prazo de 30 dias contados da data da interposição.

4. *(Revogado.)*

5. No requerimento de interposição de recurso o recorrente pode requerer que se realize audiência, especificando os pontos da motivação do recurso que pretende ver debatidos.

6. O requerimento de interposição ou a motivação são notificados aos restantes sujeitos processuais afetados pelo recurso, após o despacho a que se refere o nº 1 do artigo 414º, devendo ser entregue o número de cópias necessário.

7. O requerimento de interposição de recurso que afecte o arguido julgado na ausência, ou a motivação, anteriores à notificação da sentença, são notificados àquele quando esta lhe for notificada, nos termos do nº 5 do artigo 333º

(Redação dada pela Lei nº 20/2013, de 21-02)

Artigo 412º – Motivação do recurso e conclusões

1. A motivação enuncia especificamente os fundamentos do recurso e termina pela formulação de conclusões, deduzidas por artigos, em que o recorrente resume as razões do pedido.

2. Versando matéria de direito, as conclusões indicam ainda:

a) As normas jurídicas violadas;

b) O sentido em que, no entendimento do recorrente, o tribunal recorrido interpretou cada norma ou com que a aplicou e o sentido em que ela devia ter sido interpretada ou com que devia ter sido aplicada; e

c) Em caso de erro na determinação da norma aplicável, a norma jurídica que, no entendimento do recorrente, deve ser aplicada.

3. Quando impugne a decisão proferida sobre matéria de facto, o recorrente deve especificar:

a) Os concretos pontos de facto que considera incorrectamente julgados;

b) As concretas provas que impõem decisão diversa da recorrida;

c) As provas que devem ser renovadas.

4. Quando as provas tenham sido gravadas, as especificações previstas nas alíneas *b*) e *c*) do número anterior fazem-se por referência ao consignado na ata, nos termos do disposto no nº 3 do artigo 364º, devendo o recorrente indicar concretamente as passagens em que se funda a impugnação.

5. Havendo recursos retidos, o recorrente especifica obrigatoriamente, nas conclusões, quais os que mantêm interesse.

6. No caso previsto no nº 4, o tribunal procede à audição ou visualização das passagens indicadas e de outras que considere relevantes para a descoberta da verdade e a boa decisão da causa.

(Redação dada pela Lei nº 27/2015, de 14-04)

Artigo 413º – Resposta

1. Os sujeitos processuais afetados pela interposição do recurso podem responder no prazo de 30 dias contados da notificação referida no nº 6 do artigo 411º

2. *(Revogado.)*

3. A resposta é notificada aos sujeitos processuais por ela afectados, devendo ser entregue o número de cópias necessário.

4. É correspondentemente aplicável o disposto nos nºs 3 a 5 do artigo 412º

(Redação dada pela Lei nº 20/2013, de 21-02)

Artigo 414º – Admissão do recurso

1. Interposto o recurso e junta a motivação ou expirado o prazo para o efeito, o juiz profere despacho e, em caso de admissão, fixa o seu efeito e regime de subida.

2. O recurso não é admitido quando a decisão for irrecorrível, quando for interposto fora de tempo, quando o recorrente não reunir as condições necessárias para recorrer, quando faltar a motivação ou, faltando as conclusões, quando o recorrente não as apresente em 10 dias após ser convidado a fazê-lo.

3. A decisão que admita o recurso ou que determine o efeito que lhe cabe ou o regime de subida não vincula o tribunal superior.

4. Se o recurso não for interposto de decisão que conheça, a final, do objecto do processo, o tribunal pode, antes de ordenar a remessa do processo ao tribunal superior, sustentar ou reparar aquela decisão.

5. Havendo arguidos presos, deve mencionar-se tal circunstância, com indicação da data da privação da liberdade e do estabelecimento prisional onde se encontrem.

6. Subindo o recurso em separado, o juiz deve averiguar se o mesmo se mostra instruído com todos os elementos necessários à boa decisão da causa, determinando, se for caso disso, a extracção e junção de certidão das pertinentes peças processuais.

7. Se o recurso subir nos próprios autos e houver arguidos privados da liberdade, o tribunal, antes da remessa do processo para o tribunal superior, ordena a extracção de certidão das peças processuais necessárias ao seu reexame.

8. Havendo vários recursos da mesma decisão, dos quais alguns versem sobre matéria de facto e outros exclusivamente sobre matéria de direito, são todos julgados conjuntamente pelo tribunal competente para conhecer da matéria de facto.

(Redação dada pela Lei nº 20/2013, de 21-02)

Artigo 415º – Desistência

1. O Ministério Público, o arguido, o assistente e as partes civis podem desistir do recurso interposto, até ao momento de o processo ser concluso ao relator para exame preliminar.

2. A desistência faz-se por requerimento ou por termo no processo e é verificada por despacho do relator.

Artigo 416º – Vista ao Ministério Público

1. Antes de ser apresentado ao relator, o processo vai com vista ao Ministério Público junto do tribunal de recurso.

2. Se tiver sido requerida audiência nos termos do nº 5 do artigo 411º, a vista ao Ministério Público destina-se apenas a tomar conhecimento do processo.

Artigo 417º – Exame preliminar

1. Colhido o visto do Ministério Público o processo é concluso ao relator para exame preliminar.

2. Se, na vista a que se refere o artigo anterior, o Ministério Público não se limitar a apor o seu visto, o arguido e os demais sujeitos processuais afectados pela interposição do recurso são notificados para, querendo, responder no prazo de 10 dias.

3. Se das conclusões do recurso não for possível deduzir total ou parcialmente as indicações previstas nos nºs 2 a 5 do artigo 412º, o relator convida o recorrente a completar ou esclarecer as conclusões formuladas, no prazo de 10 dias, sob pena de o recurso ser rejeitado ou não ser conhecido na parte afetada. Se a motivação do recurso não contiver as conclusões e não tiver sido formulado o convite a que se refere o nº 2 do artigo 414º, o relator convida o recorrente a apresentá-las em 10 dias, sob pena de o recurso ser rejeitado.

4. O aperfeiçoamento previsto no número anterior não permite modificar o âmbito do recurso que tiver sido fixado na motivação.

5. No caso previsto no nº 3, os sujeitos processuais afectados pela interposição do recurso são notificados da apresentação de aditamento ou esclarecimento pelo recorrente, podendo responder-lhe no prazo de 10 dias.

6. Após exame preliminar, o relator profere decisão sumária sempre que:

a) Alguma circunstância obstar ao conhecimento do recurso;

b) O recurso dever ser rejeitado;

c) Existir causa extintiva do procedimento ou da responsabilidade criminal que ponha termo ao processo ou seja o único motivo do recurso; ou

d) A questão a decidir já tiver sido judicialmente apreciada de modo uniforme e reiterado.

7. Quando o recurso não puder ser julgado por decisão sumária, o relator decide no exame preliminar:

a) Se deve manter-se o efeito que foi atribuído ao recurso;

b) Se há provas a renovar e pessoas que devam ser convocadas.

8. Cabe reclamação para a conferência dos despachos proferidos pelo relator nos termos dos nºs 6 e 7.

9. Quando o recurso deva ser julgado em conferência, o relator elabora um projecto de acórdão no prazo de 15 dias a contar da data em que o processo lhe for concluso nos termos dos nºs 1, 2 ou 5.

10. A reclamação prevista no nº 8 é apreciada conjuntamente com o recurso, quando este deva ser julgado em conferência.

(Cfr. Declaração de Retificação nº 21/2013, de 19-04)

Artigo 418º - Vistos

1. Concluído o exame preliminar, o processo, acompanhado do projecto de acórdão se for caso disso, vai a visto do presidente e do juiz-adjunto e depois à conferência, na primeira sessão que tiver lugar.

2. Sempre que a natureza do processo e a disponibilidade de meios técnicos o permitirem, são tiradas cópias para que os vistos sejam efectuados simultaneamente.

Artigo 419º - Conferência

1. Na conferência intervêm o presidente da secção, o relator e um juiz-adjunto.

2. A discussão é dirigida pelo presidente, que, porém, só vota, para desempatar, quando não puder formar-se maioria com os votos do relator e do juiz-adjunto.

3. O recurso é julgado em conferência quando:

a) Tenha sido apresentada reclamação da decisão sumária prevista no nº 6 do artigo 417º;

b) A decisão recorrida não conheça, a final, do objecto do processo, nos termos da alínea *a*) do nº 1 do artigo 97º; ou

c) Não tiver sido requerida a realização de audiência e não seja necessário proceder à renovação da prova nos termos do artigo 430º

Artigo 420º - Rejeição do recurso

1. O recurso é rejeitado sempre que:

a) For manifesta a sua improcedência;

b) Se verifique causa que devia ter determinado a sua não admissão nos termos do nº 2 do artigo 414º; ou

c) O recorrente não apresente, complete ou esclareça as conclusões formuladas e esse vício afectar a totalidade do recurso, nos termos do nº 3 do artigo 417º

2. Em caso de rejeição do recurso, a decisão limita-se a identificar o tribunal recorrido, o processo e os seus sujeitos e a especificar sumariamente os fundamentos da decisão.

3. Se o recurso for rejeitado, o tribunal condena o recorrente, se não for o Ministério Público, ao pagamento de uma importância entre 3 UC e 10 UC.

Artigo 421º - Prosseguimento do processo

1. Se o processo houver de prosseguir, é aberta conclusão ao presidente da secção, o qual designa a audiência para um dos 20 dias seguintes, determina as pessoas a convocar e manda completar os vistos, se for caso disso.

2. São sempre convocados para a audiência o Ministério Público, o defensor e os representantes do assistente e das partes civis.

3. Exceptuado o caso do Ministério Público, as notificações são feitas por via postal.

4. É correspondentemente aplicável o disposto no nº 2 do artigo 418º

Artigo 422º – Adiamento da audiência

1. A não comparência de pessoas convocadas só determina o adiamento da audiência quando o tribunal o considerar indispensável à realização da justiça.

2. Se o defensor não comparecer e não houver lugar a adiamento, o tribunal nomeia novo defensor. É correspondentemente aplicável o disposto no nº 2 do artigo 67º

3. Não é permitido mais de um adiamento da audiência.

Artigo 423º – Audiência

1. Após o presidente ter declarado aberta a audiência, o relator introduz os debates com uma exposição sumária sobre o objecto do recurso, na qual enuncia as questões que o tribunal entende merecerem exame especial.

2. À exposição do relator segue-se a renovação da prova, quando a ela houver lugar.

3. Seguidamente, o presidente dá a palavra, para alegações, aos representantes do recorrente e dos recorridos, a cada um por período não superior a trinta minutos, prorrogável em caso de especial complexidade.

4. Não há lugar a réplica, sem prejuízo da concessão da palavra ao defensor, antes do encerramento da audiência, por mais quinze minutos, se ele não tiver sido o último a intervir.

5. São subsidiariamente aplicáveis as disposições relativas à audiência de julgamento em 1ª instância.

Artigo 424º – Deliberação

1. Encerrada a audiência, o tribunal reúne para deliberar.

2. São correspondentemente aplicáveis as disposições sobre deliberação e votação em julgamento, tendo em atenção a natureza das questões que constituem o objecto do recurso.

3. Sempre que se verificar uma alteração não substancial dos factos descritos na decisão recorrida ou da respectiva qualificação jurídica não conhecida do arguido, este é notificado para, querendo, se pronunciar no prazo de 10 dias.

Artigo 425º – Acórdão

1. Concluída a deliberação e votação, é elaborado acórdão pelo relator ou, se este tiver ficado vencido, pelo juiz-adjunto.

2. São admissíveis declarações de voto.

3. Se não for possível lavrar imediatamente o acórdão, o presidente fixa publicamente a data, dentro dos 15 dias seguintes, para a publicação da decisão, após o respectivo registo em livro de lembranças assinado pelos juízes.

4. É correspondentemente aplicável aos acórdãos proferidos em recurso o disposto nos artigos 379º e 380º, sendo o acórdão ainda nulo quando for lavrado contra o vencido, ou sem o necessário vencimento.

5. Os acórdãos absolutórios enunciados na alínea *d*) do nº 1 do artigo 400º, que confirmem decisão de 1ª instância sem qualquer declaração de voto, podem limitar-se a negar provimento ao recurso, remetendo para os fundamentos da decisão impugnada.

6. O acórdão é notificado aos recorrentes, aos recorridos e ao Ministério Público.

7. O prazo para a interposição de recurso conta-se a partir da notificação do acórdão.

Artigo 426º – Reenvio do processo para novo julgamento

1. Sempre que, por existirem os vícios referidos nas alíneas do nº 2 do artigo 410º, não for possível decidir da causa, o tribunal de recurso determina o reenvio do processo para novo julgamento relativamente à totalidade do objecto do processo ou a questões concretamente identificadas na decisão de reenvio.

2. O reenvio decretado pelo Supremo Tribunal de Justiça, no âmbito de recurso interposto, em 2ª instância, de acórdão da relação é feito para este tribunal, que admite a renovação da prova ou reenvia o processo para novo julgamento em 1ª instância.

3. No caso de haver processos conexos, o tribunal superior faz cessar a conexão e ordena a separação de algum ou alguns deles para efeitos de novo julgamento quando o vício referido no número anterior recair apenas sobre eles.

4. Se da nova decisão a proferir no tribunal recorrido vier a ser interposto recurso, este é sempre distribuído ao mesmo relator, exceto em caso de impossibilidade.

(Redação dada pela Lei nº 20/2013, de 21-02)

Artigo 426º-A – Competência para o novo julgamento

1. Quando for decretado o reenvio do processo, o novo julgamento compete ao tribunal que tiver efectuado o julgamento anterior, sem prejuízo do disposto no artigo 40º, ou, no caso de não ser possível, ao tribunal que se encontre mais próximo, de categoria e composição idênticas às do tribunal que proferiu a decisão recorrida.

2. Quando na mesma comarca existir mais de um juízo da mesma categoria e composição, o julgamento compete ao tribunal que resultar da distribuição.

(Redação dada pela Lei nº 52/2008, de 28-08)

CAPÍTULO III – Do recurso perante as relações

Artigo 427º – Recurso para a relação

Exceptuados os casos em que há recurso directo para o Supremo Tribunal de Justiça, o recurso da decisão proferida por tribunal de 1ª instância interpõe-se para a relação.

Artigo 428º – Poderes de cognição

As relações conhecem de facto e de direito.

Artigo 429º – Composição do tribunal em audiência

1. Na audiência intervêm o presidente da secção, o relator e um juiz-adjunto.

2. Sempre que possível, mantêm-se para a audiência juízes que tiverem intervindo na conferência.

Artigo 430º – Renovação da prova

1. Quando deva conhecer de facto e de direito, a relação admite a renovação da prova se se verificarem os vícios referidos nas alíneas do nº 2 do artigo 410º e houver razões para crer que aquela permitirá evitar o reenvio do processo.

2. A decisão que admitir ou recusar a renovação da prova é definitiva e fixa os termos e a extensão com que a prova produzida em 1ª instância pode ser renovada.

3. A renovação da prova realiza-se em audiência.

4. O arguido é sempre convocado para a audiência, mas, se tiver sido regularmente convocado, a sua falta não dá lugar a adiamento, salvo decisão do tribunal em contrário.

5. É correspondentemente aplicável o preceituado quanto à discussão e julgamento em 1ª instância.

Artigo 431º – Modificabilidade da decisão recorrida

Sem prejuízo do disposto no artigo 410º, a decisão do tribunal de 1ª instância sobre matéria de facto pode ser modificada:

a) Se do processo constarem todos os elementos de prova que lhe serviram de base;

b) Se a prova tiver sido impugnada nos termos do nº 3 do artigo 412º; ou

c) Se tiver havido renovação da prova.

CAPÍTULO IV – Do recurso perante o Supremo Tribunal de Justiça

Artigo 432º – Recurso para o Supremo Tribunal de Justiça

1. Recorre-se para o Supremo Tribunal de Justiça:

a) De decisões das relações proferidas em 1ª instância;

b) De decisões que não sejam irrecorríveis proferidas pelas relações, em recurso, nos termos do artigo 400º;

c) De acórdãos finais proferidos pelo tribunal do júri ou pelo tribunal colectivo que apliquem pena de prisão superior a 5 anos, visando exclusivamente o reexame de matéria de direito;

d) De decisões interlocutórias que devam subir com os recursos referidos nas alíneas anteriores.

2. Nos casos da alínea *c*) do número anterior não é admissível recurso prévio para a relação, sem prejuízo do disposto no nº 8 do artigo 414º

Artigo 433º – Outros casos de recurso

Recorre-se ainda para o Supremo Tribunal de Justiça noutros casos que a lei especialmente preveja.

Artigo 434º - Poderes de cognição

Sem prejuízo do disposto nos nºs 2 e 3 do artigo 410º, o recurso interposto para o Supremo Tribunal de Justiça visa exclusivamente o reexame de matéria de direito.

Artigo 435º - Audiência

Na audiência o tribunal é constituído pelo presidente da secção, pelo relator e por um juiz-adjunto.

Artigo 436º - Alteração da composição do tribunal

Não sendo possível a participação na audiência dos juízes que intervieram na conferência, são chamados outros juízes, designando-se novo relator ou completando-se os vistos.

TÍTULO II - Dos recursos extraordinários

CAPÍTULO I - Da fixação de jurisprudência

Artigo 437º - Fundamento do recurso

1. Quando, no domínio da mesma legislação, o Supremo Tribunal de Justiça proferir dois acórdãos que, relativamente à mesma questão de direito, assentem em soluções opostas, cabe recurso, para o pleno das secções criminais, do acórdão proferido em último lugar.

2. É também admissível recurso, nos termos do número anterior, quando um tribunal de relação proferir acórdão que esteja em oposição com outro, da mesma ou de diferente relação, ou do Supremo Tribunal de Justiça, e dele não for admissível recurso ordinário, salvo se a orientação perfilhada naquele acórdão estiver de acordo com a jurisprudência já anteriormente fixada pelo Supremo Tribunal de Justiça.

3. Os acórdãos consideram-se proferidos no domínio da mesma legislação quando, durante o intervalo da sua prolação, não tiver ocorrido modificação legislativa que interfira, directa ou indirectamente, na resolução da questão de direito controvertida.

4. Como fundamento do recurso só pode invocar-se acórdão anterior transitado em julgado.

5. O recurso previsto nos nºs 1 e 2 pode ser interposto pelo arguido, pelo assistente ou pelas partes civis e é obrigatório para o Ministério Público.

Artigo 438º - Interposição e efeito

1. O recurso para a fixação de jurisprudência é interposto no prazo de 30 dias a contar do trânsito em julgado do acórdão proferido em último lugar.

2. No requerimento de interposição do recurso o recorrente identifica o acórdão com o qual o acórdão recorrido se encontre em oposição e, se este estiver publicado, o lugar da publicação e justifica a oposição que origina o conflito de jurisprudência.

3. O recurso para fixação de jurisprudência não tem efeito suspensivo.

Artigo 439º - Actos de secretaria

1. Interposto o recurso, a secretaria faculta o processo aos sujeitos processuais interessados para efeito de resposta no prazo de 10 dias e passa certidão do acórdão recorrido certificando narrativamente a data de apresentação do requerimento de interposição e da notificação ou do depósito do acórdão.

2. O requerimento de interposição do recurso e a resposta são autuados com a certidão, e o processo assim formado é presente à distribuição ou, se o recurso tiver sido interposto de acórdão da relação, enviado para o Supremo Tribunal de Justiça.

3. No processo donde foi interposto o recurso fica certidão do requerimento de interposição e do despacho que admitiu o recurso.

Artigo 440º - Vista e exame preliminar

1. Recebido no Supremo Tribunal de Justiça, o processo vai com vista ao Ministério Público, por 10 dias, e é depois concluso ao relator, por 10 dias, para exame preliminar.

2. O relator pode determinar que o recorrente junte certidão do acórdão com o qual o recorrido se encontra em oposição.

3. No exame preliminar o relator verifica a admissibilidade e o regime do recurso e a existência de oposição entre os julgados.

4. Efectuado o exame, o processo é remetido, com projecto de acórdão, a vistos do presidente e dos juízes-adjuntos, por 10 dias, e depois à conferência, na primeira sessão que tiver lugar.

5. É correspondentemente aplicável o disposto no nº 2 do artigo 418º

Artigo 441º - Conferência

1. Se ocorrer motivo de inadmissibilidade ou o tribunal concluir pela não oposição de julgados, o recurso é rejeitado; se concluir pela oposição, o recurso prossegue.

2. Se, porém, a oposição de julgados já tiver sido reconhecida, os termos do recurso são suspensos até ao julgamento do recurso em que primeiro se tiver concluído pela oposição.

3. É correspondentemente aplicável o disposto nos nºs 1 e 2 do artigo 419º

Artigo 442º - Preparação do julgamento

1. Se o recurso prosseguir, os sujeitos processuais interessados são notificados para apresentarem, por escrito, no prazo de 15 dias, as suas alegações.

2. Nas alegações os interessados formulam conclusões em que indicam o sentido em que deve fixar-se a jurisprudência.

3. Juntas as alegações, ou expirado o prazo para a sua apresentação, o processo é concluso ao relator, por 30 dias, e depois remetido, com projecto de acórdão, a visto simultâneo dos restantes juízes, por 10 dias.

4. Esgotado o prazo para os vistos, o Presidente do Supremo Tribunal de Justiça manda inscrever o processo em tabela.

Artigo 443º – Julgamento

1. O julgamento é feito, em conferência, pelo pleno das secções criminais.

2. A conferência é presidida pelo Presidente do Supremo Tribunal de Justiça, que dirige os trabalhos e desempata quando não puder formar-se maioria.

3. É correspondentemente aplicável o disposto no artigo 409º, ainda que o recurso tenha sido interposto pelo Ministério Público ou pelo assistente, salvo quando qualquer destes tiver recorrido, em desfavor do arguido, no processo em que foi proferido o acórdão recorrido.

Artigo 444º – Publicação do acórdão

1. O acórdão é imediatamente publicado na 1ª série do Diário da República e enviado, por certidão, aos tribunais de relação para registo em livro próprio.

2. O Presidente do Supremo Tribunal de Justiça remete ao Ministério da Justiça cópia do acórdão acompanhada das alegações do Ministério Público.

Artigo 445º – Eficácia da decisão

1. Sem prejuízo do disposto no nº 3 do artigo 443º, a decisão que resolver o conflito tem eficácia no processo em que o recurso foi interposto e nos processos cuja tramitação tiver sido suspensa nos termos do nº 2 do artigo 441º

2. O Supremo Tribunal de Justiça, conforme os casos, revê a decisão recorrida ou reenvia o processo.

3. A decisão que resolver o conflito não constitui jurisprudência obrigatória para os tribunais judiciais, mas estes devem fundamentar as divergências relativas à jurisprudência fixada naquela decisão.

Artigo 446º – Recurso de decisão proferida contra jurisprudência fixada pelo Supremo Tribunal de Justiça

1. É admissível recurso directo para o Supremo Tribunal de Justiça, de qualquer decisão proferida contra jurisprudência por ele fixada, a interpor no prazo de 30 dias a contar do trânsito em julgado da decisão recorrida, sendo correspondentemente aplicáveis as disposições do presente capítulo.

2. O recurso pode ser interposto pelo arguido, pelo assistente ou pelas partes civis e é obrigatório para o Ministério Público.

3. O Supremo Tribunal de Justiça pode limitar-se a aplicar a jurisprudência fixada, apenas devendo proceder ao seu reexame se entender que está ultrapassada.

Artigo 447º – Recursos no interesse da unidade do direito

1. O Procurador-Geral da República pode determinar que seja interposto recurso para fixação da jurisprudência de decisão transitada em julgado há mais de 30 dias.

2. Sempre que tiver razões para crer que uma jurisprudência fixada está ultrapassada, o Procurador-Geral da República pode interpor recurso do acórdão que firmou essa jurisprudência no sentido do seu reexame. Nas alegações o Procurador-Geral da República indica logo as razões e o sentido em que jurisprudência anteriormente fixada deve ser modificada.

3. Nos casos previstos nos números anteriores a decisão que resolver o conflito não tem eficácia no processo em que o recurso tiver sido interposto.

Artigo 448º – Disposições subsidiárias

Aos recursos previstos no presente capítulo aplicam-se subsidiariamente as disposições que regulam os recursos ordinários.

CAPÍTULO II – Da revisão

Artigo 449º – Fundamentos e admissibilidade da revisão

1. A revisão de sentença transitada em julgado é admissível quando:

a) Uma outra sentença transitada em julgado tiver considerado falsos meios de prova que tenham sido determinantes para a decisão;

b) Uma outra sentença transitada em julgado tiver dado como provado crime cometido por juiz ou jurado e relacionado com o exercício da sua função no processo;

c) Os factos que servirem de fundamento à condenação forem inconciliáveis com os dados como provados noutra sentença e da oposição resultarem graves dúvidas sobre a justiça da condenação;

d) Se descobrirem novos factos ou meios de prova que, de per si ou combinados com os que foram apreciados no processo, suscitem graves dúvidas sobre a justiça da condenação.

e) Se descobrir que serviram de fundamento à condenação provas proibidas nos termos dos nºs 1 a 3 do artigo 126º;

f) Seja declarada, pelo Tribunal Constitucional, a inconstitucionalidade com força obrigatória geral de norma de conteúdo menos favorável ao arguido que tenha servido de fundamento à condenação;

g) Uma sentença vinculativa do Estado Português, proferida por uma instância internacional, for inconciliável com a condenação ou suscitar graves dúvidas sobre a sua justiça.

2. Para o efeito do disposto no número anterior, à sentença é equiparado despacho que tiver posto fim ao processo.

3. Com fundamento na alínea *d*) do nº 1, não é admissível revisão com o único fim de corrigir a medida concreta da sanção aplicada.

4. A revisão é admissível ainda que o procedimento se encontre extinto ou a pena prescrita ou cumprida.

Artigo 450º – Legitimidade

1. Têm legitimidade para requerer a revisão:

a) O Ministério Público;

b) O assistente, relativamente a sentenças absolutórias ou a despachos de não pronúncia;

c) O condenado ou seu defensor, relativamente a sentenças condenatórias.

2. Têm ainda legitimidade para requerer a revisão e para a continuar, quando o condenado tiver falecido, o cônjuge, os descendentes, adoptados, ascendentes, adoptantes, parentes ou afins até ao 4º grau da linha colateral, os herdeiros que mostrem um interesse legítimo ou quem do condenado tiver recebido incumbência expressa.

Artigo 451º – Formulação do pedido

1. O requerimento a pedir a revisão é apresentado no tribunal onde se proferiu a sentença que deve ser revista.

2. O requerimento é sempre motivado e contém a indicação dos meios de prova.

3. São juntos ao requerimento a certidão da decisão de que se pede a revisão e do seu trânsito em julgado, bem como os documentos necessários à instrução do pedido.

Artigo 452º – Tramitação

A revisão é processada por apenso aos autos onde se proferiu a decisão a rever.

Artigo 453º – Produção de prova

1. Se o fundamento da revisão for o previsto na alínea *d*) do nº 1 do artigo 449º, o juiz procede às diligências que considerar indispensáveis para a descoberta da verdade, mandando documentar, por redução a escrito ou por qualquer meio de reprodução integral, as declarações prestadas.

2. O requerente não pode indicar testemunhas que não tiverem sido ouvidas no processo, a não ser justificando que ignorava a sua existência ao tempo da decisão ou que estiveram impossibilitadas de depor.

Artigo 454º – Informação e remessa do processo

No prazo de oito dias após ter expirado o prazo de resposta ou terem sido completadas as diligências, quando a elas houver lugar, o juiz remete o processo ao Supremo Tribunal de Justiça acompanhado de informação sobre o mérito do pedido.

Artigo 455º – Tramitação no Supremo Tribunal de Justiça

1. Recebido no Supremo Tribunal de Justiça, o processo vai com vista ao Ministério Público, por 10 dias, e é depois concluso ao relator, pelo prazo de 15 dias.

2. Com projecto de acórdão, o processo vai, de seguida, a visto dos juízes das secções criminais, por 10 dias.

3. A decisão que autorizar ou denegar a revisão é tomada em conferência pelas secções criminais.

4. Se o tribunal entender que é necessário proceder a qualquer diligência, ordena-a, indicando o juiz que a ela deve presidir.

5. Realizada a diligência, o tribunal delibera sem necessidade de novos vistos.

6. É correspondentemente aplicável o disposto no nº 2 do artigo 418º e no artigo 435º

Artigo 456º – Negação da revisão

Se o Supremo Tribunal de Justiça negar a revisão pedida pelo assistente, pelo condenado ou por qualquer das pessoas referidas no nº 2 do artigo 450º, condena o requerente em custas e ainda, se considerar que o pedido era manifestamente infundado, no pagamento de uma quantia entre 6 UC a 30 UC.

Artigo 457º – Autorização da revisão

1. Se for autorizada a revisão, o Supremo Tribunal de Justiça reenvia o processo ao tribunal de categoria e composição idênticas às do tribunal que proferiu a decisão a rever e que se encontrar mais próximo.

2. Se o condenado se encontrar a cumprir pena de prisão ou medida de segurança de internamento, o Supremo Tribunal de Justiça decide, em função da gravidade da dúvida sobre a condenação, se a execução deve ser suspensa.

3. Se ordenar a suspensão da execução ou se o condenado não tiver ainda iniciado o cumprimento da sanção, o Supremo Tribunal de Justiça decide se ao condenado deve ser aplicada medida de coacção legalmente admissível no caso.

Artigo 458º – Anulação de sentenças inconciliáveis

1. Se a revisão for autorizada com fundamento na alínea *c*) do nº 1 do artigo 449º, por haver sentenças penais inconciliáveis que tenham condenado arguidos diversos pelos mesmos factos, o Supremo Tribunal de Justiça anula as sentenças e determina que se proceda a julgamento conjunto de todos os arguidos, indicando o tribunal que, segundo a lei, é competente.

2. Para efeitos do disposto no número anterior, os processos são apensos, seguindo-se os termos da revisão.

3. A anulação das sentenças faz cessar a execução das sanções nelas aplicadas, mas o Supremo Tribunal de Justiça decide se aos condenados devem ser aplicadas medidas de coacção legalmente admissíveis no caso.

Artigo 459º – Meios de prova e actos urgentes

1. Baixado o processo, o juiz manda dar vista ao Ministério Público para indicar meios de prova e, para o mesmo fim, ordena a notificação do arguido e do assistente.

2. Seguidamente, o juiz pratica os actos urgentes necessários, nos termos do artigo 320º, e ordena a realização das diligências requeridas e as demais que considerar necessárias para o esclarecimento da causa.

Artigo 460º – Novo julgamento

1. Praticados os actos a que se refere o artigo anterior, é designado dia para julgamento, observando-se em tudo os termos do respectivo processo.

2. Se a revisão tiver sido autorizada com fundamento nas alíneas *a*) ou *b*) do nº 1 do artigo 449º, não podem intervir no julgamento pessoas condenadas ou acusadas pelo Ministério Público por factos que tenham sido determinantes para a decisão a rever.

Artigo 461º – Sentença absolutória no juízo de revisão

1. Se a decisão revista tiver sido condenatória e o tribunal de revisão absolver o arguido, aquela decisão é anulada, trancado o respectivo registo e o arguido restituído à situação jurídica anterior à condenação.

2. A sentença que absolver o arguido no tribunal de revisão é afixada por certidão à porta do tribunal da comarca da sua última residência e à porta do tribunal que tiver proferido a condenação e publicada em três números consecutivos de jornal da sede deste último tribunal ou da localidade mais próxima, se naquela não houver jornais.

Artigo 462º – Indemnização

1. No caso referido no artigo anterior, a sentença atribui ao arguido indemnização pelos danos sofridos e manda restituir-lhe as quantias relativas a custas e multas que tiver suportado.

2. A indemnização é paga pelo Estado, ficando este sub-rogado no direito do arguido contra os responsáveis por factos que tiverem determinado a decisão revista.

3. A pedido do requerente, ou quando não dispuser de elementos bastantes para fixar a indemnização, o tribunal relega a liquidação para execução de sentença.

Artigo 463º – Sentença condenatória no juízo de revisão

1. Se o tribunal de revisão concluir pela condenação do arguido, aplica-lhe a sanção que considerar cabida ao caso, descontando-lhe a que já tiver cumprido.

2. É correspondentemente aplicável o disposto no artigo 409º

3. Se a decisão revista tiver sido absolutória, mas no juízo de revisão a sentença for condenatória:

a) O arguido que houver recebido indemnização é condenado a restituí-la; e

b) Ao assistente são restituídas as custas que houver pago.

Artigo 464º – Revisão de despacho

Nos casos em que for admitida a revisão de despacho que tiver posto fim ao processo, nos termos do nº 2 do artigo 449º, o Supremo Tribunal de Justiça, se conceder a revisão, declara sem efeito o despacho e ordena que o processo prossiga.

Artigo 465º – Legitimidade para novo pedido de revisão

Tendo sido negada a revisão ou mantida a decisão revista, não pode haver nova revisão com o mesmo fundamento.

Artigo 466º – Prioridade dos actos judiciais

Quando o condenado a favor de quem foi pedida a revisão se encontrar preso ou internado, os actos judiciais que deverem praticar-se preferem a qualquer outro serviço.

LIVRO X – DAS EXECUÇÕES

TÍTULO I – Disposições gerais

Artigo 467º – Decisões com força executiva

1. As decisões penais condenatórias transitadas em julgado têm força executiva em todo o território português e ainda em território estrangeiro, conforme os tratados, convenções e regras de direito internacional.

2. As decisões penais absolutórias são exequíveis logo que proferidas, sem prejuízo do disposto no nº 3 do artigo 214º

Artigo 468º – Decisões inexequíveis

Não é exequível decisão penal que:

a) Não determinar a pena ou a medida de segurança aplicadas ou que aplicar pena ou medida inexistentes na lei portuguesa;

b) Não estiver reduzida a escrito; ou

c) Tratando-se de sentença penal estrangeira, não tiver sido revista e confirmada nos casos em que isso for legalmente exigido.

Artigo 469º – Promoção da execução

Compete ao Ministério Público promover a execução das penas e das medidas de segurança e, bem assim, a execução por indemnização e mais quantias devidas ao Estado ou a pessoas que lhe incumba representar judicialmente.

(Redação dada por Lei nº 27/2019, de 28-03)

Artigo 470º – Tribunal competente para a execução

1. A execução corre nos próprios autos perante o presidente do tribunal de 1ª instância em que o processo tiver corrido, sem prejuízo do disposto no artigo 138º do Código da Execução das Penas e Medidas Privativas da Liberdade.

2. Se a causa tiver sido julgada em 1ª instância pela relação ou pelo Supremo Tribunal de Justiça ou se a decisão tiver sido revista e confirmada, a execução corre na comarca do domicílio do condenado, salvo se este for magistrado judicial ou do Ministério Público aí em exercício, caso em que a execução corre no tribunal mais próximo.

(Redação dada pela Lei nº 115/2009, de 12-10)

Artigo 471º - Conhecimento superveniente do concurso

1. Para o efeito do disposto nos nºs 1 e 2 do artigo 78º do Código Penal é competente, conforme os casos, o tribunal colectivo ou o tribunal singular. É correspondentemente aplicável a alínea *b*) do nº 2 do artigo 14º

2. Sem prejuízo do disposto no número anterior, é territorialmente competente o tribunal da última condenação.

Artigo 472º - Tramitação

1. Para o efeito do disposto no nº 2 do artigo 78º do Código Penal, o tribunal designa dia para a realização da audiência ordenando, oficiosamente ou a requerimento, as diligências que se lhe afigurem necessárias para a decisão.

2. É obrigatória a presença do defensor e do Ministério Público, a quem são concedidos quinze minutos para alegações finais. O tribunal determina os casos em que o arguido deve estar presente.

Artigo 473º - Suspensão da execução

1. Logo que for proferido despacho de pronúncia ou que designe o dia para julgamento de magistrado, jurado, testemunha, perito ou funcionário de justiça por factos que possam ter determinado a condenação do arguido, o Procurador-Geral da República pode requerer ao Supremo Tribunal de Justiça que suspenda a execução da sentença até ser decidido o processo, juntando os documentos comprovativos.

2. O Supremo Tribunal de Justiça decide, em pleno das secções criminais, se a execução da sentença deve ser suspensa e, em caso afirmativo, se deve ser aplicada medida de coacção ou de garantia patrimonial legalmente admissível no caso.

3. É correspondentemente aplicável ao julgamento o disposto no artigo 455º

Artigo 474º - Competência para questões incidentais

1. Cabe ao tribunal competente para a execução decidir as questões relativas à execução das penas e das medidas de segurança e à extinção da responsabilidade, bem como à prorrogação, pagamento em prestações ou substituição por trabalho da pena de multa e ao cumprimento da prisão subsidiária.

2. A aplicação da amnistia e de outras medidas de clemência previstas na lei compete ao tribunal referido no número anterior ou ao tribunal de recurso ou de execução das penas onde o processo se encontrar.

Artigo 475º - Extinção da execução

O tribunal competente para a execução declara extinta a pena ou a medida de segurança, notificando o beneficiário com entrega de cópia e sendo caso disso remetendo cópias para os serviços prisionais, serviços de reinserção social e outras instituições que determinar.

Artigo 476º - Contumácia

(Revogado pela Lei nº 115/2009, de 12-10)

TÍTULO II - Da execução da pena de prisão

CAPÍTULO I - Da prisão

Artigo 477º - Comunicação da sentença a diversas entidades

1. O Ministério Público envia ao Tribunal de Execução das Penas e aos serviços prisionais e de reinserção social, no prazo de cinco dias após o trânsito em julgado, cópia da sentença que aplicar pena privativa da liberdade.

2. O Ministério Público indica as datas calculadas para o termo da pena e, nos casos de admissibilidade de liberdade condicional, para os efeitos previstos nos artigos 61º e 62º e no nº 1 do artigo 90º do Código Penal.

3. Tratando-se de pena relativamente indeterminada, o Ministério Público indica ainda a data calculada para o efeito previsto no nº 3 do artigo 90º do Código Penal.

4. O cômputo previsto nos nºs 2 e 3 é homologado pelo juiz e comunicado ao condenado e ao seu advogado.

5. Em caso de recurso da decisão que aplicar pena privativa da liberdade e de o arguido se encontrar privado da liberdade, o Ministério Público envia aos serviços prisionais cópia da decisão, com a indicação de que dela foi interposto recurso.

(Redação dada pela Lei nº 115/2009, de 12-10)

Artigo 478º - Entrada no estabelecimento prisional

Os condenados em pena de prisão dão entrada no estabelecimento prisional por mandado do juiz competente.

Artigo 479º - Contagem do tempo de prisão

1. Na contagem do tempo de prisão, os anos, meses e dias são computados segundo os critérios seguintes:

a) A prisão fixada em anos termina no dia correspondente, dentro do último ano, ao do início da contagem e, se não existir dia correspondente, no último dia do mês;

b) A prisão fixada em meses é contada considerando-se cada mês um período que termina no dia correspondente do mês seguinte ou, não o havendo, no último dia do mês;

c) A prisão fixada em dias é contada considerando-se cada dia um período de vinte e quatro horas, sem prejuízo do que no artigo 481º se dispõe quanto ao momento da libertação.

2. Quando a prisão não for cumprida continuamente, ao dia encontrado segundo os critérios do número anterior acresce o tempo correspondente às interrupções.

Artigo 480º – Mandado de libertação

(Revogado pela Lei nº 115/2009, de 12-10)

Artigo 481º – Momento da libertação

(Revogado pela Lei nº 115/2009, de 12-10)

Artigo 482º – Comunicações

(Revogado pela Lei nº 115/2009, de 12-10)

Artigo 483º – Anomalia psíquica posterior

(Revogado pela Lei nº 115/2009, de 12-10)

CAPÍTULO II – Da liberdade condicional

Artigo 484º – Início do processo da liberdade condicional

(Revogado pela Lei nº 115/2009, de 12-10)

Artigo 485º – Decisão

(Revogado pela Lei nº 115/2009, de 12-10)

Artigo 486º – Renovação da instância

(Revogado pela Lei nº 115/2009, de 12-10)

CAPÍTULO III – Da execução da prisão por dias livres e em regime de semidetenção ou de permanência na habitação

Artigo 487º – Conteúdo da decisão e início do cumprimento

(Revogado pela Lei nº 94/2017, de 23-08)

Artigo 488º – Execução, faltas e termo do cumprimento

(Revogado pela Lei nº 115/2009, de 12-10)

TÍTULO III - Da execução das penas não privativas de liberdade

CAPÍTULO I - Da execução da pena de multa

Artigo 489º - Prazo de pagamento

1. A multa é paga após o trânsito em julgado da decisão que a impôs e pelo quantitativo nesta fixado, não podendo ser acrescida de quaisquer adicionais.

2. O prazo de pagamento é de 15 dias a contar da notificação para o efeito.

3. O disposto no número anterior não se aplica no caso de o pagamento da multa ter sido diferido ou autorizado pelo sistema de prestações.

Artigo 490º - Substituição da multa por dias de trabalho

1. O requerimento para substituição da multa por dias de trabalho é apresentado no prazo previsto nos nºs 2 e 3 do artigo anterior, devendo o condenado indicar as habilitações profissionais e literárias, a situação profissional e familiar e o tempo disponível, bem como, se possível, mencionar alguma instituição em que pretenda prestar trabalho.

2. O tribunal pode solicitar informações complementares aos serviços de reinserção social, nomeadamente sobre o local e horário de trabalho e a remuneração.

3. A decisão de substituição indica o número de horas de trabalho e é comunicada ao condenado, aos serviços de reinserção social e à entidade a quem o trabalho deva ser prestado.

4. Em caso de não substituição da multa por dias de trabalho, o prazo de pagamento é de 15 dias a contar da notificação da decisão.

Artigo 491º - Não pagamento da multa

1. Findo o prazo de pagamento da multa ou de alguma das suas prestações sem que o pagamento esteja efectuado, procede-se à execução patrimonial.

2. Tendo o condenado bens penhoráveis suficientes de que o tribunal tenha conhecimento ou que ele indique no prazo de pagamento, o Ministério Público promove logo a execução, que segue as disposições previstas no Código de Processo Civil para a execução por indemnizações.

3. A decisão sobre a suspensão da execução da prisão subsidiária é precedida de parecer do Ministério Público, quando este não tenha sido o requerente.

(Redação dada por Lei nº 27/2019, de 28-03)

Artigo 491º-A - Pagamento da multa a outras entidades

1. Sempre que, no momento da detenção para cumprimento da prisão subsidiária, o condenado pretenda pagar a multa, mas não possa, sem grave inconveniente, efectuar o pagamento no tribunal, pode realizá-lo à entidade policial, contra entrega de recibo, aposto no triplicado do mandado.

2. Fora do caso previsto no número anterior ou quando o tribunal se encontre encerrado, o pagamento da multa pode ainda ser efectuado, contra recibo, junto do estabelecimento prisional onde se encontre o condenado.

3. Para o efeito previsto nos números anteriores, os mandados devem conter a indicação do montante da multa, bem como da importância a descontar por cada dia ou fracção em que o arguido esteve detido.

4. Nos 10 dias imediatos, a entidade policial ou o estabelecimento prisional remetem ou entregam a quantia recebida ao tribunal da condenação.

(Aditado pela Lei nº 115/2009, de 12-10)

CAPÍTULO II - Da execução da pena suspensa

Artigo 492º - Modificação dos deveres, regras de conduta e outras obrigações impostos

1. A modificação dos deveres, regras de conduta e outras obrigações impostos ao condenado na sentença que tiver decretado a suspensão da execução da prisão é decidida por despacho, depois de recolhida prova das circunstâncias relevantes supervenientes ou de que o tribunal só posteriormente tiver tido conhecimento.

2. O despacho é precedido de parecer do Ministério Público e de audição do condenado, e ainda dos serviços de reinserção social no caso de a suspensão ter sido acompanhada de regime de prova.

Artigo 493º - Apresentação periódica e sujeição a tratamento médico ou a cura

1. Sendo determinada apresentação periódica perante o tribunal, as apresentações são anotadas no processo.

2. Se for determinada apresentação perante outra entidade, o tribunal faz a esta a necessária comunicação, devendo a entidade em causa informar o tribunal sobre a regularidade das apresentações e, sendo caso disso, do não cumprimento por parte do condenado, com indicação dos motivos que forem do seu conhecimento.

3. A sujeição do condenado a tratamento médico ou a cura em instituição adequada durante o período da suspensão é executada mediante mandado emitido, para o efeito, pelo tribunal.

4. Os responsáveis pela instituição informam o tribunal da evolução e termo do tratamento ou cura, podendo sugerir medidas que considerem adequadas ao êxito do mesmo.

Artigo 494º - Plano de reinserção social

1. A decisão que suspender a execução da prisão com regime de prova deve conter o plano de reinserção social que o tribunal solicita aos serviços de reinserção social.

2. A decisão, uma vez transitada em julgado, é comunicada aos serviços de reinserção social.

3. Quando a decisão não contiver o plano de reinserção social ou este deva ser completado, os serviços de reinserção social procedem à sua elaboração ou reelaboração, ouvido o condenado, no prazo de 30 dias, e submetem-no à homologação do tribunal.

(Redação dada pela Lei nº 115/2009, de 12-10)

Artigo 495º - Falta de cumprimento das condições de suspensão

1. Quaisquer autoridades e serviços aos quais seja pedido apoio ao condenado no cumprimento dos deveres, regras de conduta ou outras obrigações impostos comunicam ao tribunal a falta de cumprimento, por aquele, desses deveres, regras de conduta ou obrigações, para efeitos do disposto no nº 3 do artigo 51º, no nº 3 do artigo 52º e nos artigos 55º e 56º do Código Penal.

2. O tribunal decide por despacho, depois de recolhida a prova, obtido parecer do Ministério Público e ouvido o condenado na presença do técnico que apoia e fiscaliza o cumprimento das condições da suspensão, bem como, sempre que necessário, ouvida a vítima, mesmo que não se tenha constituído assistente.

3. A condenação pela prática de qualquer crime cometido durante o período de suspensão é imediatamente comunicada ao tribunal competente para a execução, sendo-lhe remetida cópia da decisão condenatória.

4. Para os efeitos do disposto no nº 1, a decisão que decretar a imposição de deveres, regras de conduta ou outras obrigações é comunicada às autoridades e serviços aí referidos.

(Redação dada pela Lei nº 130/2015, de 04-09)

CAPÍTULO III - Da execução da prestação de trabalho a favor da comunidade e da admoestação

Artigo 496º - Prestação de trabalho a favor da comunidade

1. Se o tribunal decidir aplicar a prestação de trabalho a favor da comunidade solicita aos serviços de reinserção social a elaboração de um plano de execução.

2. Os serviços de reinserção social elaboram o plano de execução no prazo de 30 dias.

3. Transitada em julgado, a condenação é comunicada aos serviços de reinserção social e à entidade a quem o trabalho deva ser prestado, devendo aqueles proceder à colocação do condenado no posto de trabalho no prazo máximo de três meses.

Artigo 497º - Admoestação

1. A admoestação é proferida após trânsito em julgado da decisão que a aplicar.

2. A admoestação é proferida de imediato se o Ministério Público, o arguido e o assistente declararem para a acta que renunciam à interposição de recurso.

3. O tribunal executa a admoestação de forma que esta se não confunda com a alocução referida no nº 2 do artigo 375º

Artigo 498º - Suspensão provisória, revogação, extinção, substituição e modificação da execução

1. O tribunal pode solicitar informação aos serviços de reinserção social para o efeito do disposto no nº 1 do artigo 59º do Código Penal.

2. Finda a prestação de trabalho, ou sempre que no seu decurso se verificarem anomalias graves, os serviços de reinserção social enviam ao tribunal o relatório respectivo.

3. À suspensão provisória, revogação, extinção e substituição é correspondentemente aplicável o disposto nos nºs 2 e 3 do artigo 495º.

4. Sempre que se verifiquem circunstâncias ou anomalias que possam justificar alterações à modalidade concreta da prestação de trabalho, os serviços de reinserção social comunicam esses factos ao tribunal, fornecendo-lhe, desde logo, sempre que possível, os indicadores necessários à modificação da prestação de trabalho.

5. No caso previsto no número anterior, o tribunal pode dispensar a recolha de prova e a audição do condenado que tiver manifestado adesão à modificação indicada pelos serviços de reinserção social, decidindo imediatamente por despacho, depois de ouvido o Ministério Público.

CAPÍTULO IV - Da execução das penas acessórias

Artigo 499º - Decisão e trâmites

1. A decisão que decretar a proibição ou a suspensão de exercício de função pública é comunicada ao dirigente do serviço ou organismo de que depende o condenado.

2. A decisão que decretar a proibição ou a suspensão de exercício de profissão ou actividade que dependa de título público ou de autorização ou homologação de autoridade pública é comunicada, conforme os casos, ao organismo profissional em que o condenado esteja inscrito ou à entidade competente para a autorização ou homologação.

3. O tribunal pode decretar a apreensão, pelo tempo que durar a proibição, dos documentos que titulem a profissão ou actividade.

4. A incapacidade eleitoral é comunicada à comissão de recenseamento eleitoral em que o condenado se encontrar inscrito ou dever fazer a inscrição.

5. A incapacidade para exercer o poder paternal, a tutela, a curatela, a administração de bens ou para ser jurado é comunicada à conservatória do registo civil onde estiver lavrado o registo de nascimento do condenado.

6. Para além do disposto nos números anteriores, o tribunal ordena as providências necessárias para a execução da pena acessória.

Artigo 500º - Proibição de condução

1. A decisão que decretar a proibição de conduzir veículos motorizados é comunicada à Direcção-Geral de Viação.

2. No prazo de 10 dias a contar do trânsito em julgado da sentença, o condenado entrega na secretaria do tribunal, ou em qualquer posto policial, que a remete àquela, a licença de condução, se a mesma não se encontrar já apreendida no processo.

3. Se o condenado na proibição de conduzir veículos motorizados não proceder de acordo com o disposto no número anterior, o tribunal ordena a apreensão da licença de condução.

4. A licença de condução fica retida na secretaria do tribunal pelo período de tempo que durar a proibição. Decorrido esse período a licença é devolvida ao titular.

5. O disposto nos nºs 2 e 3 é aplicável à licença de condução emitida em país estrangeiro.

6. No caso previsto no número anterior, a secretaria do tribunal envia a licença à Direcção-Geral de Viação, a fim de nela ser anotada a proibição. Se não for viável a apreensão, a secretaria, por intermédio da Direcção-Geral de Viação, comunica a decisão ao organismo competente do país que tiver emitido a licença.

TÍTULO IV – Da execução das medidas de segurança

CAPÍTULO I – Execução das medidas de segurança privativas da liberdade

Artigo 501º – Decisões sobre o internamento

1. A decisão que decretar o internamento especifica o tipo de instituição em que este deve ser cumprido e determina, se for caso disso, a duração máxima e mínima do internamento.

2. O início e a cessação do internamento efectuam-se por mandado do tribunal.

Artigo 502º – Comunicação da sentença a diversas entidades

1. O Ministério Público envia ao Tribunal de Execução das Penas, aos serviços prisionais e de reinserção social e à instituição onde o internamento se efectuar, no prazo de cinco dias após o trânsito em julgado, cópia de sentença que aplicar medida de segurança privativa da liberdade.

2. O Ministério Público indica expressamente a data calculada para o efeito previsto nos nºs 2 e 3 do artigo 93º do Código Penal e comunicará futuramente eventuais alterações que se verificarem na execução da medida de segurança.

3. Em caso de recurso da decisão que aplicar medida de segurança de internamento e de o arguido se encontrar privado da liberdade, o Ministério Público envia aos serviços prisionais cópia da decisão, com a indicação de que dela foi interposto recurso.

Artigo 503º – Processo individual

(Revogado pela Lei nº 115/2009, de 12-10)

Artigo 504º – Reexame do internamento

1. Havendo lugar ao reexame previsto no artigo 96º do Código Penal, o tribunal ordena:

a) A realização de perícia psiquiátrica ou sobre a personalidade, devendo o respectivo relatório ser-lhe apresentado dentro de 30 dias;

b) Oficiosamente ou a requerimento do Ministério Público, do internado ou do defensor, as diligências que se afigurem com interesse para a decisão.

2. Se, na sequência da apreciação da perícia psiquiátrica, se concluir que há condições favoráveis, o magistrado pode solicitar relatório social contendo análise do enquadramento familiar, social e profissional do recluso.

3. O reexame tem lugar com audição do Ministério Público, do defensor e do condenado, só podendo a presença deste ser dispensada se o seu estado de saúde tornar a audição inútil ou inviável.

(Redação dada pela Lei nº 115/2009, de 12-10)

Artigo 505º - Revogação da liberdade para prova

(Revogado pela Lei nº 115/2009, de 12-10)

Artigo 506º - Disposições aplicáveis

É correspondentemente aplicável à medida de internamento o disposto no artigo 479º

(Redação dada pela Lei nº 115/2009, de 12-10)

CAPÍTULO II - Da execução da pena e da medida de segurança privativa da liberdade

(Revogado pela Lei nº 115/2009, de 12-10)

CAPÍTULO III - Da execução das medidas de segurança não privativas da liberdade

Artigo 508º - Medidas de segurança não privativas da liberdade

1. À interdição de actividade é correspondentemente aplicável o disposto nos nºs 2 e 3 do artigo 499º

2. A decisão que decretar a cassação da licença de condução e a interdição de concessão de licença é comunicada à Direcção-Geral de Viação, que a comunicará a quaisquer outras entidades legalmente habilitadas a emitir essa licença.

3. À decisão prevista no número anterior é correspondentemente aplicável o disposto nos nºs 2 e 3 do artigo 500º

4. É correspondentemente aplicável à licença de condução emitida em país estrangeiro o disposto nos nºs 2, 3, 5 e 6 do artigo 500º

5. A prorrogação do período de interdição e o reexame da situação que fundamentou a aplicação da medida são decididos pelo tribunal precedendo audição do Ministério Público, do defensor e das pessoas a elas sujeitas, salvo se, quanto a estas, o seu estado tornar a audição inútil ou inviável.

6. À aplicação de regras de conduta é correspondentemente aplicável o disposto no número anterior e no artigo 492º

TÍTULO V - Da execução da pena relativamente indeterminada

(Revogado pela Lei nº 115/2009, de 12-10)

TÍTULO VI - Da execução de bens e destino das multas

Artigo 510º - Lei aplicável

Em tudo o que não esteja especialmente previsto neste Código, a execução de bens rege-se pelo disposto no Código de Processo Civil e no Regulamento das Custas Processuais.

(Redação dada pelo Decreto-Lei nº 34/2008, de 26-02)

Artigo 511º - Ordem dos pagamentos

Com o produto dos bens executados efectuam-se os pagamentos pela ordem seguinte:

1º As multas penais e as coimas;

2º A taxa de justiça;

3º Os encargos liquidados a favor do Estado e do Instituto de Gestão Financeira e das Infra-Estruturas da Justiça, I.P.;

4º Os restantes encargos, proporcionalmente;

5º As indemnizações.

(Redação dada pelo Decreto-Lei nº 34/2008, de 26-02)

Artigo 512º - Destino das multas

Salvo disposição em contrário, as importâncias de multas e coimas cobradas em juízo têm o destino fixado no Regulamento das Custas Processuais.

(Redação dada pelo Decreto-Lei nº 34/2008, de 26-02)

LIVRO XI - DA RESPONSABILIDADE POR CUSTAS

Artigo 513º - Responsabilidade do arguido por custas

1. Só há lugar ao pagamento da taxa quando ocorra condenação em 1ª instância e decaimento total em qualquer recurso.

2. O arguido é condenado em uma só taxa de justiça, ainda que responda por vários crimes, desde que sejam julgados em um só processo.

3. A condenação em taxa de justiça é sempre individual e o respectivo quantitativo é fixado pelo juiz, a final, nos termos previstos no Regulamento das Custas Processuais.

4. A dispensa da pena não liberta o arguido da obrigação de pagar custas.

(Redação dada pelo Decreto-Lei nº 34/2008, de 26-02)

Artigo 514º – Responsabilidade do arguido por encargos

1. Salvo quando haja apoio judiciário, o arguido condenado é responsável pelo pagamento, a final, dos encargos a que a sua actividade houver dado lugar.

2. Se forem vários os arguidos condenados em taxa de justiça e não for possível individualizar a responsabilidade de cada um deles pelos encargos, esta é solidária quando os encargos resultarem de uma actividade comum e conjunta nos demais casos, salvo se outro critério for fixado na decisão.

3. Se o assistente for também condenado no pagamento de taxa de justiça, a responsabilidade pelos encargos que não puderem ser imputados à simples actividade de um ou de outro é repartida por ambos de igual modo.

(Redação dada pelo Decreto-Lei nº 34/2008, de 26-02)

Artigo 515º – Responsabilidade do assistente por custas

1. É devida taxa de justiça pelo assistente nos seguintes casos:

a) Se o arguido for absolvido ou não for pronunciado por todos ou por alguns crimes constantes da acusação que haja deduzido ou com que se haja conformado;

b) Se decair, total ou parcialmente, em recurso que houver interposto ou em que tenha feito oposição;

c) *(Revogada.)*

d) Se fizer terminar o processo por desistência ou abstenção injustificada de acusar;

e) *(Revogada.)*

f) Se for rejeitada, total ou parcialmente, acusação que houver deduzido.

2. Havendo vários assistentes, cada um paga a respectiva taxa de justiça.

3. *(Revogado.)*

(Redação dada pelo Decreto-Lei nº 34/2008, de 26-02)

Artigo 516º – Arquivamento ou suspensão do processo

Não é devida taxa de justiça quando o processo tiver sido arquivado ou suspenso nos termos dos artigos 280º e 281º

Artigo 517º – Casos de isenção do assistente

O assistente é isento do pagamento de taxa de justiça quando, por razões supervenientes à acusação que houver deduzido ou com que se tiver conformado e que lhe não sejam imputáveis, o arguido não for pronunciado ou for absolvido.

(Redação dada pelo Decreto-Lei nº 34/2008, de 26-02)

Artigo 518º – Responsabilidade do assistente por encargos

Quando o procedimento depender de acusação particular, o assistente condenado em taxa paga também os encargos a que a sua actividade tiver dado lugar.

Artigo 519º – Taxa devida pela constituição de assistente

1. A constituição de assistente dá lugar ao pagamento de taxa de justiça, nos termos fixados no Regulamento das Custas Processuais.

2. *(Revogado.)*

3. No caso de morte ou incapacidade do assistente, o pagamento da taxa já efectuado aproveita àqueles que se apresentarem em seu lugar, a fim de continuarem a assistência.

(Redação dada pelo Decreto-Lei nº 34/2008, de 26-02)

Artigo 520º - Responsabilidade do denunciante

Paga também custas o denunciante, quando se mostrar que denunciou de má fé ou com negligência grave.

(Redação dada pelo Decreto-Lei nº 34/2008, de 26-02)

Artigo 521º - Regras especiais

1. À pratica de quaisquer actos em processo penal é aplicável o disposto no Código de Processo Civil quando à condenação no pagamento de taxa sancionatória excepcional.

2. Quando se trate de actos praticados por pessoa que não for sujeito processual penal e estejam em causa condutas que entorpeçam o andamento do processo ou impliquem a disposição substancial de tempo e meios, pode o juiz condenar o visado ao pagamento de uma taxa fixada entre 1 UC e 3 UC.

(Redação dada pelo Decreto-Lei nº 34/2008, de 26-02)

Artigo 522º - Isenções

1. O Ministério Público está isento de custas.

2. *(Revogado.)*

(Redação dada pelo Decreto-Lei nº 34/2008, de 26-02)

Artigo 523º - Custas no pedido cível

À responsabilidade por custas relativas ao pedido de indemnização civil são aplicáveis as normas do processo civil.

Artigo 524º - Disposições subsidiárias

É subsidiariamente aplicável o disposto no Regulamento das Custas Processuais.

(Redação dada pelo Decreto-Lei nº 34/2008, de 26-02)

LEGISLAÇÃO COMPLEMENTAR

Constituição da República Portuguesa

PRINCÍPIOS FUNDAMENTAIS

Artigo 1º – República Portuguesa

Portugal é uma República soberana, baseada na dignidade da pessoa humana e na vontade popular e empenhada na construção de uma sociedade livre, justa e solidária.

Artigo 2º – Estado de direito democrático

A República Portuguesa é um Estado de direito democrático, baseado na soberania popular, no pluralismo de expressão e organização política democráticas, no respeito e na garantia de efectivação dos direitos e liberdades fundamentais e na separação e interdependência de poderes, visando a realização da democracia económica, social e cultural e o aprofundamento da democracia participativa.

Artigo 3º – Soberania e legalidade

1. A soberania, una e indivisível, reside no povo, que a exerce segundo as formas previstas na Constituição.

2. O Estado subordina-se à Constituição e funda-se na legalidade democrática.

3. A validade das leis e dos demais actos do Estado, das regiões autónomas, do poder local e de quaisquer outras entidades públicas depende da sua conformidade com a Constituição.

(...)

Artigo 7º – Relações internacionais

1. Portugal rege-se nas relações internacionais pelos princípios da independência nacional, do respeito dos direitos do homem, dos direitos dos povos, da igualdade entre os Estados, da solução pacífica dos conflitos internacionais, da não ingerência nos assuntos internos dos outros Estados e da cooperação com todos os outros povos para a emancipação e o progresso da humanidade.

2. Portugal preconiza a abolição do imperialismo, do colonialismo e de quaisquer outras formas de agressão, domínio e exploração nas relações entre os povos, bem como o desarmamento geral, simultâneo e controlado, a dissolução dos blocos político-militares e o estabelecimento de um sistema de segurança colectiva, com vista à criação de uma ordem internacional capaz de assegurar a paz e a justiça nas relações entre os povos.

3. Portugal reconhece o direito dos povos à autodeterminação e independência e ao desenvolvimento, bem como o direito à insurreição contra todas as formas de opressão.

4. Portugal mantém laços privilegiados de amizade e cooperação com os países de língua portuguesa.

5. Portugal empenha-se no reforço da identidade europeia e no fortalecimento da acção dos Estados europeus a favor da democracia, da paz, do progresso económico e da justiça nas relações entre os povos.

6. Portugal pode, em condições de reciprocidade, com respeito pelos princípios fundamentais do Estado de direito democrático e pelo princípio da subsidiariedade e tendo em vista a realização da coesão económica, social e territorial, de um espaço de liberdade, segurança e justiça e a definição e execução de uma política externa, de segurança e de defesa comuns, convencionar o exercício, em comum, em cooperação ou pelas instituições da União, dos poderes necessários à construção e aprofundamento da união europeia.

7. Portugal pode, tendo em vista a realização de uma justiça internacional que promova o respeito pelos direitos da pessoa humana e dos povos, aceitar a jurisdição do Tribunal Penal Internacional, nas condições de complementaridade e demais termos estabelecidos no Estatuto de Roma.

Artigo 8º – Direito internacional

1. As normas e os princípios de direito internacional geral ou comum fazem parte integrante do direito português.

2. As normas constantes de convenções internacionais regularmente ratificadas ou aprovadas vigoram na ordem interna após a sua publicação oficial e enquanto vincularem internacionalmente o Estado Português.

3. As normas emanadas dos órgãos competentes das organizações internacionais de que Portugal seja parte vigoram directamente na ordem interna, desde que tal se encontre estabelecido nos respectivos tratados constitutivos.

4. As disposições dos tratados que regem a União Europeia e as normas emanadas das suas instituições, no exercício das respectivas competências, são aplicáveis na ordem interna, nos termos definidos pelo direito da União, com respeito pelos princípios fundamentais do Estado de direito democrático.

Artigo 9º – Tarefas fundamentais do Estado

São tarefas fundamentais do Estado:

a) Garantir a independência nacional e criar as condições políticas, económicas, sociais e culturais que a promovam;

b) Garantir os direitos e liberdades fundamentais e o respeito pelos princípios do Estado de direito democrático;

c) Defender a democracia política, assegurar e incentivar a participação democrática dos cidadãos na resolução dos problemas nacionais;

d) Promover o bem-estar e a qualidade de vida do povo e a igualdade real entre os portugueses, bem como a efectivação dos direitos económicos, sociais, culturais e ambientais, mediante a transformação e modernização das estruturas económicas e sociais;

e) Proteger e valorizar o património cultural do povo português, defender a natureza e o ambiente, preservar os recursos naturais e assegurar um correcto ordenamento do território;

f) Assegurar o ensino e a valorização permanente, defender o uso e promover a difusão internacional da língua portuguesa;

g) Promover o desenvolvimento harmonioso de todo o território nacional, tendo em conta, designadamente, o carácter ultraperiférico dos arquipélagos dos Açores e da Madeira;

h) Promover a igualdade entre homens e mulheres.

(...)

PARTE I – Direitos e deveres fundamentais

TÍTULO I – Princípios gerais

Artigo 12º – Princípio da universalidade

1. Todos os cidadãos gozam dos direitos e estão sujeitos aos deveres consignados na Constituição.

2. As pessoas colectivas gozam dos direitos e estão sujeitas aos deveres compatíveis com a sua natureza.

Artigo 13º – Princípio da igualdade

1. Todos os cidadãos têm a mesma dignidade social e são iguais perante a lei.

2. Ninguém pode ser privilegiado, beneficiado, prejudicado, privado de qualquer direito ou isento de qualquer dever em razão de ascendência, sexo, raça, língua, território de origem, religião, convicções políticas ou ideológicas, instrução, situação económica, condição social ou orientação sexual.

(...)

Artigo 18º - Força jurídica

1. Os preceitos constitucionais respeitantes aos direitos, liberdades e garantias são directamente aplicáveis e vinculam as entidades públicas e privadas.

2. A lei só pode restringir os direitos, liberdades e garantias nos casos expressamente previstos na Constituição, devendo as restrições limitar-se ao necessário para salvaguardar outros direitos ou interesses constitucionalmente protegidos.

3. As leis restritivas de direitos, liberdades e garantias têm de revestir carácter geral e abstracto e não podem ter efeito retroactivo nem diminuir a extensão e o alcance do conteúdo essencial dos preceitos constitucionais.

Artigo 19º - Suspensão do exercício de direitos

1. Os órgãos de soberania não podem, conjunta ou separadamente, suspender o exercício dos direitos, liberdades e garantias, salvo em caso de estado de sítio ou de estado de emergência, declarados na forma prevista na Constituição.

2. O estado de sítio ou o estado de emergência só podem ser declarados, no todo ou em parte do território nacional, nos casos de agressão efectiva ou iminente por forças estrangeiras, de grave ameaça ou perturbação da ordem constitucional democrática ou de calamidade pública.

3. O estado de emergência é declarado quando os pressupostos referidos no número anterior se revistam de menor gravidade e apenas pode determinar a suspensão de alguns dos direitos, liberdades e garantias susceptíveis de serem suspensos.

4. A opção pelo estado de sítio ou pelo estado de emergência, bem como as respectivas declaração e execução, devem respeitar o princípio da proporcionalidade e limitar-se, nomeadamente quanto às suas extensão e duração e aos meios utilizados, ao estritamente necessário ao pronto restabelecimento da normalidade constitucional.

5. A declaração do estado de sítio ou do estado de emergência é adequadamente fundamentada e contém a especificação dos direitos, liberdades e garantias cujo exercício fica suspenso, não podendo o estado declarado ter duração superior a quinze dias, ou à duração fixada por lei quando em consequência de declaração de guerra, sem prejuízo de eventuais renovações, com salvaguarda dos mesmos limites.

6. A declaração do estado de sítio ou do estado de emergência em nenhum caso pode afectar os direitos à vida, à integridade pessoal, à identidade pessoal, à capacidade civil e à cidadania, a não retroactividade da lei criminal, o direito de defesa dos arguidos e a liberdade de consciência e de religião.

7. A declaração do estado de sítio ou do estado de emergência só pode alterar a normalidade constitucional nos termos previstos na Constituição e na lei, não podendo nomeadamente afectar a aplicação das regras constitucionais relativas à competência e ao funcionamento dos órgãos de soberania e de governo próprio das regiões autónomas ou os direitos e imunidades dos respectivos titulares.

8. A declaração do estado de sítio ou do estado de emergência confere às autoridades competência para tomarem as providências necessárias e adequadas ao pronto restabelecimento da normalidade constitucional.

Artigo 20º - Acesso ao direito e tutela jurisdicional efectiva

1. A todos é assegurado o acesso ao direito e aos tribunais para defesa dos seus direitos e interesses legalmente protegidos, não podendo a justiça ser denegada por insuficiência de meios económicos.

2. Todos têm direito, nos termos da lei, à informação e consulta jurídicas, ao patrocínio judiciário e a fazer-se acompanhar por advogado perante qualquer autoridade.

3. A lei define e assegura a adequada protecção do segredo de justiça.

4. Todos têm direito a que uma causa em que intervenham seja objecto de decisão em prazo razoável e mediante processo equitativo.

5. Para defesa dos direitos, liberdades e garantias pessoais, a lei assegura aos cidadãos procedimentos judiciais caracterizados pela celeridade e prioridade, de modo a obter tutela efectiva e em tempo útil contra ameaças ou violações desses direitos.

(...)

TÍTULO II - Direitos, liberdades e garantias

CAPÍTULO I - Direitos, liberdades e garantias pessoais

Artigo 24º - Direito à vida

1. A vida humana é inviolável.

2. Em caso algum haverá pena de morte.

Artigo 25º - Direito à integridade pessoal

1. A integridade moral e física das pessoas é inviolável.

2. Ninguém pode ser submetido a tortura, nem a tratos ou penas cruéis, degradantes ou desumanos.

Artigo 26º - Outros direitos pessoais

1. A todos são reconhecidos os direitos à identidade pessoal, ao desenvolvimento da personalidade, à capacidade civil, à cidadania, ao bom nome e reputação, à imagem, à palavra, à reserva da intimidade da vida privada e familiar e à protecção legal contra quaisquer formas de discriminação.

2. A lei estabelecerá garantias efectivas contra a obtenção e utilização abusivas, ou contrárias à dignidade humana, de informações relativas às pessoas e famílias.

3. A lei garantirá a dignidade pessoal e a identidade genética do ser humano, nomeadamente na criação, desenvolvimento e utilização das tecnologias e na experimentação científica.

4. A privação da cidadania e as restrições à capacidade civil só podem efectuar-se nos casos e termos previstos na lei, não podendo ter como fundamento motivos políticos.

Artigo 27º – Direito à liberdade e à segurança

1. Todos têm direito à liberdade e à segurança.

2. Ninguém pode ser total ou parcialmente privado da liberdade, a não ser em consequência de sentença judicial condenatória pela prática de acto punido por lei com pena de prisão ou de aplicação judicial de medida de segurança.

3. Exceptua-se deste princípio a privação da liberdade, pelo tempo e nas condições que a lei determinar, nos casos seguintes:

a) Detenção em flagrante delito;

b) Detenção ou prisão preventiva por fortes indícios de prática de crime doloso a que corresponda pena de prisão cujo limite máximo seja superior a três anos;

c) Prisão, detenção ou outra medida coactiva sujeita a controlo judicial, de pessoa que tenha penetrado ou permaneça irregularmente no território nacional ou contra a qual esteja em curso processo de extradição ou de expulsão;

d) Prisão disciplinar imposta a militares, com garantia de recurso para o tribunal competente;

e) Sujeição de um menor a medidas de protecção, assistência ou educação em estabelecimento adequado, decretadas pelo tribunal judicial competente;

f) Detenção por decisão judicial em virtude de desobediência a decisão tomada por um tribunal ou para assegurar a comparência perante autoridade judiciária competente;

g) Detenção de suspeitos, para efeitos de identificação, nos casos e pelo tempo estritamente necessários;

h) Internamento de portador de anomalia psíquica em estabelecimento terapêutico adequado, decretado ou confirmado por autoridade judicial competente.

4. Toda a pessoa privada da liberdade deve ser informada imediatamente e de forma compreensível das razões da sua prisão ou detenção e dos seus direitos.

5. A privação da liberdade contra o disposto na Constituição e na lei constitui o Estado no dever de indemnizar o lesado nos termos que a lei estabelecer.

Artigo 28º – Prisão preventiva

1. A detenção será submetida, no prazo máximo de quarenta e oito horas, a apreciação judicial, para restituição à liberdade ou imposição de medida de coacção adequada, devendo o juiz conhecer das causas que a determinaram e comunicá-las ao detido, interrogá-lo e dar-lhe oportunidade de defesa.

2. A prisão preventiva tem natureza excepcional, não sendo decretada nem mantida sempre que possa ser aplicada caução ou outra medida mais favorável prevista na lei.

3. A decisão judicial que ordene ou mantenha uma medida de privação da liberdade deve ser logo comunicada a parente ou pessoa da confiança do detido, por este indicados.

4. A prisão preventiva está sujeita aos prazos estabelecidos na lei.

Artigo 29º – Aplicação da lei criminal

1. Ninguém pode ser sentenciado criminalmente senão em virtude de lei anterior que declare punível a acção ou a omissão, nem sofrer medida de segurança cujos pressupostos não estejam fixados em lei anterior.

2. O disposto no número anterior não impede a punição, nos limites da lei interna, por acção ou omissão que no momento da sua prática seja considerada criminosa segundo os princípios gerais de direito internacional comummente reconhecidos.

3. Não podem ser aplicadas penas ou medidas de segurança que não estejam expressamente cominadas em lei anterior.

4. Ninguém pode sofrer pena ou medida de segurança mais graves do que as previstas no momento da correspondente conduta ou da verificação dos respectivos pressupostos, aplicando-se retroactivamente as leis penais de conteúdo mais favorável ao arguido.

5. Ninguém pode ser julgado mais do que uma vez pela prática do mesmo crime.

6. Os cidadãos injustamente condenados têm direito, nas condições que a lei prescrever, à revisão da sentença e à indemnização pelos danos sofridos.

Artigo 30º – Limites das penas e das medidas de segurança

1. Não pode haver penas nem medidas de segurança privativas ou restritivas da liberdade com carácter perpétuo ou de duração ilimitada ou indefinida.

2. Em caso de perigosidade baseada em grave anomalia psíquica, e na impossibilidade de terapêutica em meio aberto, poderão as medidas de segurança privativas ou restritivas da liberdade ser prorrogadas sucessivamente enquanto tal estado se mantiver, mas sempre mediante decisão judicial.

3. A responsabilidade penal é insusceptível de transmissão.

4. Nenhuma pena envolve como efeito necessário a perda de quaisquer direitos civis, profissionais ou políticos.

5. Os condenados a quem sejam aplicadas pena ou medida de segurança privativas da liberdade mantêm a titularidade dos direitos fundamentais, salvas as limitações inerentes ao sentido da condenação e às exigências próprias da respectiva execução.

Artigo 31º – *Habeas corpus*

1. Haverá *habeas corpus* contra o abuso de poder, por virtude de prisão ou detenção ilegal, a requerer perante o tribunal competente.

2. A providência de *habeas corpus* pode ser requerida pelo próprio ou por qualquer cidadão no gozo dos seus direitos políticos.

3. O juiz decidirá no prazo de oito dias o pedido de *habeas corpus* em audiência contraditória.

Artigo 32º – Garantias de processo criminal

1. O processo criminal assegura todas as garantias de defesa, incluindo o recurso.

2. Todo o arguido se presume inocente até ao trânsito em julgado da sentença de condenação, devendo ser julgado no mais curto prazo compatível com as garantias de defesa.

3. O arguido tem direito a escolher defensor e a ser por ele assistido em todos os actos do processo, especificando a lei os casos e as fases em que a assistência por advogado é obrigatória.

4. Toda a instrução é da competência de um juiz, o qual pode, nos termos da lei, delegar noutras entidades a prática dos actos instrutórios que se não prendam directamente com os direitos fundamentais.

5. O processo criminal tem estrutura acusatória, estando a audiência de julgamento e os actos instrutórios que a lei determinar subordinados ao princípio do contraditório.

6. A lei define os casos em que, assegurados os direitos de defesa, pode ser dispensada a presença do arguido ou acusado em actos processuais, incluindo a audiência de julgamento.

7. O ofendido tem o direito de intervir no processo, nos termos da lei.

8. São nulas todas as provas obtidas mediante tortura, coacção, ofensa da integridade física ou moral da pessoa, abusiva intromissão na vida privada, no domicílio, na correspondência ou nas telecomunicações.

9. Nenhuma causa pode ser subtraída ao tribunal cuja competência esteja fixada em lei anterior.

10. Nos processos de contra-ordenação, bem como em quaisquer processos sancionatórios, são assegurados ao arguido os direitos de audiência e defesa.

Artigo 33º – Expulsão, extradição e direito de asilo

1. Não é admitida a expulsão de cidadãos portugueses do território nacional.

2. A expulsão de quem tenha entrado ou permaneça regularmente no território nacional, de quem tenha obtido autorização de residência, ou de quem tenha apresentado pedido de asilo não recusado só pode ser determinada por autoridade judicial, assegurando a lei formas expeditas de decisão.

3. A extradição de cidadãos portugueses do território nacional só é admitida, em condições de reciprocidade estabelecidas em convenção internacional, nos casos de terrorismo e de criminalidade internacional organizada, e desde que a ordem jurídica do Estado requisitante consagre garantias de um processo justo e equitativo.

4. Só é admitida a extradição por crimes a que corresponda, segundo o direito do Estado requisitante, pena ou medida de segurança privativa ou restritiva da liberdade com carácter perpétuo ou de duração indefinida, se, nesse domínio, o Estado requisitante for parte de convenção internacional a que Portugal esteja vinculado e oferecer garantias de que tal pena ou medida de segurança não será aplicada ou executada.

5. O disposto nos números anteriores não prejudica a aplicação das normas de cooperação judiciária penal estabelecidas no âmbito da União Europeia.

6. Não é admitida a extradição, nem a entrega a qualquer título, por motivos políticos ou por crimes a que corresponda, segundo o direito do Estado requisitante, pena de morte ou outra de que resulte lesão irreversível da integridade física.

7. A extradição só pode ser determinada por autoridade judicial.

8. É garantido o direito de asilo aos estrangeiros e aos apátridas perseguidos ou gravemente ameaçados de perseguição, em consequência da sua actividade em favor da democracia, da libertação social e nacional, da paz entre os povos, da liberdade e dos direitos da pessoa humana.

9. A lei define o estatuto do refugiado político.

Artigo 34º – Inviolabilidade do domicílio e da correspondência

1. O domicílio e o sigilo da correspondência e dos outros meios de comunicação privada são invioláveis.

2. A entrada no domicílio dos cidadãos contra a sua vontade só pode ser ordenada pela autoridade judicial competente, nos casos e segundo as formas previstos na lei.

3. Ninguém pode entrar durante a noite no domicílio de qualquer pessoa sem o seu consentimento, salvo em situação de flagrante delito ou mediante autorização judicial em casos de criminalidade especialmente violenta ou altamente organizada, incluindo o terrorismo e o tráfico de pessoas, de armas e de estupefacientes, nos termos previstos na lei.

4. É proibida toda a ingerência das autoridades públicas na correspondência, nas telecomunicações e nos demais meios de comunicação, salvos os casos previstos na lei em matéria de processo criminal.

(...)

PARTE III – ORGANIZAÇÃO DO PODER POLÍTICO

(...)

TÍTULO III – Assembleia da República

(...)

CAPÍTULO II – Competência

Artigo 161º – Competência política e legislativa

Compete à Assembleia da República:

a) Aprovar alterações à Constituição, nos termos dos artigos 284º a 289º;

b) Aprovar os estatutos político-administrativos e as leis relativas à eleição dos deputados às Assembleias Legislativas das regiões autónomas;

c) Fazer leis sobre todas as matérias, salvo as reservadas pela Constituição ao Governo;

d) Conferir ao Governo autorizações legislativas;

e) Conferir às Assembleias Legislativas das regiões autónomas as autorizações previstas na alínea *b*) do nº 1 do artigo 227º da Constituição;

f) Conceder amnistias e perdões genéricos;

g) Aprovar as leis das grandes opções dos planos nacionais e o Orçamento do Estado, sob proposta do Governo;

h) Autorizar o Governo a contrair e a conceder empréstimos e a realizar outras operações de crédito que não sejam de dívida flutuante, definindo as respectivas condições gerais, e estabelecer o limite máximo dos avales a conceder em cada ano pelo Governo;

i) Aprovar os tratados, designadamente os tratados de participação de Portugal em organizações internacionais, os tratados de amizade, de paz, de defesa, de rectificação de fronteiras e os respeitantes a assuntos militares, bem como os acordos internacionais que versem matérias da sua competência reservada ou que o Governo entenda submeter à sua apreciação;

j) Propor ao Presidente da República a sujeição a referendo de questões de relevante interesse nacional;

l) Autorizar e confirmar a declaração do estado de sítio e do estado de emergência;

m) Autorizar o Presidente da República a declarar a guerra e a fazer paz;

n) Pronunciar-se, nos termos da lei, sobre as matérias pendentes de decisão em órgãos no âmbito da União Europeia que incidam na esfera da sua competência legislativa reservada;

o) Desempenhar as demais funções que lhe sejam atribuídas pela Constituição e pela lei.

(...)

Artigo 164º – Reserva absoluta de competência legislativa

É da exclusiva competência da Assembleia da República legislar sobre as seguintes matérias:

a) Eleições dos titulares dos órgãos de soberania;

b) Regimes dos referendos;

c) Organização, funcionamento e processo do Tribunal Constitucional;

d) Organização da defesa nacional, definição dos deveres dela decorrentes e bases gerais da organização, do funcionamento, do reequipamento e da disciplina das Forças Armadas;

e) Regimes do estado de sítio e do estado de emergência;

f) Aquisição, perda e reaquisição da cidadania portuguesa;

g) Definição dos limites das águas territoriais, da zona económica exclusiva e dos direitos de Portugal aos fundos marinhos contíguos;

h) Associações e partidos políticos;

i) Bases do sistema de ensino;

j) Eleições dos deputados às Assembleias Legislativas das regiões autónomas;

l) Eleições dos titulares dos órgãos do poder local ou outras realizadas por sufrágio directo e universal, bem como dos restantes órgãos constitucionais;

m) Estatuto dos titulares dos órgãos de soberania e do poder local, bem como dos restantes órgãos constitucionais ou eleitos por sufrágio directo e universal;

n) Criação, extinção e modificação de autarquias locais e respectivo regime, sem prejuízo dos poderes das regiões autónomas;

o) Restrições ao exercício de direitos por militares e agentes militarizados dos quadros permanentes em serviço efectivo, bem como por agentes dos serviços e forças de segurança;

p) Regime de designação dos membros de órgãos da União Europeia, com excepção da Comissão;

q) Regime do sistema de informações da República e do segredo de Estado;

r) Regime geral de elaboração e organização dos orçamentos do Estado, das regiões autónomas e das autarquias locais;

s) Regime dos símbolos nacionais;

t) Regime de finanças das regiões autónomas;

u) Regime das forças de segurança;

v) Regime da autonomia organizativa, administrativa e financeira dos serviços de apoio do Presidente da República.

Artigo 165º – Reserva relativa de competência legislativa

1. É da exclusiva competência da Assembleia da República legislar sobre as seguintes matérias, salvo autorização ao Governo:

a) Estado e capacidade das pessoas;

b) Direitos, liberdades e garantias;

c) Definição dos crimes, penas, medidas de segurança e respectivos pressupostos, bem como processo criminal;

d) Regime geral de punição das infracções disciplinares, bem como dos actos ilícitos de mera ordenação social e do respectivo processo;

e) Regime geral da requisição e da expropriação por utilidade pública;

f) Bases do sistema de segurança social e do serviço nacional de saúde;

g) Bases do sistema de protecção da natureza, do equilíbrio ecológico e do património cultural;

h) Regime geral do arrendamento rural e urbano;

i) Criação de impostos e sistema fiscal e regime geral das taxas e demais contribuições financeiras a favor das entidades públicas;

j) Definição dos sectores de propriedade dos meios de produção, incluindo a dos sectores básicos nos quais seja vedada a actividade às empresas privadas e a outras entidades da mesma natureza;

l) Meios e formas de intervenção, expropriação, nacionalização e privatização dos meios de produção e solos por motivo de interesse público, bem como critérios de fixação, naqueles casos, de indemnizações;

m) Regime dos planos de desenvolvimento económico e social e composição do Conselho Económico e Social;

n) Bases da política agrícola, incluindo a fixação dos limites máximos e mínimos das unidades de exploração agrícola;

o) Sistema monetário e padrão de pesos e medidas;

p) Organização e competência dos tribunais e do Ministério Público e estatuto dos respectivos magistrados, bem como das entidades não jurisdicionais de composição de conflitos;

q) Estatuto das autarquias locais, incluindo o regime das finanças locais;

r) Participação das organizações de moradores no exercício do poder local;

s) Associações públicas, garantias dos administrados e responsabilidade civil da Administração;

t) Bases do regime e âmbito da função pública;

u) Bases gerais do estatuto das empresas públicas e das fundações públicas;

v) Definição e regime dos bens do domínio público;

x) Regime dos meios de produção integrados no sector cooperativo e social de propriedade;

z) Bases do ordenamento do território e do urbanismo;

aa) Regime e forma de criação das polícias municipais.

2. As leis de autorização legislativa devem definir o objecto, o sentido, a extensão e a duração da autorização, a qual pode ser prorrogada.

3. As autorizações legislativas não podem ser utilizadas mais de uma vez, sem prejuízo da sua execução parcelada.

4. As autorizações caducam com a demissão do Governo a que tiverem sido concedidas, com o termo da legislatura ou com a dissolução da Assembleia da República.

5. As autorizações concedidas ao Governo na lei do Orçamento observam o disposto no presente artigo e, quando incidam sobre matéria fiscal, só caducam no termo do ano económico a que respeitam.

Artigo 166º – Forma dos actos

1. Revestem a forma de lei constitucional os actos previstos na alínea *a*) do artigo 161º

2. Revestem a forma de lei orgânica os actos previstos nas alíneas *a*) a *f*), *h*), *j*), primeira parte da alínea *l*), *q*) e *t*) do artigo 164º e no artigo 255º

3. Revestem a forma de lei os actos previstos nas alíneas *b*) a *h*) do artigo 161º

4. Revestem a forma de moção os actos previstos nas alíneas *d*) e *e*) do artigo 163º

5. Revestem a forma de resolução os demais actos da Assembleia da República, bem como os actos da Comissão Permanente previstos nas alíneas *e*) e *f*) do nº 3 do artigo 179º

6. As resoluções são publicadas independentemente de promulgação.

(...)

TÍTULO V – Tribunais

CAPÍTULO I – Princípios gerais

Artigo 202º – Função jurisdicional

1. Os tribunais são os órgãos de soberania com competência para administrar a justiça em nome do povo.

2. Na administração da justiça incumbe aos tribunais assegurar a defesa dos direitos e interesses legalmente protegidos dos cidadãos, reprimir a violação da legalidade democrática e dirimir os conflitos de interesses públicos e privados.

3. No exercício das suas funções os tribunais têm direito à coadjuvação das outras autoridades.

4. A lei poderá institucionalizar instrumentos e formas de composição não jurisdicional de conflitos.

Artigo 203º – Independência

Os tribunais são independentes e apenas estão sujeitos à lei.

Artigo 204º – Apreciação da inconstitucionalidade

Nos feitos submetidos a julgamento não podem os tribunais aplicar normas que infrinjam o disposto na Constituição ou os princípios nela consignados.

Artigo 205º – Decisões dos tribunais

1. As decisões dos tribunais que não sejam de mero expediente são fundamentadas na forma prevista na lei.

2. As decisões dos tribunais são obrigatórias para todas as entidades públicas e privadas e prevalecem sobre as de quaisquer outras autoridades.

3. A lei regula os termos da execução das decisões dos tribunais relativamente a qualquer autoridade e determina as sanções a aplicar aos responsáveis pela sua inexecução.

Artigo 206º – Audiências dos tribunais

As audiências dos tribunais são públicas, salvo quando o próprio tribunal decidir o contrário, em despacho fundamentado, para salvaguarda da dignidade das pessoas e da moral pública ou para garantir o seu normal funcionamento.

Artigo 207º – Júri, participação popular e assessoria técnica

1. O júri, nos casos e com a composição que a lei fixar, intervém no julgamento dos crimes graves, salvo os de terrorismo e os de criminalidade altamente organizada, designadamente quando a acusação ou a defesa o requeiram.

2. A lei poderá estabelecer a intervenção de juízes sociais no julgamento de questões de trabalho, de infracções contra a saúde pública, de pequenos delitos, de execução de penas ou outras em que se justifique uma especial ponderação dos valores sociais ofendidos.

3. A lei poderá estabelecer ainda a participação de assessores tecnicamente qualificados para o julgamento de determinadas matérias.

Artigo 208º – Patrocínio forense

A lei assegura aos advogados as imunidades necessárias ao exercício do mandato e regula o patrocínio forense como elemento essencial à administração da justiça.

CAPÍTULO II – Organização dos tribunais

Artigo 209º – Categorias de tribunais

1. Além do Tribunal Constitucional, existem as seguintes categorias de tribunais:

a) O Supremo Tribunal de Justiça e os tribunais judiciais de primeira e de segunda instância;

b) O Supremo Tribunal Administrativo e os demais tribunais administrativos e fiscais;

c) O Tribunal de Contas.

2. Podem existir tribunais marítimos, tribunais arbitrais e julgados de paz.

3. A lei determina os casos e as formas em que os tribunais previstos nos números anteriores se podem constituir, separada ou conjuntamente, em tribunais de conflitos.

4. Sem prejuízo do disposto quanto aos tribunais militares, é proibida a existência de tribunais com competência exclusiva para o julgamento de certas categorias de crimes.

Artigo 210º – Supremo Tribunal de Justiça e instâncias

1. O Supremo Tribunal de Justiça é o órgão superior da hierarquia dos tribunais judiciais, sem prejuízo da competência própria do Tribunal Constitucional.

2. O Presidente do Supremo Tribunal de Justiça é eleito pelos respectivos juízes.

3. Os tribunais de primeira instância são, em regra, os tribunais de comarca, aos quais se equiparam os referidos no nº 2 do artigo seguinte.

4. Os tribunais de segunda instância são, em regra, os tribunais da Relação.

5. O Supremo Tribunal de Justiça funcionará como tribunal de instância nos casos que a lei determinar.

Artigo 211º – Competência e especialização dos tribunais judiciais

1. Os tribunais judiciais são os tribunais comuns em matéria cível e criminal e exercem jurisdição em todas as áreas não atribuídas a outras ordens judiciais.

2. Na primeira instância pode haver tribunais com competência específica e tribunais especializados para o julgamento de matérias determinadas.

3. Da composição dos tribunais de qualquer instância que julguem crimes de natureza estritamente militar fazem parte um ou mais juízes militares, nos termos da lei.

4. Os tribunais da Relação e o Supremo Tribunal de Justiça podem funcionar em secções especializadas.

Artigo 212º – Tribunais administrativos e fiscais

1. O Supremo Tribunal Administrativo é o órgão superior da hierarquia dos tribunais administrativos e fiscais, sem prejuízo da competência própria do Tribunal Constitucional.

2. O Presidente do Supremo Tribunal Administrativo é eleito de entre e pelos respectivos juízes.

3. Compete aos tribunais administrativos e fiscais o julgamento das acções e recursos contenciosos que tenham por objecto dirimir os litígios emergentes das relações jurídicas administrativas e fiscais.

Artigo 213º – Tribunais militares

Durante a vigência do estado de guerra serão constituídos tribunais militares com competência para o julgamento de crimes de natureza estritamente militar.

Artigo 214º – Tribunal de Contas

1. O Tribunal de Contas é o órgão supremo de fiscalização da legalidade das despesas públicas e de julgamento das contas que a lei mandar submeter-lhe, competindo-lhe, nomeadamente:

a) Dar parecer sobre a Conta Geral do Estado, incluindo a da segurança social;
b) Dar parecer sobre as contas das Regiões Autónomas dos Açores e da Madeira;
c) Efectivar a responsabilidade por infracções financeiras, nos termos da lei;
d) Exercer as demais competências que lhe forem atribuídas por lei.

2. O mandato do Presidente do Tribunal de Contas tem a duração de quatro anos, sem prejuízo do disposto na alínea *m*) do artigo 133º

3. O Tribunal de Contas pode funcionar descentralizadamente, por secções regionais, nos termos da lei.

4. Nas Regiões Autónomas dos Açores e da Madeira há secções do Tribunal de Contas com competência plena em razão da matéria na respectiva região, nos termos da lei.

CAPÍTULO III – Estatuto dos juízes

Artigo 215º – Magistratura dos tribunais judiciais

1. Os juízes dos tribunais judiciais formam um corpo único e regem-se por um só estatuto.

2. A lei determina os requisitos e as regras de recrutamento dos juízes dos tribunais judiciais de primeira instância.

3. O recrutamento dos juízes dos tribunais judiciais de segunda instância faz-se com prevalência do critério do mérito, por concurso curricular entre juízes da primeira instância.

4. O acesso ao Supremo Tribunal de Justiça faz-se por concurso curricular aberto aos magistrados judiciais e do Ministério Público e a outros juristas de mérito, nos termos que a lei determinar.

Artigo 216º – Garantias e incompatibilidades

1. Os juízes são inamovíveis, não podendo ser transferidos, suspensos, aposentados ou demitidos senão nos casos previstos na lei.

2. Os juízes não podem ser responsabilizados pelas suas decisões, salvas as excepções consignadas na lei.

3. Os juízes em exercício não podem desempenhar qualquer outra função pública ou privada, salvo as funções docentes ou de investigação científica de natureza jurídica, não remuneradas, nos termos da lei.

4. Os juízes em exercício não podem ser nomeados para comissões de serviço estranhas à actividade dos tribunais sem autorização do conselho superior competente.

5. A lei pode estabelecer outras incompatibilidades com o exercício da função de juiz.

Artigo 217º - Nomeação, colocação, transferência e promoção de juízes

1. A nomeação, a colocação, a transferência e a promoção dos juízes dos tribunais judiciais e o exercício da acção disciplinar competem ao Conselho Superior da Magistratura, nos termos da lei.

2. A nomeação, a colocação, a transferência e a promoção dos juízes dos tribunais administrativos e fiscais, bem como o exercício da acção disciplinar, competem ao respectivo conselho superior, nos termos da lei.

3. A lei define as regras e determina a competência para a colocação, transferência e promoção, bem como para o exercício da acção disciplinar em relação aos juízes dos restantes tribunais, com salvaguarda das garantias previstas na Constituição.

Artigo 218º - Conselho Superior da Magistratura

1. O Conselho Superior da Magistratura é presidido pelo Presidente do Supremo Tribunal de Justiça e composto pelos seguintes vogais:

a) Dois designados pelo Presidente da República;

b) Sete eleitos pela Assembleia da República;

c) Sete juízes eleitos pelos seus pares, de harmonia com o princípio da representação proporcional.

2. As regras sobre garantias dos juízes são aplicáveis a todos os vogais do Conselho Superior da Magistratura.

3. A lei poderá prever que do Conselho Superior da Magistratura façam parte funcionários de justiça, eleitos pelos seus pares, com intervenção restrita à discussão e votação das matérias relativas à apreciação do mérito profissional e ao exercício da função disciplinar sobre os funcionários de justiça.

CAPÍTULO IV - Ministério Público

Artigo 219º - Funções e estatuto

1. Ao Ministério Público compete representar o Estado e defender os interesses que a lei determinar, bem como, com observância do disposto no número seguinte e nos termos da lei, participar na execução da política criminal definida pelos órgãos de soberania, exercer a acção penal orientada pelo princípio da legalidade e defender a legalidade democrática.

2. O Ministério Público goza de estatuto próprio e de autonomia, nos termos da lei.

3. A lei estabelece formas especiais de assessoria junto do Ministério Público nos casos dos crimes estritamente militares.

4. Os agentes do Ministério Público são magistrados responsáveis, hierarquicamente subordinados, e não podem ser transferidos, suspensos, aposentados ou demitidos senão nos casos previstos na lei.

5. A nomeação, colocação, transferência e promoção dos agentes do Ministério Público e o exercício da acção disciplinar competem à Procuradoria-Geral da República.

Artigo 220º - Procuradoria-Geral da República

1. A Procuradoria-Geral da República é o órgão superior do Ministério Público, com a composição e a competência definidas na lei.

2. A Procuradoria-Geral da República é presidida pelo Procurador-Geral da República e compreende o Conselho Superior do Ministério Público, que inclui membros eleitos pela Assembleia da República e membros de entre si eleitos pelos magistrados do Ministério Público.

3. O mandato do Procurador-Geral da República tem a duração de seis anos, sem prejuízo do disposto na alínea *m*) do artigo 133º

(...)

TÍTULO IX - Administração Pública

(...)

Artigo 272º - Polícia

1. A polícia tem por funções defender a legalidade democrática e garantir a segurança interna e os direitos dos cidadãos.

2. As medidas de polícia são as previstas na lei, não devendo ser utilizadas para além do estritamente necessário.

3. A prevenção dos crimes, incluindo a dos crimes contra a segurança do Estado, só pode fazer-se com observância das regras gerais sobre polícia e com respeito pelos direitos, liberdades e garantias dos cidadãos.

4. A lei fixa o regime das forças de segurança, sendo a organização de cada uma delas única para todo o território nacional.

(...)

Regime de Júri em Processo Penal

Decreto-Lei nº 387-A/87, de 29 de dezembro

Visa o presente diploma regular o processo de selecção dos jurados, pondo termo às dificuldades decorrentes do sistema vigente; estas estão na origem da sucessiva prorrogação da validade das pautas de jurados elaboradas pelas câmaras municipais com base no Decreto-Lei nº 679/75, de 9 de Dezembro.

Várias eram, em teoria, as soluções disponíveis para tal efeito: ou a electividade dos jurados, o que se rejeitou pela inelutável politização que introduziria no funcionamento da justiça, ou a sua designação através de uma comissão de homens de confiança, como acontece na República Federal da Alemanha, o que não foi aceite pelo burocratismo e subjectivismo que naturalmente implicaria, ou o puro sorteio com base no recenseamento eleitoral, como sucede em França desde 1977 e está vigente no nosso país, solução já demonstradamente inoperacional, por arrastar um dispêndio funcional virtualmente inútil, dado que em inúmeras comarcas o júri nunca ou raramente é requerido.

Assenta o mecanismo encontrado numa relativa originalidade em termos comparados: o da selecção no próprio processo, através de um sistema de duplo sorteio, presidido pelo juiz presidente do tribunal do júri.

Trata-se, portanto, de um sistema de sorteio adstrito a uma intervenção do júri já asseguradamente efectiva – dado o carácter irretractável do requerimento respectivo – e não, como até hoje, de uma escolha de jurados disponíveis para julgamentos eventualmente realizáveis, mas que, na prática, nunca chegarão a ocorrer, com a consequente depreciação da lista apurada.

Houve, além disso, a preocupação de revestir o processo de selecção dos jurados da indispensável imparcialidade e isenção, pelo que se confiou ao contraditório a susceptibilidade de fazer emergir as causas de incapacidade dos eventuais jurados: a escolha dos membros do júri efectiva-se em audiência pública, onde são largamente concedidos aos intervenientes processuais os meios de arguição das razões que impediriam, a serem aceites, a designação dos membros leigos do tribunal.

Consideração expressa revestiu igualmente a eventualidade, que se quis cercear, de o funcionamento do júri implicar, como seu efeito perverso, adiamentos das audiências, nomeadamente por via da falta de qualquer jurado, ou, mais grave ainda, o retorno da audiência ao seu ponto de início em ordem a cumprirem-se – como se têm de cumprir – os princípios da íntima convicção, oralidade e imediação.

Para obviar a tanto, previu-se, por um lado, o mecanismo da necessária assistência pelos jurados suplentes às audiências de julgamento, em ordem a ser-lhes possível substituir os efectivos faltosos, sem quebra da continuidade do julgamento. E estabeleceu-se em alguns pontos nevrálgicos da tramitação processual que a falta de qualquer dos intervenientes no processo de selecção dos jurados não será causa de adiamento do acto.

Cuidou-se finalmente de enunciar o estatuto do jurado, configurando direitos e deveres funcionais, por ser certo que a simples remissão para o disposto nas disposições reguladoras do estatuto da magistratura judicial não bastaria para oferecer o quadro normativo adequado.

Assim:

No uso da autorização concedida pela Lei nº 39/87, o Governo decreta, nos termos da alínea *b)* do nº 1 do artigo 201º da Constituição, o seguinte:

CAPÍTULO I – Da Constituição do Tribunal

Artigo 1º – Composição do tribunal do júri

1. O tribunal do júri é composto pelos três juízes que constituem o tribunal colectivo e por quatro jurados efectivos e quatro suplentes.

2. O tribunal é presidido pelo presidente do tribunal colectivo.

3. Os jurados suplentes intervêm quando, durante o julgamento ou antes do seu início, algum dos efectivos se impossibilitar, nos termos do nº 2 do artigo 16º

4. Para os efeitos previstos no número anterior, os jurados suplentes devem assistir às audiências de julgamento para as quais tiverem sido seleccionados, só sendo permitida a sua intervenção em regime de substituição caso tenham comparecido a todas as sessões de julgamento antecedentes àquela em que a respectiva intervenção se tiver de efectuar.

Artigo 2º – Competência do tribunal do júri

1. Compete ao tribunal do júri julgar os processos que, tendo a intervenção do júri sido requerida pelo Ministério Público, pelo assistente ou pelo arguido, respeitarem a crimes previstos no título II e no capítulo I do título V do livro II do Código Penal.

2. Compete ainda ao tribunal do júri julgar os processos que, não devendo ser julgados pelo tribunal singular, e tendo a intervenção do júri sido requerida pelo Ministério Público, pelo assistente ou pelo arguido, respeitarem a crimes cuja pena máxima, abstractamente aplicável, for superior a oito anos de prisão.

3. O júri intervém na decisão das questões da culpabilidade e da determinação da sanção.

CAPÍTULO II – Da capacidade para ser jurado

Artigo 3º – Capacidade genérica para ser jurado

1. Podem ser jurados os cidadãos portugueses inscritos no recenseamento eleitoral que satisfaçam as seguintes condições:

a) Idade inferior a 65 anos;

b) Escolaridade obrigatória;

c) Ausência de doença ou anomalia física ou psíquica que torne impossível o bom desempenho do cargo;

d) Pleno gozo dos direitos civis e políticos;

e) Não estarem presos ou detidos, nem em estado de contumácia, nem haverem sofrido, nos termos do nº 2 do artigo 69º do Código Penal, condenação definitiva em pena de prisão efectiva.

2. As condições previstas no número anterior devem verificar-se à data do início das funções. Ocorrendo posteriormente, a sua falta só é causa de incapacidade tratando-se das condições previstas nas alíneas *c*), *d*) e *e*).

Artigo 4º – Incompatibilidades

Não pode ser jurado quem, à data do início da função respectiva no processo penal, seja:

a) Presidente da República;

b) Membro do Conselho de Estado;

c) Deputado à Assembleia da República, às assembleias regionais e à Assembleia Legislativa de Macau;

d) Membro do Governo, do governo regional ou dos órgãos próprios do governo do território de Macau;

e) Ministro da República para as regiões autónomas;

f) Chefe ou vice-chefe do Estado-Maior-General das Forças Armadas e chefe ou vice-chefe do Estado-Maior dos três ramos das Forças Armadas;

g) Juiz, juiz social, magistrado do Ministério Público ou auditor de justiça;

h) Membro dos Conselhos Superiores da Magistratura, do Ministério Público e dos tribunais administrativos e fiscais;

i) Advogado, advogado estagiário ou solicitador;

j) Funcionário de justiça;

l) Autoridade, órgão ou agente de polícia criminal, civil ou militar;

m) Funcionário ou agente dos serviços prisionais ou de reinserção social;

n) Funcionário ou agente, civil ou militar, dos serviços de informações, da Alta Autoridade contra a Corrupção ou de qualquer organismo público com funções de inspecção;

o) Governador civil;

p) Presidente da câmara municipal;

q) Membro do corpo docente das faculdades de Direito.

Artigo 5º – Impedimentos

1. Nenhuma pessoa pode exercer a função de jurado:

a) Quando for, ou tiver sido, cônjuge ou representante legal do arguido, do ofendido, ou de pessoa com a faculdade de se constituir assistente ou parte civil;

b) Quando ela ou o seu cônjuge forem ascendente, descendente, parente até ao 3º grau, tutor ou curador, adoptante ou adoptado do arguido, do ofendido, da pessoa com a faculdade de se constituir assistente ou parte civil, ou for afim destes até àquele grau;

c) Quando tiver intervindo no processo como juiz, representante do Ministério Público, órgão de polícia criminal, defensor ou perito, ou

d) Quando, no processo, tiver sido ouvido ou dever sê-lo como testemunha.

2. Não podem exercer funções no mesmo processo jurados que sejam entre si cônjuges, parentes ou afins até ao 3º grau ou que se encontrem ligados por vínculo hierárquico de natureza profissional.

Artigo 6º – Escusa e recusa

1. Podem pedir escusa de intervenção como jurados as pessoas que:

a) Se encontrem à data do início da sua função de jurado na situação de militar no activo;

b) Se encontrem numa situação que ponha objectivamente em risco a respectiva imparcialidade;

c) Tenham desempenhado nos últimos dois anos, por mais de uma vez, funções de jurados efectivos ou suplentes;

d) Tenham encargos gravosos e inadiáveis de assistência familiar que seriam seriamente postos em perigo com a intervenção como jurados;

e) Tenham sofrido há menos de um mês a morte de cônjuge, ascendente, descendente, irmão ou afim nos mesmos graus;

f) Sejam ministros de qualquer religião ou membros de ordem religiosa.

2. O Ministério Público, o assistente e o arguido podem requerer a exclusão da intervenção como jurado de pessoa relativamente à qual se verifique a situação referida na alínea *b*) do número anterior.

Artigo 7º – Arguição das incapacidades, incompatibilidades, impedimentos, escusas e recusas e seu regime

1. As causas de incapacidade, incompatibilidade, impedimento, escusa ou recusa que não sejam arguidas e conhecidas até ao despacho de designação de jurados, nos termos do nº 4 do artigo 10º e dos nºs 2 e 3 do artigo 12º, estão sujeitas ao regime previsto nos números seguintes.

2. As causas referidas no número anterior podem ser arguidas, até ao encerramento da discussão em 1ª instância, no prazo de cinco dias contados do conhecimento, pelo Ministério Público, pelo advogado do assistente, pelo defensor do arguido ou pelo jurado a que respeitem, os quais oferecem, juntamente com a arguição, todos os meios de prova, não podendo o número de testemunhas a notificar ser superior a três.

3. As causas de incapacidade e incompatibilidade, bem como os impedimentos, podem ser conhecidas oficiosamente pelo tribunal.

4. Suscitada a questão, em requerimento escrito ou deduzido oralmente na audiência de julgamento, e produzida a prova, o presidente profere decisão no prazo de cinco dias.

5. A produção de prova a que se refere o número anterior efectua-se em audiência de julgamento, cujos actos e termos são reduzidos ao mínimo indispensável para a boa decisão, e que não pode ser adiada por falta de comparência de pessoas que nela devam estar presentes.

6. A decisão sobre causa de incapacidade, incompatibilidade e impedimento, escusa ou recusa é insusceptível de impugnação, salvo o disposto no número seguinte.

7. No caso de ser negada procedência a impedimento ou a recusa ou a escusa fundada na alínea *b*) do nº 1 do artigo 6º do presente diploma, cabe recurso, a subir imediatamente, em separado e com efeito meramente devolutivo.

CAPÍTULO III – Da selecção dos jurados

Artigo 8º – Processo de selecção

1. A selecção dos jurados efectua-se através de duplo sorteio, o qual se processa a partir dos cadernos de recenseamento eleitoral e compreende as seguintes fases:

a) Sorteio de pré-selecção dos jurados;

b) Inquérito para determinação dos requisitos de capacidade;

c) Sorteio de selecção dos jurados;

d) Audiência de apuramento;

e) Despacho de designação.

2. O processo de selecção é autuado por apenso aos autos a que respeitar.

3. A lista de jurados vale unicamente para o processo para o qual tiver sido obtida.

Artigo 9º – Sorteio de pré-selecção dos jurados

1. Deferido o requerimento de intervenção do júri, o presidente procede ao sorteio dos jurados que poderão vir a constar da pauta de julgamento, apurando para tal efeito 100 cidadãos.

2. O sorteio a que se refere o número anterior obedece aos seguintes termos:

a) Efectua-se em audiência pública, na qual estão presentes o Ministério Público, o advogado do assistente e o defensor do arguido, os quais são para o efeito notificados, sem que a sua falta seja motivo de adiamento;

b) São utilizados os cadernos de recenseamento eleitoral correspondentes às freguesias integradas no âmbito da circunscrição judicial, os quais são numerados, incluindo os supletivos, respeitando-se a ordem alfabética das freguesias;

c) O sorteio visa obter 100 séries de números, com tantos dígitos quantos os que compuserem o mais alto número utilizado na numeração dos inscritos nesses cadernos, as quais são obtidas mediante a extracção de dez bolas ou cartões introduzidos numa urna, numerados de zero a nove.

3. A fim de proceder ao sorteio previsto no número anterior, o presidente, no despacho em que deferir o requerimento de intervenção do júri, requisita ao presidente da câmara municipal cópia dos cadernos eleitorais, os quais lhe serão facultados no prazo de cinco dias, sob pena de desobediência.

4. Das operações de sorteio lavra-se acta, na qual se consignam as presenças e a lista obtida.

Artigo 10º – Inquérito para determinação dos requisitos de capacidade

1. Apurado, em resultado de sorteio a que se refere o número anterior, o número de 100 pessoas, o juiz manda-as notificar para, no prazo de cinco dias, responderem a inquérito, constante de modelo aprovado por portaria do Ministro da Justiça, destinado a saber se as mesmas preenchem os requisitos de capacidade indispensáveis para o desempenho da função, previstos no capítulo II do presente diploma.

2. As falsas declarações prestadas na resposta ao inquérito a que alude o número anterior são punidas com prisão até dois anos ou multa até 200 dias.

3. Na pena referida no número anterior incorre quem, sem justa causa, se recusar a responder ao inquérito.

4. Terminado o prazo para a recepção das respostas, o presidente, mediante despacho irrecorrível, elimina aqueles dos respondentes que não reúnam os requisitos de capacidade previstos nos artigos 3º e 4º.

Artigo 11º – Sorteio de selecção de jurados

1. Seguidamente, o presidente procede a um sorteio destinado a apurar os jurados.

2. O sorteio efectua-se com obediência ao disposto na alínea *a*) do nº 2 do artigo 9º, tomando como base o número de respostas não rejeitadas, que para o efeito são encerradas em sobrescritos iguais, dos quais se tiram dezoito.

3. Aplica-se a este sorteio o disposto no nº 4 do artigo 9º

Artigo 12º – Audiência de apuramento

1. O presidente ordena seguidamente a notificação das pessoas seleccionadas, bem como do Ministério Público, do advogado do assistente e do defensor do arguido para, no prazo de cinco dias, comparecerem, as primeiras obrigatoriamente, com a cominação da segunda parte do nº 2 do artigo 15º, numa audiência pública de apuramento, a todos comunicando o elenco dos seleccionados, bem como a respectiva profissão e morada.

2. Nessa audiência o presidente inquire individualmente os seleccionados quanto à existência de impedimentos e causas de escusa que pretendam invocar, esclarecendo-os quanto ao regime legal aplicável, sendo seguidamente a palavra concedida às entidades referidas no número anterior para que suscitem perguntas adicionais e procedam à eventual arguição de fundamentos de recusa.

3. O Ministério Público e o defensor do arguido podem recusar, cada qual, dois jurados sem explicitação de motivação. Se houver assistente, este pode recusar um jurado e o Ministério Público outro. Havendo pluralidade de assistentes representados por mais de um advogado e se divergirem na escolha, procede-se a sorteio para determinar a quem cabe a faculdade de recusa. O mesmo regime vale para a eventualidade de vários arguidos assistidos por mais de um defensor.

4. Das razões de impedimento, escusas ou recusas oferecem-se logo os meios de prova, não podendo o número de testemunhas ser superior a três.

5. Na acta da audiência consignam-se a lista de presenças, a identificação dos excluídos e o elenco final dos apurados.

Artigo 13º - Despacho de designação

1. O presidente profere seguidamente na própria audiência, e ditando-o para a acta, despacho em que considera ou não procedentes os motivos de impedimento, escusa ou recusa invocados e designa os jurados efectivos e suplentes, os quais são imediatamente notificados do dia e hora da realização da audiência, recebendo, simultaneamente ou logo que possível, cópia dos documentos referidos no nº 2 do artigo 314º do Código de Processo Penal.

2. Seguidamente, os jurados efectivos e suplentes prestam perante o presidente o seguinte compromisso: «Comprometo-me por minha honra a desempenhar fielmente as funções que me são confiadas.»

3. Se o despacho referido no nº 1 deste artigo considerar impossibilitada pessoa que haja sido seleccionada como jurado, o lugar respectivo é preenchido pelo primeiro do elenco dos restantes cidadãos seleccionados e assim sucessivamente até haver sido designado o número legal de efectivos e suplentes.

4. Aos jurados suplentes é atribuído um número de ordem, o qual determina a precedência na substituição dos efectivos que vierem ulteriormente a impossibilitar-se.

5. Os seleccionados que não hajam sido designados para o preenchimento dos lugares de efectivos ou suplentes, nos termos do número anterior, são dispensados.

CAPÍTULO IV - Estatuto de Jurado

Artigo 14º - Jurados

1. Os jurados decidem apenas segundo a lei e o direito e não estão sujeitos a ordens ou instruções.

2. Os jurados não podem abster-se de julgar com fundamento na falta, obscuridade ou ambiguidade da lei ou em dúvida insanável sobre a matéria de facto.

3. Os jurados são irresponsáveis pelos julgamentos e decisões e só em casos especialmente previstos na lei podem ser sujeitos, em razão do exercício das suas funções, a responsabilidade civil ou criminal.

Artigo 15º – Direitos dos jurados

1. Os jurados não podem, durante o exercício da respectiva função, ser privados da liberdade sem culpa formada, salvo no caso de detenção em flagrante delito por crime punível com prisão superior a três anos.

2. Durante o mesmo período têm direito a uso, porte e manifesto gratuito de arma de defesa, independentemente de licença ou participação.

3. Os jurados têm direito a receber como compensação pelas funções exercidas um subsídio diário igual a 1 UC, e não poderão ser prejudicados na sua profissão ou emprego pelas faltas inerentes ao desempenho do cargo. Após a leitura da sentença em 1ª instância a compensação é atribuída por cada dia de efectivo exercício da função.

4. É aplicável, ainda, aos jurados o regime introduzido pelos Decretos-Leis nºs 324/85, de 6 de Agosto, e 48/87, de 29 de Janeiro, sempre que no exercício das suas funções, ou por causa delas, sejam vítimas de actos criminosos, promovidos, nomeadamente, por associações criminosas e organizações terroristas, com fins de intimidação ou retaliação.

Artigo 16º – Deveres dos jurados

1. O desempenho da função de jurado constitui serviço público obrigatório, sendo a sua recusa injustificada punida como crime de desobediência qualificada.

2. A falta de um jurado a audiência de julgamento a que deva estar presente é punida, se o jurado não apresentar, no prazo de cinco dias, justificação que o presidente considere procedente, como crime de desobediência simples.

3. Os jurados que fizerem declarações públicas relativas a processos nos quais tenham intervindo ou hajam de intervir, ou revelarem opiniões a tal respeito, são punidos com prisão até seis meses ou multa até 200 dias.

Artigo 17º – Continuidade da função e regime de substituição

1. O exercício da função de jurado é contínuo, tendo início com o despacho judicial de designação e terminando com o transito em julgado da sentença proferida em 1ª instância, com a subida de recurso dela interposto ou ainda com a respectiva substituição, nos termos do número seguinte.

2. Constitui causa de substituição de jurado efectivo por um suplente, em virtude de impossibilidade do desempenho do respectivo mandato, nos termos do nº 3 do artigo 1º, a verificação, antes da audiência de julgamento em 1ª instância ou durante ela, de qualquer dos seguintes factos:

a) Causa de incapacidade, incompatibilidade, impedimento, escusa ou recusa que o juiz tenha considerado procedente;

b) Morte ou qualquer circunstância que torne impossível a continuidade da audiência, nos termos do artigo 328º do Código de Processo Penal.

Artigo 18º - Entrada em vigor

O presente decreto-lei entra em vigor na mesma data em que entrar em vigor o Código de Processo Penal.

Visto e aprovado em Conselho de Ministros de 29 de Dezembro de 1987. – *Aníbal António Cavaco Silva – Joaquim Fernando Nogueira.*

Promulgado em 29 de Dezembro de 1987.

Publique-se.

O Presidente da República, MÁRIO SOARES.

Referendado em 29 de Dezembro de 1987.

O Primeiro-Ministro, *Aníbal António Cavaco Silva.*

Lei de Organização da Investigação Criminal

Lei nº 49/2008, de 27 de agosto

Aprova a Lei de Organização da Investigação Criminal

A Assembleia da República decreta, nos termos da alínea *c*) do artigo 161º da Constituição, o seguinte:

CAPÍTULO I - Investigação criminal

Artigo 1º - Definição

A investigação criminal compreende o conjunto de diligências que, nos termos da lei processual penal, se destinam a averiguar a existência de um crime, determinar os seus agentes e a sua responsabilidade e descobrir e recolher as provas, no âmbito do processo.

Artigo 2º - Direcção da investigação criminal

1. A direcção da investigação cabe à autoridade judiciária competente em cada fase do processo.

2. A autoridade judiciária é assistida na investigação pelos órgãos de polícia criminal.

3. Os órgãos de polícia criminal, logo que tomem conhecimento de qualquer crime, comunicam o facto ao Ministério Público no mais curto prazo, que não pode exceder 10 dias, sem prejuízo de, no âmbito do despacho de natureza genérica previsto no nº 4 do artigo 270º do Código de Processo Penal, deverem iniciar de imediato a investigação e, em todos os casos, praticar os actos cautelares necessários e urgentes para assegurar os meios de prova.

4. Os órgãos de polícia criminal actuam no processo sob a direcção e na dependência funcional da autoridade judiciária competente, sem prejuízo da respectiva organização hierárquica.

5. As investigações e os actos delegados pelas autoridades judiciárias são realizados pelos funcionários designados pelas autoridades de polícia criminal para o efeito competentes, no âmbito da autonomia técnica e táctica necessária ao eficaz exercício dessas atribuições.

6. A autonomia técnica assenta na utilização de um conjunto de conhecimentos e métodos de agir adequados e a autonomia táctica consiste na escolha do tempo, lugar e modo adequados à prática dos actos correspondentes ao exercício das atribuições legais dos órgãos de polícia criminal.

7. Os órgãos de polícia criminal impulsionam e desenvolvem, por si, as diligências legalmente admissíveis, sem prejuízo de a autoridade judiciária poder, a todo o tempo, avocar o processo, fiscalizar o seu andamento e legalidade e dar instruções específicas sobre a realização de quaisquer actos.

CAPÍTULO II – Órgãos de polícia criminal

Artigo 3º – Órgãos de polícia criminal

1. São órgãos de polícia criminal de competência genérica:

a) A Polícia Judiciária;

b) A Guarda Nacional Republicana;

c) A Polícia de Segurança Pública.

2. Possuem competência específica todos os restantes órgãos de polícia criminal.

3. A atribuição de competência reservada a um órgão de polícia criminal depende de previsão legal expressa.

4. Compete aos órgãos de polícia criminal:

a) Coadjuvar as autoridades judiciárias na investigação;

b) Desenvolver as acções de prevenção e investigação da sua competência ou que lhes sejam cometidas pelas autoridades judiciárias competentes.

Artigo 4º – Competência específica em matéria de investigação criminal

1. A atribuição de competência específica obedece aos princípios da especialização e racionalização na afectação dos recursos disponíveis para a investigação criminal.

2. Sem prejuízo do disposto nos nºs 4 e 5 do artigo 7º, os órgãos de polícia criminal de competência genérica abstêm-se de iniciar ou prosseguir investigações por crimes que, em concreto, estejam a ser investigados por órgãos de polícia criminal de competência específica.

Artigo 5º – Incompetência em matéria de investigação criminal

1. Sem prejuízo dos casos de competência deferida, o órgão de polícia criminal que tiver notícia do crime e não seja competente para a sua investigação apenas pode praticar os actos cautelares necessários e urgentes para assegurar os meios de prova.

2. Sem prejuízo dos casos de competência deferida, se a investigação em curso vier a revelar conexão com crimes que não são da competência do órgão de polícia criminal que tiver iniciado a investigação, este remete, com conhecimento à autoridade judiciária, o processo para o órgão de polícia criminal competente, no mais curto prazo, que não pode exceder vinte e quatro horas.

3. No caso previsto no número anterior, a autoridade judiciária competente pode promover a cooperação entre os órgãos de polícia criminal envolvidos, através das formas consideradas adequadas, se tal se afigurar útil para o bom andamento da investigação.

Artigo 6º – Competência da Guarda Nacional Republicana e da Polícia de Segurança Pública em matéria de investigação criminal

É da competência genérica da Guarda Nacional Republicana e da Polícia de Segurança Pública a investigação dos crimes cuja competência não esteja reservada a outros órgãos de polícia criminal e ainda dos crimes cuja investigação lhes seja cometida pela autoridade judiciária competente para a direcção do processo, nos termos do artigo 8º

Artigo 7º – Competência da Polícia Judiciária em matéria de investigação criminal

1. É da competência da Polícia Judiciária a investigação dos crimes previstos nos números seguintes e dos crimes cuja investigação lhe seja cometida pela autoridade judiciária competente para a direcção do processo, nos termos do artigo 8º

2. É da competência reservada da Polícia Judiciária, não podendo ser deferida a outros órgãos de polícia criminal, a investigação dos seguintes crimes:

a) Crimes dolosos ou agravados pelo resultado, quando for elemento do tipo a morte de uma pessoa;

b) Escravidão, sequestro, rapto e tomada de reféns;

c) Contra a identidade cultural e integridade pessoal e os previstos na Lei Penal Relativa Às Violações do Direito Internacional Humanitário;

d) Contrafacção de moeda, títulos de crédito, valores selados, selos e outros valores equiparados ou a respectiva passagem;

e) Captura ou atentado à segurança de transporte por ar, água, caminho de ferro ou de transporte rodoviário a que corresponda, em abstracto, pena igual ou superior a 8 anos de prisão;

f) Participação em motim armado;

g) Associação criminosa;

h) Contra a segurança do Estado, com excepção dos que respeitem ao processo eleitoral;

i) Branqueamento;

j) Tráfico de influência, corrupção, peculato e participação económica em negócio;

l) Organizações terroristas, terrorismo, terrorismo internacional e financiamento do terrorismo;

m) Praticados contra o Presidente da República, o Presidente da Assembleia da República, o Primeiro-Ministro, os presidentes dos tribunais superiores e o Procurador--Geral da República, no exercício das suas funções ou por causa delas;

n) Prevaricação e abuso de poderes praticados por titulares de cargos políticos;

o) Fraude na obtenção ou desvio de subsídio ou subvenção e fraude na obtenção de crédito bonificado;

p) Roubo em instituições de crédito, repartições da Fazenda Pública e correios;

q) Conexos com os crimes referidos nas alíneas *d*), *j*) e *o*).

3. É ainda da competência reservada da Polícia Judiciária a investigação dos seguintes crimes, sem prejuízo do disposto no artigo seguinte:

a) Contra a liberdade e autodeterminação sexual de menores ou incapazes ou a que corresponda, em abstracto, pena superior a 5 anos de prisão;

b) Furto, dano, roubo ou receptação de coisa móvel que:

i) Possua importante valor científico, artístico ou histórico e se encontre em colecções públicas ou privadas ou em local acessível ao público;

ii) Possua significado importante para o desenvolvimento tecnológico ou económico;

iii) Pertença ao património cultural, estando legalmente classificada ou em vias de classificação; ou

iv) Pela sua natureza, seja substância altamente perigosa;

c) Burla punível com pena de prisão superior a 5 anos;

d) Insolvência dolosa e administração danosa;

e) Falsificação ou contrafacção de cartas de condução, livretes e títulos de registo de propriedade de veículos automóveis e certificados de matrícula, de certificados de habilitações literárias e de documento de identificação ou de viagem;

f) Incêndio, explosão, libertação de gases tóxicos ou asfixiantes ou substâncias radioactivas, desde que, em qualquer caso, o facto seja imputável a título de dolo;

g) Poluição com perigo comum;

h) Executados com bombas, granadas, matérias ou engenhos explosivos, armas de fogo e objectos armadilhados, armas nucleares, químicas ou radioactivas;

i) Relativos ao tráfico de estupefacientes e de substâncias psicotrópicas, tipificados nos artigos 21º, 22º, 23º, 27º e 28º do Decreto-Lei nº 15/93, de 22 de Janeiro, e dos demais previstos neste diploma que lhe sejam participados ou de que colha notícia;

j) Económico-financeiros;

l) Informáticos e praticados com recurso a tecnologia informática;

m) Tráfico e viciação de veículos e tráfico de armas;

n) Relativos ao exercício ilícito da atividade de segurança privada;

o) Conexos com os crimes referidos nas alíneas *d*), *j*) e *l*).

4. Compete também à Polícia Judiciária, sem prejuízo das competências da Unidade de Acção Fiscal da Guarda Nacional Republicana, do Serviço de Estrangeiros e Fronteiras e da Comissão do Mercado dos Valores Mobiliários, a investigação dos seguintes crimes:

a) Tributários de valor superior a €500 000;
b) Auxílio à imigração ilegal e associação de auxílio à imigração ilegal;
c) Tráfico de pessoas;
d) Falsificação ou contrafacção de documento de identificação ou de viagem, falsidade de testemunho, perícia, interpretação ou tradução, conexos com os crimes referidos nas alíneas *b*) e *c*);
e) Relativos ao mercado de valores mobiliários.

5. Nos casos previstos no número anterior, a investigação criminal é desenvolvida pelo órgão de polícia criminal que a tiver iniciado, por ter adquirido a notícia do crime ou por determinação da autoridade judiciária competente.

6. Ressalva-se do disposto no presente artigo a competência reservada da Polícia Judiciária Militar em matéria de investigação criminal, nos termos do respectivo Estatuto, sendo aplicável o mecanismo previsto no nº 3 do artigo 8º

(Redação dada pela Lei nº 57/2015, de 23-06)

Artigo 8º – Competência deferida para a investigação criminal

1. Na fase do inquérito, o Procurador-Geral da República, ouvidos os órgãos de polícia criminal envolvidos, defere a investigação de um crime referido no nº 3 do artigo anterior a outro órgão de polícia criminal desde que tal se afigure, em concreto, mais adequado ao bom andamento da investigação e, designadamente, quando:
a) Existam provas simples e evidentes, na acepção do Código de Processo Penal;
b) Estejam verificados os pressupostos das formas especiais de processo, nos termos do Código de Processo Penal;
c) Se trate de crime sobre o qual incidam orientações sobre a pequena criminalidade, nos termos da Lei de Política Criminal em vigor; ou
d) A investigação não exija especial mobilidade de actuação ou meios de elevada especialidade técnica.

2. Não é aplicável o disposto no número anterior quando:
a) A investigação assuma especial complexidade por força do carácter plurilocalizado das condutas ou da pluralidade dos agentes ou das vítimas;
b) Os factos tenham sido cometidos de forma altamente organizada ou assumam carácter transnacional ou dimensão internacional; ou
c) A investigação requeira, de modo constante, conhecimentos ou meios de elevada especialidade técnica.

3. Na fase do inquérito, o Procurador-Geral da República, ouvidos os órgãos de polícia criminal envolvidos, defere à Polícia Judiciária a investigação de crime não previsto no artigo anterior quando se verificar alguma das circunstâncias referidas nas alíneas do número anterior.

4. O deferimento a que se referem os nºs 1 e 3 pode ser efectuado por despacho de natureza genérica do Procurador-Geral da República que indique os tipos de crimes, as suas concretas circunstâncias ou os limites das penas que lhes forem aplicáveis.

5. Nos casos previstos nos nºs 4 e 5 do artigo anterior, o Procurador-Geral da República, ouvidos os órgãos de polícia criminal envolvidos, defere a investigação a órgão de polícia criminal diferente da que a tiver iniciado, de entre os referidos no nº 4 do mesmo artigo, quando tal se afigurar em concreto mais adequado ao bom andamento da investigação.

6. Por delegação do Procurador-Geral da República, os procuradores-gerais distritais podem, caso a caso, proceder ao deferimento previsto nos nºs 1, 3 e 5.

7. Na fase da instrução, é competente o órgão de polícia criminal que assegurou a investigação na fase de inquérito, salvo quando o juiz entenda que tal não se afigura, em concreto, o mais adequado ao bom andamento da investigação.

Artigo 9º – Conflitos negativos de competência em matéria de investigação criminal

Se dois ou mais órgãos de polícia criminal se considerarem incompetentes para a investigação criminal do mesmo crime, o conflito é dirimido pela autoridade judiciária competente em cada fase do processo.

Artigo 10º – Dever de cooperação

1. Os órgãos de polícia criminal cooperam mutuamente no exercício das suas atribuições.

2. Sem prejuízo do disposto no artigo 5º, os órgãos de polícia criminal devem comunicar à entidade competente, no mais curto prazo, que não pode exceder vinte e quatro horas, os factos de que tenham conhecimento relativos à preparação e execução de crimes para cuja investigação não sejam competentes, apenas podendo praticar, até à sua intervenção, os actos cautelares e urgentes para obstar à sua consumação e assegurar os meios de prova.

3. O número único de identificação do processo é atribuído pelo órgão de polícia criminal competente para a investigação.

Artigo 11º – Sistema integrado de informação criminal

1. O dever de cooperação previsto no artigo anterior é garantido, designadamente, por um sistema integrado de informação criminal que assegure a partilha de informações entre os órgãos de polícia criminal, de acordo com os princípios da necessidade e da competência, sem prejuízo dos regimes legais do segredo de justiça e do segredo de Estado.

2. O acesso à informação através do sistema integrado de informação criminal é regulado por níveis de acesso, no âmbito de cada órgão de polícia criminal.

3. As autoridades judiciárias competentes podem, a todo o momento, no âmbito da direção da investigação criminal e da respetiva coordenação, bem como da prática de atos jurisdicionais nas fases do inquérito e da instrução, nos termos da lei de processo penal e dos respetivos estatutos, aceder à informação constante do sistema integrado de informação criminal.

4. O Ministério Público pode ainda, no âmbito da realização de ações de prevenção criminal como tal tipificadas na lei, nos termos da lei aplicável e do respetivo estatuto, aceder, através da plataforma, à informação constante do sistema integrado de informação criminal.

5. A partilha e o acesso à informação previstos nos números anteriores são regulados por lei.

(Redação dada pela Lei nº 38/2015, de 11-05)

Artigo 12º - Cooperação internacional

1. Compete à Polícia Judiciária assegurar o funcionamento da Unidade Nacional EUROPOL e do Gabinete Nacional INTERPOL.

2. A Guarda Nacional Republicana, a Polícia de Segurança Pública e o Serviço de Estrangeiros e Fronteiras integram, através de oficiais de ligação permanente, a Unidade e o Gabinete previstos no número anterior.

3. A Polícia Judiciária, a Guarda Nacional Republicana, a Polícia de Segurança Pública e o Serviço de Estrangeiros e Fronteiras integram, através de oficiais de ligação permanente, os Gabinetes Nacionais de Ligação a funcionar junto da EUROPOL e da INTERPOL.

4. Todos os órgãos de polícia criminal têm acesso à informação disponibilizada pela Unidade Nacional EUROPOL, pelo Gabinete Nacional INTERPOL e pelos Gabinetes Nacionais de Ligação a funcionar junto da EUROPOL e da INTERPOL, no âmbito das respectivas competências.

CAPÍTULO III - Coordenação dos órgãos de polícia criminal

Artigo 13º - Conselho Coordenador

1. O conselho coordenador dos órgãos de polícia criminal é presidido pelos membros do Governo responsáveis pelas áreas da justiça e da administração interna e dele fazem parte:

a) O secretário-geral do Sistema Integrado de Segurança Interna;

b) O comandante-geral da Guarda Nacional Republicana e os directores nacionais da Polícia de Segurança Pública, da Polícia Judiciária e do Serviço de Estrangeiros e Fronteiras;

c) Os dirigentes máximos de órgãos de polícia criminal de competência específica;

d) O director-geral dos Serviços Prisionais.

2. O conselho coordenador pode reunir com a participação dos membros referidos nas alíneas *a*), *b*) e *d*) do número anterior ou, sempre que a natureza das matérias o justifique, também com a participação dos restantes.

3. O secretário-geral do Sistema de Segurança Interna coadjuva a presidência na preparação e na condução das reuniões.

4. Participa nas reuniões do conselho coordenador o membro do Governo responsável pela coordenação da política de droga sempre que estiverem agendados assuntos relacionados com esta área.

5. Por iniciativa própria, sempre que o entendam, ou a convite da presidência, podem participar nas reuniões do conselho coordenador o Presidente do Conselho Superior da Magistratura e o Procurador-Geral da República.

6. Para efeitos do número anterior, o Presidente do Conselho Superior da Magistratura e o Procurador-Geral da República são informados das datas de realização das reuniões, bem como das respectivas ordens de trabalhos.

7. A participação do Procurador-Geral da República no conselho coordenador não prejudica a autonomia do Ministério Público no exercício das competências que lhe são atribuídas pela Constituição e pela lei.

8. A presidência, quando o considerar conveniente, pode convidar a participar nas reuniões outras entidades com especiais responsabilidades na prevenção e repressão da criminalidade ou na pesquisa e produção de informações relevantes para a segurança interna.

Artigo 14º – Competências do conselho coordenador

1. Compete ao conselho coordenador dos órgãos de polícia criminal:

a) Dar orientações genéricas para assegurar a articulação entre os órgãos de polícia criminal;

b) Garantir a adequada coadjuvação das autoridades judiciárias por parte dos órgãos de polícia criminal;

c) Informar o Conselho Superior da Magistratura sobre deliberações susceptíveis de relevar para o exercício das competências deste;

d) Solicitar ao Procurador-Geral da República a adopção, no âmbito das respectivas competências, das providências que se revelem adequadas a uma eficaz acção de prevenção e investigação criminais;

e) Apreciar regularmente informação estatística sobre as acções de prevenção e investigação criminais;

f) Definir metodologias de trabalho e acções de gestão que favoreçam uma melhor coordenação e mais eficaz acção dos órgãos de polícia criminal nos diversos níveis hierárquicos.

2. O conselho coordenador não pode emitir directivas, instruções ou ordens sobre processos determinados.

Artigo 15º – Sistema de coordenação

1. A coordenação dos órgãos de polícia criminal é assegurada pelo secretário-geral do Sistema de Segurança Interna, de acordo com as orientações genéricas emitidas pelo conselho coordenador dos órgãos de polícia criminal e sem prejuízo das competências do Ministério Público.

2. Compete ao Secretário-Geral, no âmbito da coordenação prevista no número anterior e ouvidos os dirigentes máximos dos órgãos de polícia criminal ou, nos diferentes níveis hierárquicos ou unidades territoriais, as autoridades ou agentes de polícia criminal que estes designem:

a) Velar pelo cumprimento da repartição de competências entre órgãos de polícia criminal de modo a evitar conflitos;

b) Garantir a partilha de meios e serviços de apoio de acordo com as necessidades de cada órgão de polícia criminal;

c) Assegurar o funcionamento e o acesso de todos os órgãos de polícia criminal ao sistema integrado de informação criminal, de acordo com as suas necessidades e competências.

3. O secretário-geral não pode emitir directivas, instruções ou ordens sobre processos determinados.

4. O secretário-geral não pode aceder a processos concretos, aos elementos deles constantes ou às informações do sistema integrado de informação criminal.

CAPÍTULO IV – Fiscalização dos órgãos de polícia criminal

Artigo 16º – Competência do Procurador-Geral da República

1. O Procurador-Geral da República fiscaliza superiormente a actividade processual dos órgãos de polícia criminal no decurso do inquérito.

2. No exercício dos poderes referidos no número anterior, o Procurador-Geral da República pode solicitar aos órgãos de polícia criminal de competência genérica informações sobre a actividade processual e ordenar inspecções aos respectivos serviços, para fiscalização do cumprimento da lei, no âmbito da investigação criminal desenvolvida no decurso do inquérito.

3. Em resultado das informações obtidas ou das inspecções, o Procurador-Geral da República pode emitir directivas ou instruções genéricas sobre o cumprimento da lei por parte dos órgãos de polícia criminal referidos no número anterior, no âmbito da investigação criminal desenvolvida no decurso do inquérito.

4. O Procurador-Geral da República pode ordenar a realização de inquéritos e sindicâncias aos órgãos de polícia criminal referidos no nº 2 em relação a factos praticados no âmbito da investigação criminal desenvolvida no decurso do inquérito, por sua iniciativa, a solicitação dos membros do Governo responsáveis pela sua tutela ou dos respectivos dirigentes máximos.

CAPÍTULO V – Disposições finais

Artigo 17º – Processos pendentes

As novas regras de repartição de competências para a investigação criminal entre os órgãos de polícia criminal não se aplicam aos processos pendentes à data da entrada em vigor da presente lei.

Artigo 18º – Regimes próprios de pessoal

O estatuto, competências e forma de recrutamento do pessoal dirigente e de chefias dos órgãos de polícia criminal de competência genérica são os definidos nos respectivos diplomas orgânicos.

Artigo 19º - Decreto-Lei nº 81/95, de 22 de Abril

O estatuído na presente lei não prejudica o disposto no Decreto-Lei nº 81/95, de 22 de Abril.

Artigo 20º - Disposição transitória

A avaliação de desempenho dos elementos das forças e dos serviços de segurança e do pessoal oficial de justiça é regulada em legislação especial, ficando excepcionados da aplicação do disposto no artigo 113º da Lei nº 12-A/2008, de 27 de Fevereiro, e sujeitos aos respectivos regimes estatutários.

Artigo 21º - Norma revogatória

É revogada a Lei nº 21/2000, de 10 de Agosto, alterada pelo Decreto-Lei nº 305/2002, de 13 de Dezembro.

Artigo 22º - Entrada em vigor

A presente lei entra em vigor 30 dias após a data da sua publicação.

Aprovada em 11 de Julho de 2008.

O Presidente da Assembleia da República, *Jaime Gama.*

Promulgada em 11 de Agosto de 2008.

Publique-se.

O Presidente da República, ANÍBAL CAVACO SILVA.

Referendada em 12 de Agosto de 2008.

O Primeiro-Ministro, *José Sócrates Carvalho Pinto de Sousa.*

Lei da Identificação Criminal

Lei nº 37/2015, de 5 de maio

Estabelece os princípios gerais que regem a organização e o funcionamento da identificação criminal, transpondo para a ordem jurídica interna a Decisão-Quadro 2009/315/JAI, do Conselho, de 26 de fevereiro de 2009, relativa à organização e ao conteúdo do intercâmbio de informações extraídas do registo criminal entre os Estados membros, e revoga a Lei nº 57/98, de 18 de agosto.

A Assembleia da República decreta, nos termos da alínea *c*) do artigo 161º da Constituição, o seguinte:

Lei da identificação criminal

CAPÍTULO I - Disposições gerais

Artigo 1º - Objeto

A presente lei estabelece o regime jurídico da identificação criminal e transpõe para a ordem jurídica interna a Decisão-Quadro 2009/315/JAI, do Conselho, de 26 de fevereiro de 2009, relativa à organização e ao conteúdo do intercâmbio de informações extraídas do registo criminal entre os Estados membros.

Artigo 2º - Identificação criminal

1. A identificação criminal tem por objeto a recolha, o tratamento e a conservação de extratos de decisões judiciais e dos demais elementos a elas respeitantes sujeitos a inscrição no registo criminal e no registo de contumazes, promovendo a identificação dos titulares dessa informação, a fim de permitir o conhecimento dos antecedentes criminais das pessoas condenadas e das decisões de contumácia vigentes.

2. São também objeto de recolha, como meio complementar de identificação, as impressões digitais das pessoas singulares condenadas.

Artigo 3º – Serviços de identificação criminal

1. A organização e o funcionamento dos registos referidos no nº 1 do artigo anterior são da competência dos serviços de identificação criminal.

2. São, também, da competência dos serviços de identificação criminal a organização e o funcionamento dos seguintes registos:

a) Do ficheiro dactiloscópico de arguidos condenados;

b) Do registo especial de decisões comunicadas nos termos da Decisão-Quadro 2009/315/JAI, do Conselho, de 26 de fevereiro de 2009.

3. É ainda da competência dos serviços de identificação criminal a organização e o funcionamento do registo de medidas tutelares educativas, nos termos constantes do título VI da Lei Tutelar Educativa, aprovada pela Lei nº 166/99, de 14 de setembro, e alterada pela Lei nº 4/2015, de 1 de janeiro.

Artigo 4º – Princípios

1. A identificação criminal deve processar-se no estrito respeito pelo princípio da legalidade e, bem assim, pelos princípios da autenticidade, veracidade, univocidade e segurança dos elementos identificativos.

2. Os princípios referidos no número anterior aplicam-se, com as devidas adaptações, a todos os registos previstos no nº 2 do artigo anterior.

CAPÍTULO II – Registo criminal

Artigo 5º – Organização e constituição

1. O registo criminal organiza-se em ficheiro central informatizado, constituído por elementos de identificação dos arguidos, comunicados pelos tribunais e pelas demais entidades remetentes da informação ou recolhidos pelos serviços de identificação criminal, e por extratos das decisões criminais sujeitas a inscrição no registo criminal àqueles respeitantes.

2. A identificação do arguido abrange:

a) Tratando-se de pessoa singular, nome, sexo, filiação, naturalidade, data de nascimento, nacionalidade, estado civil, residência, número de identificação civil ou, na sua falta, do passaporte ou de outro documento de identificação idóneo e, quando se trate de decisão condenatória, estando presente o arguido no julgamento, as suas impressões digitais e assinatura;

b) Tratando-se de pessoa coletiva ou entidade equiparada, denominação, sede e número de identificação de pessoa coletiva e, quando aquela tenha resultado da fusão ou cisão de outra pessoa coletiva ou equiparada, os dados correspetivos a esta atinentes.

3. Os extratos das decisões a inscrever no registo criminal contêm a indicação:

a) Do tribunal que proferiu a decisão e do número do processo;

b) Da data e forma da decisão, e da data do respetivo trânsito em julgado;

c) Do conteúdo da decisão e das disposições legais aplicadas;

d) Tratando-se de decisão condenatória, da designação, data e local da prática do crime, das disposições legais violadas e das penas principais, de substituição e acessórias ou das medidas de segurança aplicadas.

Artigo 6º - Âmbito do registo criminal

Estão sujeitas a inscrição no registo criminal as seguintes decisões:

a) Que apliquem penas e medidas de segurança, determinem o seu reexame, substituição, suspensão, prorrogação da suspensão, revogação e declarem a sua extinção;

b) Que concedam, prorroguem ou revoguem a liberdade condicional ou a liberdade para prova;

c) De dispensa de pena;

d) Que determinem a reabilitação de pessoa coletiva ou entidade equiparada;

e) Que determinem ou revoguem o cancelamento provisório no registo;

f) Que apliquem perdões ou amnistias, ou que concedam indultos;

g) Que determinem a não transcrição em certificados do registo criminal de condenações que tenham aplicado;

h) Os acórdãos proferidos em recurso extraordinário de revisão;

i) Os acórdãos de revisão e confirmação de decisões condenatórias estrangeiras.

Artigo 7º - Elementos inscritos

1. São inscritos no registo criminal:

a) Extratos das decisões criminais proferidas por tribunais portugueses que apliquem penas e medidas de segurança, determinem o seu reexame, substituição, suspensão, prorrogação da suspensão, revogação e declarem a sua extinção;

b) Extratos das condenações proferidas por tribunais de Estados membros da União Europeia relativamente a portugueses maiores de 16 anos, desde que se refiram a factos previstos como crime na lei portuguesa e permitam a identificação da pessoa a que se referem, bem como das demais decisões subsequentes, comunicadas a Portugal nos termos da Decisão-Quadro 2009/315/JAI, do Conselho, de 26 de fevereiro de 2009;

c) Extratos das condenações proferidas por outros tribunais estrangeiros relativamente a portugueses e a estrangeiros residentes em Portugal, maiores de 16 anos e a pessoas coletivas ou entidades equiparadas que tenham em Portugal a sua sede, administração efetiva ou representação permanente, que sejam comunicadas a Portugal nos termos de convenção ou acordo internacional vigente, desde que se refiram a factos previstos como crime na lei portuguesa e permitam a identificação da pessoa a que se referem.

2. Apenas são inscritos no registo criminal extratos de decisões transitadas em julgado.

Artigo 8º - Acesso à informação

1. Tem acesso à informação do registo criminal o titular da informação ou quem prove efetuar o pedido em nome ou no interesse daquele.

2. Podem ainda aceder à informação do registo criminal, exclusivamente para as finalidades previstas para cada uma delas, as seguintes entidades:

a) Os magistrados judiciais e do Ministério Público, para fins de investigação criminal, de instrução de processos criminais e de execução de penas, de decisão sobre adoção, tutela, curatela, acolhimento familiar, apadrinhamento civil, entrega, guarda ou confiança de crianças ou regulação do exercício de responsabilidades parentais e de decisão do incidente de exoneração do passivo restante do devedor no processo de insolvência de pessoas singulares;

b) As entidades que, nos termos da lei processual penal, recebam delegação para a prática de atos de inquérito ou a quem incumba cooperar internacionalmente na prevenção e repressão da criminalidade, no âmbito dessas competências;

c) As entidades com competência legal para a instrução dos processos individuais dos reclusos, para este fim;

d) Os serviços de reinserção social, no âmbito da prossecução dos seus fins;

e) As entidades com competência legal para garantir a segurança interna e prevenir a sabotagem, o terrorismo, a espionagem e a prática de atos que, pela sua natureza, possam alterar ou destruir o Estado de direito constitucionalmente estabelecido, exclusivamente no âmbito da prossecução dos seus fins;

f) As entidades oficiais não abrangidas pelas alíneas anteriores, para a prossecução de fins públicos a seu cargo quando os certificados não possam ser obtidos dos titulares, mediante autorização do membro do Governo responsável pela área da justiça e, tratando-se de informação relativa a pessoa coletiva ou equiparada, entidades públicas encarregadas da supervisão da atividade económica por aquela desenvolvida, na medida do estritamente necessário para o exercício dessa supervisão e mediante autorização do membro do Governo responsável pela área da justiça;

g) As autoridades centrais de Estados membros da União Europeia designadas nos termos e para os efeitos da Decisão-Quadro 2009/315/JAI, do Conselho, de 26 de fevereiro de 2009, no âmbito do exercício das suas competências conferidas por esta Decisão-Quadro;

h) Autoridades ou entidades estrangeiras, mediante autorização do membro do Governo responsável pela área da justiça e nas mesmas condições das correspondentes autoridades nacionais, para a instrução de processos criminais;

i) As entidades oficiais de Estados membros da União Europeia, nas mesmas condições das correspondentes entidades nacionais, para os fins constantes do nº 5 do artigo 22º da Lei nº 37/2006, de 9 de agosto, bem como as entidades de outro Estado, nos termos estabelecidos em convenção ou acordo internacional vigente, assegurado que seja tratamento recíproco às entidades nacionais;

j) As entidades autorizadas pelo membro do Governo responsável pela área da justiça para a prossecução de fins de investigação científica ou estatísticos.

3. As entidades públicas competentes para a instrução de procedimentos administrativos dos quais dependa a concessão de emprego ou a obtenção de licença, autorização ou registo de carácter público, ou de procedimentos administrativos de contratação pública de empreitadas, ou de locação ou aquisição de bens e serviços, de concessão ou do estabelecimento de parcerias público-privadas, podem aceder à informação necessária ao cumprimento de exigência legal de apresentação de certificado do registo criminal aplicável ao procedimento administrativo em causa desde que o titular da informação, no caso de pessoas singulares, ou um representante legal, no caso de pessoas coletivas ou entidades equiparadas, autorize previamente esse acesso no âmbito do procedimento administrativo.

Artigo 9º – Forma de acesso à informação

1. O conhecimento da informação constante do registo criminal, ou da sua ausência, concretiza-se com a emissão de um certificado do registo criminal.

2. O certificado do registo criminal é emitido eletronicamente pelos serviços de identificação criminal.

Artigo 10º – Conteúdo dos certificados

1. O certificado do registo criminal identifica a pessoa a quem se refere e certifica os antecedentes criminais vigentes no registo dessa pessoa, ou a sua ausência, de acordo com a finalidade a que se destina o certificado, a qual também é expressamente mencionada.

2. Não pode constar do certificado do registo criminal qualquer indicação ou referência donde se possa depreender a existência no registo de outros elementos para além dos que devam ser expressamente certificados nos termos da lei, nem qualquer outra menção não contida nos ficheiros centrais do registo criminal e de contumazes.

3. Os certificados do registo criminal requisitados pelas entidades referidas nas alíneas *a*) a *f*), *h*) e *i*) do nº 2 do artigo 8º para as finalidades aí previstas contêm a transcrição integral do registo criminal vigente.

4. Os certificados do registo criminal pedidos por autoridades centrais estrangeiras têm o conteúdo previsto no artigo 30º

5. Sem prejuízo do disposto no número seguinte, os certificados do registo criminal requeridos por pessoas singulares para fins de emprego, público ou privado, ou para o exercício de profissão ou atividade em Portugal, devem conter apenas:

a) As decisões de tribunais portugueses que decretem a demissão da função pública, proíbam o exercício de função pública, profissão ou atividade ou interditem esse exercício;

b) As decisões que sejam consequência, complemento ou execução das indicadas na alínea anterior e não tenham como efeito o cancelamento do registo;

c) As decisões com o conteúdo aludido nas alíneas *a*) e *b*) proferidas por tribunais de outro Estado membro ou de Estados terceiros, comunicadas pelas respetivas autoridades centrais, sem as reservas legalmente admissíveis.

6. Os certificados do registo criminal requeridos por pessoas singulares para o exercício de qualquer profissão ou atividade para cujo exercício seja legalmente exigida a ausência, total ou parcial, de antecedentes criminais ou a avaliação da idoneidade da pessoa, ou que sejam requeridos para qualquer outra finalidade, contêm todas as decisões de tribunais portugueses vigentes, com exceção das decisões canceladas provisoriamente nos termos do artigo 12º ou que não devam ser transcritas nos termos do artigo 13º, bem como a revogação, a anulação ou a extinção da decisão de cancelamento, e ainda as decisões proferidas por tribunais de outro Estado membro ou de Estados terceiros, nas mesmas condições, devendo o requerente especificar a profissão ou atividade a exercer ou a outra finalidade para que o certificado é requerido.

7. Os certificados do registo criminal requeridos por pessoas coletivas ou entidades equiparadas contêm todas as decisões de tribunais portugueses vigentes.

8. Aos certificados do registo criminal pedidos por entidades públicas nos termos do nº 3 do artigo 8º é aplicável o disposto nos nºs 5 a 7.

9. O acesso à informação para a prossecução de fins de investigação científica ou estatísticos processa-se e tem o conteúdo determinado no despacho de autorização, não podendo abranger elementos que permitam identificar qualquer registo individual.

Artigo 11º – Cancelamento definitivo

1. As decisões inscritas cessam a sua vigência no registo criminal nos seguintes prazos:

a) Decisões que tenham aplicado pena de prisão ou medida de segurança, com ressalva dos prazos de cancelamento previstos na Lei nº 113/2009, de 17 de setembro, com respeito aos crimes previstos no capítulo V do título I do livro II do Código Penal, decorridos 5, 7 ou 10 anos sobre a extinção da pena ou medida de segurança, se a sua duração tiver sido inferior a 5 anos, entre 5 e 8 anos ou superior a 8 anos, respetivamente, e desde que, entretanto, não tenha ocorrido nova condenação por crime de qualquer natureza;

b) Decisões que tenham aplicado pena de multa principal a pessoa singular, com ressalva dos prazos de cancelamento previstos na Lei nº 113/2009, de 17 de setembro, com respeito aos crimes previstos no capítulo V do título I do livro II do Código Penal, decorridos 5 anos sobre a extinção da pena e desde que, entretanto, não tenha ocorrido nova condenação por crime de qualquer natureza;

c) Decisões que tenham aplicado pena de multa a pessoa coletiva ou entidade equiparada, com ressalva dos prazos de cancelamento previstos na Lei nº 113/2009, de 17 de setembro, com respeito aos crimes previstos no capítulo V do título I do livro II do Código Penal, decorridos 5, 7 ou 10 anos sobre a extinção da pena, consoante a multa tenha sido fixada em menos de 600 dias, entre 600 e 900 dias ou em mais de 900 dias, respetivamente, e desde que, entretanto, não tenha ocorrido nova condenação por crime de qualquer natureza;

d) Decisões que tenham aplicado pena de dissolução a pessoa coletiva ou entidade equiparada, decorridos 10 anos sobre o trânsito em julgado;

e) Decisões que tenham aplicado pena substitutiva da pena principal, com ressalva daquelas que respeitem aos crimes previstos no capítulo V do título I do livro II do Código Penal, decorridos 5 anos sobre a extinção da pena e desde que, entretanto, não tenha ocorrido nova condenação por crime de qualquer natureza;

f) Decisões de dispensa de pena ou que apliquem pena de admoestação, decorridos 5 anos sobre o trânsito em julgado ou sobre a execução, respetivamente;

g) Decisões que tenham aplicado pena acessória, após o decurso do prazo para esta fixado na respetiva sentença condenatória ou, tratando-se de pena acessória sem prazo, após a decisão de reabilitação.

2. Quando a decisão tenha aplicado pena principal e pena acessória, os prazos previstos no número anterior contam-se a partir da extinção da pena de maior duração.

3. Tratando-se de decisões que tenham aplicado pena de prisão suspensa na sua execução os prazos previstos na alínea *e*) do nº 1 contam-se, uma vez ocorrida a respetiva extinção, do termo do período da suspensão.

4. Cessam também a sua vigência no registo criminal:

a) As decisões que sejam consequência, complemento ou execução de decisões cuja vigência haja cessado nos termos do nº 1;

b) As decisões respeitantes a pessoa singular, após o seu falecimento;

c) As decisões respeitantes a pessoa coletiva ou entidade equiparada, após a sua extinção, exceto quando esta tenha resultado de fusão ou cisão, caso em que as decisões passam a integrar o registo criminal das pessoas coletivas ou equiparadas que tiverem resultado da cisão ou em que a fusão se tiver efetivado;

d) As decisões consideradas sem efeito por disposição legal.

5. A cessação da vigência das decisões não aproveita ao condenado quanto às perdas definitivas que lhe resultarem da condenação, não prejudica os direitos que desta advierem para o ofendido ou para terceiros nem sana, por si só, a nulidade dos atos praticados pelo condenado durante a incapacidade.

6. As decisões cuja vigência haja cessado são mantidas em ficheiro informático próprio durante um período máximo de 3 anos, o qual apenas pode ser acedido pelos serviços de identificação criminal para efeito de reposição de registo indevidamente cancelado ou retirado, e findo aquele prazo máximo são canceladas de forma irrevogável.

Artigo 12º - Cancelamento provisório

Sem prejuízo do disposto na Lei nº 113/2009, de 17 de setembro, estando em causa qualquer dos fins a que se destina o certificado requerido nos termos dos nºs 5 e 6 do artigo 10º pode o tribunal de execução das penas determinar o cancelamento, total ou parcial, das decisões que dele deveriam constar, desde que:

a) Já tenham sido extintas as penas aplicadas;

b) O interessado se tiver comportado de forma que seja razoável supor encontrar-se readaptado; e

c) O interessado haja cumprido a obrigação de indemnizar o ofendido, justificado a sua extinção por qualquer meio legal ou provado a impossibilidade do seu cumprimento.

Artigo 13º - Decisões de não transcrição

1. Sem prejuízo do disposto na Lei nº 113/2009, de 17 de setembro, com respeito aos crimes previstos no artigo 152º, no artigo 152º-A e no capítulo V do título I do livro II do Código Penal, os tribunais que condenem pessoa singular em pena de prisão até 1 ano ou em pena não privativa da liberdade podem determinar na sentença ou em despacho posterior, se o arguido não tiver sofrido condenação anterior por crime da mesma natureza e sempre que das circunstâncias que acompanharam o crime não se puder induzir perigo de prática de novos crimes, a não transcrição da respetiva sentença nos certificados a que se referem os nºs 5 e 6 do artigo 10º

2. No caso de ter sido aplicada qualquer interdição, apenas é observado o disposto no número anterior findo o prazo da mesma.

3. O cancelamento previsto no nº 1 é revogado automaticamente, ou não produz efeitos, no caso de o interessado incorrer, ou já houver incorrido, em nova condenação por crime doloso posterior à condenação onde haja sido proferida a decisão.

CAPÍTULO III – Registo de contumazes

Artigo 14º – Organização e constituição

1. O registo de contumazes organiza-se em ficheiro central informatizado, constituído por elementos de identificação dos arguidos, comunicados pelos tribunais ou recolhidos pelos serviços de identificação criminal, e por extratos das decisões criminais que, nos termos da lei de processo penal, declarem a contumácia, alterem essa declaração ou a façam cessar.

2. A identificação do arguido abrange:

a) Tratando-se de pessoa singular, nome, sexo, filiação, naturalidade, data de nascimento, nacionalidade, estado civil, residência, número de identificação civil ou, na sua falta, do passaporte ou de outro documento de identificação idóneo e, quando se trate de decisão condenatória, estando presente o arguido no julgamento, as suas impressões digitais e assinatura;

b) Tratando-se de pessoa coletiva ou entidade equiparada, denominação, sede e número de identificação de pessoa coletiva e, quando aquela tenha resultado da fusão ou cisão de outra pessoa coletiva ou equiparada, os dados correspetivos a esta atinentes.

3. Os extratos das decisões a inscrever no registo de contumazes contêm a indicação:

a) Do tribunal que proferiu a decisão e do número do processo;

b) Da data da decisão, e da data do respetivo trânsito em julgado;

c) Do crime que é imputado ao arguido;

d) Do conteúdo da decisão e das disposições legais aplicadas;

e) Dos efeitos especiais da declaração de contumácia.

(Cfr. Declaração de Retificação nº 28/2015, de 15-06)

Artigo 15º – Acesso à informação

1. Tem acesso à informação do registo de contumazes o titular da informação ou quem prove efetuar o pedido em nome ou no interesse daquele.

2. Podem ainda aceder à informação do registo de contumazes:

a) As entidades referidas nas alíneas *a*) a *f*) do nº 2 do artigo 8º;

b) As entidades públicas a quem incumba assegurar a execução dos efeitos da contumácia;

c) Os terceiros que provem efetuar o pedido com a finalidade de acautelarem interesses ligados à celebração de negócio jurídico com contumaz ou para instruir processo da sua anulação, sendo, neste caso, a informação restrita ao despacho que declarar a contumácia.

Artigo 16º – Forma de acesso à informação

1. O conhecimento da informação constante do registo de contumazes, ou da sua ausência, concretiza-se com a emissão de um certificado de contumácia.

2. O certificado de contumácia é emitido eletronicamente pelos serviços de identificação criminal.

3. A emissão de certificados do registo criminal requisitados nos termos das alíneas *a*) a *f*) do nº 2 do artigo 8º é acompanhada da emissão de certificado de contumácia sempre que exista informação vigente neste registo relativamente ao mesmo titular.

Artigo 17º – Conteúdo do certificado

O certificado de contumácia identifica a pessoa a quem se refere e certifica as declarações de contumácia dessa pessoa vigentes no registo, bem como os respetivos efeitos, ou a ausência de declarações vigentes.

Artigo 18º – Vigência

1. Cessam a vigência no registo de contumazes as declarações e alterações de contumácia sobre as quais seja registada decisão de cessação.

2. O registo de contumaz cessa a sua vigência quando forem cessadas todas as declarações de contumácia respeitantes ao mesmo titular.

3. Os registos cuja vigência tenha cessado são mantidos em ficheiro informático próprio durante um período máximo de 3 anos, o qual apenas pode ser acedido pelos serviços de identificação criminal para efeito de reposição de registo indevidamente cancelado ou retirado.

CAPÍTULO IV – Ficheiro dactiloscópico de arguidos condenados

Artigo 19º – Organização e constituição

As impressões digitais de arguidos condenados remetidas aos serviços de identificação criminal são arquivadas com referência ao registo criminal da pessoa a que respeitam, constituindo o ficheiro dactiloscópico de arguidos condenados.

Artigo 20º – Acesso à informação

Têm acesso à informação do ficheiro dactiloscópico de arguidos condenados as entidades referidas nas alíneas *a*) a *e*) do nº 2 do artigo 8º no âmbito da prossecução das finalidades referidas a cada uma delas.

Artigo 21º – Forma de acesso à informação

1. O acesso à informação do ficheiro dactiloscópico de arguidos condenados concretiza-se com a emissão de uma informação dactiloscópica.

2. A informação dactiloscópica é emitida eletronicamente pelos serviços de identificação criminal.

3. Por exigências técnicas relativas ao processo de comparação dactiloscópica a informação dactiloscópica pode ser emitida em suporte papel.

Artigo 22º - Conteúdo da informação

A informação dactiloscópica contém a identificação da pessoa a cujo registo está associada e a imagem das impressões digitais arquivadas, com indicação do processo em que as mesmas hajam sido recolhidas.

Artigo 23º - Vigência

1. A informação contida no ficheiro dactiloscópico de arguidos condenados mantém-se em registo durante a vigência do registo criminal a que está associada.

2. Cessada a vigência do registo criminal a que está associada a informação dactiloscópica, esta mantém-se em ficheiro informático próprio durante um período máximo de cinco anos, podendo ser acedida pelos serviços de identificação criminal para efeito de reposição de registo indevidamente cancelado ou retirado, ou por autoridade judicial ou policial no âmbito de investigação criminal ou de instrução de processo criminal.

Artigo 24º - Transmissão ao sistema de informação criminal da Polícia Judiciária

As impressões digitais recolhidas aos arguidos condenados e inscritas no ficheiro dactiloscópico podem ser integradas no sistema de informação criminal da Polícia Judiciária em termos a regular em diploma próprio.

CAPÍTULO V - Troca de informação sobre condenações proferidas por tribunais de Estados membros da União Europeia

Artigo 25º - Autoridade central portuguesa

Os serviços de identificação criminal são a autoridade central portuguesa para efeitos do cumprimento das obrigações previstas na Decisão-Quadro 2009/315/JAI, do Conselho, de 26 de fevereiro de 2009.

Artigo 26º - Registo especial de decisões comunicadas nos termos da Decisão-Quadro 2009/ /315/JAI, do Conselho, de 26 de fevereiro de 2009

1. As condenações e demais decisões subsequentes proferidas por tribunais de Estados membros da União Europeia comunicadas a Portugal nos termos da Decisão-Quadro 2009/315/JAI, do Conselho, de 26 de fevereiro de 2009, são registadas num registo especial de decisões proferidas por Tribunais de outros Estados membros da União Europeia, abreviadamente designado como registo especial de decisões estrangeiras, com o objetivo exclusivo de garantir a possibilidade da sua retransmissão aos Estados membros que solicitem informação nos termos da mesma Decisão-Quadro.

2. Compete aos serviços de identificação criminal organizar e manter atualizado o registo especial de decisões estrangeiras, por forma a assegurar o cumprimento das obrigações decorrentes da Decisão-Quadro 2009/315/JAI, do Conselho, de 26 de fevereiro de 2009.

Artigo 27º – Tratamento das decisões estrangeiras

1. As decisões que constem do registo especial de decisões estrangeiras mantêm-se vigentes neste registo em conformidade com as comunicações recebidas do Estado membro da condenação e até ser recebida a informação da respetiva supressão ou cancelamento no registo criminal desse Estado membro.

2. As decisões registadas no registo especial de decisões estrangeiras que respeitem a maiores de 16 anos são igualmente registadas no registo criminal, desde que se refiram a factos previstos como crime na lei portuguesa e permitam a identificação da pessoa a que se referem, ficando sujeitas às regras e aos prazos de conservação estabelecidos para o registo criminal, sem prejuízo do disposto nos números seguintes.

3. Os prazos de conservação das decisões estrangeiras inscritas no registo criminal português contam-se nos termos do artigo 11º

4. Se até ao termo dos prazos previstos no artigo 11º não for transmitida informação sobre a extinção da pena, esses prazos contam-se nos seguintes termos:

a) No caso de decisões que apliquem penas de multa ou outras penas não privativas de liberdade, o prazo para cancelamento da decisão no registo criminal conta-se a partir da data do trânsito em julgado da decisão condenatória;

b) No caso de decisões que apliquem penas privativas de liberdade, o prazo para cancelamento da decisão no registo criminal conta-se a partir da data do trânsito em julgado da decisão condenatória acrescido do período de tempo correspondente à pena aplicada ou, sendo suspensa a execução da pena, a partir do termo do prazo da suspensão;

c) Em qualquer caso, sendo recebida uma decisão subsequente alterando a pena ou os termos do cumprimento da pena, os prazos referidos nas alíneas anteriores contam-se em conformidade com a alteração efetuada.

5. Nos casos em que o Estado membro da condenação comunique a supressão ou cancelamento no seu registo criminal de decisão anteriormente remetida antes de decorrido o prazo de conservação estabelecido para o registo criminal português, essa decisão deve ser imediatamente cancelada neste registo.

Artigo 28º – Comunicação de condenações ao Estado membro da nacionalidade

1. São comunicadas pelos serviços de identificação criminal às autoridades centrais do Estado membro da nacionalidade do arguido todas as decisões proferidas por tribunais portugueses e inscritas no registo criminal português que apliquem penas e medidas de segurança a cidadãos nacionais de Estados membros da União Europeia, bem como as decisões subsequentes relevantes que se reportem àquelas decisões e, ainda, o respetivo cancelamento no registo criminal.

2. A comunicação a que se refere o número anterior é acompanhada da informação de não poder ser retransmitida para outros fins que não sejam relativos a processo penal.

Artigo 29º – Dos pedidos de informação a dirigir às autoridades centrais estrangeiras

1. Sempre que for dirigido aos serviços de identificação criminal, por uma autoridade portuguesa, um pedido de emissão de certificado do registo criminal para instrução de processo criminal em que seja arguido um nacional de um Estado membro da União Europeia, aqueles serviços devem dirigir à autoridade central do Estado membro da nacionalidade do arguido um pedido de emissão de certificado do registo criminal, a fim de facultarem as informações recebidas juntamente com o certificado do registo criminal português.

2. As entidades públicas portuguesas a quem a lei atribua legitimidade para pedirem a emissão de certificados do registo criminal para finalidades diferentes da instrução de processo criminal, quando solicitem a emissão de um certificado do registo criminal relativa a um nacional de um Estado membro da União Europeia, podem requerer aos serviços de identificação criminal que seja igualmente pedida a emissão do certificado do registo criminal à autoridade central do Estado membro da nacionalidade, a fim de que sejam facultadas as informações recebidas juntamente com o certificado do registo criminal português.

3. Sempre que um cidadão nacional de outro Estado membro da União Europeia apresente em Portugal um pedido de emissão do seu certificado do registo criminal, os serviços de identificação criminal devem dirigir à autoridade central do Estado membro da nacionalidade do requerente um pedido de emissão de certificado do registo criminal, a fim de facultarem as informações recebidas juntamente com o certificado do registo criminal português.

4. Os portugueses que são ou foram residentes noutro Estado membro da União Europeia e os cidadãos não nacionais de Estados membros que são ou foram residentes noutro Estado membro, quando solicitem a emissão de um certificado do registo criminal português, podem requerer aos serviços de identificação criminal que seja igualmente pedida a emissão do certificado do registo criminal à autoridade central do Estado membro onde sejam ou hajam sido residentes, a fim de que sejam facultadas as informações recebidas juntamente com o certificado do registo criminal português.

5. O disposto nos nºs 3 e 4 aplica-se aos pedidos de emissão de certificados apresentados por entidades públicas no âmbito da instrução de procedimentos administrativos precedendo autorização do titular da informação.

Artigo 30º – Certificados emitidos com informação pedida a autoridades centrais estrangeiras

Os certificados do registo criminal português emitidos nas condições referidas no artigo anterior contêm o certificado do registo criminal do Estado membro a quem haja sido solicitada essa emissão, ou a informação da data em que foi solicitada essa emissão.

Artigo 31º – Dos pedidos de informação apresentados por autoridades centrais estrangeiras

1. As autoridades centrais dos Estados membros da União Europeia podem dirigir aos serviços de identificação criminal pedidos de emissão de certificados de antecedentes criminais nos seguintes casos:

a) Para a instrução de processos criminais;

b) Para complemento de pedido de emissão de certificado do registo criminal apresentado nessa autoridade central por um português, por um cidadão que haja sido nacional português, ou por um cidadão que seja ou haja sido residente em Portugal;

c) Para satisfação de pedido dirigido a essa autoridade central por uma autoridade pública em nome e no interesse de cidadão português ou que tenha sido nacional português, ou por um cidadão que seja ou tenha sido residente em Portugal, precedendo autorização do próprio.

2. A emissão a que se refere a alínea *b*) do número anterior só pode ocorrer se o pedido tiver sido apresentado à autoridade central pelo titular da informação, ou por um terceiro expressamente mandatado para o efeito pelo titular, e se os elementos de identificação declarados tiverem sido verificados através de documento de identificação idóneo.

3. A emissão a que se refere a alínea *c*) do nº 1 só pode ocorrer se a autoridade central requerente confirmar ter existido prévia autorização do titular e se os elementos de identificação declarados tiverem sido verificados através de documento de identificação idóneo.

4. Os pedidos de emissão de certificados de antecedentes criminais apresentados pelas autoridades centrais dos Estados membros da União Europeia para outras finalidades ou em outras condições não podem ser satisfeitos.

Artigo 32º - Conteúdo das respostas aos pedidos de informação das autoridades centrais estrangeiras

1. Os certificados do registo criminal emitidos em resposta a pedidos apresentados por autoridades centrais de outros Estados membros para a instrução de processos criminais devem conter:

a) As decisões vigentes no registo criminal;

b) Outras decisões comunicadas pelos Estados membros ou por países terceiros que constem vigentes no registo especial de decisões estrangeiras.

2. Os certificados emitidos em resposta a pedidos apresentados por autoridades centrais de outros Estados membros para complemento de pedido de emissão de certificado do registo criminal aí apresentado por um particular ou àquelas dirigido por autoridade pública, são emitidos de acordo com as normas legais aplicáveis à emissão de certificados do registo criminal requeridos por particulares, com referência:

a) Às decisões de tribunais portugueses vigentes no registo criminal;

b) Às decisões de tribunais estrangeiros vigentes no registo criminal que apliquem penas ou medidas de segurança por crimes equivalentes aos crimes de violência doméstica, de maus tratos ou contra a liberdade e autodeterminação sexual, nos casos em que a finalidade a que se destina o certificado envolva contacto regular com menores.

Artigo 33º - Pedido de cópia de decisões nacionais

Os serviços de identificação criminal podem solicitar aos tribunais cópia de decisões judiciais por estes transmitidas e registadas no registo criminal, nomeadamente para efeitos de remessa às autoridades centrais de outros Estados membros.

Artigo 34º – Suporte da transmissão de informações

A transmissão de informações entre os serviços de identificação criminal e as autoridades centrais dos restantes Estados membros da União Europeia é efetuada por via eletrónica, através do sistema de informação de suporte ao funcionamento do registo criminal ou através do sistema de informação disponibilizado para o efeito pelas instituições europeias competentes, sem prejuízo da possibilidade de ser efetuada por qualquer meio suscetível de deixar registo escrito nas situações de ausência de meios técnicos aptos à transmissão eletrónica.

Artigo 35º – Relação com outros instrumentos jurídicos

1. Nas relações entre Estados membros da União Europeia as disposições legais que concretizam a transposição da Decisão-Quadro 2009/315/JAI, do Conselho, de 26 de fevereiro de 2009, completam o disposto no artigo 13º da Convenção Europeia de Auxílio Judiciário Mútuo em Matéria Penal e seus Protocolos Adicionais, bem como a Convenção Relativa ao Auxílio Judiciário Mútuo em Matéria Penal entre os Estados membros da União Europeia e seu Protocolo, renunciando Portugal a invocar nessas relações as reservas que haja formulado relativamente àquela norma.

2. Nas relações entre Estados membros da União Europeia as disposições que concretizam a transposição da Decisão-Quadro 2009/315/JAI, do Conselho, de 26 de fevereiro de 2009, substituem o disposto no artigo 22º da Convenção Europeia de Auxílio Judiciário Mútuo em Matéria Penal.

CAPÍTULO VI – Troca de informações com Estados que não sejam membros da União Europeia

Artigo 36º – Comunicação de condenações

1. As decisões condenatórias de cidadãos estrangeiros nacionais de Estados que não sejam membros da União Europeia proferidas por tribunais portugueses podem ser comunicadas pelos serviços de identificação criminal às autoridades centrais desses Estados nos termos estabelecidos em convenção ou acordo internacional vigente, assegurado que seja tratamento recíproco relativamente à comunicação de condenações de portugueses nesse Estado.

2. As decisões condenatórias de cidadãos portugueses maiores de 16 anos proferidas por tribunais de Estados que não sejam membros da União Europeia que sejam comunicadas a Portugal nos termos estabelecidos em convenção ou acordo internacional vigente, são inscritas no registo criminal desde que se refiram a factos previstos como crime na lei portuguesa e permitam a identificação da pessoa a que se referem, aplicando-se-lhes o disposto nos nºs 3 e 4 do artigo 27º

Artigo 37º – Troca de informações sobre antecedentes criminais

1. Os pedidos de informação sobre antecedentes criminais dirigidos aos serviços de identificação criminal por entidades de Estado que não seja membro da União Europeia são satisfeitos nos termos estabelecidos em convenção ou acordo internacional vigente que o preveja, ou de acordo com o determinado no despacho de autorização do membro do Governo responsável pela área da justiça, assegurado que seja tratamento recíproco às entidades nacionais, aplicando-se-lhes subsidiariamente as disposições da presente lei que regulam a satisfação dos pedidos de entidades nacionais para fins de instrução de processos criminais.

2. Os serviços de identificação criminal podem dirigir pedidos de informação sobre antecedentes criminais a Estados que não sejam membros da União Europeia, nos termos estabelecidos em convenção ou acordo internacional vigente que o preveja, sempre que tal seja solicitado por uma das entidades referidas nas alíneas *a*) a *f*) do nº 2 do artigo 8º

CAPÍTULO VII – Proteção de dados pessoais

Artigo 38º – Entidade responsável pelas bases de dados

1. O diretor-geral da Administração da Justiça é o responsável pelas bases de dados de identificação criminal, nos termos e para os efeitos definidos na Lei nº 67/98, de 26 de outubro.

2. Cabe ao diretor-geral da Administração da Justiça assegurar o direito de informação e de acesso aos dados pelos respetivos titulares, a correção de inexatidões, o completamento de omissões, a supressão de dados indevidamente registados, bem como velar pela legalidade da consulta ou da comunicação da informação.

Artigo 39º – Condições de utilização dos dados

1. Os dados pessoais recebidos das autoridades centrais de outros Estados membros em respostas a pedidos dos serviços de identificação criminal para fins relativos a processos penais apenas podem ser utilizados para os fins para que foram solicitados, exceto em situações de ameaça iminente e grave para a segurança pública.

2. Os dados pessoais recebidos das autoridades centrais de outros Estados membros em respostas a pedidos dos serviços de identificação criminal para fins que não sejam relativos a processos penais apenas podem ser utilizados para os fins para que foram solicitados, exceto em situações de ameaça iminente e grave para a segurança pública.

3. Na transmissão de informação a países terceiros os serviços de identificação criminal devem tomar as medidas necessárias para assegurar que os dados pessoais recebidos de outros Estados membros são submetidos a limites de utilização idênticos aos aplicáveis à transmissão de dados a Estados membros da União Europeia.

Artigo 40º – Acesso à informação pelo titular

1. O titular da informação, ou quem prove efetuar o pedido em seu nome, tem o direito de tomar conhecimento dos dados que ao mesmo disserem respeito constantes dos registos da competência dos serviços de identificação criminal, podendo exigir a sua retificação e atualização ou a supressão de dados indevidamente registados.

2. O conhecimento da informação constante de qualquer dos registos da competência dos serviços de identificação criminal concretiza-se com a emissão de um certificado de acesso ao registo, o qual certifica o conteúdo integral do registo dessa pessoa, ou a ausência de informação em registo sobre esse pessoa, não podendo ser utilizado para nenhum outro efeito.

Artigo 41º – Dados incorreta ou indevidamente registados

1. São dados incorreta ou indevidamente registados os que se não mostrem conformes com o teor da comunicação efetuada pelos tribunais ou pelas autoridades centrais aos serviços de identificação criminal.

2. Sendo invocada desconformidade entre o teor da comunicação efetuada pelos tribunais ou pelas autoridades centrais aos serviços de identificação criminal e a situação processual, os serviços de identificação criminal comunicam a situação à entidade remetente da informação para que esta promova as alterações que entenda necessárias.

Artigo 42º – Reclamações e recursos

1. Compete ao diretor-geral da Administração da Justiça decidir sobre as reclamações respeitantes ao acesso à informação em matéria de identificação criminal e seu conteúdo, cabendo recurso da sua decisão.

2. O recurso sobre a legalidade do conteúdo dos certificados do registo criminal é interposto para o tribunal de execução das penas.

Artigo 43º – Violação de normas relativas a ficheiros e impressos

1. A violação das normas relativas a ficheiros informatizados de identificação criminal ou de contumazes é punida nos termos do disposto na secção III do capítulo VI da Lei nº 67/98, de 26 de outubro.

2. A falsificação dos modelos oficiais de certificados do registo criminal e de contumácia, o uso destes documentos falsificados e a falsificação de outros impressos de modelo oficial da identificação criminal constituem crime punível nos termos do artigo 256º do Código Penal.

CAPÍTULO VIII – Disposições finais

Artigo 44º – Parecer prévio

A elaboração de diplomas legais em que se preveja a ausência de antecedentes criminais para o exercício dc determinada profissão ou atividade por pessoa singular é precedida, necessariamente, de parecer da Direção-Geral de Reinserção e Serviços Prisionais.

Artigo 45º – Regulamentação

A presente lei é regulamentada no prazo de 90 dias a contar da sua publicação.

Artigo 46º - Norma revogatória

1. É revogada a Lei nº 57/98, de 18 de agosto, alterada pelo Decreto-Lei nº 323/2001, de 17 de dezembro, e pelas Leis nºs 113/2009, de 17 de setembro, 114/2009, de 22 de setembro, e 115/2009, de 12 de outubro.

2. O Decreto-Lei nº 381/98, de 27 de novembro, alterado pelos Decretos-Leis nºs 20/2007, de 23 de janeiro, e 288/2009, de 8 de outubro, mantém-se em vigor até à publicação da regulamentação referida no artigo anterior.

Aprovada em 20 de março de 2015.

A Presidente da Assembleia da República, *Maria da Assunção A. Esteves.*

Promulgada em 22 de abril de 2015.

Publique-se.

O Presidente da República, Aníbal Cavaco Silva.

Referendada em 23 de abril de 2015.

O Primeiro-Ministro, *Pedro Passos Coelho.*

Lei da Identificação Criminal – Regulamentação

Decreto-Lei nº 171/2015, de 25 de agosto*

A Lei nº 37/2015, de 5 de maio, estabelece o regime jurídico da identificação criminal e transpõe para a ordem jurídica interna a Decisão-Quadro nº 2009/315/JAI, do Conselho, de 26 de fevereiro de 2009, relativa à organização e ao conteúdo do intercâmbio de informações extraídas do registo criminal entre os Estados-Membros, revogando o anterior diploma legislativo enquadrador da matéria, a Lei nº 57/98, de 18 de agosto.

Tendo por objeto regulamentar e desenvolver os referidos princípios gerais da organização e do funcionamento da identificação criminal, pretende-se, com o presente decreto-lei, concentrar num único diploma todas as normas necessárias a uma tal regulamentação, estabelecendo as regras relativas à transmissão da informação aos serviços de identificação criminal, à organização do sistema de informação de suporte ao registo dessa informação e à concretização do acesso à mesma por quem possua legitimidade para tal.

Do mesmo modo elencam-se no presente decreto-lei todos os dados que devem constar em registo para a adequada prossecução das atribuições definidas, consagrando-se claramente o direito de acesso pelas pessoas singulares ou coletivas aos dados que lhes respeitem e estabelecendo-se a lista de medidas a adotar com o propósito de garantir a segurança da informação em registo.

Consagra-se no presente decreto-lei o Sistema de Informação de Identificação Criminal (SICRIM) como o sistema informatizado de suporte ao funcionamento dos serviços, nele se concretizando as regras de organização dos diversos registos que a lei estabelece.

É dado um particular ênfase à necessidade de que os dados de identificação dos titulares de registo sejam sempre os mais corretos e atuais, visando-se alcançar o mais

* Texto de acordo com a republicação do Decreto-Lei nº 115/2019, de 20 de agosto.

elevado grau de fidedignidade possível desta informação, para que a informação recebida sobre uma mesma pessoa possa ser sempre registada como tal, ainda que obtida sob identificações diversas.

Quanto mais rigorosa for esta atividade de identificação dos titulares da informação registada, mais fiável é a informação prestada aos diversos operadores e melhor garantidos ficam os direitos individuais dos cidadãos.

Assim, consagra-se no presente decreto-lei a necessidade de validação dos dados de identificação transmitidos aos serviços de identificação criminal em ficheiros informáticos de outras entidades públicas com atribuições nesta matéria, estabelecendo-se que os serviços de identificação criminal devem promover o permanente esclarecimento dos elementos relevantes na matéria junto dos próprios titulares da informação, de autoridades judiciárias ou policiais, ou de outros serviços responsáveis pela identificação de cidadãos e determinando-se que a informação transmitida aos diversos registos pelas entidades competentes não seja recebida se não permitir a identificação inequívoca da pessoa a que respeita.

A transmissão da informação sobre antecedentes criminais entre Estados-Membros da União Europeia, regulada pela Decisão-Quadro nº 2009/315/JAI, do Conselho, de 26 de fevereiro de 2009, fica agora pormenorizadamente regulada no ordenamento jurídico português, viabilizando não só o acesso à informação sobre as condenações criminais de cidadãos nacionais proferidas por qualquer Tribunal de um Estado-Membro da União Europeia, como também à informação sobre os antecedentes criminais dos cidadãos nacionais de outros Estados-Membros que sejam arguidos em processos criminais instaurados em Portugal.

O acesso à informação concretiza-se no presente decreto-lei mediante a obtenção de um certificado, em regra por via eletrónica, através de portal ou plataforma eletrónica, ou mediante utilização de *webservices* especificamente implementados para esse efeito por entidades públicas com legitimidade para acederem à informação, precedendo autorização do diretor-geral da Administração da Justiça.

Garante-se, desta forma, a facilidade e a celeridade na resposta aos pedidos de informação por parte das entidades públicas e dos particulares que dela necessitam, sem prejuízo de se acautelar a emissão de certificados em certas situações específicas em que aquelas soluções se não revelem adequadas.

Foram ouvidos a Comissão Nacional de Proteção de Dados, a Câmara dos Solicitadores, o Conselho Superior do Ministério Público, o Conselho Superior da Magistratura e a Ordem dos Advogados.

Foi promovida a audição do Sindicato dos Magistrados do Ministério Público, do Conselho Superior dos Tribunais Administrativos e Fiscais, do Conselho dos Oficiais de Justiça, do Sindicato dos Funcionários Judiciais, do Sindicato dos Oficiais de Justiça, da Associação Sindical dos Juízes Portugueses, do Conselho Distrital de Lisboa da Ordem dos Advogados, do Conselho Distrital dos Açores da Ordem dos Advogados, do Conselho Distrital de Coimbra da Ordem dos Advogados, do Conselho Distrital de Évora da Ordem dos Advogados, do Conselho Distrital de Faro da Ordem dos

Advogados, do Conselho Distrital da Madeira da Ordem dos Advogados e do Conselho Distrital do Porto da Ordem dos Advogados.

Assim:

Ao abrigo do disposto no artigo 45º da Lei nº 37/2015, de 5 de maio, e nos termos da alínea *c*) do nº 1 do artigo 198º da Constituição, o Governo decreta o seguinte:

CAPÍTULO I – Disposições gerais

Artigo 1º – Objeto

O presente decreto-lei regulamenta e desenvolve o regime jurídico da identificação criminal, aprovado pela Lei nº 37/2015, de 5 de maio, e o regime jurídico do registo das medidas tutelares educativas, previsto na Lei Tutelar Educativa, aprovada pela Lei nº 166/99, de 14 de setembro, alterada pela Lei nº 4/2015, de 15 de janeiro.

Artigo 2º – Sistema de Informação de Identificação Criminal

1. O Sistema de Informação de Identificação Criminal (SICRIM) é o ficheiro central informatizado que reúne a informação relativa aos registos a cargo dos serviços de identificação criminal, com a finalidade de organizar e manter atualizada a identificação dos titulares de registos e toda a informação registal a estes respeitante que deva permanecer em registo nos termos da lei da identificação criminal, da Lei Tutelar Educativa, aprovada pela Lei nº 166/99, de 14 de setembro, alterada pela Lei nº 4/2015, de 15 de janeiro, e do presente decreto-lei.

2. O SICRIM contém os dados de identificação dos titulares de registos mantidos no sistema nos termos da lei e a informação dos registos respeitantes a cada um deles, organizada separadamente por registo.

3. Os ficheiros informáticos do SICRIM estão localizados no Instituto de Gestão Financeira e Equipamentos da Justiça, I. P., a quem compete prestar todo o apoio técnico necessário ao funcionamento do sistema de informação.

Artigo 3º – Organização dos ficheiros informáticos

1. A organização e o funcionamento do SICRIM são da responsabilidade da Direção-Geral da Administração da Justiça, através dos serviços de identificação criminal.

2. São serviços de identificação criminal os serviços da Direção-Geral da Administração da Justiça a quem, na respetiva estrutura nuclear, estejam cometidas as competências necessárias à prossecução da atribuição de assegurar a identificação criminal.

3. Compete aos serviços de identificação criminal:

a) Assegurar a recolha, o tratamento e a conservação dos elementos de informação sujeitos a inscrição nos registos que a lei comete a seu cargo, promovendo a identificação dos titulares da informação registada;

b) Assegurar a concretização das formas de acesso à informação previstas na lei;

c) Assegurar a eliminação da informação cancelada dos registos que não possam ser mantidos em ficheiro nos termos da lei, bem como a seleção da informação que deva ser preservada;

d) Coordenar funcionalmente a ação dos serviços autorizados a intervir no processo de emissão de certificados nos termos do presente decreto-lei, transmitindo as instruções de ordem interna relativas à receção e verificação de documentos, ao controlo de dados, à cobrança das taxas devidas e aos demais procedimentos necessários;

e) Exercer as competências inerentes à qualidade de autoridade central portuguesa para efeitos do cumprimento das obrigações previstas na Decisão-Quadro nº 2009/315/ /JAI, do Conselho, de 26 de fevereiro de 2009;

f) Exercer as demais competências que a legislação reguladora da identificação criminal lhes comete.

CAPÍTULO II – Identificação dos titulares de registos

Artigo 4º – Identificação dos titulares de registos

1. A cada titular de informação em registo é atribuído um registo onomástico, comum a todos os registos que existam no sistema relativamente ao mesmo titular, no qual são registados os elementos de identificação comunicados pelos tribunais e pelas demais entidades remetentes da informação ou recolhidos pelos serviços de identificação criminal relativamente a esse titular.

2. Os dados de identificação comunicados são validados, sempre que possível, através de consulta em linha:

a) À base de dados de identificação civil do Instituto dos Registos e do Notariado, I. P.;

b) Ao Sistema Integrado de Informação do Serviço de Estrangeiros e Fronteiras, na medida estritamente necessária à validação em causa;

c) Ao ficheiro central de pessoas coletivas do Registo Nacional de Pessoas Coletivas, tratando-se de pessoas coletivas ou entidades equiparadas.

3. Os serviços de identificação criminal promovem a recolha dos elementos de identificação necessários ao esclarecimento inequívoco e permanente da identificação dos titulares de registo, nomeadamente junto dos próprios, de autoridades judiciárias ou policiais, de outros serviços responsáveis pela identificação de cidadãos ou de autoridades centrais de outros Estados-Membros.

4. Sem prejuízo do disposto no número anterior, compete ao Ministério Público e às demais autoridades judiciárias competentes no processo diligenciar no sentido de fazer constar dos autos os elementos necessários à identificação do arguido.

Artigo 5º – Dados de identificação objeto de registo

1. São registados os seguintes dados de identificação comunicados ou recolhidos relativamente a cada pessoa singular titular de registo:

a) Nome completo;

b) Filiação;

c) Naturalidade;

d) Data de nascimento;

e) Nacionalidade;
f) Sexo;
g) Estado civil;
h) Número de identificação civil;
i) Moradas.

2. Tratando-se de pessoa coletiva, ou entidade equiparada, são registados os seguintes dados de identificação comunicados ou recolhidos relativamente a cada titular:
a) Denominação;
b) Sede;
c) Data da constituição;
d) Número de identificação de pessoa coletiva;
e) Natureza jurídica;
f) Situação jurídica;
g) Códigos de atividade.

3. Além dos dados referidos nos números anteriores, constam do registo onomástico de cada titular os seguintes dados, quando aplicáveis:
a) Todos os dados previstos nos números anteriores, comunicados ou recolhidos relativamente ao mesmo titular, diferentes dos que constam no registo onomástico como identificação principal do arguido;
b) Número, tipo e imagens digitalizadas dos documentos de identificação;
c) Número de registo onomástico;
d) Número de identificação onomástico, na ausência de número de identificação civil;
e) Indicador da existência de impressões digitais;
f) Indicador de falecimento, respetiva data de ocorrência e referência ao número do assento de óbito;
g) Indicador de extinção de pessoa coletiva ou entidade equiparada e, resultando a extinção de fusão ou cisão, dados de identificação das pessoas coletivas ou entidades equiparadas que tiverem resultado da cisão ou em que a fusão se tiver efetivado;
h) Data de criação do registo onomástico;
i) Estado do registo onomástico;
j) Data de cancelamento do registo onomástico;
k) Data estimada de eliminação do registo onomástico;
l) Data da criação de cada registo relativo ao titular mantido no SICRIM;
m) Estado de cada registo relativo ao titular mantido no SICRIM;
n) Data estimada de cancelamento de cada registo relativo ao titular mantido no SICRIM;
o) Data de cancelamento de cada registo relativo ao titular mantido no SICRIM;
p) Data de unificação ou separação de registo onomástico;
q) Data estimada de eliminação de cada registo relativo ao titular mantido no SICRIM;
r) Data de eliminação de cada registo relativo ao titular mantido no SICRIM.

CAPÍTULO III – Informação sujeita a inscrição nos registos

Artigo 6º – Dados sujeitos a comunicação aos serviços de identificação criminal

1. Os dados a comunicar pelos tribunais portugueses relativamente às decisões sujeitas a inscrição no registo criminal, no registo de contumazes, no registo de medidas tutelares educativas e no ficheiro dactiloscópico de arguidos condenados, bem como à identificação da pessoa a que respeitam, são os que, constando dos autos, estejam abrangidos pelo elenco de dados registáveis definido na Lei nº 37/2015, de 5 de maio, ou na Lei Tutelar Educativa, aprovada pela Lei nº 166/99, de 14 de setembro, alterada pela Lei nº 4/2015, de 15 de janeiro, e no presente decreto-lei.

2. Os elementos a comunicar pelas autoridades centrais estrangeiras relativamente às decisões condenatórias e demais decisões subsequentes proferidas por tribunais de Estados-Membros da União Europeia que devam ser comunicadas a Portugal nos termos da Decisão-Quadro nº 2009/315/JAI, do Conselho, de 26 de fevereiro de 2009, são os que como tal são referidos nesta Decisão-Quadro.

Artigo 7º – Informação sujeita a inscrição no registo criminal

1. Está sujeita a inscrição no registo criminal a seguinte informação comunicada pelos tribunais portugueses e pelas autoridades centrais ou entidades competentes dos Estados a que se referem os capítulos V e VI da Lei nº 37/2015, de 5 de maio, e o presente decreto-lei:

a) Identificação do tribunal que proferiu a decisão, ou onde corre os seus termos o processo a que se reporta a informação transmitida;

b) Número do processo;

c) Números anteriores do processo;

d) Forma do processo;

e) Conteúdo da decisão;

f) Data e forma da decisão;

g) Tipo de crime e disposições legais aplicadas;

h) Números de identificação de processos abrangidos por decisão que aplique a pena em caso de concurso de crimes;

i) Penas ou medidas de segurança aplicadas;

j) Data e local da prática do crime;

k) Data do trânsito em julgado da decisão;

l) Data da extinção da pena ou da medida de segurança;

m) Causa da extinção da pena ou da medida de segurança;

n) Data de extinção da pessoa coletiva arguida;

o) Data da transmissão da informação aos serviços de identificação criminal;

p) Identificação do responsável pela transmissão da informação.

2. Além da informação referida no número anterior, constam do registo criminal os seguintes dados relativos ao registo criminal do titular, ou a cada comunicação constante deste registo, quando aplicáveis:

a) Data de criação do registo criminal;

b) Estado do registo criminal e de cada comunicação constante deste registo;
c) Data de inserção no SICRIM da informação recebida;
d) Data de devolução de informação recebida;
e) Data de registo da informação recebida no registo criminal;
f) Data estimada de cancelamento do registo criminal;
g) Data estimada de extinção das penas ou das medidas de segurança aplicadas;
h) Data de cancelamento do registo criminal e de cada comunicação constante deste registo;
i) Data estimada de eliminação do registo criminal;
j) Indicação do país e autoridade central remetente da informação recebida do estrangeiro;
k) Indicador da inibição de obtenção de certificado do registo criminal por contumácia.

Artigo 8º – Informação sujeita a inscrição no registo de contumazes

1. Está sujeita a inscrição no registo de contumazes a seguinte informação comunicada pelos tribunais:
a) Identificação do tribunal que proferiu as decisões de declaração e cessação da contumácia;
b) Número do processo;
c) Números anteriores do processo;
d) Data das decisões e fase processual em que foram proferidas;
e) Efeitos especiais da declaração de contumácia;
f) Motivo da cessação da contumácia;
g) Data do trânsito em julgado das decisões;
h) Data da transmissão da informação aos serviços de identificação criminal;
i) Identificação do responsável pela transmissão da informação.

2. Além da informação referida no número anterior constam do registo de contumazes os seguintes dados relativos ao registo de contumaz do titular ou a cada comunicação constante deste registo, quando aplicáveis:
a) Data de criação do registo de contumaz;
b) Estado do registo de contumaz e de cada comunicação constante deste registo;
c) Data de inserção no SICRIM da informação recebida;
d) Data de devolução de informação recebida;
e) Data de registo da informação recebida no registo de contumaz;
f) Data de cancelamento do registo de contumaz e de cada comunicação constante deste registo;
g) Data estimada de eliminação do registo de contumaz.

Artigo 9º – Informação sujeita a inscrição no registo de medidas tutelares educativas

1. Está sujeita a inscrição no registo de medidas tutelares educativas a seguinte informação comunicada pelos tribunais:
a) Identificação do tribunal que proferiu a decisão, ou onde corre os seus termos o processo a que se reporta a informação transmitida;

b) Número do processo;

c) Números anteriores do processo;

d) Conteúdo da decisão;

e) Data e forma da decisão;

f) Factos imputados ao jovem e disposições legais aplicadas;

g) Medidas tutelares educativas aplicadas;

h) Data do trânsito em julgado da decisão;

i) Data da extinção da medida tutelar educativa aplicada;

j) Causa da extinção da medida tutelar educativa aplicada;

k) Data da transmissão da informação aos serviços de identificação criminal;

l) Identificação do responsável pela transmissão da informação.

2. Além da informação referida no número anterior constam do registo de medidas tutelares educativas os seguintes dados relativos ao registo do titular ou a cada comunicação constante deste registo, quando aplicáveis:

a) Data de criação do registo de medidas tutelares educativas;

b) Estado do registo de medidas tutelares educativas e de cada comunicação constante deste registo;

c) Data de inserção no SICRIM da informação recebida;

d) Data de devolução de informação recebida;

e) Data de registo da informação recebida no registo de medidas tutelares educativas;

f) Data estimada de cancelamento do registo de medidas tutelares educativas;

g) Data estimada de extinção da medida tutelar educativa aplicada;

h) Data de cancelamento do registo de medidas tutelares educativas;

i) Data estimada de eliminação do registo de medidas tutelares educativas;

j) Indicador da inibição de obtenção de certificado do registo de medidas tutelares educativas por contumácia.

Artigo 10º – Informação sujeita a inscrição no registo especial de decisões estrangeiras

1. Está sujeita a inscrição no registo especial de decisões estrangeiras toda a informação mencionada no nº 1 do artigo 7º que seja comunicada pelas autoridades centrais de Estados-Membros da União Europeia nos termos da Decisão-Quadro nº 2009/315/ /JAI, do Conselho, de 26 de fevereiro de 2009.

2. Está ainda sujeita a inscrição no registo especial de decisões estrangeiras a seguinte informação comunicada pelas autoridades centrais referidas no número anterior:

a) Impressões digitais do arguido;

b) Pseudónimos ou alcunhas do arguido;

c) Outras informações sobre a condenação inscritas no registo criminal do Estado-Membro remetente;

d) Comunicação de que as informações sobre as condenações pronunciadas não podem ser retransmitidas a outros Estados-Membros para outros fins que não um processo penal.

3. Além da informação referida nos números anteriores, constam do registo especial de decisões estrangeiras os seguintes dados relativos ao registo do titular ou a cada comunicação constante deste registo, quando aplicáveis:

a) Data de criação do registo especial de decisões estrangeiras;

b) Estado do registo especial de decisões estrangeiras e de cada comunicação constante deste registo;

c) Indicação do país e autoridade central remetentes da informação;

d) Data de inserção no SICRIM da informação recebida;

e) Data de devolução de informação recebida;

f) Data do registo da informação recebida no registo especial de decisões estrangeiras;

g) Data estimada de cancelamento do registo especial de decisões estrangeiras e de cada comunicação constante deste registo;

h) Data estimada de eliminação do registo especial de decisões estrangeiras.

Artigo 11º – Informação sujeita a inscrição no ficheiro dactiloscópico de arguidos condenados

1. Está sujeita a inscrição no ficheiro dactiloscópico de arguidos condenados a seguinte informação comunicada pelos tribunais portugueses e pelas autoridades centrais ou entidades competentes dos Estados a que se referem os capítulos V e VI da Lei nº 37/2015, de 5 de maio, e o presente decreto-lei:

a) Impressões digitais recolhidas aos arguidos condenados;

b) Assinatura recolhida ao arguido condenado;

c) Indicação do tribunal e do processo em que hajam sido recolhidas.

2. Além da informação referida no número anterior, constam do ficheiro dactiloscópico de cada titular os seguintes dados relativos ao seu registo ou a cada comunicação constante do registo, quando aplicáveis:

a) Data de criação do registo;

b) Estado do registo e de cada comunicação constante deste registo;

c) Data de inserção no SICRIM da informação recebida;

d) Data de devolução de informação recebida;

e) Data do registo no SICRIM da informação recebida;

f) Data estimada de cancelamento do registo;

g) Data de cancelamento do registo;

h) Data estimada de eliminação do registo.

CAPÍTULO IV – Transmissão da informação aos serviços de identificação criminal

Artigo 12º – Transmissão de informação aos serviços de identificação criminal pelos tribunais portugueses

1. Os tribunais portugueses comunicam aos serviços de identificação criminal os elementos relativos às decisões sujeitas, nos termos da lei, a inscrição no registo criminal, no registo de contumazes, no registo de medidas tutelares educativas e no ficheiro dactiloscópico de arguidos condenados, por ligação eletrónica direta entre o sistema de gestão processual dos tribunais e o SICRIM, mediante formatos eletrónicos normalizados, disponibilizados pelos serviços de identificação criminal e pelo Instituto de Gestão Financeira e Equipamentos da Justiça, I. P..

2. A comunicação prevista no número anterior deve efetuar-se logo após o trânsito em julgado da decisão, sem prejuízo da oportuna recolha das impressões digitais e da assinatura do arguido imediatamente após o encerramento da audiência de julgamento.

3. Na eventualidade de vir a ser proferida, em sede de recurso, uma decisão transitada em julgado que absolva o arguido de todas as acusações contra si formuladas no processo, o documento no qual tenham sido oportunamente recolhidas as impressões digitais e a assinatura do arguido é destruído de imediato.

4. As comunicações eletrónicas efetuadas pelos tribunais aos serviços de identificação criminal são por estes devolvidas se não permitirem a identificação inequívoca da pessoa a que respeitam, se não incluírem todos os elementos necessários ao registo da decisão em causa ou se contiverem elementos incorretos ou contraditórios, devendo o fundamento da devolução ser comunicado aos tribunais.

5. As comunicações eletrónicas aceites pelos serviços de identificação criminal são registadas no SICRIM e este registo é objeto de confirmação ao tribunal remetente.

6. Compete aos responsáveis pelas unidades de processo garantir a oportuna efetivação das comunicações a que se referem os nºs 1 e 2, bem como a verificação regular da inexistência no processo de comunicações ao SICRIM cujo registo não haja sido confirmado pelos serviços de identificação criminal, ou que hajam sido devolvidas, devendo ser promovida a regularização das situações detetadas.

Artigo 13º – Transmissão de informação aos serviços de identificação criminal pelas autoridades centrais de outros Estados-Membros

1. As decisões condenatórias e demais decisões subsequentes proferidas por tribunais de Estados-Membros da União Europeia que devam ser comunicadas a Portugal nos termos da Decisão-Quadro nº 2009/315/JAI, do Conselho, de 26 de fevereiro de 2009, são comunicadas aos serviços de identificação criminal pelas autoridades centrais desses Estados-Membros por via eletrónica, através do Sistema Europeu de Informação sobre Registos Criminais ou, não sendo tal possível, por qualquer meio suscetível de deixar registo escrito e em condições que permitam aos serviços de identificação criminal comprovar a sua autenticidade.

2. São devolvidas pelos serviços de identificação criminal as comunicações que não permitam a identificação inequívoca da pessoa a que respeitam, que não incluam todos os elementos necessários ao registo da decisão em causa ou que contenham elementos incorretos ou contraditórios.

3. As comunicações eletrónicas aceites pelos serviços de identificação criminal são objeto de confirmação à autoridade remetente logo após o respetivo registo no SICRIM.

Artigo 14º - Transmissão de informação aos serviços de identificação criminal nos termos de convenção ou acordo internacional

1. As decisões condenatórias e demais decisões proferidas por tribunais de Estados que não sejam membros da União Europeia são comunicadas aos serviços de identificação criminal nos termos estabelecidos em convenção ou acordo internacional.

2. São devolvidas pelos serviços de identificação criminal as comunicações que não permitam a identificação inequívoca da pessoa a que respeitam, que não possuam os requisitos impostos pela lei de identificação criminal para a respetiva inscrição no registo criminal, que não incluam todos os elementos necessários a essa inscrição no registo criminal ou que contenham elementos incorretos ou contraditórios.

3. As comunicações aceites pelos serviços de identificação criminal são registadas no SICRIM.

CAPÍTULO V - Acesso à informação em registo

Artigo 15º - Concretização do acesso à informação

1. O acesso à informação em registo concretiza-se com a emissão de um certificado do registo a que o pedido respeite.

2. A emissão de um certificado ocorre:

a) Quando é solicitada por entidade habilitada a aceder à informação nos termos da lei de identificação criminal;

b) Quando seja pedido um código de acesso ao registo criminal ou ao registo de contumazes pelo próprio titular, ou por um seu representante com legitimidade nos termos da lei de identificação criminal;

c) Em cada acesso à informação por quem detenha um código de acesso ao registo criminal ou ao registo de contumazes e o utilize no decurso do respetivo período de vigência;

d) Sempre que seja solicitada por quem possua legitimidade para tal nos termos da lei de identificação criminal.

3. Os certificados cuja emissão não resulte da utilização de um código de acesso têm um prazo de validade de três meses a contar da data da sua emissão.

4. *(Revogado.)*

5. *(Revogado.)*

Artigo 16º - Acesso à informação por entidades legalmente habilitadas

1. As entidades legalmente habilitadas a acederem à informação em registo solicitam a emissão de um certificado e obtêm-no através de portal ou de plataforma eletrónica disponibilizados para o efeito pelos serviços de identificação criminal, ou mediante consulta em linha com utilização de webservices especificamente implementados para esse efeito, precedendo autorização do diretor-geral da Administração da Justiça.

2. O acesso ao portal, ou a utilização do webservice, apenas pode ser efetuado por utilizador vinculado à entidade legalmente habilitada a quem haja sido atribuído um nome de utilizador e uma palavra-chave.

3. O acesso a que se refere a alínea *a*) do nº 1 do artigo 8º da Lei nº 37/2015, de 5 de maio, salvo indicação em contrário, pode também ser exercido pelos oficiais de justiça das unidades orgânicas onde sejam tramitados os processos que se visam instruir.

4. As autoridades centrais de Estados-Membros da União Europeia solicitam a emissão de certificados utilizando o Sistema Europeu de Informação sobre Registos Criminais, através da rede de comunicações segura definida pela Comissão Europeia.

5. Em casos excecionais, designadamente de inoperacionalidade temporária de sistema informático de suporte, pode ser autorizada pelos serviços de identificação criminal a emissão de certificados solicitada por entidades legalmente habilitadas por qualquer outra via suscetível de deixar registo escrito e que permita comprovar a respetiva autenticidade.

6. O certificado emitido nos termos dos números anteriores certifica o conteúdo, ou a ausência de conteúdo, do registo em causa relativamente à pessoa nele identificada, de acordo com o que a lei de identificação criminal dispõe para a finalidade a que o certificado se destine, com referência à data e hora da emissão.

7. O acesso à informação do registo criminal pelo Instituto dos Mercados Públicos, do Imobiliário e da Construção, I. P., é efetuado mediante consulta em linha, através de webservice, nos termos do nº 1, relativamente a todos os inscritos no Portal dos Fornecedores do Estado de que seja necessária informação, apenas sendo emitido certificado do registo criminal no caso de dever ser certificada informação vigente neste registo.

Artigo 17º – Termos do acesso à informação por entidades legalmente habilitadas

1. Os pedidos de emissão de certificado a que se refere o artigo anterior devem mencionar:

a) A identificação da entidade que formula o pedido;

b) O tipo de certificado pedido;

c) Os dados de identificação da pessoa de quem é pedido o certificado;

d) A finalidade a que se destina o certificado;

e) O tipo e, se for o caso, o número do processo que se visa instruir.

2. Tratando-se de pedido de emissão de certificado formulado por entidade pública para cumprimento de exigência legal de apresentação de certificado do registo criminal em procedimento administrativo é, ainda, obrigatória a declaração de que a pessoa de quem é pedida informação autorizou previamente o acesso, podendo os serviços de identificação criminal exigir cópia da autorização.

3. O pedido de emissão de certificado é fundamentadamente devolvido pelos serviços de identificação criminal se faltar algum dos elementos referidos nos números anteriores, ou se os dados de identificação comunicados não permitirem a identificação inequívoca da pessoa de quem é pedida informação.

Artigo 18º – Informação sobre contumácia

Estando em causa a necessidade de conhecimento da informação constante do registo de contumazes por entidades públicas a quem incumba assegurar a execução dos efeitos da contumácia, pode ser autorizado pelos serviços de identificação criminal o estabelecimento de uma ligação em linha que permita sinalizar automaticamente àquela entidade a existência de um registo de contumaz vigente, para efeitos de impedimento da prática de quaisquer atos relativos a cidadão contumaz.

Artigo 19º – Acesso à informação pelo próprio titular da informação ou por seu representante

1. O pedido de um código de acesso ao registo criminal ou ao registo de contumazes de pessoa singular é efetuado pessoalmente pelo próprio titular da informação, ou por um seu representante com legitimidade para o efeito nos termos da lei de identificação criminal.

2. O pedido de um código de acesso ao registo criminal ou ao registo de contumazes de pessoa coletiva ou entidade equiparada é efetuado pessoalmente por um seu representante legal, ou por um terceiro autorizado por escrito por um representante legal.

3. Os pedidos referidos nos números anteriores podem, também, ser formulados pelo próprio titular da informação ou por um representante legal de pessoa coletiva ou entidade equiparada através de plataforma eletrónica, gerida pelo Ministério da Justiça, acessível nomeadamente através do Portal ePortugal.

4. O código de acesso ao registo criminal ou ao registo de contumazes é facultado em certificado do registo emitido quando do pedido, identifica o respetivo titular e a finalidade a que o acesso se destina e permite o acesso à informação em registo para essa finalidade durante o respetivo período de vigência, escolhido pelo requerente, até ao limite máximo de um ano.

5. Os certificados emitidos nos termos dos números anteriores certificam o conteúdo, ou a ausência de conteúdo do registo em causa relativamente ao seu titular, de acordo com o que a lei de identificação criminal dispõe para a finalidade a que se destine o acesso, com referência à data e hora dessa emissão.

6. Para efeitos do disposto nos nºs 3 e 4 do artigo 29º da Lei nº 37/2015, de 5 de maio, a emissão de um certificado do registo criminal por utilização do código de acesso apenas determina que seja dirigido um pedido de emissão de certificado do registo criminal à autoridade central do Estado-Membro da nacionalidade do titular decorridos que sejam 60 dias contados da data da receção do último certificado desse titular emitido por aquela autoridade central ou, não tendo sido recebido certificado, do termo do prazo legal de que aquela autoridade central dispunha para o efeito.

7. O código de acesso ao registo criminal ou ao registo de contumazes pode ser facultado pelo seu titular à entidade que haja solicitado a apresentação de certificado do registo em causa, o que preenche, para todos os efeitos legais, a exigência legal de apresentação de certificado.

8. Os titulares da informação residentes no estrangeiro podem pedir um código de acesso ao registo criminal ou ao registo de contumazes através da remessa aos serviços de identificação criminal de formulário disponibilizado na página na Internet destes serviços.

Artigo 19º-A – Acesso à informação do registo de medidas tutelares educativas

O pedido de emissão de um certificado do registo de medidas tutelares educativas é efetuado pessoalmente por quem para tal possua legitimidade nos termos da lei de identificação criminal ou da lei tutelar educativa, aplicando-se o disposto nos artigos 20º a 22º, com as necessárias adaptações.

Artigo 20º – Apresentação pessoal do pedido de código de acesso

1. A apresentação pessoal do pedido de um código de acesso ao registo criminal ou ao registo de contumazes pode ser efetuada:

a) Nos serviços de identificação criminal;

b) Nas unidades centrais ou secções de proximidade de secretarias judiciais de tribunais de comarca sediadas em localidades onde não existam serviços de identificação criminal;

c) Nos demais postos de atendimento que hajam sido autorizados pelo diretor-geral da Administração da Justiça a submeterem pedidos de obtenção de códigos de acesso ao registo criminal ou ao registo de contumazes, ou de emissão de certificados, no sistema informático disponibilizado pelos serviços de identificação criminal.

2. O código de acesso ao registo criminal ou ao registo de contumazes e o certificado onde o mesmo consta são transmitidos eletronicamente ao posto onde o pedido de emissão foi submetido, para entrega ao requerente.

Artigo 21º – Requisitos do pedido de código de acesso apresentado pelo próprio

1. O titular da informação que solicite um código de acesso ao registo criminal ou ao registo de contumazes deve provar ser o próprio titular, comprovar os seus dados de identificação mediante a apresentação do seu cartão do cidadão ou bilhete de identidade, ou de outro documento de identificação idóneo para esse efeito, indicar a finalidade a que se destina o acesso ao registo e o prazo escolhido para a vigência do código de acesso.

2. Sendo o pedido efetuado através de plataforma eletrónica, a comprovação da legitimidade do titular e dos seus dados de identificação é efetuada por autenticação com o cartão de cidadão ou chave móvel digital.

3. *(Revogado.)*

Artigo 22º – Pedido de código de acesso apresentado por representante

1. Podem pedir um código de acesso ao registo criminal ou ao registo de contumazes em nome ou no interesse do próprio titular da informação:

a) Os ascendentes de titular menor;

b) O tutor ou curador de titular incapaz;

c) Qualquer terceiro expressamente autorizado por escrito para esse ato pelo titular.

2. Os requerentes mencionados nas alíneas *a*) e *b*) do número anterior devem provar a qualidade em que efetuam o pedido, comprovar os dados de identificação do titular da informação através da apresentação do seu cartão do cidadão ou bilhete de identidade, ou de outro documento de identificação idóneo para esse efeito, indicar a finalidade a que se destina o acesso ao registo e o prazo escolhido para a vigência do código de acesso.

3. Um terceiro autorizado pelo titular da informação a efetuar o pedido de código de acesso ao registo criminal ou ao registo de contumazes deve apresentar declaração deste, assinada em conformidade com o documento que for apresentado, onde conste:

a) O nome completo do titular da informação e o número do seu cartão do cidadão ou bilhete de identidade, ou de outro documento de identificação idóneo;

b) O nome completo e o número do cartão do cidadão ou bilhete de identidade, ou de outro documento de identificação idóneo, da pessoa autorizada;

c) A declaração de que autoriza o pedido de um código de acesso ao seu registo criminal ou ao seu registo de contumazes, com menção da finalidade a que se destina o acesso e do prazo de vigência do código de acesso.

4. Além da declaração mencionada no número anterior, o terceiro autorizado deve apresentar o seu documento de identificação mencionado na declaração de autorização, bem como o documento de identificação do titular da informação comprovativo do teor da sua assinatura e dos respetivos dados de identificação, ou a sua cópia certificada.

Artigo 23º – Residentes do estrangeiro

1. Os titulares da informação que sejam residentes no estrangeiro podem apresentar o pedido de um código de acesso ao registo criminal ou ao registo de contumazes pela remessa aos serviços de identificação criminal de formulário disponibilizado no sítio destes serviços na Internet, devidamente preenchido e assinado e acompanhado de cópias dos documentos necessários para provar a legitimidade do requerente, os dados de identificação declarados e a realização do pagamento devido pela emissão solicitada.

2. O código de acesso ao registo criminal ou ao registo de contumazes pedido nos termos do número anterior, bem como o certificado onde o mesmo consta, são remetidos ao requerente para o endereço eletrónico que por este for indicado para o efeito ou, se o requerente assim o solicitar, por correio, simples ou registado, para a morada que for indicada, mediante prévio pagamento das despesas de remessa nos termos fixados por despacho do diretor-geral da Administração da Justiça.

Artigo 24º – Requisitos do pedido de código de acesso de pessoa coletiva ou entidade equiparada

1. O representante legal de pessoa coletiva ou entidade equiparada que solicite um código de acesso ao registo criminal ou ao registo de contumazes desta deve:

a) Apresentar documento comprovativo da denominação e do número de identificação da pessoa coletiva ou entidade equiparada;

b) Comprovar os seus poderes de representação através da exibição de documento comprovativo dos mesmos, ou por outros meios legalmente admissíveis para o efeito;

c) Comprovar os seus dados de identificação civil mediante a apresentação do cartão do cidadão ou bilhete de identidade, ou de outro documento de identificação idóneo para esse efeito;

d) Indicar a finalidade a que se destina o acesso;

e) Indicar o prazo escolhido para a vigência do código de acesso.

2. Sendo o pedido efetuado através de plataforma eletrónica a comprovação referida nas alíneas *a*) e *b*) do número anterior é efetuada por consulta em linha ao ficheiro central de pessoas coletivas do Registo Nacional de Pessoas Coletivas ou ao Registo Comercial, tratando-se de entidade a ele sujeita, ou, ainda, não sendo esta possível, mediante apresentação de certidão permanente, e a comprovação referida na alínea c) é efetuada por autenticação com o cartão de cidadão ou chave móvel digital.

3. *(Revogado.)*

Artigo 25º – Requisitos do pedido de código de acesso apresentado por um terceiro autorizado

1. O terceiro autorizado pelo representante legal de pessoa coletiva ou entidade equiparada a pedir um código de acesso ao registo criminal ou ao registo de contumazes desta deve apresentar declaração escrita e assinada por um representante legal, onde conste:

a) A denominação e o número de identificação da pessoa coletiva ou entidade equiparada;

b) O nome completo e o número do cartão do cidadão ou bilhete de identidade, ou de outro documento de identificação idóneo, do representante legal, bem como a qualidade em que atua;

c) O nome completo e o número do cartão do cidadão ou bilhete de identidade, ou de outro documento de identificação idóneo, da pessoa autorizada;

d) A declaração de que autoriza o pedido de um código de acesso ao registo criminal ou ao registo de contumazes da pessoa coletiva ou entidade equiparada com menção da finalidade a que se destina o acesso ao registo e o prazo escolhido para a vigência do código de acesso.

2. Além da declaração mencionada no número anterior, o terceiro autorizado deve:

a) Apresentar documento comprovativo da denominação e do número de identificação da pessoa coletiva ou entidade equiparada;

b) Apresentar o seu documento de identificação mencionado na declaração de autorização;

c) Apresentar o documento de identificação do representante legal da pessoa coletiva ou entidade equiparada comprovativo do teor da sua assinatura e dos respetivos dados de identificação, ou a sua cópia certificada;

d) Comprovar os poderes de representação do representante legal, através da exibição de documento comprovativo dos mesmos, ou por outros meios legalmente admissíveis para o efeito.

3. O terceiro autorizado está dispensado da apresentação de documentos em posse de qualquer serviço ou organismo da Administração Pública quando o seu titular dê consentimento para a entidade responsável pela emissão do certificado proceder à sua obtenção, nos termos do artigo 28º-A do Decreto-Lei nº 135/99, de 22 de abril, alterado pelos Decretos-Leis nºs 29/2000, de 13 de março, 72-A/2010, de 18 de junho, e 73/2014, de 13 de maio.

Artigo 25º-A – Cancelamento do código de acesso ao registo criminal ou ao registo de contumazes

1. O código de acesso ao registo criminal ou ao registo de contumazes pode ser cancelado, a todo o tempo, a pedido do próprio titular da informação, ou de um seu representante, bem como do representante legal de pessoa coletiva ou entidade equiparada, ou de um terceiro por este autorizado.

2. O pedido de cancelamento do código de acesso ao registo criminal ou ao registo de contumazes é efetuado pessoalmente, nos termos e nas condições em que pode ser pedida a obtenção do mesmo, com as devidas adaptações.

3. O pedido de cancelamento do código de acesso ao registo criminal ou ao registo de contumazes pode, também, ser efetuado através da plataforma eletrónica a que se refere o nº 3 do artigo 19º, nos termos e nas condições em que pode ser pedida a obtenção do mesmo por essa via.

4. O código de acesso ao registo criminal ou ao registo de contumazes pode, ainda, ser cancelado a todo o tempo pelos serviços de identificação criminal, se existirem alterações nos dados de identificação do titular ou se surgirem dúvidas supervenientes sobre esses dados que o justifiquem.

Artigo 26º – Acesso à informação do registo de contumazes por terceiros

1. Quem pretenda aceder ao registo de contumazes de terceiro sem autorização do próprio deve provar que efetua o pedido com a finalidade de acautelar interesses ligados à celebração de negócio jurídico com contumaz ou para instruir processo da sua anulação, e fornecer os dados de identificação necessários à identificação inequívoca da pessoa a cujo registo pretende aceder.

2. O acesso ao registo de contumazes nos termos do número anterior concretiza-se na emissão de um certificado de contumácia cujo conteúdo se restringe ao despacho que declarar a contumácia, se existir, ou à certificação da respetiva inexistência.

Artigo 27º – Indeferimento do pedido

O pedido de obtenção de um código de acesso ao registo criminal ou ao registo de contumazes, ou de emissão de certificado, é fundamentadamente indeferido pelos serviços de identificação criminal:

a) Se não for efetuada a prova da legitimidade da entidade que o solicita, ou do requerente, nos termos previstos nos artigos anteriores;

b) Se os dados de identificação da pessoa de quem é pedido um código de acesso ao registo criminal ou ao registo de contumazes, ou um certificado, transmitidos aos serviços de identificação criminal, ou os documentos de identificação dela apresentados, não permitirem a sua identificação inequívoca;

c) Se não forem observados quaisquer outros requisitos de que a lei de identificação criminal ou o presente decreto-lei façam depender o acesso ao registo.

Artigo 28º - Acesso à informação para fins de investigação científica ou estatísticos

1. O acesso à informação para fins de investigação científica ou estatísticos é solicitado ao membro do Governo responsável pela área da justiça, com descrição detalhada dos objetivos prosseguidos e dos fundamentos que justificam a necessidade do pedido.

2. O pedido é submetido ao parecer dos serviços de identificação criminal quanto aos fundamentos apresentados e à viabilidade técnica da respetiva concretização, no respeito pelos requisitos legais estabelecidos no nº 9 do artigo 10º da Lei nº 37/2015, de 5 de maio.

CAPÍTULO VI - Direito de acesso aos dados em registo

Artigo 29º - Certificado de acesso aos dados em registo

1. As pessoas singulares ou coletivas que pretendam tomar conhecimento dos dados que lhes digam respeito constantes dos registos da competência dos serviços de identificação criminal devem solicitar a emissão de um certificado de acesso aos dados no registo em causa.

2. A emissão do certificado de acesso aos dados no registo é pedida nos termos previstos no presente decreto-lei para as situações de acesso pelo próprio à informação em registo.

3. O certificado de acesso aos dados no registo certifica os dados de identificação comunicados aos serviços de identificação criminal ou por estes recolhidos relativamente ao titular do registo e a sua situação registal, com referência à data da emissão do certificado, não podendo ser utilizado para qualquer outro efeito que não seja o mero conhecimento pelo titular dos dados no registo a si respeitantes.

4. A utilização de um certificado de acesso aos dados no registo por terceiros para finalidade diversa daquela para que foi emitido constitui utilização indevida de informação em registo.

CAPÍTULO VII - Outras disposições reguladoras do sistema de informação

Artigo 30º - Dados relativos à emissão de certificados

1. Os dados relativos à emissão de certificados de titulares de registo são conservados no SICRIM durante o período de manutenção dos respetivos registos no sistema informático, com a finalidade de salvaguardar a informação relativa ao acesso ao registo.

2. Os dados relativos à emissão de certificados de pessoas não titulares de registo são conservados no SICRIM pelo prazo máximo de seis meses contados do termo de vigência do código de acesso que permitiu a emissão, ou da data da respetiva emissão nos casos em que não exista código de acesso, com a finalidade de possibilitar a apreciação de reclamações relativas a essas emissões, bem como a sua correção ou retificação.

3. Sem prejuízo do disposto no número seguinte, são conservados os dados de identificação que constaram do certificado emitido, o conteúdo do registo que constou do mesmo, se for o caso, a finalidade a que se destinou e outras indicações que hajam constado do certificado nos termos legais, bem como os dados relativos à data e hora da emissão e à origem do pedido.

4. Nas situações de emissão de sucessivos certificados iguais no âmbito de acesso à informação por quem detenha um código de acesso ao registo criminal ou ao registo de contumazes durante a respetiva vigência, apenas são conservados os dados da primeira dessas emissões e os dados relativos à data e hora dos acessos e à origem dos mesmos.

5. Excetua-se do disposto nos números anteriores a manutenção em registo dos dados não nominativos necessários ao cumprimento das obrigações de prestação de contas nos termos das normas do regime de administração financeira do Estado.

Artigo 31º – Recolha e atualização dos dados

1. Os dados de identificação registados no SICRIM são recolhidos das comunicações efetuadas pelos tribunais e pelas demais entidades remetentes da informação, da validação efetuada nas bases de dados referidas no nº 2 do artigo 4º, ou recolhidos pelos serviços de identificação criminal no exercício das suas competências.

2. O número do registo onomástico é um número sequencial, atribuído automaticamente pelo sistema informático aquando da criação do registo.

3. O número de identificação onomástico é um número sequencial, atribuído automaticamente pelo sistema informático na ausência de número de identificação civil, ou de outra referência documental suscetível de validação automática em linha, com o objetivo de operacionalizar as regras de negócio aplicáveis a essa situação de ausência.

4. Os dados referidos no nº 1 do artigo 7º, no nº 1 do artigo 8º, no nº 1 do artigo 9º, nos nºs 1 e 2 do artigo 10º e no nº 1 do artigo 11º são recolhidos das comunicações efetuadas pelos tribunais e pelas demais entidades remetentes da informação.

5. Os dados referidos no nº 2 do artigo 7º, no nº 2 do artigo 8º, no nº 2 do artigo 9º, no nº 3 do artigo 10º e no nº 2 do artigo 11º são automaticamente fixados pelo sistema informático com base na informação registada.

6. Os dados relativos à emissão de certificados são recolhidos do certificado emitido e do sistema automático de emissão de certificados.

Artigo 32º – Módulo de contabilidade

1. O SICRIM contém um módulo de contabilidade com a finalidade de garantir o controlo da receita cobrada pela emissão de códigos de acesso ao registo criminal ou ao registo de contumazes e de certificados.

2. No módulo de contabilidade são utilizados os dados relativos à emissão de certificados necessários à respetiva individualização, contabilização da receita devida e verificação do respetivo pagamento, bem como à identificação do posto e utilizador responsáveis pela inserção do pedido, quando for o caso.

Artigo 33º – Acesso à informação pelos trabalhadores dos serviços de identificação criminal

1. O acesso à informação em registo pelos trabalhadores afetos aos serviços de identificação criminal depende da utilização de nome de utilizador e de palavra-chave.

2. Os trabalhadores afetos aos serviços de identificação criminal têm acesso à informação em registo de acordo com níveis de acesso adequados às funções que lhe estão cometidas, os quais são definidos pelo diretor-geral da Administração da Justiça.

3. Os trabalhadores afetos aos serviços de identificação criminal estão obrigados a sigilo profissional relativamente à informação em registo de que tenham conhecimento, mesmo após o termo das suas funções.

Artigo 34º – Segurança da informação

1. Compete ao diretor-geral da Administração da Justiça promover a adoção das medidas previstas no nº 1 do artigo 15º da Lei nº 67/98, de 26 de outubro, a fim de:

a) Impedir o acesso de pessoa não autorizada às instalações utilizadas para o tratamento dos dados;

b) Impedir que suportes de dados possam ser lidos, copiados, alterados ou retirados por pessoa não autorizada;

c) Impedir a introdução não autorizada, bem como a tomada de conhecimento, a alteração ou a eliminação não autorizadas de dados pessoais inseridos;

d) Impedir que sistemas de tratamento automatizados de dados possam ser utilizados por pessoas não autorizadas através de instalações de transmissão de dados;

e) Garantir que as pessoas autorizadas só possam ter acesso aos dados abrangidos pela autorização;

f) Garantir a verificação das entidades a quem possam ser transmitidos os dados pessoais através das instalações de transmissão de dados;

g) Garantir que possa verificar-se, sempre que necessário, quais os dados pessoais introduzidos, quando e por quem;

h) Impedir que, na transmissão de dados pessoais, bem como no transporte do seu suporte, os dados possam ser lidos, copiados, alterados ou eliminados de forma não autorizada.

2. Qualquer pessoa que, no exercício de funções desempenhadas sob a autoridade dos serviços de identificação criminal, nomeadamente de apoio ou assessoria técnica, ou de fornecimento de equipamentos ou de serviços, tenha acesso a informação em registo, está obrigada a sigilo profissional relativamente à informação de que tenha conhecimento, mesmo após o termo das respetivas funções.

3. O acesso ou utilização indevidos de informação em registo, bem como a violação do dever de sigilo, são punidos nos termos previstos na Lei nº 67/98, de 26 de outubro.

CAPÍTULO VIII – Disposições complementares e finais

Artigo 35º – Taxas

1. Pela emissão de códigos de acesso ao registo criminal ou ao registo de contumazes, bem como pela emissão de certificados da sua competência que não resultem da utilização de um código de acesso durante o respetivo período de vigência, os serviços de identificação criminal cobram taxas, cujos montantes são fixados por portaria dos membros do Governo responsáveis pelas áreas das finanças e da justiça, constituindo receita da Direção-Geral da Administração da Justiça.

2. O montante da taxa devida pela emissão de um código de acesso ao registo criminal ou ao registo de contumazes depende do período de vigência do mesmo, escolhido pelo requerente no ato do respetivo pedido.

3. O pagamento da taxa devida é efetuado no ato da apresentação do pedido, por qualquer via, não dando lugar à sua restituição o indeferimento do mesmo, fundamentado nos termos do presente decreto-lei, ou o cancelamento de código de acesso nos termos do disposto no artigo 25º-A.

4. Nos casos em que não seja possível a emissão imediata de um código de acesso ao registo criminal ou ao registo de contumazes pedido pessoalmente, por razões de natureza identificativa ou de conteúdo registal, o requerente pode solicitar a sua emissão prioritária, sendo devido o pagamento de uma taxa de urgência.

5. Há lugar a emissão gratuita de código de acesso ao registo criminal ou ao registo de contumazes, ou de certificado, se for deferida reclamação do interessado com fundamento em erro dos serviços relativamente a pedido anterior.

6. Beneficiam da isenção de taxa na emissão de código de acesso ou de certificado:

a) As entidades previstas no nº 2 do artigo 8º da Lei nº 37/2015, de 5 de maio, e nas alíneas *d*) e *e*) do artigo 215º da Lei Tutelar Educativa, aprovada pela Lei nº 166/99, de 14 de setembro, alterada pela Lei nº 4/2015, de 15 de janeiro;

b) As entidades públicas competentes para a instrução de procedimentos administrativos, identificados em portaria do membro do Governo responsável pela área da justiça, dos quais dependa a concessão de emprego ou a obtenção de licença, autorização ou registo de caráter público, quando seja legalmente exigida a apresentação de certificado do registo criminal e o obtenham nos termos do disposto no nº 1 do artigo 16º;

c) As pessoas singulares ou coletivas quando no exercício do direito de acesso ao conteúdo integral dos registos que lhes respeitem;

d) As pessoas singulares ou coletivas que, previamente ao pedido de código de acesso ao registo criminal ou ao registo de contumazes, ou de emissão de certificado, demonstrem insuficiência económica para suportar a taxa devida, nos termos da lei sobre apoio judiciário, com as devidas adaptações.

Artigo 36º – Reclamações e recursos

1. As reclamações respeitantes ao acesso à informação em matéria de identificação criminal e seu conteúdo devem ser apresentadas no prazo de 60 dias contados da prática do ato de que se reclama, devendo o diretor-geral da Administração da Justiça decidi-las no prazo máximo de 30 dias.

2. O recurso sobre a legalidade do conteúdo dos certificados do registo criminal a que se refere o nº 2 do artigo 42º da Lei nº 37/2015, de 5 de maio, é interposto pelo interessado no prazo de 30 dias contados da data de emissão do certificado.

Artigo 37º - Conservação e destruição de informação e de documentos

1. A informação cancelada dos registos que não possa ser mantida em ficheiro, nos termos da Lei nº 37/2015, de 5 de maio, e da Lei Tutelar Educativa, aprovada pela Lei nº 166/99, de 14 de setembro, alterada pela Lei nº 4/2015, de 15 de janeiro, é eliminada, de forma segura e com impossibilidade de reconstituição.

2. Excetuam-se do disposto no número anterior as amostras históricas representativas do universo da informação e ainda as que, pela sua dimensão, complexidade e valor técnico-científico ou sociológico, devam ser preservadas.

3. A documentação recebida nos serviços de identificação criminal e nos demais postos de atendimento no âmbito do processo de emissão de códigos de acesso ao registo criminal ou ao registo de contumazes, ou de certificados, solicitada por pessoas singulares ou coletivas, ou precedendo a sua autorização, pode ser destruída após o decurso do prazo dos períodos de vigência dos códigos de acesso ou de validade dos certificados a que se refere, com dispensa de qualquer formalidade.

4. A documentação recebida nos serviços de identificação criminal no âmbito do exercício das suas competências que contenha informação de identificação criminal comprovativa de alterações da informação em registo, ou da respetiva veracidade, é arquivada com referência ao titular da informação a que se reporte e mantida durante o prazo de manutenção do respetivo registo, sendo destruída após a sua eliminação.

5. A restante documentação recebida nos serviços de identificação criminal pode ser destruída decorridos três anos após a respetiva receção.

Artigo 38º - Norma revogatória

São revogados:

a) O Decreto-Lei nº 381/98, de 27 de novembro, alterado pelos Decretos-Leis n.os 20/2007, de 23 de janeiro, e 288/2009, de 8 de outubro, com exceção do artigo 33º e do artigo 38º, que se mantêm em vigor até à entrada em vigor do despacho e da portaria previstos, respetivamente, no nº 2 do artigo 23º e no nº 1 do artigo 35º do presente decreto-lei;

b) O Decreto-Lei nº 62/99, de 29 de março, alterado pelo Decreto-Lei nº 288/2009, de 8 de outubro;

c) O Decreto-Lei nº 323-E/2000, de 20 de dezembro.

Visto e aprovado em Conselho de Ministros de 23 de julho de 2015. - *Pedro Passos Coelho - Maria Luís Casanova Morgado Dias de Albuquerque - António Manuel Coelho da Costa Moura.*

Promulgado em 12 de agosto de 2015.

Publique-se.

O Presidente da República, Aníbal Cavaco Silva.

Referendado em 17 de agosto de 2015.

Pelo Primeiro-Ministro, *Paulo Sacadura Cabral Portas*, Vice-Primeiro-Ministro.

Estatuto da Vítima

Lei nº 130/2015, de 4 de setembro

Procede à vigésima terceira alteração ao Código de Processo Penal e aprova o Estatuto da Vítima, transpondo a Diretiva 2012/29/UE do Parlamento Europeu e do Conselho, de 25 de outubro de 2012, que estabelece normas relativas aos direitos, ao apoio e à proteção das vítimas da criminalidade e que substitui a Decisão-Quadro 2001/220/JAI do Conselho, de 15 de março de 2001.

A Assembleia da República decreta, nos termos da alínea *c*) do artigo 161º da Constituição, o seguinte:

Artigo 1º – Objeto

A presente lei procede à vigésima terceira alteração ao Código de Processo Penal e aprova o Estatuto da Vítima, transpondo a Diretiva 2012/29/UE do Parlamento Europeu e do Conselho, de 25 de outubro de 2012, que estabelece normas relativas aos direitos, ao apoio e à proteção das vítimas da criminalidade e que substitui a Decisão-Quadro 2001/220/JAI do Conselho, de 15 de março de 2001.

Artigo 2º – Alteração do Código de Processo Penal

Os artigos 68º, 212º, 246º, 247º, 292º e 495º do Código de Processo Penal, aprovado pelo Decreto-Lei nº 78/87, de 17 de fevereiro, alterado pelos Decretos-Leis nºs 387-E/ /87, de 29 de dezembro, 212/89, de 30 de junho, e 17/91, de 10 de janeiro, pela Lei nº 57/91, de 13 de agosto, pelos Decretos-Leis nºs 423/91, de 30 de outubro, 343/93, de 1 de outubro, e 317/95, de 28 de novembro, pelas Leis nºs 59/98, de 25 de agosto, 3/99, de 13 de janeiro, e 7/2000, de 27 de maio, pelo Decreto-Lei nº 320-C/2000, de 15 de dezembro, pelas Leis nºs 30-E/2000, de 20 de dezembro, e 52/2003, de 22 de agosto, pelo Decreto-Lei nº 324/2003, de 27 de dezembro, pela Lei nº 48/2007, de 29 de agosto, pelo Decreto-Lei nº 34/2008, de 26 de fevereiro, pelas Leis nºs 52/2008, de 28 de agosto, 115/2009, de 12 de outubro, 26/2010, de 30 de agosto, 20/2013, de 21 de fevereiro, pela Lei Orgânica nº 2/2014, de 6 de agosto, e pelas Leis nºs 27/2015, de 14 de abril, e 58/2015, de 23 de junho, passam a ter a seguinte redação:

(Alterações inseridas no local próprio)

Artigo 3º – Aditamento ao Código de Processo Penal

É aditado ao Código de Processo Penal, aprovado pelo Decreto-Lei nº 78/87, de 17 de fevereiro, o artigo 67º-A, alterado pelos Decretos-Leis nºs 387-E/87, de 29 de dezembro, 212/89, de 30 de junho, e 17/91, de 10 de janeiro, pela Lei nº 57/91, de 13 de agosto, pelos Decretos-Leis nºs 423/91, de 30 de outubro, 343/93, de 1 de outubro, e 317/95, de 28 de novembro, pelas Leis nºs 59/98, de 25 de agosto, 3/99, de 13 de janeiro, e 7/2000, de 27 de maio, pelo Decreto-Lei nº 320-C/2000, de 15 de dezembro, pelas Leis nºs 30-E/2000, de 20 de dezembro, e 52/2003, de 22 de agosto, pelo Decreto-Lei nº 324/2003, de 27 de dezembro, pela Lei nº 48/2007, de 29 de agosto, pelo Decreto-Lei nº 34/2008, de 26 de fevereiro, pelas Leis nºs 52/2008, de 28 de agosto, 115/2009, de 12 de outubro, 26/2010, de 30 de agosto, 20/2013, de 21 de fevereiro, pela Lei Orgânica nº 2/2014, de 6 de agosto, e pelas Leis nºs 27/2015, de 14 de abril, e 58/2015, de 23 de junho, com a seguinte redação:

(Aditamento inserido no local próprio)

Artigo 4º – Alteração sistemática ao Código de Processo Penal

1. Os títulos IV e V do livro I da parte I do Código de Processo Penal, aprovado pelo Decreto-Lei nº 78/87, de 17 de fevereiro, são renumerados, passando a ser, respetivamente, os títulos V e VI.

2. É aditado um novo título IV ao livro I da parte I do Código de Processo Penal, aprovado pelo Decreto-Lei nº 78/87, de 17 de fevereiro, com a designação «Vítima», sendo composto pelo artigo 67º-A.

Artigo 5º – Estatuto da Vítima

É aprovado, em anexo à presente lei e da qual faz parte integrante, o Estatuto da Vítima.

Artigo 6º – Entrada em vigor

A presente lei entra em vigor no prazo de 30 dias a contar da data da sua publicação.

Aprovada em 22 de julho de 2015.

A Presidente da Assembleia da República, *Maria da Assunção A. Esteves.*

Promulgada em 22 de agosto de 2015.

Publique-se.

O Presidente da República, ANÍBAL CAVACO SILVA.

Referendada em 24 de agosto de 2015.

Pelo Primeiro-Ministro, *Paulo Sacadura Cabral Portas*, Vice-Primeiro-Ministro.

Estatuto da Vítima

CAPÍTULO I – Disposições gerais

Artigo 1º – Objeto

O Estatuto da Vítima (doravante, Estatuto) contém um conjunto de medidas que visam assegurar a proteção e a promoção dos direitos das vítimas da criminalidade, transpondo para a ordem jurídica interna a Diretiva 2012/29/UE do Parlamento Europeu e do Conselho, de 25 de outubro de 2012, que estabelece normas relativas aos direitos, ao apoio e à proteção das vítimas da criminalidade e que substitui a Decisão-Quadro 2001/220/JAI do Conselho, de 15 de março de 2001.

Artigo 2º – Articulação com outros diplomas legais

1. O presente Estatuto não prejudica os direitos e deveres processuais da vítima consagrados no Código de Processo Penal, nem o regime de proteção de testemunhas consagrado na Lei nº 93/99, de 14 de julho, alterada pelas Leis nºs 29/2008, de 4 de julho, e 42/2010, de 3 de setembro.

2. O presente Estatuto não prejudica também os regimes especiais de proteção de vítimas de determinados crimes.

CAPÍTULO II – Princípios

Artigo 3º – Princípio da igualdade

Toda a vítima, independentemente da ascendência, nacionalidade, condição social, sexo, etnia, raça, língua, idade, religião, deficiência, convicções políticas ou ideológicas, orientação sexual, cultura e nível educacional, goza dos direitos fundamentais inerentes à dignidade da pessoa humana, sendo-lhe assegurada a igualdade de oportunidades para viver sem violência e preservar a sua saúde física e psíquica.

Artigo 4º – Princípio do respeito e reconhecimento

À vítima é assegurado, em todas as fases e instâncias de intervenção, tratamento com respeito pela sua dignidade pessoal.

Artigo 5º – Princípio da autonomia da vontade

A intervenção junto da vítima está limitada ao respeito integral da sua vontade, sem prejuízo das demais disposições aplicáveis no âmbito da legislação penal e processual penal.

Artigo 6º – Princípio da confidencialidade

Sem prejuízo do disposto no Código de Processo Penal, os serviços de apoio técnico à vítima asseguram o adequado respeito pela sua vida privada, garantindo o sigilo das informações que esta prestar.

Artigo 7º – Princípio do consentimento

1. Sem prejuízo do disposto no Código de Processo Penal, qualquer intervenção de apoio à vítima deve ser efetuada após esta prestar o seu consentimento livre e esclarecido.

2. A vítima pode, em qualquer momento, revogar livremente o seu consentimento.

3. Fora do âmbito do processo penal, qualquer intervenção de apoio a vítima que careça de capacidade para prestar o seu consentimento apenas pode ser efetuada em seu benefício direto.

4. Sempre que, nos termos da lei, um indivíduo maior careça, em virtude de limitação ou alteração das funções físicas ou mentais, de doença ou outro motivo similar, de capacidade para consentir numa intervenção, esta não pode ser efetuada sem que nos termos da lei seja providenciada a devida autorização ou assistência, ou na sua ausência ou, se este for o agente do crime, de uma pessoa designada nos termos da lei.

5. A vítima deve, na medida do possível, participar no processo de autorização.

6. Caso a vítima seja uma criança e exista um conflito de interesses entre esta e os titulares das responsabilidades parentais, que os impeça de a representarem, ou caso a criança vítima não esteja acompanhada da sua família ou se encontre dela separada, deve ser nomeado um representante à criança vítima, nos termos da lei.

7. O disposto no presente artigo não prejudica os procedimentos de urgência previstos nos artigos 91º e 92º da Lei de Proteção das Crianças e Jovens em Perigo, aprovada pela Lei nº 147/99, de 1 de setembro, alterada pela Lei nº 31/2003, de 22 de agosto.

Artigo 8º – Princípio da informação

O Estado assegura à vítima a prestação de informação adequada à tutela dos seus direitos, designadamente nos termos previstos nos artigos 11º e 12º

Artigo 9º – Princípio do acesso equitativo aos cuidados de saúde

O Estado, tendo em conta as necessidades de saúde, assegura as medidas adequadas com vista a garantir o acesso equitativo da vítima aos cuidados de saúde de qualidade apropriada.

Artigo 10º – Obrigações profissionais e regras de conduta

Qualquer intervenção de apoio técnico à vítima deve ser efetuada na observância das normas e obrigações profissionais, bem como das regras de conduta aplicáveis ao caso concreto.

CAPÍTULO III – Direitos das vítimas de criminalidade

Artigo 11º – Direito à informação

1. É garantida à vítima, desde o seu primeiro contacto com as autoridades e funcionários competentes, inclusivamente no momento anterior à apresentação da denúncia, e sem atrasos injustificados, o acesso às seguintes informações:

a) O tipo de serviços ou de organizações a que pode dirigir-se para obter apoio;

b) O tipo de apoio que pode receber;

c) Onde e como pode apresentar denúncia;

d) Quais os procedimentos subsequentes à denúncia e qual o seu papel no âmbito dos mesmos;

e) Como e em que termos pode receber proteção;

f) Em que medida e em que condições tem acesso a:

i) Consulta jurídica;

ii) Apoio judiciário; ou

iii) Outras formas de aconselhamento;

g) Quais os requisitos que regem o seu direito a indemnização;

h) Em que condições tem direito a interpretação e tradução;

i) Quais os procedimentos para apresentar uma denúncia, caso os seus direitos não sejam respeitados pelas autoridades competentes que operam no contexto do processo penal;

j) Quais os mecanismos especiais que pode utilizar em Portugal para defender os seus interesses, sendo residente em outro Estado;

k) Como e em que condições podem ser reembolsadas as despesas que suportou devido à sua participação no processo penal;

l) Em que condições tem direito à notificação das decisões proferidas no processo penal.

2. A extensão e o grau de detalhe das informações a que se refere o número anterior podem variar consoante as necessidades específicas e as circunstâncias pessoais da vítima, bem como a natureza do crime.

3. No momento em que apresenta a denúncia, é assegurado à vítima o direito a assistência gratuita e à tradução da confirmação escrita da denúncia, numa língua que compreenda, sempre que não entenda português.

4. Podem ser fornecidas, em fases posteriores do processo, informações complementares das prestadas nos termos do nº 2, em função das necessidades da vítima e da relevância dessas informações em cada fase do processo.

5. A vítima tem direito a consultar o processo e a obter cópias das peças processuais nas mesmas condições em que tal é permitido ao ofendido nos termos previstos no Código de Processo Penal.

6. Sempre que a vítima o solicite junto da entidade competente para o efeito, e sem prejuízo do regime do segredo de justiça, deve ainda ser-lhe assegurada informação, sem atrasos injustificados, sobre:

a) O seguimento dado à denúncia, incluindo:

i) A decisão de arquivamento ou de não pronúncia, bem como a decisão de suspender provisoriamente o processo;

ii) A decisão de acusação ou de pronúncia;

b) Os elementos pertinentes que lhe permitam, após a acusação ou a decisão instrutória, ser inteirada do estado do processo, incluindo o local e a data da realização da audiência de julgamento, e da situação processual do arguido, por factos que lhe digam respeito, salvo em casos excecionais que possam prejudicar o bom andamento dos autos;

c) A sentença do tribunal.

7. Para os efeitos previstos no número anterior, a vítima pode de imediato declarar, aquando da prestação da informação aludida na alínea *l)* do nº 1, que deseja ser oportunamente notificada de todas as decisões proferidas no processo penal.

8. As informações prestadas nos termos das alíneas *a)* e *c)* do número anterior devem incluir a fundamentação da decisão em causa ou um resumo dessa fundamentação.

9. Devem ser promovidos os mecanismos adequados para fornecer à vítima, em especial nos casos de reconhecida perigosidade do arguido, de informações sobre as principais decisões judiciárias que afetem o estatuto deste, em particular a aplicação de medidas de coação.

10. Deve ser dado conhecimento à vítima, sem atrasos injustificados, da libertação ou evasão da pessoa detida, acusada, pronunciada ou condenada.

11. Deve ser assegurado à vítima o direito de optar por não receber as informações referidas nos números anteriores, salvo quando a comunicação das mesmas for obrigatória nos termos das normas do processo penal aplicável.

Artigo 12º – Garantias de comunicação

1. Devem ser tomadas as medidas necessárias para garantir que as vítimas compreendam e sejam compreendidas, desde o primeiro contacto e durante todos os outros contactos com as autoridades competentes no âmbito do processo penal.

2. Para efeitos do disposto no número anterior, a comunicação com a vítima deve ser efetuada numa linguagem simples e acessível, atendendo às caraterísticas pessoais da vítima, designadamente a sua maturidade e alfabetismo, bem como qualquer limitação ou alteração das funções físicas ou mentais que possa afetar a sua capacidade de compreender ou ser compreendida.

3. Salvo se tal for contrário aos interesses da vítima ou prejudicar o bom andamento do processo, a vítima pode fazer-se acompanhar de uma pessoa da sua escolha no primeiro contacto com as autoridades competentes, caso devido ao impacto do crime a vítima solicite assistência para compreender ou ser compreendida.

4. Nas situações referidas no número anterior, são aplicáveis as disposições legais em vigor relativas à nomeação de intérprete.

Artigo 13º – Assistência específica à vítima

O Estado assegura, gratuitamente nos casos estabelecidos na Lei nº 34/2004, de 29 de julho, alterada pela Lei nº 47/2007, de 28 de agosto, que a vítima tenha acesso a consulta jurídica e, se necessário, o subsequente apoio judiciário.

Artigo 14º – Despesas da vítima resultantes da sua participação no processo penal

À vítima que intervenha no processo penal, deve ser proporcionada a possibilidade de ser reembolsada das despesas efetuadas em resultado dessa intervenção, nos termos estabelecidos na lei, em função da posição processual que ocupe no caso concreto.

Artigo 15º – Direito à proteção

1. É assegurado um nível adequado de proteção à vítima e, sendo caso disso, aos seus familiares elencados na alínea *c*) do nº 1 do artigo 67º-A do Código de Processo Penal, nomeadamente no que respeita à segurança e salvaguarda da vida privada, sempre que as autoridades competentes considerem que existe uma ameaça séria de represálias e de situações de revitimização ou fortes indícios de que essa privacidade possa ser perturbada.

2. O contacto entre vítimas e os seus familiares e os suspeitos ou arguidos em todos os locais que impliquem a presença de uns e de outros no âmbito da realização de diligências processuais, nomeadamente nos edifícios dos tribunais, deve ser evitado, sem prejuízo da aplicação das regras estabelecidas no Código de Processo Penal.

3. O juiz ou, durante a fase de inquérito, o Ministério Público podem determinar, sempre que tal se mostre imprescindível à proteção da vítima e obtido o seu consentimento, que lhe seja assegurado apoio psicossocial.

4. O disposto nos números anteriores não prejudica a aplicação do regime especial de proteção de testemunhas, nomeadamente no que se refere à proteção dos familiares da vítima.

Artigo 16º – Direito a uma decisão relativa a indemnização e a restituição de bens

1. À vítima é reconhecido, no âmbito do processo penal, o direito a obter uma decisão relativa a indemnização por parte do agente do crime, dentro de um prazo razoável.

2. Há sempre lugar à aplicação do disposto no artigo 82º-A do Código de Processo Penal em relação a vítimas especialmente vulneráveis, exceto nos casos em que a vítima a tal expressamente se opuser.

3. Os bens pertencentes à vítima que sejam apreendidos em processo penal devem ser de imediato examinados e restituídos, salvo quando assumam relevância probatória ou sejam suscetíveis de ser declarados perdidos a favor do Estado.

Artigo 17º – Condições de prevenção da vitimização secundária

1. A vítima tem direito a ser ouvida em ambiente informal e reservado, devendo ser criadas as adequadas condições para prevenir a vitimização secundária e para evitar que sofra pressões.

2. A inquirição da vítima e a sua eventual submissão a exame médico devem ter lugar, sem atrasos injustificados, após a aquisição da notícia do crime, apenas quando sejam estritamente necessárias às finalidades do inquérito e do processo penal e deve ser evitada a sua repetição.

Artigo 18º – Gabinetes de atendimento e informação à vítima nos órgãos de polícia criminal

1. Cada força e serviço de segurança constituem a sua rede de gabinetes de atendimento, dotados de condições adequadas, nomeadamente de privacidade, ao atendimento de vítimas.

2. O atendimento deve ser realizado nas condições previstas no nº 1 do artigo anterior e de forma a serem transmitidas à vítima, de forma adequada e completa, as informações previstas na lei.

3. O disposto nos números anteriores deve igualmente ser concretizado, sempre que possível, nas instalações dos departamentos de investigação e ação penal.

Artigo 19º – Vítimas residentes noutro Estado membro

1. É assegurada aos cidadãos residentes em Portugal, vítimas de crimes praticados noutros Estados membros, a possibilidade de apresentar denúncia junto das autoridades nacionais, sempre que não tenham tido a possibilidade de o fazer no Estado membro onde foi cometido o crime, caso em que as autoridades nacionais devem transmiti-la prontamente às autoridades competentes do território onde foi cometido o crime, nos termos da legislação aplicável.

2. A transmissão da denúncia é de imediato comunicada à vítima que a tenha apresentado.

3. Aos cidadãos residentes noutros Estados membros, vítimas de crimes praticados em Portugal, é assegurada:

a) A recolha de depoimento imediatamente após a apresentação da denúncia do crime à autoridade competente;

b) A aplicação, na medida do possível, das disposições relativas à audição por videoconferência e teleconferência, para efeitos da prestação de depoimento.

CAPÍTULO IV – Estatuto de vítima especialmente vulnerável

Artigo 20º – Atribuição do estatuto de vítima especialmente vulnerável

1. Apresentada a denúncia de um crime, não existindo fortes indícios de que a mesma é infundada, as autoridades judiciárias ou os órgãos de polícia criminal competentes podem, após avaliação individual da vítima, atribuir-lhe o estatuto de vítima especialmente vulnerável.

2. No mesmo ato é entregue à vítima documento comprovativo do referido estatuto, compreendendo os seus direitos e deveres.

Artigo 21º – Direitos das vítimas especialmente vulneráveis

1. Deve ser feita uma avaliação individual das vítimas especialmente vulneráveis, a fim de determinar se devem beneficiar de medidas especiais de proteção.

2. As medidas especiais de proteção referidas no número anterior são as seguintes:

a) As inquirições da vítima devem ser realizadas pela mesma pessoa, se a vítima assim o desejar, e desde que a tramitação do processo penal não seja prejudicada;

b) A inquirição das vítimas de violência sexual, violência baseada no género ou violência em relações de intimidade, salvo se for efetuada por magistrado do Ministério Público ou por juiz, deve ser realizada por uma pessoa do mesmo sexo que a vítima, se esta assim o desejar e desde que a tramitação do processo penal não seja prejudicada;

c) Medidas para evitar o contacto visual entre as vítimas e os arguidos, nomeadamente durante a prestação de depoimento, através do recurso a meios tecnológicos adequados;

d) Prestação de declarações para memória futura, nos termos previstos no artigo 24º;

e) Exclusão da publicidade das audiências, nos termos do artigo 87º do Código de Processo Penal.

Artigo 22º – Direitos das crianças vítimas

1. Todas as crianças vítimas têm o direito de ser ouvidas no processo penal, devendo para o efeito ser tomadas em consideração a sua idade e maturidade.

2. Em caso de inexistência de conflito de interesses, a criança pode ser acompanhada pelos seus pais, pelo representante legal ou por quem tenha a guarda de facto durante a prestação de depoimento.

3. É obrigatória a nomeação de patrono à criança quando os seus interesses e os dos seus pais, representante legal ou de quem tenha a guarda de facto sejam conflituantes e ainda quando a criança com a maturidade adequada o solicitar ao tribunal.

4. A nomeação do patrono é efetuada nos termos da lei do apoio judiciário.

5. Não devem ser divulgadas ao público informações que possam levar à identificação de uma criança vítima, sob pena de os seus agentes incorrerem na prática de crime de desobediência.

6. Caso a idade da vítima seja incerta e existam motivos para crer que se trata de uma criança, presume-se, para efeitos de aplicação do regime aqui previsto, que a vítima é uma criança.

Artigo 23º – Recurso à videoconferência ou à teleconferência

1. Os depoimentos e declarações das vítimas especialmente vulneráveis, quando impliquem a presença do arguido, são prestados através de videoconferência ou de teleconferência, por determinação do Ministério Público, oficiosamente ou a requerimento da vítima, durante a fase de inquérito, e por determinação do tribunal, oficiosamente ou a requerimento do Ministério Público ou da vítima, durante as fases de instrução ou de julgamento, se tal se revelar necessário para garantir a prestação de declarações ou de depoimento sem constrangimentos.

2. A vítima é acompanhada, na prestação das declarações ou do depoimento, por técnico especialmente habilitado para o seu acompanhamento previamente designado pelo Ministério Público ou pelo tribunal.

Artigo 24º – Declarações para memória futura

1. O juiz, a requerimento da vítima especialmente vulnerável ou do Ministério Público, pode proceder à inquirição daquela no decurso do inquérito, a fim de que o depoimento possa, se necessário, ser tomado em conta no julgamento, nos termos e para os efeitos previstos no artigo 271º do Código de Processo Penal.

2. O Ministério Público, o arguido, o defensor e os advogados constituídos no processo são notificados da hora e do local da prestação do depoimento para que possam estar presentes, sendo obrigatória a comparência do Ministério Público e do defensor.

3. A tomada de declarações é realizada em ambiente informal e reservado, com vista a garantir, nomeadamente, a espontaneidade e a sinceridade das respostas.

4. A tomada de declarações é efetuada, em regra, através de registo áudio ou audiovisual, só podendo ser utilizados outros meios, designadamente estenográficos ou estenotípicos, ou qualquer outro meio técnico idóneo a assegurar a reprodução integral daquelas, ou a documentação através de auto, quando aqueles meios não estiverem disponíveis, o que deverá ficar a constar do auto.

5. A inquirição é feita pelo juiz, podendo em seguida o Ministério Público, os advogados constituídos e o defensor, por esta ordem, formular perguntas adicionais, devendo a vítima ser assistida no decurso do ato processual por um técnico especialmente habilitado para o seu acompanhamento, previamente designado pelo tribunal.

6. Nos casos previstos neste artigo só deverá ser prestado depoimento em audiência de julgamento se tal for indispensável à descoberta da verdade e não puser em causa a saúde física ou psíquica de pessoa que o deva prestar.

Artigo 25º – Acesso a estruturas de acolhimento

As vítimas especialmente vulneráveis podem, se no quadro da avaliação individual tal for considerado necessário, ser temporariamente alojadas em estruturas de acolhimento apoiadas pelo Estado.

Artigo 26º – Assistência médica e medicamentosa

1. As vítimas especialmente vulneráveis podem ser assistidas pelos serviços de saúde integrados no Serviço Nacional de Saúde situados na área da estrutura de acolhimento onde forem inseridas, em alternativa aos serviços de saúde da sua residência.

2. As vítimas especialmente vulneráveis estão isentas do pagamento das taxas moderadoras no âmbito do Serviço Nacional de Saúde, nos termos a regulamentar por portaria do membro do Governo responsável pela área da saúde.

Artigo 27º – Comunicação social

1. Os órgãos de comunicação social, sempre que divulguem situações relativas à prática de crimes, quando as vítimas sejam crianças ou jovens ou outras pessoas especialmente vulneráveis, não podem identificar, nem transmitir elementos, sons ou imagens que permitam a sua identificação, sob pena de os seus agentes incorrerem na prática de crime de desobediência.

2. Sem prejuízo do disposto no número anterior, os órgãos de comunicação social podem relatar o conteúdo dos atos públicos do processo penal relativo ao crime em causa.

CAPÍTULO V – Disposições finais

Artigo 28º – Formação dos profissionais

1. As autoridades policiais e os funcionários judiciários suscetíveis de entrar em contacto com vítimas recebem formação geral e especializada de nível adequado a esse contacto, a fim de aumentar a sua sensibilização em relação às necessidades das vítimas e de lhes permitir tratá-las de forma não discriminatória e com respeito e profissionalismo.

2. As atividades do Centro de Estudos Judiciários contemplam conteúdos sobre vitimação, a fim de aumentar a sensibilização dos magistrados judiciais e do Ministério Público em relação às necessidades das vítimas.

Artigo 29º - Financiamento

1. Em matéria de investimento para a disponibilização de respostas no domínio do apoio à vítima, o apoio público da administração central rege-se pelo regime de cooperação, nos termos da lei em vigor.

2. O apoio financeiro referido no número anterior pode ser assegurado por verbas oriundas dos fundos comunitários, nos termos dos regulamentos aplicáveis.

Proteção de Testemunhas em Processo Penal

Lei nº 93/99, de 14 de julho

Regula a aplicação de medidas para protecção de testemunhas em processo penal

A Assembleia da República decreta, nos termos da alínea *c*) do artigo 161º da Constituição, para valer como lei geral da República, o seguinte:

CAPÍTULO I – Disposições gerais

Artigo 1º – Objecto

1. A presente lei regula a aplicação de medidas para protecção de testemunhas em processo penal quando a sua vida, integridade física ou psíquica, liberdade ou bens patrimoniais de valor consideravelmente elevado sejam postos em perigo por causa do seu contributo para a prova dos factos que constituem objecto do processo.

2. As medidas a que se refere o número anterior podem abranger os familiares das testemunhas, as pessoas que com elas vivam em condições análogas às dos cônjuges e outras pessoas que lhes sejam próximas.

3. São também previstas medidas que se destinam a obter, nas melhores condições possíveis, depoimentos ou declarações de pessoas especialmente vulneráveis, nomeadamente em razão da idade, mesmo que se não verifique o perigo referido no nº 1.

4. As medidas previstas na presente lei têm natureza excepcional e só podem ser aplicadas se, em concreto, se mostrarem necessárias e adequadas à protecção das pessoas e à realização das finalidades do processo.

5. É assegurada a realização do contraditório que garanta o justo equilíbrio entre as necessidades de combate ao crime e o direito de defesa.

(Redação dada pela Lei nº 29/2008, de 04-07)

Artigo 2º – Definições

Para os efeitos da presente lei considera-se:

a) Testemunha: qualquer pessoa que, independentemente do seu estatuto face à lei processual, disponha de informação ou de conhecimento necessários à revelação, percepção ou apreciação de factos que constituam objecto do processo, de cuja utilização resulte um perigo para si ou para outrem, nos termos dos nºs 1 e 2 do artigo anterior;

b) Intimidação: toda a pressão ou ameaça, directa, indirecta ou potencial, que alguém exerça sobre a testemunha com o objectivo de condicionar o seu depoimento ou declarações;

c) Teleconferência: depoimentos ou declarações tomados sem a presença física da testemunha e com a intervenção de meios técnicos de transmissão à distância, em tempo real, tanto do som como de imagens animadas;

d) Elementos de identificação: quaisquer elementos que, isolados ou conjuntamente com outros, permitam individualizar uma pessoa, distinguindo-a das demais;

e) Residência: local do domicílio ou local escolhido para a testemunha poder ser contactada.

Artigo 3º – Recursos

É reduzido a metade o prazo de recurso das decisões previstas no presente diploma, o qual sobe de imediato e em separado.

CAPÍTULO II – Ocultação e teleconferência

Artigo 4º – Ocultação da testemunha

1. Oficiosamente ou a requerimento do Ministério Público, do arguido, do assistente ou da testemunha, o tribunal pode decidir que a prestação de declarações ou de depoimento que deva ter lugar em acto processual público ou sujeito a contraditório decorra com ocultação da imagem ou com distorção da voz, ou de ambas, de modo a evitar-se o reconhecimento da testemunha.

2. A decisão deve fundar-se em factos ou circunstâncias que revelem intimidação ou elevado risco de intimidação da testemunha e mencionará o âmbito da ocultação da sua imagem ou distorção de voz.

Artigo 5º – Teleconferência

1. Sempre que ponderosas razões de protecção o justifiquem, tratando-se da produção de prova de crime que deva ser julgado pelo tribunal colectivo ou pelo júri, é admissível o recurso à teleconferência, nos actos processuais referidos no nº 1 do artigo anterior.

2. A teleconferência pode ser efectuada com a distorção da imagem ou da voz, ou de ambas, de modo a evitar-se o reconhecimento da testemunha.

Artigo 6º - Requerimento

1. A utilização da teleconferência é decidida a requerimento do Ministério Público, do arguido ou da testemunha.

2. O requerimento contém a indicação das circunstâncias concretas que justificam a medida e, se for caso disso, a distorção da imagem e do som.

3. A decisão é precedida da audição dos sujeitos processuais não requerentes.

Artigo 7º - Local

A prestação de depoimento ou de declarações a transmitir à distância deverá ocorrer em edifício público, sempre que possível em instalações judiciárias, policiais ou prisionais, que permitam a colocação dos meios técnicos necessários.

Artigo 8º - Acesso ao local

O tribunal poderá limitar o acesso ao local da prestação do depoimento ou das declarações ao pessoal técnico, funcionários ou elementos de segurança que considere estritamente indispensáveis.

Artigo 9º - Compromisso

Sempre que se pretenda evitar o reconhecimento da testemunha através da imagem e da voz ou não deva ser revelada a sua identidade, o pessoal técnico que intervenha na teleconferência prestará compromisso de não divulgação do local ou de elementos de identificação da testemunha, sob a cominação da punição pelo crime de desobediência qualificada.

Artigo 10º - Magistrado acompanhante

O juiz que presidir ao acto deverá assegurar a presença de um magistrado judicial no local da produção do depoimento ou das declarações, a quem caberá, designadamente:

a) Identificar e ajuramentar a testemunha cuja identidade não deva ser revelada ou cujo reconhecimento se pretende evitar;

b) Receber o compromisso a que se refere o artigo anterior;

c) Assegurar a liberdade e espontaneidade do depoimento ou das declarações;

d) Providenciar pela percepção nítida das perguntas por parte da testemunha e pela transmissão das respostas em tempo real;

e) Servir de interlocutor do juiz que presidir ao acto, alertando-o para qualquer incidente que surja durante a prestação do depoimento ou das declarações;

f) Garantir a autenticidade e integridade do registo videográfico, que deve ser junto ao processo;

g) Tomar todas as medidas preventivas disciplinares e coactivas legalmente admissíveis que se mostrem adequadas a garantir as limitações de acesso ao local, e, de um modo geral, a segurança de quantos aí se encontrem.

Artigo 11º – Perguntas

As perguntas a que a testemunha deva responder durante a produção de prova são formuladas à distância, nos termos da lei do processo.

Artigo 12º – Reconhecimento

Se, durante a prestação do depoimento ou das declarações, for necessário o reconhecimento de pessoas, documentos ou objectos, é facultada à testemunha a respectiva visualização.

Artigo 13º – Não revelação de identidade

Sempre que não deva ser revelada a identidade da testemunha, cabe especialmente ao juiz que preside ao acto evitar a formulação de perguntas que induzam a testemunha a fornecer indirectamente a sua identidade.

Artigo 14º – Acesso ao som e à imagem

1. No caso de ocultação da imagem e da voz da testemunha, deverá facultar-se ao juiz que presidir ao acto ou ao tribunal o acesso, em exclusivo, ao som e à imagem não distorcidos, se os meios técnicos disponíveis o permitirem.

2. Será sempre assegurada a comunicação autónoma e directa entre o juiz que preside ao acto e o magistrado acompanhante, bem como entre o arguido e o seu defensor.

Artigo 15º – Imediação

Os depoimentos e declarações prestados por teleconferência, nos termos deste diploma e demais legislação aplicável, consideram-se, para todos os efeitos, como tendo tido lugar na presença do juiz ou do tribunal.

CAPÍTULO III – Reserva do conhecimento da identidade da testemunha

Artigo 16º – Pressupostos

A não revelação da identidade da testemunha pode ter lugar durante alguma ou em todas as fases do processo se estiverem reunidas cumulativamente as seguintes condições:

a) O depoimento ou as declarações disserem respeito a crimes de tráfico de pessoas, de associação criminosa, de terrorismo, de terrorismo internacional ou de organizações terroristas ou, desde que puníveis com pena de prisão de máximo igual ou superior a oito anos, a crimes contra a vida, contra a integridade física, contra a liberdade das pessoas, contra a liberdade ou autodeterminação sexual, de corrupção, de burla qualificada, de administração danosa que cause prejuízo superior a 10 000 unidades de conta, ou cometidos por quem fizer parte de associação criminosa no âmbito da finalidade ou actividade desta;

b) A testemunha, seus familiares, a pessoa que com ela viva em condições análogas às dos cônjuges ou outras pessoas que lhes sejam próximas correrem um grave perigo de atentado contra a vida, a integridade física, a liberdade ou bens patrimoniais de valor consideravelmente elevado;

c) Não ser fundadamente posta em dúvida a credibilidade da testemunha;

d) O depoimento ou as declarações constituírem um contributo probatório de relevo.

(Redação dada pela Lei nº 42/2010, de 03-09)

Artigo 17º – Competência

1. A não revelação de identidade da testemunha é decidida pelo juiz de instrução, a requerimento do Ministério Público.

2. O requerimento contém a indicação dos fundamentos para a não revelação da identidade no caso concreto e a indicação das provas que devam ser produzidas.

3. Nenhum juiz de instrução pode apreciar o pedido de não revelação de identidade de uma testemunha em processo no qual tenha praticado, ordenado ou autorizado os actos referidos nas alíneas *a*) a *d*) do nº 1 do artigo 268º e *a*) a *c*) do nº 1 do artigo 269º do Código de Processo Penal, bem como em processo em que tenha presidido a actos de instrução ou ao debate instrutório.

4. A decisão de um juiz sobre o pedido de não revelação de identidade impede-o de intervir posteriormente no processo.

Artigo 18º – Processo complementar de não revelação de identidade

1. Para apreciação do pedido de não revelação de identidade é organizado um processo complementar, secreto e urgente, em separado, ao qual apenas tem acesso o juiz de instrução e quem ele autorizar.

2. O juiz de instrução assegurará a guarda e a confidencialidade do processo complementar.

3. O juiz de instrução solicita à Ordem dos Advogados a nomeação de advogado com perfil adequado para a representação dos interesses da defesa, com intervenção limitada ao processo complementar, e procede, oficiosamente ou a requerimento, às diligências que repute necessárias para apuramento dos pressupostos da concessão da medida.

4. Antes de proferir decisão, o juiz de instrução convoca o Ministério Público e o representante da defesa para um debate oral e contraditório sobre os fundamentos do pedido.

5. A decisão que concede a medida estabelece uma designação codificada à testemunha, pela qual passará a ser referenciada no processo. A designação é comunicada à autoridade judiciária com competência na fase em que o processo se encontre.

6. O arguido que assumir essa qualidade nos termos do disposto no artigo 57º do Código de Processo Penal, após a concessão da medida de não revelação de identidade a uma testemunha, tem o direito de requerer em seu benefício o debate previsto no nº 4. É correspondentemente aplicável o disposto nos nºs 3 e 4.

7. A medida é revogada pelo juiz de instrução, a requerimento do Ministério Público ou da testemunha, logo que se mostre desnecessária, realizadas as diligências convenientes e ouvido o Ministério Público, se não for o requerente.

Artigo 19º – Audição de testemunhas e valor probatório

1. A testemunha a quem for concedida a medida de não revelação de identidade pode prestar depoimento ou declarações com recurso à ocultação de imagem ou à distorção da voz ou à teleconferência, nos termos do disposto nos artigos 4º e 5º

2. Nenhuma decisão condenatória poderá fundar-se, exclusivamente, ou de modo decisivo, no depoimento ou nas declarações produzidas por uma ou mais testemunhas cuja identidade não foi revelada.

CAPÍTULO IV – Medidas e programas especiais e segurança

Artigo 20º – Medidas pontuais de segurança

1. Sempre que ponderosas razões de segurança o justifiquem, estando em causa crime que deva ser julgado pelo tribunal colectivo ou pelo júri e sem prejuízo de outras medidas de protecção previstas nesta lei, a testemunha poderá beneficiar de medidas pontuais de segurança, nomeadamente das seguintes:

a) Indicação, no processo, de residência diferente da residência habitual ou que não coincida com os lugares de domicílio previstos na lei civil;

b) Ter assegurado transporte em viatura fornecida pelo Estado para poder intervir em acto processual;

c) Dispor de compartimento, eventualmente vigiado e com segurança, nas instalações judiciárias ou policiais a que tenha de se deslocar e no qual possa permanecer sem a companhia de outros intervenientes no processo;

d) Beneficiar de protecção policial, extensiva a familiares, a pessoa que com ela viva em condições análogas às dos cônjuges ou a outras pessoas que lhe sejam próximas;

e) Usufruir na prisão de um regime que lhe permita estar isolada de outros reclusos e ser transportada em viatura diferente;

f) Alteração do local físico de residência habitual.

2. As medidas previstas no número anterior são ordenadas pelo Ministério Público, durante o inquérito, oficiosamente, a requerimento da testemunha ou do seu representante legal ou por proposta das autoridades de polícia criminal e, posteriormente ao inquérito, pelo juiz que presidir à fase em que o processo se encontra, a requerimento do Ministério Público.

3. A autoridade judiciária realiza as diligências necessárias para avaliar a necessidade e adequação da medida no caso concreto.

4. De três em três meses, a autoridade judiciária procede ao reexame da decisão, mantendo-a, modificando-a ou revogando as medidas aplicadas.

5. A protecção policial referida na alínea *d*) do nº 1 será, em regra, assegurada por corporação policial que não tenha tido intervenção relevante na investigação.

6. Quando a protecção policial se prolongue previsivelmente por um período superior a três meses, a corporação policial responsável pode propor à autoridade judiciária a aplicação de outras medidas pontuais de segurança que reduzam o perigo para a testemunha.

7. As medidas previstas no nº 1 podem incluir regras de comportamento a observar pelo beneficiário, implicando a sua inobservância dolosa a suspensão das medidas aplicadas.

8. As decisões de modificação, revogação e suspensão das medidas são, salvo manifesta impossibilidade, precedidas de audição da testemunha.

(Redação dada pela Lei nº 29/2008, de 04-07)

Artigo 21º – Programa especial de segurança

A testemunha, o seu cônjuge, ascendentes, descendentes ou irmãos, a pessoa que com ela viva em condições análogas às dos cônjuges ou outras pessoas que lhe sejam próximas podem beneficiar de um programa especial de segurança durante a pendência do processo ou mesmo depois de este se encontrar findo, se estiverem reunidas cumulativamente as seguintes condições:

a) O depoimento ou as declarações disserem respeito aos crimes referidos na alínea *a*) do artigo 16º;

b) Existir grave perigo para a vida, a integridade física ou psíquica ou para a liberdade;

c) O depoimento ou as declarações constituírem um contributo que se presuma ou que se tenha revelado essencial para a descoberta da verdade.

(Redação dada pela Lei nº 29/2008, de 04-07)

Artigo 22º – Conteúdo do programa especial de segurança

1. O programa especial de segurança inclui a aplicação de uma ou várias medidas administrativas de protecção e apoio, eventualmente complementadas por regras de comportamento a observar pelo beneficiário, convenientemente articuladas.

2. Para efeitos do disposto no número anterior, constituem medidas de protecção e apoio, entre outras, as seguintes:

a) Fornecimento de documentos emitidos oficialmente de que constem elementos de identificação diferentes dos que antes constassem ou devessem constar dos documentos substituídos;

b) Alteração do aspecto fisionómico ou da aparência do corpo do beneficiário;

c) Concessão de nova habitação, no País ou no estrangeiro, pelo tempo que for determinado;

d) Transporte gratuito da pessoa do beneficiário, do agregado familiar e dos respectivos haveres para o local da nova habitação;

e) Criação de condições para angariação de meios de subsistência;

f) Concessão de um subsídio de subsistência por um período limitado.

3. Se o programa especial de segurança incluir regras de comportamento, a sua inobservância dolosa implica a supressão do programa.

4. A decisão de supressão do programa prevista no número anterior é, salvo manifesta impossibilidade, precedida de audição do beneficiário.

(Redação dada pela Lei nº 29/2008, de 04-07)

Artigo 23º – Comissão de Programas Especiais de Segurança

1. É criada a Comissão de Programas Especiais de Segurança, na dependência directa do Ministro da Justiça, a quem caberá estabelecer e assegurar a efectivação dos programas especiais de segurança.

2. A Comissão de Programas Especiais de Segurança é constituída por um presidente e por um secretário, nomeados pelo Ministro da Justiça, um magistrado judicial e um magistrado do Ministério Público com experiência no domínio do combate à criminalidade violenta e organizada, indicados, respectivamente, pelo Conselho Superior da Magistratura e pelo Conselho Superior do Ministério Público, e por um representante do Ministro da Administração Interna, por este designado.

3. As decisões da Comissão são tomadas por maioria simples de votos, tendo o presidente voto de qualidade.

4. Os membros da Comissão são nomeados por um período de três anos, renováveis.

Artigo 24º – Procedimento

1. Sempre que possível, organizar-se-á um único processo confidencial para cada programa especial de protecção, o qual abrangerá a testemunha e as pessoas referidas no artigo 21º

2. À Comissão é devida a mais pronta e eficaz colaboração de todas as entidades públicas, com vista ao estabelecimento e execução do programa.

3. O estabelecimento do programa depende da concordância do beneficiário, o qual assinará declaração aceitando e comprometendo-se a respeitar o programa.

4. O programa especial de protecção poderá ser alterado sempre que necessário e será obrigatoriamente revisto com a periodicidade que nele se determinar.

Artigo 25º – Impedimentos

A intervenção pessoal num determinado processo penal constitui impedimento para integrar a Comissão de Programas Especiais de Segurança, no que respeitar ao estabelecimento e aplicação dos programas, devido a esse processo.

CAPÍTULO V – Testemunhas especialmente vulneráveis

Artigo 26º – Testemunhas especialmente vulneráveis

1. Quando num determinado acto processual deva participar testemunha especialmente vulnerável, a autoridade judiciária competente providenciará para que, independentemente da aplicação de outras medidas previstas neste diploma, tal acto decorra nas melhores condições possíveis, com vista a garantir a espontaneidade e a sinceridade das respostas.

2. A especial vulnerabilidade da testemunha pode resultar, nomeadamente, da sua diminuta ou avançada idade, do seu estado de saúde ou do facto de ter de depor ou prestar declarações contra pessoa da própria família ou de grupo social fechado em que esteja inserida numa condição de subordinação ou dependência.

(Redação dada pela Lei nº 29/2008, de 04-07)

Artigo 27º - Acompanhamento das testemunhas especialmente vulneráveis

1. Logo que se aperceba da especial vulnerabilidade da testemunha, a autoridade judiciária deverá designar um técnico de serviço social ou outra pessoa especialmente habilitada para o seu acompanhamento e, se for caso disso, proporcionar à testemunha o apoio psicológico necessário por técnico especializado.

2. A autoridade judiciária que presida ao acto processual poderá autorizar a presença do técnico de serviço social ou da outra pessoa acompanhante junto da testemunha, no decurso daquele acto.

Artigo 28º - Intervenção no inquérito

1. Durante o inquérito, o depoimento ou as declarações da testemunha especialmente vulnerável deverão ter lugar o mais brevemente possível após a ocorrência do crime.

2. Sempre que possível, deverá ser evitada a repetição da audição da testemunha especialmente vulnerável durante o inquérito, podendo ainda ser requerido o registo nos termos do artigo 271º do Código de Processo Penal.

Artigo 29º - Intervenção nas fases subsequentes ao inquérito

O juiz que presida a acto processual público ou sujeito ao contraditório, com vista à obtenção de respostas livres, espontâneas e verdadeiras, pode:

a) Dirigir os trabalhos de modo que a testemunha especialmente vulnerável nunca se encontre com certos intervenientes no mesmo acto, designadamente com o arguido;

b) Ouvir a testemunha com utilização de meios de ocultação ou de teleconferência, nomeadamente a partir de outro local do edifício do tribunal, aplicando-se devidamente adaptado o disposto nos artigos 4º a 15º;

c) Proceder à inquirição da testemunha, podendo, depois disso, os outros juízes, os jurados, o Ministério Público, o defensor e os advogados do assistente e das partes civis pedir-lhe a formulação de questões adicionais.

Artigo 30º - Visita prévia

Sempre que tal se lhe afigure útil, o juiz que presida a acto processual público ou sujeito a contraditório poderá notificar o acompanhante para que compareça perante si com a testemunha especialmente vulnerável para fins exclusivos de apresentação e para que lhe sejam previamente mostradas as instalações onde decorrerá o acto em que deva participar.

Artigo 31º – Afastamento temporário

1. Em qualquer fase do processo, a testemunha especialmente vulnerável pode ser afastada temporariamente da família ou do grupo social fechado em que se encontra inserida.

2. O afastamento temporário é decidido pelo juiz, a requerimento do Ministério Público.

3. Antes de decidir, o juiz procede às diligências necessárias, convocando a testemunha especialmente vulnerável, o acompanhante e outras pessoas que repute necessário ouvir, designadamente o técnico de serviço social.

4. Sempre que o julgar necessário, o juiz solicita o apoio e acompanhamento do Instituto de Reinserção Social.

CAPÍTULO VI – Medidas adicionais de protecção

Artigo 31º-A – Concessão de moratória

1. A testemunha que, como resultado da sua colaboração com a justiça, se encontre em situação patrimonial que a impossibilite de cumprir obrigações pecuniárias para com o Estado ou outras entidades públicas pode ser concedida moratória se o superior interesse da realização da justiça o justificar, por despacho conjunto dos membros do Governo responsáveis pelas áreas da justiça e da tutela, mediante proposta fundamentada da Comissão de Programas Especiais de Segurança.

2. A concessão de moratória interrompe o prazo de prescrição.

3. O processo e a decisão relativos à concessão de moratória têm carácter confidencial e urgente.

(Aditado pela Lei nº 29/2008, de 04-07)

CAPÍTULO VII – Regulamentação e execução

Artigo 32º – Regulamentação

1. O Governo tomará as providências de carácter organizativo e técnico, bem como assegurará as infra-estruturas e outros meios tecnológicos necessários à boa aplicação da presente lei.

2. As medidas previstas nos artigos anteriores poderão ser requeridas e adoptadas a partir da data e nas demais condições previstas na legislação regulamentar da presente lei.

Artigo 33º - Entrada em vigor

A presente lei entra em vigor no 60º dia posterior ao da sua publicação.

Aprovada em 27 de Maio de 1999.

O Presidente da Assembleia da República, *António de Almeida Santos.*

Promulgada em 29 de Junho de 1999.

Publique-se.

O Presidente da República, JORGE SAMPAIO.

Referendada em 1 de Julho de 1999.

O Primeiro-Ministro, *António Manuel de Oliveira Guterres.*

Proteção de Testemunhas em Processo Penal – – Regulamentação

Decreto-Lei nº 190/2003, de 22 de agosto

Pela Lei nº 93/99, de 14 de Julho, a Assembleia da República aprovou o diploma que regula a aplicação de medidas para protecção de testemunhas em processo penal, em consonância com o movimento internacional de reconhecimento dos direitos das testemunhas, plasmado na Recomendação nº R (97) 13 do Conselho da Europa. Esta lei determina que, com a publicação de legislação regulamentar, se desenvolverão e concretizarão os mecanismos de protecção de testemunhas ali previstos. É o que agora se leva a efeito através do presente decreto-lei.

Numa curta síntese, destaca-se que o presente diploma concretiza as regras de confidencialidade essenciais à efectiva protecção de testemunhas que requeiram a reserva do conhecimento da identidade, desenvolve os meios de efectivar as diferentes medidas pontuais de segurança previstas naquela lei e desenvolve as regras de funcionamento da comissão de programas especiais de segurança.

Assim:

Ao abrigo do artigo 32º da Lei nº 93/99, de 14 de Julho, e nos termos da alínea *a)* do nº 1 do artigo 198º da Constituição, o Governo decreta o seguinte:

CAPÍTULO I – Disposição geral

Artigo 1º – Objecto

O presente decreto-lei regulamenta a Lei nº 93/99, de 14 de Julho, que regula a aplicação de medidas para protecção de testemunhas em processo penal.

CAPÍTULO II – Reserva do conhecimento da identidade da testemunha

Artigo 2º – Processo de averiguação

1. O Ministério Público, assim que tenha conhecimento de testemunha que alegadamente preencha os pressupostos do artigo 16º da Lei nº 93/99, de 14 de Julho, abre um processo de averiguação secreto.

2. A testemunha é identificada no processo de averiguação com um nome de código e com uma residência diferente da sua residência habitual, constando a verdadeira identidade e residência de documento também secreto.

3. O documento referido no número anterior é colocado em envelope fechado na primeira inquirição da testemunha e na sua presença, sendo guardado em cofre, à guarda e sob responsabilidade do Ministério Público.

4. No caso de o Ministério Público não confirmar que a testemunha preenche os pressupostos previstos no artigo 16º da Lei nº 93/99, de 14 de Julho, determina a destruição imediata do auto de inquirição e do envelope fechado.

5. O acto de destruição referido no número anterior é realizado na presença da testemunha, ficando apenas a constar do processo de averiguação o auto de destruição e o despacho fundamentado do Ministério Público que ordenou aquele acto.

6. No caso de o Ministério Público confirmar que a testemunha preenche os pressupostos previstos no artigo 16º da Lei nº 93/99, de 14 de Julho, prossegue com o requerimento previsto no nº 1 do artigo 17º da mesma lei.

7. No requerimento referido no número anterior a testemunha é identificada através do nome de código e da residência diferente da residência habitual, seguindo, em apenso e em envelope lacrado, a verdadeira identificação.

Artigo 3º – Nomeação de advogado da defesa

Para os efeitos do disposto no nº 3 do artigo 18º da Lei nº 93/99, de 14 de Julho, a Ordem dos Advogados garante a urgência e a confidencialidade do processo de nomeação de advogado, observando, com as necessárias adaptações, as regras de confidencialidade previstas no artigo 6º

Artigo 4º – Inquirição de testemunha no processo complementar

Para efeitos do disposto nos nºs 3 e 4 do artigo 18º da Lei nº 93/99, de 14 de Julho, sempre que, em diligência sujeita ao contraditório, o juiz de instrução considerar necessária a inquirição da testemunha, pode recorrer às medidas previstas no capítulo II da mesma lei.

Artigo 5º – Não concessão da medida de reserva do conhecimento da identidade

1. No caso de o juiz de instrução decidir não conceder a medida de reserva do conhecimento da identidade da testemunha, ou de esta ser revogada, são destruídos todos os autos que identifiquem ou possam identificar a testemunha, assim como o envelope que contém aquela identificação, sendo aplicável, com as necessárias adaptações, o disposto no nº 5 do artigo 2º

2. O processo administrativo aberto no Ministério Público e o envelope fechado são igualmente destruídos, sendo aplicável, com as necessárias adaptações, o disposto no nº 5 do artigo 2º

Artigo 6º - Confidencialidade

1. No processo de reserva do conhecimento da identidade da testemunha, a autoridade judiciária competente em cada fase processual designa elemento de órgão de polícia criminal ou funcionário de justiça responsável pela comunicação dos actos processuais e por todos os actos de secretaria.

2. A tramitação processa-se em mão entre a autoridade judiciária e o responsável designado e entre este e os restantes intervenientes no processo.

3. Para cada processo é elaborado um registo próprio, sob a responsabilidade do funcionário designado, que será remetido ao cofre da autoridade judiciária competente no termo do mesmo.

4. O requerimento de interposição de recurso de decisão judicial relativa à reserva do conhecimento da identidade da testemunha é entregue em mão ao funcionário judicial designado no processo, que procede de acordo com o disposto nos números anteriores.

CAPÍTULO III - Medidas pontuais de segurança

Artigo 7º - Indicação de residência diferente

1. Para efeitos do disposto na alínea *a)* do nº 1 do artigo 20º da Lei nº 93/99, de 14 de Julho, no caso de indicação, no processo, de residência diferente da residência habitual ou que não coincida com os lugares de domicílio previstos na lei civil, o documento com a indicação da residência verdadeira é colocado em envelope fechado e permanece em cofre ou outro dispositivo de segurança, à guarda e sob responsabilidade do Ministério Público, pelo período de tempo de aplicação da medida pontual de segurança.

2. As notificações da testemunha são solicitadas ao Ministério Público, que procede de acordo com o disposto no artigo 6º

(Redação dada pelo Decreto-Lei nº 227/2009, de 14-09)

Artigo 8º - Transporte em viatura e segurança da testemunha

Para efeitos do disposto nas alíneas *b)* e *c)* do nº 1 do artigo 20º da Lei nº 93/99, de 14 de Julho, a autoridade judiciária solicita à força de segurança territorialmente competente a disponibilização de viatura e respectivo condutor para o transporte da testemunha, bem como os meios necessários à sua segurança nas instalações judiciárias ou policiais.

Artigo 9º - Protecção policial

Para efeitos do disposto na alínea *d)* do nº 1 do artigo 20º da Lei nº 93/99, de 14 de Julho, a autoridade judiciária solicita ao corpo de segurança pessoal da Polícia de Segurança Pública a protecção policial da testemunha, familiares ou outras pessoas que lhe sejam próximas, sem prejuízo da intervenção ou cooperação de outros órgãos de polícia criminal.

Artigo 10º - Segurança na prisão

Para efeitos do disposto na alínea *e*) do nº 1 do artigo 20º da Lei nº 93/99, de 14 de Julho, a autoridade judiciária ordena ao director-geral dos Serviços Prisionais que seja aplicada à testemunha regime que lhe permita estar isolada de outros reclusos e ser transportada em viatura diferente.

Artigo 10º-A - Alteração do local físico de residência habitual

1. Para efeitos do disposto na alínea *f*) do nº 1 do artigo 20º da Lei nº 93/99, de 14 de Julho, a autoridade judiciária solicita a intervenção da Comissão de Programas Especiais de Segurança com vista à efectivação da medida.

2. O Instituto de Gestão Financeira e Infra-Estruturas da Justiça, I. P., presta a mais pronta e eficaz colaboração à Comissão na implementação da medida, assegurando os meios necessários.

3. O documento com a indicação do local físico para onde foi alterada a residência habitual é colocado em envelope fechado e permanece em cofre ou outro dispositivo de segurança, à guarda e sob responsabilidade do Ministério Público, pelo período de tempo de aplicação da medida pontual de segurança.

4. Finda a vigência da medida pontual de segurança, a autoridade judiciária determina a destruição imediata do documento e do envelope fechado, sendo apenas conservado o auto de destruição e o despacho fundamentado da autoridade judiciária que ordenou aquele acto.

5. As notificações da testemunha são solicitadas ao Ministério Público, que procede de acordo com o disposto no artigo 6º

6. À comunicação entre a autoridade judiciária e a Comissão e ao procedimento na Comissão é aplicável, com as necessárias adaptações, o disposto nos artigos 14º e 15º

(Aditado pelo Decreto-Lei nº 227/2009, de 14-09)

CAPÍTULO IV - Comissão de Programas Especiais de Segurança

Artigo 11º - Sede da Comissão

A Comissão de Programas Especiais de Segurança (Comissão) tem sede em Lisboa, em instalações facultadas pela Secretaria-Geral do Ministério da Justiça, e funciona na dependência directa do Ministro da Justiça.

Artigo 12º - Funcionamento da Comissão

1. A Comissão reúne, ordinariamente, uma vez por semestre e, extraordinariamente, sempre que seja convocada pelo presidente, por sua iniciativa ou a solicitação dc qualquer membro da Comissão.

2. De todas as reuniões da Comissão é lavrada acta, assinada por todos os membros presentes.

3. Os membros da Comissão exercem a sua função em regime de acumulação de serviço e mantêm todos os vencimentos, benefícios e regalias correspondentes ao lugar de origem.

4. Os membros da Comissão têm direito a uma senha de presença por cada sessão em que participem, a fixar por despacho conjunto dos Ministros das Finanças e da Justiça, ouvido o presidente da Comissão.

5. Por proposta do seu presidente, a Comissão aprova o regulamento de funcionamento interno.

6. A Comissão dispõe de um fundo de maneio, destinado a suportar despesas ocasionais e de pequeno montante resultantes da acção da Comissão no âmbito das suas atribuições, de montante a fixar pelo Ministro da Justiça.

7. A gestão do fundo de maneio compete ao presidente da Comissão, que pode delegar esta competência.

(Redação dada pelo Decreto-Lei nº 227/2009, de 14-09)

Artigo 13º – Serviços de apoio

1. Podem ser criados serviços de apoio da Comissão coordenados por um oficial de justiça, nomeado em comissão de serviço, ao abrigo do Decreto-Lei nº 343/99, de 26 de Agosto.

2. O recrutamento do restante pessoal necessário ao funcionamento dos serviços de apoio da Comissão, até dois funcionários, é feito através do recurso aos adequados instrumentos de mobilidade previstos na legislação em vigor.

CAPÍTULO V – Programas especiais de segurança

Artigo 14º – Comunicação ou requerimento da aplicação de programas especiais de segurança

1. Sempre que a autoridade judiciária considerar necessária a aplicação de um programa especial de segurança às pessoas referidas no artigo 21º da Lei nº 93/99, de 14 de Julho, comunica-o à Comissão de Programas Especiais de Segurança.

2. A comunicação é confidencial, feita por escrito e entregue em mão ao presidente ou ao secretário da Comissão.

3. A comunicação contém os fundamentos que justificam a aplicação do programa especial de segurança, podendo ainda propor as medidas de protecção e apoio adequadas ao caso.

4. As pessoas referidas no artigo 21º da Lei nº 93/99, de 14 de Julho, podem requerer a aplicação de programa especial de segurança, em requerimento dirigido ao presidente da Comissão e entregue ao Ministério Público titular ou interveniente no processo, consoante a fase em que o mesmo se encontrar, sendo aplicável, com as necessárias adaptações, o número anterior.

5. O Ministério Público, recebido o requerimento referido no número anterior, diligencia pela sua entrega, em mão, ao presidente ou ao secretário da Comissão, acompanhado de parecer sobre a necessidade da aplicação do programa especial de segurança.

Artigo 15º – Procedimento

1. Sempre que a Comissão receber a comunicação ou o requerimento referidos no artigo anterior, abre um processo escrito e confidencial, sem prejuízo do disposto no nº 1 do artigo 24º da Lei nº 93/99, de 14 de Julho.

2. O presidente da Comissão faz exame preliminar da comunicação ou requerimento e elabora, em oito dias, projecto de decisão contendo:

a) Rejeição liminar da comunicação ou do requerimento;

b) Indicação do prosseguimento do processo com a fixação imediata do conteúdo do programa especial de segurança;

c) Indicação do prosseguimento do processo com realização de diligências para aferir da necessidade e viabilidade da aplicação de programa especial de segurança ou do tipo de medidas de protecção e apoio a aplicar.

3. A Comissão reúne no prazo máximo de oito dias a partir do momento em que o presidente apresenta o projecto de decisão, decidindo, de imediato, no caso de rejeição da comunicação ou requerimento ou de aplicação de programa especial de segurança com fixação do seu conteúdo.

4. No caso de o processo dever prosseguir com realização de diligências para aferir da necessidade e viabilidade da aplicação de programa especial de segurança, a Comissão decide as diligências necessárias, devendo estas ser realizadas no prazo máximo de 30 dias pelo Ministério Público, pelos órgãos de polícia criminal ou por outras entidades públicas.

5. Realizadas as diligências referidas no número anterior, a Comissão reúne de imediato, devendo decidir pela rejeição da comunicação ou do requerimento ou pela aplicação de programa especial de segurança.

6. O processo escrito com o programa especial de segurança contém, nomeadamente, a indicação:

a) Das pessoas beneficiárias do programa;

b) Dos motivos que fundamentam a aplicação do programa;

c) Do conjunto de medidas de protecção e apoio a ser aplicadas;

d) Da duração do programa;

e) Das regras de comportamento a ser observadas pelos beneficiários do programa.

7. O processo confidencial relativo ao programa especial de segurança fica à guarda e sob responsabilidade do presidente da Comissão.

8. No caso de rejeição da aplicação do programa especial de segurança, a Comissão procede à destruição da comunicação ou do requerimento, aplicando-se, com as necessárias adaptações, o disposto no nº 5 do artigo 2º

Artigo 16º – Fornecimento de documentos

1. Para efeitos do disposto na alínea *a*) do nº 1 do artigo 22º da Lei nº 93/99, de 14 de Julho, a Comissão ordena ao director-geral ou entidade correspondente do serviço responsável pela emissão de documentos oficiais as diligências necessárias à elaboração de documentos fictícios que contenham elementos de identificação criados pela Comissão e respectivo registo nas bases de dados.

2. Para efeitos do disposto no número anterior, os elementos de identificação entregues pela Comissão ao director-geral ou entidade correspondente não podem ter qualquer referência àqueles que constem ou devessem constar dos documentos substituídos.

3. O director-geral ou entidade correspondente designa um funcionário que fica especialmente incumbido da emissão dos documentos e inserção dos elementos de identificação nas bases de dados respectivas, sendo aplicável, com as necessárias adaptações, o artigo 6º

4. A emissão dos documentos fictícios é tramitada em processo secreto e urgente.

5. Sem prejuízo do disposto no artigo 348º do Código Penal, as entidades que intervenham no processo de emissão dos documentos fictícios, em estrita obediência às normas previstas no presente decreto-lei, estão isentas de responsabilidade civil, administrativa e penal.

6. Os beneficiários da nova documentação entregam à Comissão todos os documentos que contêm a sua verdadeira identificação, ficando estes à guarda e sob responsabilidade do presidente, pelo período que durar o programa especial de segurança.

7. Os beneficiários da nova documentação não podem:

a) Utilizar os documentos que contêm a sua verdadeira identificação;

b) Celebrar contratos que impliquem a apresentação de qualquer documento de identificação sem autorização da Comissão.

8. Findo o programa especial de segurança:

a) O beneficiário devolve à Comissão os documentos fictícios por esta fornecidos, que procede à sua destruição imediata;

b) A Comissão devolve ao beneficiário os documentos que contêm a sua verdadeira identificação;

c) A Comissão ordena ao director-geral ou entidade correspondente que emitiu a documentação a destruição dos elementos de identificação fictícios que tenham sido inseridos nas respectivas bases de dados.

Artigo 17º – Outras medidas de protecção e apoio

1. Para efeitos do disposto na alínea *e*) do nº 2 do artigo 22º da Lei nº 93/99, de 14 de Julho, a Comissão promove a integração do beneficiário no meio social em que passa a estar inserido, diligenciando pelo acesso a actividade profissional ou a cursos de formação profissional, tendo em consideração, na medida do possível, as suas habilitações académicas e profissionais.

2. Para efeitos do disposto na alínea *f*) do nº 2 do artigo 22º da Lei nº 93/99, de 14 de Julho, a Comissão decide da concessão de um subsídio de subsistência ao beneficiário tendo por referência o salário mínimo nacional e o nível de vida do beneficiário no momento da entrada no programa especial de segurança.

Artigo 18º – Plano de protecção e assistência temporário

1. Na pendência da decisão sobre a aplicação do programa, a Comissão pode decidir, a requerimento fundamentado do Ministério Público, o estabelecimento de um plano de protecção e assistência temporário.

2. O plano só pode ser aplicado se houver indícios fortes de ameaça séria e eminente das pessoas referidas no artigo 21º da Lei nº 93/99, de 14 de Julho.

CAPÍTULO VI – Testemunhas especialmente vulneráveis

Artigo 19º – Afastamento temporário

1. Para efeitos do disposto no artigo 31º da Lei nº 93/99, de 14 de Julho, o juiz ordena à instituição de acolhimento a protecção temporária da criança ou jovem, nos termos da lei de protecção de crianças e jovens em perigo, aprovada pela Lei nº 147/99, de 1 de Setembro, ou a qualquer instituição, pública ou privada, que tenha acordo de cooperação com o Estado Português adequada àquele acolhimento.

2. No caso de a testemunha especialmente vulnerável ser adulta, o juiz ordena o seu acolhimento em serviços do Instituto de Solidariedade e Segurança Social, previstos no Decreto-Lei nº 316-A/2000, de 7 de Dezembro, em instituições particulares de solidariedade social que tenham acordo de cooperação com o Estado Português ou em casas da rede pública de apoio a mulheres vítimas de violência.

CAPÍTULO VII – Disposição final

Artigo 20º – Entrada em vigor

O presente diploma entra em vigor no dia seguinte ao da sua publicação.

Visto e aprovado em Conselho de Ministros de 31 de Julho de 2003. – *José Manuel Durão Barroso – Maria Manuela Dias Ferreira Leite – João Luís Mota de Campos.*

Promulgado em 6 de Agosto de 2003.

Publique-se.

O Presidente da República, JORGE SAMPAIO.

Referendado em 8 de Agosto de 2003.

O Primeiro-Ministro, *José Manuel Durão Barroso.*

Regime Jurídico do Mandado de Detenção Europeu

Lei nº 65/2003, de 23 de agosto

Aprova o regime jurídico do mandado de detenção europeu (em cumprimento da Decisão Quadro nº 2002/584/JAI, do Conselho, de 13 de Junho)

A Assembleia da República decreta, nos termos da alínea *c*) do artigo 161º da Constituição, para valer como lei geral da República, o seguinte:

CAPÍTULO I – Disposições gerais

SECÇÃO I – Noção, âmbito, conteúdo e transmissão

Artigo 1º – Noção e efeitos

1. O mandado de detenção europeu é uma decisão judiciária emitida por um Estado membro com vista à detenção e entrega por outro Estado membro de uma pessoa procurada para efeitos de procedimento criminal ou para cumprimento de uma pena ou medida de segurança privativas da liberdade.

2. O mandado de detenção europeu é executado com base no princípio do reconhecimento mútuo e em conformidade com o disposto na presente lei e na Decisão Quadro nº 2002/584/JAI, do Conselho, de 13 de Junho.

Artigo 2º – Âmbito de aplicação

1. O mandado de detenção europeu pode ser emitido por factos puníveis, pela lei do Estado membro de emissão, com pena ou medida de segurança privativas da liberdade de duração máxima não inferior a 12 meses ou, quando tiver por finalidade o cumprimento de pena ou de medida de segurança, desde que a sanção aplicada tenha duração não inferior a 4 meses.

2. Será concedida a entrega da pessoa procurada com base num mandado de detenção europeu, sem controlo da dupla incriminação do facto, sempre que os factos, de acordo com a legislação do Estado membro de emissão, constituam as seguintes infrações, puníveis no Estado membro de emissão com pena ou medida de segurança privativas de liberdade de duração máxima não inferior a três anos:

a) Participação numa organização criminosa;

b) Terrorismo;

c) Tráfico de seres humanos;

d) Exploração sexual de crianças e pedopornografia;

e) Tráfico ilícito de estupefacientes e de substâncias psicotrópicas;

f) Tráfico ilícito de armas, munições e explosivos;

g) Corrupção;

h) Fraude, incluindo a fraude lesiva dos interesses financeiros das Comunidades Europeias, na acepção da convenção de 26 de Julho de 1995 relativa à protecção dos interesses financeiros das Comunidades Europeias;

i) Branqueamento dos produtos do crime;

j) Falsificação de moeda, incluindo a contrafacção do euro;

l) Cibercriminalidade;

m) Crimes contra o ambiente, incluindo o tráfico ilícito de espécies animais ameaçadas e de espécies e essências vegetais ameaçadas;

n) Auxílio à entrada e à permanência irregulares;

o) Homicídio voluntário e ofensas corporais graves;

p) Tráfico ilícito de órgãos e de tecidos humanos;

q) Rapto, sequestro e tomada de reféns;

r) Racismo e xenofobia;

s) Roubo organizado ou à mão armada;

t) Tráfico de bens culturais, incluindo antiguidades e obras de arte;

u) Burla;

v) Extorsão de protecção e extorsão;

x) Contrafacção e piratagem de produtos;

z) Falsificação de documentos administrativos e respectivo tráfico;

aa) Falsificação de meios de pagamento;

bb) Tráfico ilícito de substâncias hormonais e outros factores de crescimento;

cc) Tráfico ilícito de materiais nucleares e radioactivos;

dd) Tráfico de veículos roubados;

ee) Violação;

ff) Fogo posto;

gg) Crimes abrangidos pela jurisdição do Tribunal Penal Internacional;

hh) Desvio de avião ou navio;

ii) Sabotagem.

3. No que respeita às infracções não previstas no número anterior só é admissível a entrega da pessoa reclamada se os factos que justificam a emissão do mandado de detenção europeu constituírem infracção punível pela lei portuguesa, independentemente dos seus elementos constitutivos ou da sua qualificação.

(Redação dada pela Lei nº 35/2015, de 04-05)

Artigo 3º - Conteúdo e forma do mandado de detenção europeu

1. O mandado de detenção europeu contém as seguintes informações, apresentadas em conformidade com o formulário em anexo:

a) Identidade e nacionalidade da pessoa procurada;

b) Nome, endereço, número de telefone e de fax e endereço de correio electrónico da autoridade judiciária de emissão;

c) Indicação da existência de uma sentença com força executiva, de um mandado de detenção ou de qualquer outra decisão judicial com a mesma força executiva nos casos previstos nos artigos 1º e 2º;

d) Natureza e qualificação jurídica da infracção, tendo, nomeadamente, em conta o disposto no artigo 2º;

e) Descrição das circunstâncias em que a infracção foi cometida, incluindo o momento, o lugar e o grau de participação na infracção da pessoa procurada;

f) Pena proferida, caso se trate de uma sentença transitada em julgado, ou a medida da pena prevista pela lei do Estado membro de emissão para essa infracção;

g) Na medida do possível, as outras consequências da infracção.

2. O mandado de detenção deve ser traduzido numa das línguas oficiais do Estado membro de execução ou noutra língua oficial das instituições das Comunidades Europeias aceite por este Estado, mediante declaração depositada junto do Secretariado-Geral do Conselho.

Artigo 4º - Transmissão do mandado de detenção europeu

1. Quando se souber onde se encontra a pessoa procurada a autoridade judiciária de emissão pode transmitir o mandado de detenção europeu directamente à autoridade judiciária de execução.

2. A autoridade judiciária de emissão pode, em qualquer caso, decidir inserir a indicação da pessoa procurada no sistema de informação Schengen (SIS).

3. A inserção da indicação deve ser efetuada nos termos do disposto nos artigos 26º a 31º da Decisão 2007/533/JAI do Conselho, de 12 de junho de 2007, relativa ao estabelecimento, ao funcionamento e à utilização do Sistema de Informação Schengen de segunda geração (SIS II).

4. Uma indicação inserida no SIS produz os mesmos efeitos de um mandado de detenção europeu, desde que acompanhada das informações referidas no nº 1 do artigo 3º

5. As autoridades de polícia criminal que verifiquem a existência de uma indicação efectuada nos termos do número anterior procedem à detenção da pessoa procurada.

(Redação dada pela Lei nº 35/2015, de 04-05)

Artigo 5º - Regras de transmissão do mandado de detenção europeu

1. A transmissão do mandado de detenção europeu pode ter lugar através do sistema de telecomunicações de segurança da rede judiciária europeia.

2. Quando não for possível recorrer ao SIS, a autoridade judiciária de emissão pode recorrer aos serviços da INTERPOL para transmitir o mandado de detenção europeu.

3. A autoridade judiciária de emissão pode transmitir o mandado de detenção europeu por todo e qualquer meio seguro que permita obter um registo escrito do mesmo, em condições que dêem ao Estado membro a possibilidade de verificar a sua autenticidade.

4. Todas as dificuldades relacionadas com a transmissão ou a autenticidade de todo e qualquer documento necessário para a execução do mandado de detenção europeu devem ser resolvidas através de contactos directos entre as autoridades judiciárias interessadas ou, se for caso disso, através da intervenção das autoridades centrais dos Estados membros.

5. Qualquer entidade que receba um mandado de detenção europeu e não seja competente para lhe dar seguimento transmite-o, no mais curto prazo, ao Ministério Público junto do tribunal da relação competente para o processo de execução do mandado de detenção europeu e informa a autoridade judiciária de emissão.

SECÇÃO II – Medidas provisórias, princípio da especialidade, entrega e extradição posterior

Artigo 6º – Transferência temporária e audição da pessoa procurada enquanto se aguarda a decisão sobre a execução do mandado

1. Sempre que o mandado de detenção europeu tenha sido emitido para efeitos de procedimento penal e, para qualquer uma das finalidades seguintes, tenha sido emitida e reconhecida uma decisão europeia de investigação, a autoridade judiciária de execução do mandado de detenção europeu, enquanto se aguarda a decisão sobre a execução do mandado, pode aceitar que:

a) Se proceda à audição da pessoa procurada; ou

b) Autorize a transferência temporária da pessoa procurada.

2. As condições em que se realiza a audição da pessoa procurada e as condições e a duração da transferência temporária observam o disposto na Lei nº 88/2017, de 21 de agosto.

3. Em caso de transferência temporária, a pessoa procurada deve poder regressar ao Estado-Membro de execução para assistir às audiências que tenham lugar no âmbito do processo de execução do mandado de detenção europeu.

4. O disposto no nº 1 é correspondentemente aplicável aos casos em que seja apresentado um pedido de auxílio judiciário com as finalidades aí previstas.

5. *(Revogado)*

6. *(Revogado)*

(Redação dada pela Lei nº 115/2019, de 12-09)

Artigo 7º - Princípio da especialidade

1. A pessoa entregue em cumprimento de um mandado de detenção europeu não pode ser sujeita a procedimento penal, condenada ou privada de liberdade por uma infracção praticada em momento anterior à sua entrega e diferente daquela que motivou a emissão do mandado de detenção europeu.

2. O disposto no número anterior não se aplica quando:

a) A pessoa entregue, tendo a possibilidade de abandonar o território do Estado membro de emissão não o fizer num prazo de 45 dias a contar da extinção definitiva da sua responsabilidade penal, ou regressar a esse território após o ter abandonado;

b) A infracção não for punível com pena ou medida de segurança privativas da liberdade;

c) O procedimento penal não der lugar à aplicação de uma medida restritiva da liberdade individual;

d) A pessoa entregue seja sujeita a pena ou medida não privativas da liberdade, nomeadamente uma sanção pecuniária ou uma medida alternativa, mesmo se esta pena ou medida forem susceptíveis de restringir a sua liberdade individual;

e) A pessoa, previamente à sua entrega, tenha nela consentido e renunciado ao benefício da regra da especialidade perante a autoridade judiciária de execução;

f) A pessoa, após ter sido entregue, tenha renunciado expressamente ao benefício da regra da especialidade no que diz respeito a determinados factos praticados em data anterior à sua entrega;

g) Exista consentimento da autoridade judiciária de execução que proferiu a decisão de entrega.

3. Se o Estado membro de emissão for o Estado português, a renúncia prevista na alínea *f*) do número anterior deve:

a) Ser feita perante o tribunal da relação da área onde a pessoa residir ou se encontrar;

b) Ser exarada em auto assinado pela pessoa e redigida por forma a demonstrar que essa pessoa foi informada dos factos e das suas consequências jurídicas e expressou a sua renúncia voluntariamente e com plena consciência das consequências dessa renúncia;

c) Ser prestada com a assistência de um defensor.

4. Se o Estado membro de execução for o Estado português, o consentimento a que se refere a alínea *g*) do nº 2:

a) É prestado pelo tribunal da relação que proferiu a decisão de entrega;

b) *(Revogada.)*

c) Deve ser prestado sempre que esteja em causa infracção que permita a entrega, por aplicação do regime jurídico do mandado de detenção europeu;

d) Deve ser recusado pelos motivos previstos no artigo 11º, podendo ainda ser recusado apenas com os fundamentos previstos nos artigos 12º e 12º-A;

e) Devem ser prestadas as garantias a que se refere o artigo 13º, em relação às situações nele previstas;

f) Deve ser prestado ou recusado no prazo de 30 dias a contar da data da recepção do pedido.

5. Se o Estado português for o Estado de emissão, é competente para solicitar o consentimento a que se refere a alínea *g*) do nº 2 a autoridade judiciária com competência para o conhecimento da infração praticada em momento anterior à sua entrega e diferente daquela que motivou a emissão do mandado de detenção europeu.

6. O pedido de consentimento a que se refere a alínea *g*) do nº 2 é apresentado pelo Estado membro de emissão ao Estado membro de execução acompanhado das informações referidas no nº 1 do artigo 3º e de uma tradução, nos termos do nº 2 do artigo 3º

(Redação dada pela Lei nº 35/2015, de 04-05)

Artigo 8º – Entrega ou extradição posterior

1. A pessoa entregue a um Estado membro em execução de um mandado de detenção europeu pode, sem o consentimento do Estado membro de execução, ser entregue a outro Estado membro por força de um mandado de detenção europeu emitido por uma infracção praticada antes da sua entrega, nos seguintes casos:

a) Quando a pessoa procurada não beneficiar da regra da especialidade, nos termos das alíneas *a*), *e*), *f*) e *g*) do nº 2 do artigo 7º;

b) Quando a pessoa procurada consinta na sua entrega a Estado membro diverso do Estado membro de execução, por força de um mandado de detenção europeu.

2. O consentimento previsto na alínea *b*) do número anterior deve:

a) Ser prestado perante as autoridades judiciárias competentes do Estado membro de emissão e registado em conformidade com o direito desse Estado;

b) Ser redigido por forma a demonstrar que a pessoa o deu voluntariamente e com plena consciência das sua consequências;

c) Ser prestado com a assistência de um defensor.

3. Se o Estado membro de emissão for o Estado Português, o consentimento a que se refere a alínea *b*) do nº 1 é prestado perante o tribunal da relação da área do seu domicílio ou, se não o tiver, da área onde se encontrar a pessoa em causa, observando-se as formalidades previstas no artigo 18º da presente lei, com as necessárias adaptações.

4. Se o Estado membro de execução for o Estado português, ao consentimento a que se refere a alínea *g*) do nº 2 do artigo anterior é aplicável o disposto no nº 4 do mesmo artigo.

5. O pedido de consentimento referido no número anterior é apresentado em conformidade com o disposto no artigo 4º, acompanhado das informações referidas no nº 1 do artigo 3º e de uma tradução, nos termos do nº 2 do mesmo artigo.

6. Sem prejuízo do disposto no nº 1, uma pessoa que tenha sido entregue em execução de um mandado de detenção europeu não pode ser extraditada para um Estado terceiro sem o consentimento da autoridade judiciária de execução que proferiu a decisão de entrega.

7. O consentimento a que se refere o número anterior deve ser dado em conformidade com as convenções que vinculem esse Estado membro e de acordo com o direito desse Estado.

(Redação dada pela Lei nº 35/2015, de 04-05)

SECÇÃO III – Outras disposições

Artigo 9º – Autoridade central

É designada como autoridade central, para assistir as autoridades judiciárias competentes e demais efeitos previstos na presente lei, a Procuradoria-Geral da República.

(Redação dada pela Lei nº 35/2015, de 04-05)

Artigo 10º – Desconto da detenção cumprida no Estado membro de execução

1. O período de tempo de detenção resultante da execução de um mandado de detenção europeu é descontado no período total de privação da liberdade a cumprir no Estado membro de emissão em virtude de uma condenação a uma pena ou medida de segurança.

2. Para o efeito do disposto no número anterior, no momento da entrega, a autoridade judiciária de execução transmite à autoridade judiciária de emissão todas as informações respeitantes ao período de tempo de detenção cumprido pela pessoa procurada em execução do mandado de detenção europeu.

(Redação dada pela Lei nº 35/2015, de 04-05)

CAPÍTULO II – Execução de mandado de detenção europeu emitido por Estado membro estrangeiro

SECÇÃO I – Condições de execução

Artigo 11º – Motivos de não execução obrigatória do mandado de detenção europeu

A execução do mandado de detenção europeu é recusada quando:

a) A infracção que motiva a emissão do mandado de detenção europeu tiver sido amnistiada em Portugal, desde que os tribunais portugueses sejam competentes para o conhecimento da infracção;

b) A pessoa procurada tiver sido definitivamente julgada pelos mesmos factos por um Estado membro desde que, em caso de condenação, a pena tenha sido integralmente cumprida, esteja a ser executada ou já não possa ser cumprida segundo a lei do Estado membro onde foi proferida a decisão;

c) A pessoa procurada for inimputável em razão da idade, nos termos da lei portuguesa, em relação aos factos que motivam a emissão do mandado de detenção europeu;

d) *(Revogada.)*

e) *(Revogada.)*

f) O facto que motiva a emissão do mandado de detenção europeu não constituir infração punível de acordo com a lei portuguesa, desde que se trate de infração não incluída no nº 2 do artigo 2º

(Redação dada pela Lei nº 115/2019, de 12-09)

Artigo 12º – Motivos de não execução facultativa do mandado de detenção europeu

1. A execução do mandado de detenção europeu pode ser recusada quando:

a) *(Revogada)*;

b) Estiver pendente em Portugal procedimento penal contra a pessoa procurada pelo facto que motiva a emissão do mandado de detenção europeu;

c) Sendo os factos que motivam a emissão do mandado de detenção europeu do conhecimento do Ministério Público, não tiver sido instaurado ou tiver sido decidido pôr termo ao respetivo processo por arquivamento;

d) A pessoa procurada tiver sido definitivamente julgada pelos mesmos factos por um Estado membro em condições que obstem ao ulterior exercício da acção penal, fora dos casos previstos na alínea *b*) do artigo 11º;

e) Tiverem decorrido os prazos de prescrição do procedimento criminal ou da pena, de acordo com a lei portuguesa, desde que os tribunais portugueses sejam competentes para o conhecimento dos factos que motivam a emissão do mandado de detenção europeu;

f) A pessoa procurada tiver sido definitivamente julgada pelos mesmos factos por um Estado terceiro desde que, em caso de condenação, a pena tenha sido integralmente cumprida, esteja a ser executada ou já não possa ser cumprida segundo a lei do Estado da condenação;

g) A pessoa procurada se encontrar em território nacional, tiver nacionalidade portuguesa ou residir em Portugal, desde que o mandado de detenção tenha sido emitido para cumprimento de uma pena ou medida de segurança e o Estado Português se comprometa a executar aquela pena ou medida de segurança, de acordo com a lei portuguesa;

h) O mandado de detenção europeu tiver por objecto infracção que:

- *i*) Segundo a lei portuguesa tenha sido cometida, em todo ou em parte, em território nacional ou a bordo de navios ou aeronaves portugueses; ou
- *ii*) Tenha sido praticada fora do território do Estado membro de emissão desde que a lei penal portuguesa não seja aplicável aos mesmos factos quando praticados fora do território nacional.

2. A execução do mandado de detenção europeu não pode ser recusada, em matéria de contribuições e impostos, de alfândegas e de câmbios, com o fundamento previsto no nº 1, pela circunstância de a legislação portuguesa não impor o mesmo tipo de contribuições ou impostos ou não prever o mesmo tipo de regulamentação em matéria de contribuições e impostos, de alfândegas e de câmbios que a legislação do Estado membro de emissão.

3. A recusa de execução nos termos da alínea *g*) do nº 1 depende de decisão do tribunal da relação, no processo de execução do mandado de detenção europeu, a requerimento do Ministério Público, que declare a sentença exequível em Portugal, confirmando a pena aplicada.

4. A decisão a que se refere o número anterior é incluída na decisão de recusa de execução, sendo-lhe aplicável, com as devidas adaptações, o regime relativo ao reconhecimento de sentenças penais que imponham penas de prisão ou medidas privativas da liberdade no âmbito da União Europeia, devendo a autoridade judiciária de execução, para este efeito, solicitar a transmissão da sentença.

(Redação dada pela Lei nº 115/2019, de 12-09)

Artigo 12º-A – Decisões proferidas na sequência de um julgamento no qual o arguido não tenha estado presente

1. A execução do mandado de detenção europeu emitido para efeitos de cumprimento de uma pena ou medida de segurança privativas da liberdade pode ser recusada se a pessoa não tiver estado presente no julgamento que conduziu à decisão, a menos que do mandado conste que a pessoa, em conformidade com a legislação do Estado membro de emissão:

a) Foi notificada pessoalmente da data e do local previstos para o julgamento que conduziu à decisão, ou recebeu informação oficial da data e do local previstos para o julgamento, de uma forma que deixou inequivocamente estabelecido que tinha conhecimento do julgamento previsto e de que podia ser proferida uma decisão mesmo não estando presente no julgamento; ou

b) Tendo conhecimento do julgamento previsto, conferiu mandato a um defensor por si designado ou pelo Estado para a sua defesa e foi efetivamente representado por esse defensor no julgamento; ou

c) Depois de ter sido notificada da decisão e expressamente informada do direito a novo julgamento ou a recurso que permita a reapreciação do mérito da causa, incluindo de novas provas, que pode conduzir a uma decisão distinta da inicial, declarou expressamente que não contestava a decisão ou não requereu novo julgamento ou recurso dentro do prazo aplicável; ou

d) Não foi notificada pessoalmente da decisão, mas na sequência da sua entrega ao Estado de emissão é expressamente informada de imediato do direito que lhe assiste a novo julgamento ou a recurso que permita a reapreciação do mérito da causa, incluindo apreciação de novas provas, que podem conduzir a uma decisão distinta da inicial, bem como dos respetivos prazos.

2. No caso de o mandado de detenção europeu ser emitido nas condições da alínea *d*) do número anterior, e de a pessoa em causa não ter recebido qualquer informação oficial prévia sobre a existência do processo penal que lhe foi instaurado, nem ter sido notificada da decisão, ao ser informada sobre o teor do mandado de detenção europeu pode a mesma requerer que lhe seja facultada cópia da decisão antes da sua entrega ao Estado membro de emissão.

3. Para efeitos do disposto no número anterior, logo após ter sido informada do requerimento, a autoridade judiciária de emissão faculta, a título informativo, cópia da decisão por intermédio da autoridade judiciária de execução, sem que tal implique atraso no processo ou retarde a entrega, não sendo esta comunicação considerada como uma notificação formal da decisão nem relevante para a contagem de quaisquer prazos aplicáveis para requerer novo julgamento ou interpor recurso.

4. No caso de a pessoa ser entregue nas condições da alínea *d*) do nº 1 e ter requerido um novo julgamento ou interposto recurso, a detenção desta é, até estarem concluídos tais trâmites, revista em conformidade com a legislação do Estado membro de emissão, quer oficiosamente, quer a pedido da pessoa em causa.

(Aditado pela Lei nº 35/2015, de 04-05)

Artigo 13º – Garantias a fornecer pelo Estado membro de emissão em casos especiais

1. A execução do mandado de detenção europeu só terá lugar se o Estado membro de emissão prestar uma das seguintes garantias:

a) Quando a infracção que motiva a emissão do mandado de detenção europeu for punível com pena ou medida de segurança privativas da liberdade com carácter perpétuo, só será proferida decisão de entrega se estiver prevista no sistema jurídico do Estado membro de emissão uma revisão da pena aplicada, a pedido ou o mais tardar no prazo de 20 anos, ou a aplicação das medidas de clemência a que a pessoa procurada tenha direito nos termos do direito ou da prática do Estado membro de emissão, com vista a que tal pena ou medida não seja executada;

b) Quando a pessoa procurada para efeitos de procedimento penal for nacional ou residente no Estado membro de execução, a decisão de entrega pode ficar sujeita à condição de que a pessoa procurada, após ter sido ouvida, seja devolvida ao Estado membro de execução para nele cumprir a pena ou a medida de segurança privativas da liberdade a que foi condenada no Estado membro de emissão.

2. À situação prevista na alínea *b*) do número anterior é correspondentemente aplicável o disposto na parte final do nº 4 do artigo 12º

(Redação dada pela Lei nº 115/2019, de 12-09)

Artigo 14º – Obrigações internacionais concorrentes

1. O regime jurídico do mandado de detenção europeu não prejudica as obrigações assumidas pelo Estado Português sempre que a pessoa procurada tenha sido extraditada para Portugal a partir de um terceiro Estado e esteja protegida por disposições em matéria de especialidade do acordo ao abrigo do qual foi extraditada.

2. No caso previsto no número anterior serão tomadas pela autoridade judiciária de execução todas as medidas necessárias para solicitar imediatamente o consentimento do Estado de onde a pessoa procurada foi extraditada, por forma que esta possa ser entregue ao Estado membro de emissão.

3. Os prazos estabelecidos no artigo 26º só começam a correr a partir da data em que as regras de especialidade deixarem de vigorar.

4. Serão asseguradas as condições materiais necessárias para a entrega efectiva da pessoa procurada enquanto se aguardar a decisão do Estado de onde foi extraditada.

SECÇÃO II – Processo de execução

Artigo 15º – Competência para a execução do mandado de detenção europeu

1. É competente para o processo judicial de execução do mandado de detenção europeu o tribunal da relação da área do seu domicílio ou, se não o tiver, da área onde se encontrar a pessoa procurada à data da emissão do mandado.

2. O julgamento é da competência da secção criminal.

Artigo 16º – Despacho liminar e detenção da pessoa procurada

1. Recebido o mandado de detenção europeu o Ministério Público junto do tribunal da relação competente promove a sua execução no prazo de quarenta e oito horas.

2. Efectuada a distribuição, o processo é imediatamente concluso ao juiz relator para, no prazo de cinco dias, proferir despacho liminar sobre suficiência das informações que acompanham o mandado de detenção europeu, tendo especialmente em conta o disposto no artigo 3º

3. Se as informações comunicadas pelo Estado membro de emissão forem insuficientes para que se possa decidir da entrega, serão solicitadas com urgência as informações complementares necessárias, podendo ser fixado prazo para a sua recepção.

4. A autoridade judiciária de emissão pode transmitir, por sua iniciativa, a qualquer momento, todas as informações suplementares que repute úteis.

5. Quando o mandado de detenção europeu contiver todas as informações exigidas pelo artigo 3º e estiver devidamente traduzido é ordenada a sua entrega ao Ministério Público, para que providencie pela detenção da pessoa procurada.

6. A detenção da pessoa procurada obedece aos requisitos estabelecidos no Código de Processo Penal para a detenção de suspeitos.

Artigo 17º – Direitos do detido

1. A pessoa procurada é informada, quando for detida, da existência e do conteúdo do mandado de detenção europeu, bem como da possibilidade de consentir ou não consentir em ser entregue à autoridade judiciária de emissão.

2. O detido tem direito a ser assistido por defensor.

3. Quando o detido não conheça ou não domine a língua portuguesa é nomeado, sem qualquer encargo para ele, intérprete idóneo.

4. É correspondentemente aplicável o disposto nos artigos 57º a 67º do Código de Processo Penal, devendo ser entregue à pessoa procurada, quando for detida, documento de que constem os direitos referidos nos números anteriores.

(Redação dada pela Lei nº 115/2019, de 12-09)

Artigo 18º – Audição do detido

1. A entidade que proceder à detenção comunica-a de imediato, pela via mais expedita e que permita o registo por escrito, ao Ministério Público junto do tribunal da relação competente.

2. A pessoa procurada é apresentada ao Ministério Público, para audição pessoal, imediatamente ou no mais curto prazo possível.

3. O juiz relator procede à audição do detido, no prazo máximo de quarenta e oito horas após a detenção, e decide sobre a validade e manutenção desta, podendo aplicar-lhe medida de coacção prevista no Código de Processo Penal.

4. O juiz relator nomeia previamente defensor ao detido, se não tiver advogado constituído.

5. O juiz relator procede à identificação do detido, elucidando-o sobre a existência e o conteúdo do mandado de detenção europeu e sobre o direito de se opor à execução do mandado ou de consentir nela e os termos em que o pode fazer, bem como sobre a faculdade de renunciar ao benefício da regra da especialidade.

6. O consentimento na entrega à autoridade judiciária de emissão prestado pelo detido, o teor da informação que lhe foi transmitida sobre a regra da especialidade e a declaração do detido são exarados em auto, assinado pela pessoa procurada e pelo seu defensor ou advogado constituído.

Artigo 19º – Audição do detido pelo tribunal de 1ª instância

1. Sempre que o detido não possa, por qualquer razão, ser ouvido pelo tribunal da relação é apresentado ao Ministério Público junto do tribunal de 1ª instância da sede do tribunal competente.

2. No caso previsto no número anterior, a audição tem lugar exclusivamente para efeitos de validação e manutenção da detenção ou de aplicação de medida de coacção prevista no Código de Processo Penal pelo juiz do tribunal de 1ª instância, devendo o Ministério Público tomar as providências adequadas à apresentação do detido no primeiro dia útil subsequente.

Artigo 20º – Execução do mandado de detenção com consentimento da pessoa procurada

1. O consentimento na entrega à autoridade judiciária de emissão prestado pelo detido é irrevogável e tem como consequência a renúncia ao processo de execução do mandado de detenção europeu.

2. O juiz deve certificar-se de que o consentimento a que se refere o número anterior foi prestado voluntariamente e com plena consciência das suas consequências.

3. A decisão judicial de homologação do consentimento equivale, para todos os efeitos, à decisão final do processo de execução do mandado de detenção europeu.

Artigo 21º – Oposição da pessoa procurada

1. Se a pessoa procurada não consentir na sua entrega ao Estado membro de emissão é concedida a palavra ao seu defensor para que deduza oposição.

2. A oposição pode ter por fundamentos o erro na identidade do detido ou a existência de causa de recusa de execução do mandado de detenção europeu.

3. Deduzida a oposição, nos termos dos números anteriores, é concedida a palavra ao Ministério Público para que se pronuncie sobre as questões suscitadas na mesma e sobre a verificação dos requisitos de que depende a execução do mandado de detenção europeu.

4. A oposição e os meios de prova devem ser apresentados no decurso da diligência de audição do arguido, sem prejuízo de, a requerimento do defensor, o tribunal fixar, por despacho irrecorrível, prazo para o efeito, sempre que tal prazo seja necessário para a preparação da defesa ou para a apresentação dos meios de prova, tendo em conta a necessidade de se cumprirem os prazos estabelecidos no artigo 26º

5. Finda a produção da prova será concedida a palavra ao Ministério Público e ao defensor da pessoa procurada para alegações orais.

Artigo 22º – Decisão sobre a execução do mandado de detenção europeu

1. O tribunal profere decisão fundamentada sobre a execução do mandado de detenção europeu no prazo de cinco dias a contar da data em que ocorrer a audição da pessoa procurada.

2. Se as informações comunicadas pelo Estado membro de emissão forem insuficientes para que se possa decidir da entrega, são solicitadas com urgência as informações necessárias, podendo ser fixado prazo para a sua recepção, para que possam ser cumpridos os prazos estabelecidos no artigo 26º

Artigo 23º – Decisão em caso de pedidos concorrentes

1. Se vários Estados-membros tiverem emitido um mandado de detenção europeu contra a mesma pessoa, o tribunal decide sobre qual dos mandados deve ser executado tendo em conta todas as circunstâncias e, em especial:

a) A gravidade relativa das infracções;

b) O lugar da prática das infracções;

c) As datas dos mandados de execução concorrentes;

d) A circunstância de o mandado ter sido emitido para efeitos de procedimento penal ou de cumprimento de uma pena ou medida de segurança privativas da liberdade.

2. Pode ser solicitado parecer ao EUROJUST para efeitos da tomada da decisão prevista no nº 1.

3. Em caso de conflito entre um mandado de detenção europeu e um pedido de extradição apresentado por um país terceiro, a decisão sobre qual dos pedidos deve ser satisfeito tem em conta todas as circunstâncias, em especial as referidas no nº 1, bem como as mencionadas na convenção aplicável.

4. O disposto no presente artigo não prejudica as obrigações assumidas pelo Estado Português previstas no Estatuto do Tribunal Penal Internacional.

Artigo 24º – Recurso

1. Só é admissível recurso:

a) Da decisão que mantiver a detenção ou a substituir por medida de coacção;

b) Da decisão final sobre a execução do mandado de detenção europeu.

2. O prazo para a interposição do recurso é de cinco dias e conta-se a partir da notificação da decisão ou, tratando-se de decisão oral reproduzida em acta, a partir da data em que tiver sido proferida.

3. O requerimento de interposição do recurso é sempre motivado, sob pena de não admissão do recurso. Se o recurso for interposto por declaração na acta, a motivação pode ser apresentada no prazo de cinco dias, contado da data da interposição.

4. O requerimento de interposição do recurso e a motivação são notificados ao sujeito processual afectado pelo recurso, para que possa responder, no prazo de cinco dias.

5. O julgamento dos recursos previstos neste artigo é da competência das secções criminais do Supremo Tribunal de Justiça.

6. O processo é remetido ao Supremo Tribunal de Justiça imediatamente após a junção da resposta ou findo o prazo para a sua apresentação.

Artigo 25º – Vista do processo e julgamento

1. Feita a distribuição na secção criminal do Supremo Tribunal de Justiça, o processo é concluso ao relator, por cinco dias, e depois remetido, com projecto de acórdão, a visto simultâneo dos restantes juízes, por cinco dias.

2. O processo é submetido a julgamento na primeira sessão após o último visto, independentemente de inscrição em tabela e com preferência sobre os outros e baixa três dias após o trânsito.

Artigo 26º – Prazos e regras relativos à decisão sobre a execução do mandado de detenção europeu

1. Se a pessoa procurada consentir na sua entrega ao Estado membro de emissão, a decisão definitiva sobre a execução do mandado de detenção europeu deve ser tomada no prazo de 10 dias a contar da data em que foi prestado o consentimento.

2. Nos outros casos a decisão definitiva sobre a execução do mandado de detenção europeu deve ser tomada no prazo de 60 dias após a detenção da pessoa procurada.

3. Quando o mandado de detenção europeu não puder ser executado nos prazos previstos nos nºs 1 ou 2, nomeadamente por ter sido interposto recurso da decisão proferida, a autoridade judiciária de emissão será informada do facto e das suas razões, podendo os prazos ser prorrogados por mais 30 dias.

4. Serão asseguradas as condições materiais necessárias para a entrega efectiva da pessoa procurada enquanto não for tomada uma decisão definitiva sobre a execução do mandado de detenção europeu.

5. Sempre que, devido a circunstâncias excepcionais, não for possível cumprir os prazos fixados no presente artigo, a Procuradoria-Geral da República informará a EUROJUST do facto e das suas razões.

Artigo 27º – Privilégios e imunidades

1. Quando a pessoa procurada beneficiar de um privilégio ou de uma imunidade de jurisdição ou de execução os prazos fixados no artigo 26º só começam a correr a partir do dia em que ocorrer o conhecimento de que tal privilégio ou imunidade foi levantado.

2. Se o levantamento do privilégio ou da imunidade for da competência de uma autoridade portuguesa o respectivo pedido é apresentado pelo tribunal competente para o processo judicial de execução do mandado de detenção europeu no mais curto prazo.

3. Se o levantamento do privilégio ou da imunidade for da competência de outro Estado ou de uma organização internacional compete à autoridade judiciária de emissão apresentar-lhe o respectivo pedido.

4. Serão asseguradas as condições materiais necessárias a uma entrega efectiva da pessoa procurada a partir do momento em que esta deixe de beneficiar do privilégio ou imunidade.

Artigo 28º – Notificação da decisão

O tribunal competente notifica a autoridade judiciária de emissão, no mais curto prazo, da decisão proferida sobre a execução do mandado de detenção europeu.

Artigo 29º – Prazo para a entrega da pessoa procurada

1. A pessoa procurada deve ser entregue no mais curto prazo possível, numa data acordada entre o tribunal e a autoridade judiciária de emissão.

2. A entrega deve ter lugar no prazo máximo de 10 dias, a contar da decisão definitiva de execução do mandado de detenção europeu.

3. Se for impossível a entrega da pessoa procurada no prazo previsto no número anterior, em virtude de facto de força maior que ocorra num dos Estados membros, o tribunal e a autoridade judiciária de emissão estabelecem de imediato os contactos necessários para ser acordada uma nova data de entrega, a qual deverá ter lugar no prazo de 10 dias a contar da nova data acordada.

4. A entrega pode ser temporariamente suspensa por motivos humanitários graves, nomeadamente por existirem motivos sérios para considerar que a entrega colocaria manifestamente em perigo a vida ou a saúde da pessoa procurada.

5. O tribunal informa de imediato a autoridade judiciária de emissão da cessação dos motivos que determinaram a suspensão temporária da entrega da pessoa procurada e é acordada uma nova data de entrega, a qual deverá ter lugar no prazo de 10 dias a contar da nova data acordada.

(Redação dada pela Lei nº 35/2015, de 04-05)

Artigo 30º – Prazos de duração máxima da detenção

1. A detenção da pessoa procurada cessa quando, desde o seu início, tiverem decorrido 60 dias sem que seja proferida pelo tribunal da relação decisão sobre a execução do mandado de detenção europeu, podendo ser substituída por medida de coacção prevista no Código de Processo Penal.

2. O prazo previsto no número anterior é elevado para 90 dias se for interposto recurso da decisão sobre a execução do mandado de detenção europeu proferida pelo tribunal da relação.

3. Os prazos previstos nos números anteriores são elevados para 150 dias se for interposto recurso para o Tribunal Constitucional.

Artigo 31º – Entrega diferida ou condicional

1. O tribunal pode, após ter proferido decisão no sentido da execução do mandado de detenção europeu, suspender a entrega da pessoa procurada, para que seja sujeita a procedimento penal em Portugal ou, no caso de já ter sido condenada por sentença transitada em julgado, para que possa cumprir, em Portugal, a pena respectiva.

2. Quando deixem de se verificar os motivos que justificaram o diferimento da entrega, o tribunal informa a autoridade judiciária de emissão e é acordada uma nova data de entrega, a qual deverá ter lugar no prazo de 10 dias.

3. Em lugar de diferir a entrega o tribunal pode decidir entregar a pessoa procurada ao Estado membro de emissão, temporariamente, em condições a fixar em acordo escrito com a autoridade judiciária de emissão, vinculativo para todas as autoridades do Estado membro de emissão.

Artigo 32º – Apreensão e entrega de bens

1. O tribunal competente para o processo judicial de execução do mandado de detenção europeu ordena a apreensão e entrega à autoridade judiciária de emissão, a seu pedido ou por iniciativa das entidades competentes, dos objectos:

a) Que possam servir de prova;

b) Que tenham sido adquiridos pela pessoa procurada em resultado da infracção.

2. Os objectos referidos no número anterior são entregues à autoridade judiciária de emissão mesmo quando o mandado de execução europeu não puder ser executado, por morte ou evasão da pessoa procurada.

3. Os objectos referidos no nº 1 que sejam susceptíveis de apreensão ou perda podem, para efeitos de um procedimento penal em curso em Portugal, ser conservados temporariamente ou entregues ao Estado membro de emissão na condição de serem restituídos.

4. Ficam ressalvados os direitos adquiridos pelo Estado Português ou por terceiros sobre os objectos referidos no nº 1.

5. No caso previsto no número anterior os objectos apreendidos e entregues ao Estado membro de emissão serão restituídos gratuitamente logo que concluído o procedimento penal.

Artigo 33º – Natureza urgente do processo de execução do mandado de detenção europeu

1. Os actos processuais relativos ao processo de execução do mandado de detenção europeu praticam-se mesmo fora dos dias úteis, das horas de expediente dos serviços de justiça e das férias judiciais.

2. Os prazos relativos ao processo de execução do mandado de detenção europeu correm em férias.

Artigo 34º - Direito subsidiário

É aplicável, subsidiariamente, ao processo de execução do mandado de detenção europeu o Código de Processo Penal.

Artigo 35º - Despesas

1. As despesas ocasionadas pela execução do mandado de detenção europeu em território nacional serão suportadas pelo Estado Português.

2. Todas as outras despesas serão custeadas pelo Estado membro de emissão.

CAPÍTULO III - Emissão em Portugal de mandado de detenção europeu

Artigo 36º - Competência para a emissão do mandado de detenção europeu

É competente para a emissão do mandado de detenção europeu a autoridade judiciária competente para ordenar a detenção ou a prisão da pessoa procurada nos termos da lei portuguesa.

Artigo 37º - Regime da emissão e transmissão do mandado de detenção europeu

A emissão e a transmissão do mandado de detenção europeu estão sujeitas às regras previstas no capítulo I.

CAPÍTULO IV - Trânsito

Artigo 38º - Trânsito

1. É facultado o trânsito, pelo território ou pelo espaço aéreo nacional, para efeitos de entrega de uma pessoa procurada, desde que não se trate de cidadão nacional ou pessoa residente em território nacional, destinando-se a entrega ao cumprimento de pena ou medida de segurança privativas da liberdade quando sejam comunicados os seguintes elementos:

a) A identidade e a nacionalidade da pessoa sobre a qual recai o mandado de detenção europeu;

b) A existência de um mandado de detenção europeu;

c) A natureza e a qualificação jurídica da infracção;

d) A descrição das circunstâncias em que a infracção foi praticada, incluindo a data e o lugar.

2. Se a pessoa sobre a qual recai o mandado de detenção europeu para efeitos de procedimento penal tiver a nacionalidade portuguesa ou residir em território nacional, a autorização do trânsito pode ficar sujeita à condição de que a pessoa, após ter sido ouvida, seja restituída para cumprimento da pena ou medida de segurança privativas da liberdade a que venha a ser condenada no Estado membro de emissão.

3. O pedido de trânsito pode ser comunicado à autoridade central por qualquer meio que permita conservar um registo escrito.

4. A decisão sobre o pedido de trânsito é comunicada pelo mesmo procedimento.

5. Os pedidos de trânsito a que se referem os nºs 2 e 3 são transmitidos pela autoridade central ao Ministério Público no tribunal da relação competente, o qual, colhidas as informações necessárias, decide no mais curto prazo, compatível com a efetivação do trânsito.

6. O tribunal da relação competente, para o efeito previsto no número anterior, é o do lugar onde se verificar ou tiver início o trânsito da pessoa procurada em território nacional.

7. O pedido de trânsito só pode ser recusado nos casos previstos no artigo 11º

8. O disposto neste artigo não se aplica em caso de trânsito por via aérea sem que esteja prevista uma aterragem em território nacional.

9. Em caso de aterragem imprevista o Estado membro de emissão deve comunicar os elementos previstos no nº 1.

10. O regime estabelecido no presente artigo é aplicável, com as necessárias adaptações, ao trânsito de pessoa extraditada de um país terceiro para um Estado membro.

(Redação dada pela Lei nº 35/2015, de 04-05)

CAPÍTULO V – Disposições finais e transitórias

Artigo 39º – Disposição transitória

Até que o SIS esteja em condições de transmitir todas as informações referidas no artigo 3º, a inserção, no SIS, da indicação da pessoa procurada produz os mesmos efeitos de um mandado de detenção europeu enquanto se aguarda a recepção do original em boa e devida forma.

Artigo 40º – Entrada em vigor

O regime jurídico do mandado de detenção europeu entra em vigor no dia 1 de Janeiro de 2004, aplicando-se aos pedidos recebidos depois desta data com origem em Estados membros que tenham optado pela aplicação imediata da Decisão Quadro, do Conselho, de 13 de Junho de 2002 relativa ao mandado de detenção europeu e aos processos de entrega entre os Estados membros, publicada no Jornal Oficial das Comunidades Europeias, de 18 de Julho de 2002.

Aprovada em 3 de Julho de 2003.

O Presidente da Assembleia da República, *João Bosco Mota Amaral.*

Promulgada em 4 de Agosto de 2003.

Publique-se.

O Presidente da República, JORGE SAMPAIO.

Referendada em 8 de Agosto de 2003.

O Primeiro-Ministro, *José Manuel Durão Barroso.*

ANEXO
Mandado de detenção europeu

O presente mandado foi emitido por uma autoridade judiciária competente. Solicita-se a detenção do indivíduo abaixo indicado e a sua entrega às autoridades judiciárias para efeitos de procedimento penal ou de cumprimento de uma pena ou medida de segurança privativas da liberdade.

a) Informações relativas à identidade da pessoa procurada:

Apelido: ....

Nome(s) próprio(s): ....

Apelido de solteira (eventualmente): ....

Alcunhas ou pseudónimos (eventualmente): ....

Sexo: ....

Nacionalidade: ....

Data de nascimento: ....

Local de nascimento: ....

Residência (e/ou último endereço conhecido): ....

....

Língua ou línguas que a pessoa procurada compreende (se forem conhecidas): ....

....

Sinais particulares / descrição da pessoa procurada: ....

....

Foto e impressões digitais da pessoa procurada, caso existam e possam ser transmitidas, ou contacto da pessoa junto da qual se poderão obter esses dados ou o perfil de ADN (se for possível enviar e se a informação não tiver sido já incluída):

b) Decisão que fundamenta o mandado de detenção:

1. **Mandado de detenção ou decisão judicial com a mesma força executiva:** ....

   Tipo: ....
2. **Sentença com força executiva:** ....

   ....

   Referência: ....

c) Indicações relativas à duração da pena:

1. **Duração máxima da pena ou medida de segurança privativas de liberdade aplicável à(s) infração/infrações:**

   ....

   ....

2. Duração da pena ou medida de segurança privativas da liberdade proferida:

....

Pena ainda por cumprir: ....

....

....

d) Indicar se a pessoa esteve presente no julgamento que conduziu à decisão:

1. ☐ Sim, a pessoa esteve presente no julgamento que conduziu à decisão.

2. ☐ Não, a pessoa não esteve presente no julgamento que conduziu à decisão.

3. Se assinalou a quadrícula no ponto 2, queira confirmar se se verifica uma das seguintes situações:

☐3.1a. a pessoa foi notificada pessoalmente em … (DD/MM/AAAA) e desse modo informada da data e do local previstos para o julgamento que conduziu à decisão e informada de que essa decisão podia ser proferida mesmo não estando presente no julgamento;

OU

☐3.1b. a pessoa não foi notificada pessoalmente, mas recebeu efetivamente por outros meios uma informação oficial da data e do local previstos para o julgamento que conduziu à decisão, de uma forma que deixou inequivocamente estabelecido que teve conhecimento do julgamento previsto, e foi informada de que podia ser proferida uma decisão mesmo não estando presente no julgamento;

OU

☐3.2. tendo conhecimento do julgamento previsto, a pessoa conferiu mandato a um defensor designado por si ou pelo Estado para a sua defesa em tribunal e foi efetivamente representada por esse defensor no julgamento;

OU

☐3.3. a pessoa foi notificada da decisão em … (DD/MM/AAAA) e foi expressamente informada do direito a novo julgamento ou a recurso e a estar presente nesse julgamento ou recurso, que permite a reapreciação do mérito da causa, incluindo novas provas, e pode conduzir a uma decisão distinta da inicial:

☐ a pessoa declarou expressamente que não contestava a decisão;

OU

☐ a pessoa não requereu novo julgamento ou recurso dentro do prazo aplicável;

OU

☐ 3.4. a pessoa não foi notificada pessoalmente da decisão, mas

– a pessoa será informada pessoalmente da decisão imediatamente após a entrega; e,

– quando notificada da decisão, a pessoa será expressamente informada do direito que lhe assiste a novo julgamento ou a recurso e a estar presente nesse julgamento ou recurso, que permite a reapreciação do mérito da causa, incluindo novas provas, e pode conduzir a uma decisão distinta da inicial; e

– a pessoa será informada do prazo para solicitar um novo julgamento ou recurso, que será de … dias.

4. Se assinalou a quadrícula no ponto 3.1b, 3.2 ou 3.3 supra, queira fornecer informações sobre a forma como foi preenchida a condição pertinente:

……………………………………………………………………………………

……………………………………………………………………………………

……………………………………………………………………………………

e) Infração ou infrações:

O presente mandado de detenção refere-se a um total de ………………… infração(ões).

Descrição das circunstâncias em que a(s) infração(ões) foi/foram cometida(s), incluindo o momento (a data e a hora), o local e o grau de participação da pessoa procurada na infração/nas infrações

……………………………………………………………………………………

……………………………………………………………………………………

……………………………………………………………………………………

……………………………………………………………………………………

……………………………………………………………………………………

Natureza e qualificação jurídica da(s) infração(ões) e disposição legal/código aplicável:

……………………………………………………………………………………

……………………………………………………………………………………

……………………………………………………………………………………

……………………………………………………………………………………

……………………………………………………………………………………

I. Indicar, se for caso disso, se se trata de uma ou mais das infrações que se seguem, puníveis no Estado membro de emissão com pena ou medida de segurança privativas de liberdade de duração máxima não inferior a 3 anos e tal como definidas pela legislação do Estado membro de emissão:

0 Participação numa organização criminosa

0 Terrorismo

0 Tráfico de seres humanos

0 Exploração sexual de crianças e pedopornografia

0 Tráfico de estupefacientes e de substâncias psicotrópicas

0 Tráfico de armas, munições e explosivos

0 Corrupção

0 Fraude, incluindo a fraude lesiva dos interesses financeiros das Comunidades Europeias na aceção da Convenção, de 26 de julho de 1995, relativa à Proteção dos Interesses Financeiros das Comunidades Europeias
0 Branqueamento dos produtos do crime
0 Falsificação de moeda, incluindo a contrafação do euro
0 Cibercriminalidade
0 Crimes contra o ambiente, incluindo o tráfico de espécies animais ameaçadas e de espécies e variedades vegetais ameaçadas
0 Auxílio à entrada e à permanência irregulares
0 Homicídio voluntário, ofensas corporais graves
0 Tráfico de órgãos e tecidos humanos
0 Rapto, sequestro e tomada de reféns
0 Racismo e xenofobia
0 Roubo organizado ou à mão armada
0 Tráfico de bens culturais, incluindo antiguidades e obras de arte
0 Burla
0 Extorsão de proteção e extorsão
0 Contrafação e piratagem de produtos
0 Falsificação de documentos administrativos e respetivo tráfico
0 Falsificação de meios de pagamento
0 Tráfico ilícito de substâncias hormonais e outros fatores de crescimento
0 Tráfico ilícito de materiais nucleares e radioativos
0 Tráfico de veículos roubados
0 Violação
0 Fogo-posto
0 Crimes abrangidos pela jurisdição do Tribunal Penal Internacional
0 Desvio de avião ou navio
0 Sabotagem

II Descrição completa da(s) infração/infrações que não se encontrem previstas no ponto I:

f) Outras circunstâncias pertinentes para o processo (facultativo):

[NB: Incluir aqui eventuais observações sobre extraterritorialidade, interrupção de prazos e outras consequências da(s) infração/infrações]

....

....

....

....

....

g) O presente mandado engloba também a apreensão e a entrega de bens que poderão servir de prova:

O presente mandado engloba também a apreensão de bens adquiridos pela pessoa procurada em resultado da infração:
Descrição (e localização) dos bens (se possível):
....
....
....
....
....

---

h) A(s) infração/infrações que estão na base do presente mandado de detenção é/são passíveis de pena ou medida de segurança privativas de liberdade com carácter perpétuo ou tem (têm) por defeito tal pena ou medida:
- o sistema jurídico do Estado membro de emissão preveja uma revisão da pena proferida - o mais tardar, no prazo de 20 anos - com vista ao não cumprimento de tal pena ou medida,

e/ou
- o sistema jurídico do Estado membro de emissão permite a aplicação de medidas de clemência, a que a pessoa tenha direito nos termos do direito ou da prática do Estado membro de emissão, com vista ao não cumprimento de tal pena ou medida.

i) Autoridade judiciária que emitiu o mandado:

Designação oficial:
....
....
....
Nome do seu representante*:
....
....
....
Função (título/grau):
....
....
....

Referência do processo:
Endereço:
....
....
....

Telefone: (indicativo do país) (indicativo regional) (...)
Fax: (indicativo do país) (indicativo regional) (...)
Endereço de correio eletrónico:
....
....
....

Contacto da pessoa indicada para tratar dos necessários aspetos práticos inerentes à entrega:
....
....
....

(* Será incluída nas diferentes versões linguísticas uma referência ao «detentor» da autoridade judiciária.)

Caso tenha sido designada uma autoridade central para a transmissão e receção administrativas dos mandados de detenção europeus:
Nome da autoridade central:
....
....

Artigo 6.º

Entrada em vigor

A presente lei entra em vigor 30 dias após a sua publicação.

Aprovada em 20 de março de 2015.

A Presidente da Assembleia da República, *Maria da Assunção A. Esteves.*

Promulgada em 22 de abril de 2015.

Publique-se.

O Presidente da República, Aníbal Cavaco Silva.

Referendada em 23 de abril de 2015.

O Primeiro-Ministro, *Pedro Passos Coelho.*

(Redação dada pela Lei nº 35/2015, de 04-05)

Regime da Utilização de Meios Técnicos de Controlo à Distância

Lei nº 33/2010, de 2 de setembro

Regula a utilização de meios técnicos de controlo à distância (vigilância electrónica) e revoga a Lei nº 122/99, de 20 de Agosto, que regula a vigilância electrónica prevista no artigo 201º do Código de Processo Penal.

A Assembleia da República decreta, nos termos da alínea *c*) do artigo 161º da Constituição, o seguinte:

CAPÍTULO I – Parte geral

Artigo 1º – Âmbito

A presente lei regula a utilização de meios técnicos de controlo à distância, adiante designados por vigilância electrónica, para fiscalização:

a) Do cumprimento da medida de coacção de obrigação de permanência na habitação, prevista no artigo 201º do Código de Processo Penal;

b) Da execução da pena de prisão em regime de permanência na habitação, prevista nos artigos 43º e 44º do Código Penal;

c) Da execução da adaptação à liberdade condicional, prevista no artigo 62º do Código Penal;

d) Da modificação da execução da pena de prisão, prevista no artigo 120º do Código da Execução das Penas e Medidas Privativas da Liberdade;

e) Da aplicação das medidas e penas previstas no artigo 35º da Lei nº 112/2009, de 16 de Setembro.

f) Da obrigação de permanência na habitação prevista nos nºs 1 e 3 do artigo 274º-A do Código Penal.

(Redação dada pela Lei nº 94/2017, de 23-08)

Artigo 2º - Sistemas tecnológicos

1. A vigilância electrónica pode ser efectuada por:

a) Monitorização telemática posicional;

b) Verificação de voz;

c) Outros meios tecnológicos que venham a ser reconhecidos como idóneos.

2. O reconhecimento de idoneidade e as características dos equipamentos a utilizar na vigilância electrónica são determinados por portaria do membro do Governo responsável pela área da justiça.

Artigo 3º - Princípios orientadores da execução

1. A execução da vigilância electrónica assegura o respeito pela dignidade da pessoa humana e os direitos e interesses jurídicos não afectados pela decisão que a aplicou.

2. A vigilância electrónica não acarreta qualquer encargo financeiro para o arguido ou condenado.

Artigo 4º - Consentimento

1. A vigilância electrónica depende do consentimento do arguido ou condenado.

2. O consentimento é prestado pessoalmente perante o juiz, na presença do defensor, e reduzido a auto.

3. Sempre que a vigilância electrónica for requerida pelo arguido ou condenado, o consentimento considera-se prestado por simples declaração pessoal deste no requerimento.

4. A utilização da vigilância electrónica depende ainda do consentimento das pessoas, maiores de 16 anos, que coabitem com o arguido ou condenado.

5. As pessoas referidas no número anterior prestam o seu consentimento aos serviços de reinserção social, por simples declaração escrita, a qual deve acompanhar a informação referida no nº 2 do artigo 7º, ou ser enviada, posteriormente, ao juiz.

6. O consentimento do arguido ou condenado é revogável a todo o tempo.

7. Não se aplica o disposto no nº 1 se o condenado ou o arguido não possuírem o discernimento necessário para avaliar o sentido e o alcance do consentimento.

(Redação dada pela Lei nº 94/2017, de 23-08)

Artigo 5º - Direitos do arguido ou condenado

O arguido ou condenado tem, em especial, os seguintes direitos:

a) Participar na elaboração e conhecer o plano de reinserção social delineado pelos serviços de reinserção social em função das suas necessidades;

b) Receber dos serviços de reinserção social um documento onde constem os seus direitos e deveres, informação sobre os períodos de vigilância electrónica, bem como um guia dos procedimentos a observar durante a respectiva execução;

c) Aceder a um número de telefone de acesso livre, de ligação aos serviços de reinserção social que executam a decisão judicial.

Artigo 6º - Deveres do arguido ou condenado

Recaem sobre o arguido ou condenado os deveres de:

a) Permanecer nos locais onde é exercida vigilância electrónica durante os períodos de tempo fixados;

b) Cumprir o definido no plano de reinserção social;

c) Cumprir as indicações que forem dadas pelos serviços de reinserção social para a verificação de voz;

d) Receber os serviços de reinserção social e cumprir as suas orientações, bem como responder aos contactos, nomeadamente por via telefónica, que por estes forem feitos durante os períodos de vigilância electrónica;

e) Contactar os serviços de reinserção social, com pelo menos três dias úteis de antecedência, sempre que pretenda obter autorização judicial para se ausentar excepcionalmente durante o período de vigilância electrónica, fornecendo para o efeito as informações necessárias;

f) Solicitar aos serviços de reinserção social autorização para se ausentar do local de vigilância electrónica quando estejam em causa motivos imprevistos e urgentes;

g) Apresentar justificação das ausências que ocorram durante os períodos de vigilância electrónica;

h) Abster-se de qualquer acto que possa afectar o normal funcionamento dos equipamentos de vigilância electrónica;

i) Contactar de imediato os serviços de reinserção social se ocorrerem anomalias que possam afectar o normal funcionamento do equipamento de vigilância electrónica, nomeadamente interrupções do fornecimento de electricidade ou das ligações telefónicas;

j) Permitir a remoção dos equipamentos pelos serviços de reinserção social após o termo da medida ou da pena.

Artigo 7º - Decisão

1. Sem prejuízo do disposto no artigo 213º do Código de Processo Penal, a utilização de meios de vigilância electrónica é decidida por despacho do juiz, a requerimento do Ministério Público ou do arguido, durante a fase do inquérito, e oficiosamente ou a requerimento do arguido ou condenado, depois do inquérito.

2. O juiz solicita prévia informação aos serviços de reinserção social sobre a situação pessoal, familiar, laboral e social do arguido ou condenado, e da sua compatibilidade com as exigências da vigilância eletrónica e os sistemas tecnológicos a utilizar.

3. A decisão prevista no nº 1 é sempre precedida de audição do Ministério Público, do arguido ou condenado.

4. A decisão especifica os locais e os períodos de tempo em que a vigilância eletrónica é exercida e o modo como é efetuada, levando em conta, nomeadamente, o tempo de permanência na habitação e as autorizações de ausência estabelecidas na decisão de aplicação da medida ou da pena.

5. A decisão que fixa a vigilância electrónica pode determinar que os serviços de reinserção social, quando suspeitem que uma ocorrência anómala seja passível de colocar em risco a vítima ou o queixoso do procedimento criminal, os informem de imediato.

6. A decisão é comunicada ao arguido ou condenado e seu defensor, aos serviços de reinserção social e, quando aplicável, ao estabelecimento prisional onde aqueles se encontrem, bem como aos órgãos de polícia criminal competentes, para os efeitos previstos no nº 3 do artigo 8º e nos nºs 1 e 2 do artigo 12º

(Redação dada pela Lei nº 94/2017, de 23-08)

Artigo 8º – Início da execução

1. A vigilância electrónica inicia-se no prazo máximo de quarenta e oito horas após a recepção da decisão do tribunal por parte dos serviços de reinserção social, com a instalação dos meios técnicos de vigilância electrónica, em presença do arguido ou condenado.

2. O início da vigilância electrónica é comunicado pelos serviços de reinserção social ao tribunal.

3. No caso de reclusos, os serviços de reinserção social acordam com os serviços prisionais o momento em que aqueles são conduzidos ao local de vigilância electrónica.

Artigo 9º – Entidade encarregada da execução

1. Cabe à Direcção-Geral de Reinserção Social, adiante designada por DGRS, proceder à execução da vigilância electrónica.

2. A DGRS pode recorrer aos serviços de outras entidades para adquirir, instalar, assegurar e manter o funcionamento dos meios técnicos utilizados na vigilância electrónica.

3. Nas respostas a alertas e alarmes, no âmbito da execução da vigilância electrónica, as viaturas da DGRS podem utilizar os sinais sonoros e luminosos previstos no Código da Estrada para os serviços urgentes de interesse público.

Artigo 10º – Relatórios

1. Os serviços de reinserção social informam o tribunal sobre a execução da medida ou da pena, através da elaboração de relatórios periódicos.

2. Os serviços de reinserção social informam o tribunal, através do envio de um relatório de incidentes, sempre que ocorram circunstâncias susceptíveis de comprometer a execução da medida ou da pena.

3. O relatório referido no número anterior tem carácter de urgência, devendo ser presente ao juiz de imediato, que decide as providências que se afigurarem necessárias ao caso, nomeadamente a revogação da vigilância electrónica.

Artigo 11º – Ausências do local de vigilância electrónica

1. As ausências do local determinado para a vigilância eletrónica são autorizadas pelo juiz, mediante informação prévia dos serviços de reinserção social quanto ao sistema tecnológico a utilizar, podendo o despacho ter natureza genérica.

2. Excepcionalmente, podem os serviços de reinserção social autorizar que o arguido ou condenado se ausente do local de vigilância electrónica quando estejam em causa motivos imprevistos e urgentes.

3. As ausências previstas no número anterior dependem de solicitação prévia aos serviços de reinserção social, nos termos do disposto na alínea *f)* do artigo 6º, que decidem tendo em conta os fundamentos invocados, a segurança da comunidade e o controlo de execução da medida ou da pena.

4. Os serviços de reinserção social fiscalizam as ausências, conforme as finalidades e horários autorizados, podendo para o efeito recorrer a meios móveis de monitorização electrónica.

5. Os serviços de reinserção social informam o tribunal de todas as ausências concedidas nos termos dos números anteriores, em sede de relatório de execução a enviar periodicamente, conforme definido no artigo anterior, e com as especificidades definidas na parte especial da presente lei.

(Redação dada pela Lei nº 94/2017, de 23-08)

Artigo 12º - Ausências ilegítimas do local de vigilância electrónica

1. Sem prejuízo do nº 2 do artigo 10º, em caso de ausência ilegítima do local de vigilância electrónica por parte do arguido ou condenado, os serviços de reinserção social comunicam este facto ao tribunal competente, ao Ministério Público e às forças e serviços de segurança, comunicando igualmente a captura.

2. Qualquer autoridade judiciária ou agente de serviço ou força de segurança tem o dever de capturar e conduzir ao local de vigilância electrónica qualquer arguido ou condenado que se ausente, sem autorização, deste local, sem prejuízo da decisão do juiz ao abrigo do disposto do nº 3 do artigo 10º

3. Quando considerarem que a ausência ilegítima do local de vigilância electrónica por parte do arguido ou condenado pode criar perigo para o ofendido, os serviços de reinserção social informam-no da ocorrência, reportando-o igualmente à entidade policial da área de residência do ofendido.

4. Ao condenado que dolosamente se tiver eximido, total ou parcialmente, à execução de pena de prisão com vigilância electrónica é aplicável o disposto no nº 2 do artigo 97º do Código de Execução das Penas e Medidas Privativas da Liberdade.

Artigo 13º - Aviso por incumprimento

1. Sem prejuízo do disposto no nº 2 do artigo 10º, os serviços de reinserção social podem emitir avisos escritos ao arguido ou condenado quando ocorram incumprimentos pouco graves no âmbito da execução da medida ou da pena.

2. Ao terceiro aviso corresponde necessariamente a elaboração de relatório de incidentes para os autos, nos termos dos nºs 2 e 3 do artigo 10º

Artigo 14º - Revogação da vigilância electrónica

Sem prejuízo do disposto no Código Penal, no Código de Processo Penal e no Código da Execução das Penas e Medidas Privativas da Liberdade, a decisão que fixa a vigilância electrónica é revogada quando:

a) O arguido ou condenado revogar o consentimento;

b) O arguido ou condenado danificar o equipamento de monitorização, com intenção de impedir ou dificultar a vigilância, ou, por qualquer forma, iludir os serviços de vigilância ou se eximir a esta;

c) O arguido ou condenado violar gravemente os deveres a que está sujeito.

Artigo 15º – Termo da vigilância electrónica

1. A decisão que determine o termo da vigilância electrónica da medida prevista na alínea *a*) do artigo 1º, e que não implique condução ao estabelecimento prisional, deve ser cumprida até às 24 horas do dia em que é recebida pelos serviços de reinserção social.

2. A desinstalação dos equipamentos nos casos previstos nas alíneas *b*), *c*) e *d*) do artigo 1º, e que não implique condução ao estabelecimento prisional, ocorre durante a manhã do dia fixado na decisão para o seu termo.

3. A decisão que, determinando o termo da vigilância electrónica, implique condução ao estabelecimento prisional, é comunicada em simultâneo aos serviços de reinserção social e ao órgão de polícia criminal competente.

4. As entidades previstas no número anterior cooperam para que a diligência de condução do arguido ou condenado ao estabelecimento prisional seja cumprida no prazo de vinte e quatro horas, sendo imediatamente precedida pela desinstalação dos equipamentos de vigilância electrónica.

CAPÍTULO II – Parte especial

SECÇÃO I – Medida de coacção de obrigação de permanência na habitação

Artigo 16º – Execução

1. A execução da medida prevista na alínea *a*) do artigo 1º, inicia-se após a instalação dos meios de vigilância electrónica, podendo o juiz, até ao início da execução, aplicar ao arguido as medidas de coacção que, entretanto, se mostrarem necessárias.

2. O juiz pode associar à medida de coacção a obrigação de o arguido não contactar, por qualquer meio, com determinadas pessoas.

Artigo 17º – Relatórios periódicos

Os relatórios periódicos sobre a execução da medida de coacção referidos no nº 1 do artigo 10º têm periodicidade trimestral, devendo ser apresentados até cinco dias úteis antes do prazo para o respectivo reexame.

Artigo 18º – Reexame da decisão

1. Oficiosamente, de três em três meses, o juiz procede ao reexame das condições em que foi decidida a utilização da vigilância electrónica e à avaliação da sua execução, mantendo, alterando ou revogando a decisão.

2. Para efeitos do número anterior, o juiz ouve o Ministério Público e o arguido e considera o teor do relatório de execução trimestral elaborado pelos serviços de reinserção social.

SECÇÃO II – Pena de prisão em regime de permanência na habitação

Artigo 19º – Execução

1. Se do processo não resultar a informação necessária para a execução da pena de prisão em regime de permanência na habitação, referida na alínea *b*) do artigo 1º, o tribunal solicita aos serviços de reinserção social a informação prévia prevista no nº 2 do artigo 7º, a elaborar no prazo de sete dias úteis.

2. O tribunal notifica os serviços de reinserção social da sentença transitada em julgado que decida a execução da pena de prisão em regime de permanência na habitação, devendo estes serviços proceder à instalação dos equipamentos de vigilância eletrónica no prazo máximo de quarenta e oito horas.

(Redação dada pela Lei nº 94/2017, de 23-08)

Artigo 20º – Individualização da execução

1. A execução da pena de prisão em regime de permanência na habitação orienta-se pelo princípio da individualização e tem por base a avaliação das necessidades de ressocialização do condenado.

2. Sempre que a duração da pena for superior a seis meses ou sempre que o condenado não tiver ainda completado 21 anos de idade, os serviços de reinserção social elaboram um plano de reinserção social, que planifica as atividades e programas que visem a preparação do condenado para conduzir a sua vida de modo socialmente responsável, sem cometer crimes.

3. O plano de reinserção social, a elaborar no prazo de 30 dias, é homologado pelo tribunal, bem como as alterações relevantes que venham a justificar-se no decurso da execução.

4. *(Revogado.)*

(Redação dada pela Lei nº 94/2017, de 23-08)

Artigo 20º-A – Apoio social e económico

1. A execução da pena de prisão em regime de permanência na habitação não afeta o direito aos benefícios de segurança social previstos na lei.

2. No decurso da execução da pena de prisão em regime de permanência na habitação é prestado apoio social e económico ao condenado e ao seu agregado familiar que dele careçam para reforçar as condições de reinserção social.

3. A execução da pena de prisão em regime de permanência na habitação não desobriga as entidades públicas competentes da prestação de apoio social e económico no âmbito das respetivas atribuições, designadamente em matéria de segurança e ação social, emprego, formação profissional, ensino e saúde.

(Aditado pela Lei nº 94/2017, de 23-08)

Artigo 21º – Relatórios periódicos

Os relatórios periódicos de execução previstos no nº 1 do artigo 10º são elaborados a meio da pena, quando esta for superior a seis meses, e cinco dias úteis antes do seu termo, salvo se o juiz tiver estabelecido outra periodicidade.

SECÇÃO III – Modificação da execução da pena de prisão de reclusos portadores de doença grave, evolutiva e irreversível ou de deficiência grave e permanente ou de idade avançada

Artigo 22º – Ausências do local de vigilância electrónica

Sem prejuízo do disposto no artigo 7º, a decisão que determine a modificação da execução da pena de prisão referida na alínea *d*) do artigo 1º especifica as autorizações de ausência necessárias à prestação de cuidados de saúde ao condenado portador de doença grave, evolutiva e irreversível ou de deficiência grave e permanente ou de idade avançada.

SECÇÃO IV – Adaptação à liberdade condicional com vigilância electrónica

Artigo 23º – Execução

1. Tendo em vista o cumprimento do disposto no artigo 62º do Código Penal, o tribunal de execução das penas solicita aos serviços de reinserção social, para além do relatório previsto na alínea *b*) do nº 4 do artigo 188º do Código de Execução das Penas e Medidas Privativas da Liberdade, a informação prévia prevista no nº 2 do artigo 7º da presente lei, a qual pode ser acompanhada do plano de reinserção social para homologação.

2. Para além do disposto no nº 2 do artigo 177º do Código da Execução das Penas e Medidas Privativas da Liberdade, o despacho que concede o período de adaptação à liberdade condicional determina ainda a data do seu termo, bem como a data de apreciação da liberdade condicional.

3. O tribunal notifica os serviços de reinserção social da decisão, para os efeitos previstos no disposto no nº 7 do artigo 188º do Código de Execução das Penas e Medidas Privativas da Liberdade.

4. A decisão de concessão da adaptação à liberdade condicional com vigilância electrónica pode determinar que o condenado mantenha as condições decorrentes do regime aberto voltado para o exterior a que estava sujeito.

Artigo 24º – Regime de progressividade da execução

1. Sem prejuízo do disposto no nº 4 do artigo anterior, o tribunal pode determinar a execução da adaptação à liberdade condicional em regime de progressividade, com base nos relatórios previstos no nº 4 do artigo 188º do Código da Execução das Penas e das Medidas Privativas da Liberdade e em outros elementos que o tribunal solicite aos serviços de reinserção social, nos termos do nº 5 do artigo 188º do mesmo Código.

2. O regime de progressividade consiste no faseamento da execução, de modo a que o confinamento inicial do condenado à habitação possa ser progressivamente reduzido, através da concessão de períodos de ausência destinados à prossecução de atividades úteis ao processo de ressocialização.

3. O período diário de confinamento nunca pode ser inferior a doze horas, salvo situações excecionais a autorizar pelo juiz.

4. O tribunal pode autorizar os serviços de reinserção social a administrar o regime de progressividade, sem prejuízo de ser informado, nos relatórios periódicos, da sua execução.

(Redação dada pela Lei nº 94/2017, de 23-08)

Artigo 25º – Relatórios periódicos

Os relatórios periódicos de execução previstos no nº 1 do artigo 10º são elaborados a meio do período de adaptação à liberdade condicional e cinco dias úteis antes da data prevista para apreciação da transição para liberdade condicional, salvo se o juiz tiver estabelecido outra periodicidade.

SECÇÃO V – Das medidas e penas de afastamento do arguido ou condenado em contexto de violência doméstica

Artigo 26º – Execução

1. Para aplicação das medidas e penas referidas na alínea *e*) do artigo 1º, a informação mencionada no nº 2 do artigo 7º da presente lei e no nº 4 do artigo 35º da Lei nº 112/2009, de 16 de Setembro, deve ainda atender à compatibilidade da condição pessoal, familiar, laboral ou social da vítima com as exigências da vigilância electrónica.

2. À utilização de meios técnicos de controlo à distância para fiscalização das medidas de afastamento é aplicável o regime previsto no artigo 36º da Lei nº 112/2009, de 16 de Setembro.

3. A execução da medida ou pena inicia-se quando instalados todos os meios de vigilância electrónica junto da vítima e do arguido ou condenado.

Artigo 27º – Comunicações

1. Para os efeitos previstos no nº 3 do artigo 35º da Lei nº 112/2009, de 16 de Setembro, os serviços de reinserção social comunicam aos serviços de apoio à vítima o início da execução da pena ou medida e as respectivas condições de aplicação.

2. Durante a execução da medida, os serviços de reinserção social e os serviços de apoio à vítima comunicam reciprocamente qualquer circunstância susceptível de pôr em causa a protecção da vítima.

Artigo 28º – Relatórios periódicos

Os serviços de reinserção social remetem à autoridade judiciária competente relatórios trimestrais sobre a execução das medidas e penas, salvo se na decisão constar outra periodicidade.

SECÇÃO VI – Obrigação de permanência na habitação por crime de incêndio florestal

Artigo 28º-A – Execução

1. Se do processo não resultar a informação necessária para a imposição da obrigação de permanência na habitação referida na alínea *f)* do artigo 1º, o tribunal solicita aos serviços de reinserção social a informação prévia prevista no nº 2 do artigo 7º, a elaborar no prazo de sete dias úteis.

2. O tribunal notifica os serviços de reinserção social da decisão transitada em julgado que imponha a obrigação de permanência na habitação referida no número anterior, tendo em vista a instalação dos equipamentos de vigilância eletrónica para o período coincidente com os meses de maior risco de ocorrência de fogos.

(Aditado pela Lei nº 94/2017, de 23-08)

Artigo 28º-B – Ausências do local de vigilância eletrónica

Sem prejuízo do disposto no artigo 7º, a decisão que imponha a agente inimputável a obrigação de permanência na habitação referida na alínea *f)* do artigo 1º especifica as autorizações de ausência necessárias à submissão do condenado a tratamentos e regimes de cura ambulatórios apropriados.

(Aditado pela Lei nº 94/2017, de 23-08)

CAPÍTULO III – Do tratamento dos dados da vigilância electrónica

Artigo 29º – Base de dados

1. Para efeitos da presente lei é criada e mantida pela DGRS uma base de dados constituída por:

a) Nome completo, data de nascimento, filiação, estado civil, sexo, naturalidade, nacionalidade, residência actual conhecida e número de identificação civil e fiscal dos arguidos ou condenados sujeitos a vigilância electrónica;

b) Indicação da medida ou pena aplicada;

c) Data de início, suspensão e fim da vigilância electrónica;

d) Tribunal e número de processo à ordem do qual foi decretada;

e) Tipos de crimes imputados;

f) Tipo de relação existente entre o arguido ou condenado e a vítima, em caso de prática de crimes de violência doméstica e conexos;

g) Data da prática dos factos;

h) Local de instalação da vigilância;

i) Registos da monitorização da vigilância electrónica.

2. A DGRS é a entidade responsável pelo tratamento da base de dados referida no número anterior.

3. A DGRS pode recolher imagens de rosto dos arguidos ou condenados para inserção no sistema informático de monitorização electrónica, apenas para acesso dos agentes intervenientes nas operações de vigilância electrónica, com a finalidade de reconhecimento do vigiado, não as podendo utilizar para outro efeito.

4. A DGRS pode recolher e registar amostras de voz para verificação da permanência do vigiado em determinado local.

Artigo 30º - Acesso e rectificação dos dados

1. Para além do titular, têm acesso à base de dados os técnicos dos serviços de reinserção social afectos aos serviços de vigilância electrónica e os das entidades referidas no nº 2 do artigo 9º, devidamente credenciados por aqueles para administrar o sistema informático, ficando todos obrigados ao sigilo profissional, mesmo após o termo das suas funções.

2. Ao arguido ou condenado é reconhecido o direito de conhecer o conteúdo dos registos dos dados que lhe respeitem, bem como o direito a obter a sua actualização ou a correcção dos dados inexactos, o preenchimento dos total ou parcialmente omissos e a eliminação dos indevidamente registados, nos termos da alínea *d*) do nº 1 do artigo 11º da Lei da Protecção de Dados Pessoais, aprovada pela Lei nº 67/98, de 26 de Outubro.

Artigo 31º - Transmissão dos dados

As autoridades judiciárias e os órgãos de polícia criminal podem solicitar aos serviços de reinserção social informação da base de dados de vigilância electrónica para fins de investigação criminal.

Artigo 32º - Conservação de dados

1. Os dados referidos no artigo 29º são conservados durante a execução das penas e medidas com vigilância electrónica e até 18 meses após o seu termo.

2. Findo o prazo referido no número anterior, os dados são retirados do sistema informático e conservados em suporte adequado em arquivo próprio dos serviços de reinserção social.

3. Exceptuam-se do disposto nos números anteriores os dados relativos à fiscalização do cumprimento de medida de coação que são imediatamente eliminados quando a decisão de arquivamento do inquérito se torne definitiva ou o despacho de não pronúncia ou a sentença absolutória transitem em julgado.

Artigo 33º - Destruição de dados

Os dados referentes aos vigiados sujeitos a vigilância electrónica conservados em suporte fora do sistema informático são destruídos três anos após a extinção da pena ou o fim da medida com vigilância electrónica.

Artigo 34º - Segurança da informação

1. À base de dados devem ser conferidas as garantias de segurança necessárias a impedir a consulta, a modificação, a supressão, o adicionamento, a destruição ou a comunicação de dados por forma não consentida pela presente lei.

2. São objecto de controlo, tendo em vista a segurança da informação:

a) Os suportes de dados e o respectivo transporte, a fim de impedir que possam ser lidos, divulgados, copiados, alterados ou eliminados por pessoa não autorizada;

b) A inserção de dados, a fim de impedir a introdução, bem como qualquer tomada de conhecimento, divulgação, alteração ou eliminação não autorizada de dados pessoais;

c) Os sistemas de tratamento de dados, para impedir que possam ser utilizados por pessoas não autorizadas, através de instalações de transmissão de dados;

d) O acesso aos dados, para que só as pessoas autorizadas possam ter acesso aos dados;

e) A transmissão dos dados, para garantir que a sua utilização seja limitada às entidades autorizadas;

f) A introdução de dados pessoais nos sistemas de tratamento, de forma a verificar-se que dados foram introduzidos, quando e por quem.

Artigo 35º – Norma subsidiária

As disposições do presente capítulo são interpretadas e complementadas nos termos da Lei da Protecção de Dados Pessoais, aprovada pela Lei nº 67/98, de 26 de Outubro.

CAPÍTULO IV – Disposições finais

Artigo 36º – Comunicações

As comunicações efectuadas entre o tribunal e os serviços de reinserção social são realizadas preferencialmente por via electrónica, devendo, neste caso, ser tomadas as medidas adequadas para assegurar a segurança da informação, de modo a impedir o risco de esta ser vista e utilizada por terceiros não autorizados.

Artigo 37º – Norma revogatória

É revogada a Lei nº 122/99, de 20 de Agosto, e o artigo 2º da Lei nº 115/2009, de 12 de Outubro.

Artigo 38º – Entrada em vigor

A presente lei entra em vigor 30 dias após a sua publicação.

Aprovada em 22 de Julho de 2010.

O Presidente da Assembleia da República, *Jaime Gama.*

Promulgada em 20 de Agosto de 2010.

Publique-se.

O Presidente da República, Aníbal Cavaco Silva.

Referendada em 23 de Agosto de 2010.

O Primeiro-Ministro, *José Sócrates Carvalho Pinto de Sousa.*

Regime Jurídico das Perícias Médico-Legais e Forenses

Lei nº 45/2004, de 19 de agosto

Estabelece o regime jurídico das perícias médico-legais e forenses

A Assembleia da República decreta, nos termos da alínea *c*) do artigo 161º da Constituição, para valer como lei geral da República, o seguinte:

CAPÍTULO I – Disposições gerais

Artigo 1º – Objecto

A presente lei estabelece o regime jurídico da realização das perícias médico-legais e forenses.

Artigo 2º – Realização de perícias

1. As perícias médico-legais são realizadas, obrigatoriamente, nas delegações e nos gabinetes médico-legais do Instituto Nacional de Medicina Legal, adiante designado por Instituto, nos termos dos respectivos estatutos.

2. Excepcionalmente, perante manifesta impossibilidade dos serviços, as perícias referidas no número anterior poderão ser realizadas por entidades terceiras, públicas ou privadas, contratadas ou indicadas para o efeito pelo Instituto.

3. Nas comarcas não compreendidas na área de actuação das delegações e dos gabinetes médico-legais em funcionamento, as perícias médico-legais podem ser realizadas por médicos a contratar pelo Instituto nos termos dos artigos 28º, 29º e 31º da presente lei.

4. As perícias médico-legais solicitadas ao Instituto em que se verifique a necessidade de formação médica especializada noutros domínios e que não possam ser realizadas nas delegações do Instituto ou nos gabinetes médico-legais, por aí não existirem peritos com a formação requerida ou condições materiais para a sua realização, poderão ser efectuadas, por indicação do Instituto, em serviço universitário ou de saúde público ou privado.

5. Sempre que necessário, as perícias médico-legais e forenses de natureza laboratorial poderão ser realizadas por entidades terceiras, públicas ou privadas, contratadas ou indicadas pelo Instituto.

6. Quando se verifiquem os casos previstos nos nºs 2, 4 e 5 será dada preferência, em circunstâncias equivalentes, a serviços públicos ou integrados no Serviço Nacional de Saúde.

Artigo 3º – Requisição de perícias

1. As perícias médico-legais solicitadas por autoridade judiciária ou judicial são ordenadas por despacho da mesma, nos termos da lei de processo, não sendo, todavia, aplicáveis às efectuadas nas delegações do Instituto ou nos gabinetes médico-legais as disposições contidas nos artigos 154º e 155º do Código de Processo Penal.

2. Por razões de celeridade processual, a requisição dos exames periciais deve ser acompanhada das informações clínicas disponíveis ou que possam vir a ser obtidas pela entidade requisitante até à data da sua realização.

Artigo 4º – Denúncia de crimes

1. As delegações e os gabinetes médico-legais do Instituto podem receber denúncias de crimes, no âmbito da actividade pericial que desenvolvam, devendo remetê-las no mais curto prazo ao Ministério Público.

2. Sempre que tal se mostre necessário para a boa execução das perícias médico-legais, as delegações e os gabinetes médico-legais do Instituto podem praticar os actos cautelares necessários e urgentes para assegurar os meios de prova, procedendo, nomeadamente, ao exame, colheita e preservação dos vestígios, sem prejuízo das competências legais da autoridade policial à qual competir a investigação.

3. O disposto nos números anteriores é igualmente aplicável ao perito médico da delegação ou gabinete médico-legal do Instituto cuja intervenção seja solicitada no âmbito do serviço de escala para a realização de perícias médico-legais urgentes.

Artigo 5º – Responsabilidade pelas perícias

1. As perícias e pareceres solicitados às delegações e aos gabinetes médico-legais do Instituto, bem como às entidades previstas nos nºs 2, 4 e 5 do artigo 2º, são realizados pelos peritos designados pelos dirigentes ou coordenadores dos respectivos serviços.

2. As perícias e pareceres solicitados a médicos contratados para o exercício de funções periciais em comarcas não compreendidas na área de actuação das delegações ou dos gabinetes médico-legais em funcionamento são realizadas pelos médicos constantes da lista referida no nº 2 do artigo 28º, nomeados por despacho da autoridade judiciária ou judicial.

3. A nomeação dos médicos referidos no número anterior é feita pela forma que mais convier ao movimento pericial da comarca e deve respeitar uma equitativa distribuição do serviço.

4. No exercício das suas funções periciais, os médicos e outros técnicos especialistas em medicina legal, os médicos contratados para o exercício dessas funções, os médicos dos serviços de saúde e as entidades terceiras referidas nos nºs 2, 4 e 5 do artigo 2º gozam de autonomia e são responsáveis pelas perícias, relatórios e pareceres por si realizados.

5. Sem prejuízo do disposto no número anterior, os peritos e entidades nele referidos encontram-se obrigados a respeitar as normas, modelos e metodologias periciais em vigor no Instituto, bem como as recomendações decorrentes da supervisão técnico-científica dos serviços.

6. Por urgente conveniência de serviço ou em caso de manifesta impossibilidade do perito que efectuou o exame pericial, a elaboração ou conclusão do respectivo relatório poderá ser cometida pelos dirigentes ou coordenadores dos respectivos serviços a outro perito, desde que detentor de qualificação profissional igual ou superior à do primeiro e disponha das condições necessárias para esse efeito.

Artigo 6º – Obrigatoriedade de sujeição a exames

1. Ninguém pode eximir-se a ser submetido a qualquer exame médico-legal quando este se mostrar necessário ao inquérito ou à instrução de qualquer processo e desde que ordenado pela autoridade judiciária competente, nos termos da lei.

2. Qualquer pessoa devidamente notificada ou convocada pelo director de delegação do Instituto ou pelo coordenador de gabinete médico-legal para a realização de uma perícia deve comparecer no dia, hora e local designados, sendo a falta comunicada, para os devidos efeitos, à autoridade judiciária competente.

3. O examinado pode, nos termos do disposto no artigo 155º do Código de Processo Penal, com as necessárias adaptações, fazer-se acompanhar por pessoa da sua confiança para a realização do exame pericial.

4. A autoridade judiciária competente pode assistir à realização dos exames periciais.

Artigo 7º – Despesas de deslocação

1. As pessoas que residam fora da área da comarca em que se encontre sediada a delegação do Instituto, o gabinete médico-legal ou o estabelecimento universitário ou de saúde especializado no qual tenham comparecido para a realização de exames, podem requerer que lhes seja arbitrada uma quantia a título de compensação pelas despesas realizadas.

2. A quantia referida no número anterior terá por base os valores estabelecidos nas tabelas aprovadas pelo Ministro da Justiça e será paga pelo Cofre Geral dos Tribunais através da sua delegação junto do tribunal que solicitou o exame.

3. As quantias arbitradas são consideradas custas do processo.

Artigo 8º – Custo dos exames e perícias

1. Pela realização dos exames e perícias requisitados aos serviços do Instituto ou por este deferidas às entidades indicadas nos nºs 2 e 5 do artigo 2º são pagas ao Instituto as quantias estabelecidas em tabela aprovada por portaria do Ministro da Justiça.

2. As quantias devidas pelos exames e perícias médico-legais realizados por médicos contratados para o exercício de funções periciais nas comarcas não compreendidas na área de actuação das delegações ou dos gabinetes médico-legais em funcionamento são-lhes pagas directamente pelo tribunal que os requisitou, de acordo com a tabela aprovada por portaria do Ministro da Justiça.

3. Os exames e perícias realizados nos estabelecimentos previstos no nº 4 do artigo 2º são pagos directamente a estes pelos tribunais de acordo com os valores fixados por portaria do Ministro da Justiça ou com as tabelas em vigor no Serviço Nacional de Saúde, consoante se trate de exames periciais clínicos, de exames laboratoriais, imagiológicos ou outros complementares de diagnóstico.

4. Nos casos previstos no número anterior, poderá uma parte da quantia paga pelos tribunais ao serviço de saúde reverter, até um máximo de 50%, para os médicos ou técnicos que os tenham efectuado.

5. As quantias a que se referem os números anteriores são consideradas custas do processo.

6. O pagamento ao Instituto é liquidado, independentemente da cobrança das custas, pelo preparo para despesas que tiver sido efectuado pelo requerente dos exames periciais ou pelo Cofre Geral dos Tribunais, conforme for o caso.

7. O disposto no presente artigo aplica-se ainda que haja lugar ao arquivamento do processo.

Artigo 9º – Exames complementares

O Instituto pode celebrar protocolos com instituições públicas ou privadas ou celebrar contratos com médicos ou outros técnicos, com vista à realização de exames periciais complementares e de exames complementares de diagnóstico requeridos pelas perícias efectuadas nos seus serviços.

Artigo 10º – Acesso à informação

1. No exercício das suas funções periciais, os médicos e outros técnicos têm acesso à informação relevante, nomeadamente à constante dos autos, a qual lhes deve ser facultada em tempo útil pelas entidades competentes por forma a permitir a indispensável compreensão dos factos e uma mais exaustiva e rigorosa investigação pericial.

2. Para efeitos do disposto no número anterior, o presidente do Instituto, os directores das delegações, os directores dos serviços técnicos ou os coordenadores dos gabinetes médico-legais podem, observado o disposto nos nºs 3 e 4 do artigo 156º do Código de Processo Penal, solicitar informações clínicas referentes aos examinados em processos médico-legais, directamente aos serviços clínicos hospitalares, serviços clínicos de companhias seguradoras ou outras entidades públicas ou privadas, que as devem prestar no prazo máximo de 30 dias.

Artigo 11º – Livre trânsito e direito de acesso

1. Os funcionários envolvidos em investigação pericial no âmbito de situações de vítimas mortais de crime doloso ou em que exista a suspeita de tal, quando devidamente identificados e em missão de serviço, têm direito de acesso às instalações públicas ou privadas onde decorra a investigação.

2. A identificação a que se refere o número anterior faz-se por meio de cartão de identificação, aprovado pelo conselho directivo do Instituto.

Artigo 12º – Esclarecimentos complementares

Na prestação de esclarecimentos complementares posteriores à realização da perícia e envio do respectivo relatório médico-legal deverá prescindir-se, sempre que possível, da presença do perito, devendo a autoridade judicial que a solicita usar os meios técnicos processualmente previstos.

CAPÍTULO II – Exames e perícias médico-legais

SECÇÃO I – Perícias médico-legais urgentes

Artigo 13º – Realização de perícias urgentes

1. Consideram-se perícias médico-legais urgentes aquelas em que se imponha assegurar com brevidade a observação de vítimas de violência, tendo designadamente em vista a colheita de vestígios ou amostras susceptíveis de se perderem ou alterarem rapidamente, bem como o exame do local em situações de vítimas mortais de crime doloso ou em que exista suspeita de tal.

2. Para a realização das perícias médico-legais urgentes a que se refere o número anterior haverá, diariamente, em cada delegação e gabinete médico-legal, um perito em serviço de escala, sendo da responsabilidade do director da delegação ou do coordenador do gabinete médico-legal indicar, para cada mês, os médicos escalados.

3. Para assegurar a realização de perícias médico-legais urgentes fora do horário normal de funcionamento dos serviços, as delegações do Instituto e os gabinetes médico-legais elaboram e remetem às autoridades judiciárias e aos órgãos de polícia criminal da respectiva área de actuação a lista dos peritos em serviço de escala no mês seguinte, indicando os seguintes elementos:

a) Nome dos peritos;

b) Período de tempo assegurado por cada perito;

c) Contacto de cada perito durante o respectivo período de prevenção.

4. O disposto nos nºs 2 e 3 só se aplica aos gabinetes médico-legais em funcionamento que disponham de peritos do quadro do Instituto em número suficiente para assegurar o período de prevenção.

5. As perícias médico-legais urgentes relativas a vítimas de agressão realizadas fora das horas normais de funcionamento dos serviços médico-legais poderão ter lugar em serviços de urgência de hospitais públicos ou outros estabelecimentos oficiais de saúde, dependendo, neste último caso, da prévia celebração de protocolos de cooperação entre estes e o Instituto.

6. Nas situações previstas no nº 4, excepcionalmente, sempre que se verificar o impedimento do perito médico de escala ou nas comarcas não compreendidas na área de actuação das delegações ou dos gabinetes médico-legais em funcionamento, pode a autoridade judiciária nomear médico contratado para o exercício de funções periciais ou médico de reconhecida competência para a realização de perícias médico-legais urgentes.

7. O Instituto ou os médicos referidos no número anterior podem cobrar, por cada perícia médico-legal urgente efectuada, os preços previstos em tabela aprovada por portaria do Ministro da Justiça, valendo as quantias arbitradas como custas do processo.

SECÇÃO II – Exames e perícias no âmbito da tanatologia forense

Artigo 14º – Verificação e certificação dos óbitos

A verificação e certificação dos óbitos é da competência dos médicos, nos termos da lei.

Artigo 15º – Óbito verificado em instituições de saúde

1. Nas situações de morte violenta ou de suspeita de morte violenta, bem como nas mortes de causa ignorada e quando o óbito for verificado em instituições públicas de saúde ou em instituições privadas de saúde, deve o seu director ou director clínico:

a) Comunicar o facto, no mais curto prazo, à autoridade judiciária competente, remetendo-lhe, devidamente preenchido, o boletim de informação clínica aprovado por portaria conjunta dos Ministros da Justiça e da Saúde, bem como qualquer outra informação relevante para a averiguação da causa e das circunstâncias da morte;

b) Assegurar a permanência do corpo em local apropriado e providenciar pela preservação dos vestígios que importe examinar.

2. Compete ao conselho directivo do Instituto propor alterações ao modelo do boletim de informação clínica a que se refere a alínea *a*) do nº 1.

3. Nos casos em que seja ordenada a realização de autópsia médico-legal, a autoridade judiciária envia ao serviço médico-legal ou ao médico contratado que a vai realizar, juntamente com o despacho que a ordena, cópia do boletim de informação clínica.

Artigo 16º – Óbito verificado fora de instituições de saúde

1. Em situações de morte violenta ou de causa ignorada, e quando o óbito for verificado fora de instituições de saúde, deve a autoridade policial:

a) Inspeccionar e preservar o local;

b) Comunicar o facto, no mais curto prazo, à autoridade judiciária competente, relatando-lhe os dados relevantes para averiguação da causa e das circunstâncias da morte que tiver apurado;

c) Providenciar, nos casos de crime doloso ou em que haja suspeita de tal, pela comparência do perito médico da delegação do Instituto ou do gabinete médico-legal que se encontre em serviço de escala para as perícias médico-legais urgentes, o qual procede à verificação do óbito, se nenhum outro médico tiver comparecido previamente, bem assim como ao exame do local, sem prejuízo das competências legais da autoridade policial à qual competir a investigação.

2. Quando haja lugar ao exame do local, nos termos da alínea *c*) do número anterior, é elaborada informação pelo perito médico, a enviar à autoridade judiciária.

3. No caso das restantes situações de morte violenta ou de causa ignorada e das referidas na alínea *c*) do nº 1, que se verifiquem em comarcas não compreendidas na área de actuação das delegações do Instituto ou de gabinetes médico-legais em funcionamento, compete à autoridade de saúde da área onde tiver sido encontrado o corpo proceder à verificação do óbito, se nenhum outro médico tiver comparecido previamente e, se detectada a presença de vestígios que possam fazer suspeitar de crime doloso, providenciar pela comunicação imediata do facto à autoridade judiciária.

4. O disposto no número anterior aplica-se também perante a manifesta impossibilidade de contactar o perito médico em serviço de escala.

5. O transporte do perito médico ou da autoridade de saúde ao local é assegurado pela autoridade policial que tiver tomado conta da ocorrência.

6. Em todas as situações em que não haja certeza do óbito, as autoridades policiais ou os bombeiros devem conduzir as pessoas com a máxima brevidade ao serviço de urgência hospitalar mais próximo.

7. Na situação referida no nº 1, compete às autoridades policiais promover a remoção dos cadáveres, consoante o local em que se tiver verificado o óbito, para a casa mortuária do serviço médico-legal da área ou, na sua inexistência, para a do hospital ou do cemitério mais próximos:

a) Após a verificação do óbito e a realização do exame de vestígios nos casos referidos na alínea *c*) do nº 1; ou

b) Por determinação da autoridade judiciária competente.

8. Excepcionalmente, perante a manifesta impossibilidade de contactar o perito médico em serviço de escala, a autoridade de saúde ou a autoridade judiciária competente, e existindo substanciais prejuízos decorrentes da permanência do corpo no local, pode a autoridade policial determinar e proceder à sua remoção para os locais referidos no número anterior, observando-se com as necessárias adaptações o disposto no nº 3 do presente artigo.

9. Para o efeito do disposto nos dois números anteriores, as autoridades policiais podem requisitar a colaboração dos bombeiros, dos serviços médico-legais, dos serviços de saúde ou de agências funerárias.

10. Nas situações previstas nos números anteriores em que existam dados identificativos, compete, ainda, às autoridades policiais promover a comunicação do óbito às famílias.

11. As despesas inerentes às situações previstas nos números anteriores são satisfeitas pelo Cofre Geral dos Tribunais, através da sua delegação junto do tribunal territorialmente competente, e são consideradas custas do processo.

12. As disposições previstas nos números anteriores aplicam-se, com as devidas adaptações, em todas as situações de morte de pessoas detidas em estabelecimentos prisionais, esquadras ou postos de autoridades policiais ou outras forças de segurança.

13. Os cadáveres que derem entrada nos serviços médico-legais devem ser sujeitos a um exame pericial do hábito externo, cujo resultado será comunicado por escrito no mais curto prazo à autoridade judiciária competente, tendo em vista o estipulado no nº 1 do artigo 18º

Artigo 17º – Intervenção das autoridades judiciárias

O disposto nos artigos anteriores não dispensa a intervenção pessoal da autoridade judiciária competente que se demonstre necessária a garantir os direitos dos cidadãos e às exigências da investigação criminal.

Artigo 18º – Autópsia médico-legal

1. A autópsia médico-legal tem lugar em situações de morte violenta ou de causa ignorada, salvo se existirem informações clínicas suficientes que associadas aos demais elementos permitam concluir, com segurança, pela inexistência de suspeita de crime, admitindo-se, neste caso, a possibilidade da dispensa de autópsia.

2. Tal dispensa nunca se poderá verificar em situações de morte violenta atribuível a acidente de trabalho ou acidente de viação dos quais tenha resultado morte imediata.

3. A autópsia médico-legal pode, ainda, ser dispensada nos casos em que a sua realização pressupõe o contacto com factores de risco particularmente significativo susceptíveis de comprometer de forma grave as condições de salubridade ou afectar a saúde pública.

4. Compete ao presidente do conselho directivo do Instituto autorizar a dispensa da realização de autópsia médico-legal nos casos previstos no número anterior, mediante comunicação escrita do facto, no mais curto prazo, à entidade judiciária competente.

5. A autópsia médico-legal pode ser realizada após a constatação de sinais de certeza de morte, competindo a sua marcação, com a possível brevidade, ao serviço médico-legal ou à autoridade judiciária nas comarcas não compreendidas na área de actuação das delegações do Instituto ou de gabinetes médico-legais em funcionamento, de acordo com a capacidade do serviço.

6. Compete à autoridade judiciária autorizar a remoção dos corpos com vista à realização da autópsia médico-legal, bem como assegurar a sua adequada preservação nos casos em que os mesmos não sejam removidos para as delegações ou gabinetes médico-legais.

7. As remoções efectuadas nas condições previstas no número anterior não estão sujeitas a averbamento nos assentos de óbito nem a licenças ou a taxas especiais.

Artigo 19º – Realização das perícias

1. As autópsias médico-legais são realizadas por um médico perito coadjuvado por um auxiliar de perícias tanatológicas.

2. Havendo fundadas suspeitas de crime doloso, as autópsias médico-legais realizadas em comarca não compreendida na área de actuação de delegação do Instituto ou de gabinete médico-legal em funcionamento são obrigatoriamente executadas por dois médicos peritos, coadjuvados por um auxiliar de perícias tanatológicas.

3. Excepcionalmente, perante particular complexidade da autópsia ou impossibilidade de coadjuvação por auxiliar de perícias tanatológicas pode, também, a autópsia ser realizada por dois médicos peritos.

Artigo 20º – Local de realização das perícias

Os exames periciais de tanatologia forense solicitados pelas autoridades judiciárias de comarca compreendida na área de actuação de delegação do Instituto ou de gabinete médico-legal em funcionamento são obrigatoriamente realizados nestes serviços médico-legais, excepto se o presidente do conselho directivo do Instituto, o director da delegação ou o coordenador do gabinete médico-legal decidir a sua execução em local diferente.

SECÇÃO III – Exames e perícias no âmbito da clínica médico-legal e forense

Artigo 21º – Realização das perícias

1. Os exames e perícias de clínica médico-legal e forense são realizados por um médico perito.

2. Os exames de vítimas de agressão sexual podem ser realizados, sempre que necessário, por dois médicos peritos ou por um médico perito auxiliado por um profissional de enfermagem.

3. O disposto no nº 1 não se aplica aos exames em que outros normativos legais determinem disposição diferente.

4. Dado o grau de especialização dos médicos peritos e a organização das delegações e gabinetes médico-legais do Instituto, deverá ser dada primazia, nestes serviços, aos exames singulares, ficando as perícias colegiais previstas no Código de Processo Civil reservadas para os casos em que o juiz, na falta de alternativa, o determine de forma fundamentada.

Artigo 22º – Local de realização das perícias

1. Os exames e perícias singulares de clínica médico-legal e forense solicitados pelas autoridades judiciárias de comarca compreendida na área de actuação de delegação do Instituto ou de gabinete médico-legal em funcionamento são obrigatoriamente realizados por estes serviços médico-legais, nas suas instalações, excepto se o presidente do Instituto, o director da delegação ou o coordenador do gabinete médico-legal decidir a sua execução em local diferente.

2. As juntas médicas que devam ser presididas por juiz podem realizar-se em instalações do tribunal quando as delegações do Instituto ou os gabinetes médico-legais em funcionamento não disponham de condições para tal, ou mediante acordo previamente estabelecido com o director da delegação ou coordenador do gabinete médico-legal.

SECÇÃO IV – Exames e perícias no âmbito da genética, biologia e toxicologia forenses

Artigo 23º – Realização das perícias

1. Os exames de genética, biologia e toxicologia forenses são obrigatoriamente solicitados à delegação do Instituto da área territorial do tribunal ou da autoridade policial que os requer.

2. O disposto no número anterior não se aplica aos exames de genética no âmbito da criminalística biológica que podem ser também solicitados ao Laboratório de Polícia Científica da Polícia Judiciária.

3. Estes exames podem também ser directamente solicitados pelos tribunais às entidades terceiras referidas no nº 5 do artigo 2º

SECÇÃO V – Exames e perícias no âmbito da psiquiatria e psicologia forenses

Artigo 24º – Realização das perícias

1. Os exames e perícias de psiquiatria e psicologia forense são solicitados pela entidade competente à delegação do Instituto da área territorial do tribunal que os requer.

2. Sempre que a delegação não disponha de especialistas nestas áreas em número suficiente para assegurar a resposta às solicitações, pode deferir os exames e perícias a serviços especializados do Serviço Nacional de Saúde.

3. A distribuição dos exames e perícias nos termos do número anterior deverá ter em conta as possibilidades de resposta desses serviços e, sempre que possível, a sua área assistencial e o local de residência habitual dos examinandos.

SECÇÃO VI – Produtos e objectos examinados

Artigo 25º – Destino dos objectos e produtos examinados

1. Após a realização do exame pericial de vestígios, produtos biológicos ou peças anatómicas, o perito procede à recolha, acondicionamento e selagem de uma amostra susceptível de possibilitar a realização de nova perícia no caso de os objectos e produtos examinados o permitirem e à destruição do remanescente.

2. A amostra fica depositada no serviço médico-legal durante o período de dois anos, após o qual o serviço médico-legal pode proceder à sua destruição, salvo se, entretanto, o tribunal tiver comunicado determinação em contrário.

3. No caso de crimes da competência reservada de investigação da Polícia Judiciária, pode o Laboratório de Polícia Científica, sob sua exclusiva responsabilidade, proceder ao transporte e conservação das respectivas amostras.

Artigo 26º – Objectos e produtos que revertem a favor dos serviços médico-legais

1. Os objectos que sejam declarados perdidos a favor do Estado e as peças anatómicas que devam ter o destino referido no artigo 25º podem ser afectos ao espólio museológico do serviço médico-legal que tiver procedido ao seu exame sempre que se revistam de interesse científico ou serem utilizados para fins de ensino e investigação.

2. No caso de peças anatómicas deve observar-se o estipulado na legislação que regula a dissecação de cadáveres ou de parte deles, bem como a extracção de peças, tecidos ou órgãos para fins de ensino e de investigação científica.

3. A declaração da utilidade relativa aos objectos que sejam declarados perdidos a favor do Estado deve ser proposta ao tribunal competente pelo serviço médico-legal que procedeu ao exame, fazendo-o constar no respectivo relatório.

SECÇÃO VII – Médicos a contratar para o exercício de funções periciais

Artigo 27º – Exercício de funções periciais

1. A realização de perícias médico-legais e forenses compete aos médicos do quadro do Instituto ou contratados nos termos definidos na presente lei.

2. Podem, ainda, exercer funções periciais docentes ou investigadores do ensino superior no âmbito de protocolos para o efeito celebrados pelo Instituto com instituições de ensino públicas ou privadas.

Artigo 28º – Médicos a contratar para o exercício de funções periciais

1. A selecção de médicos a contratar para o exercício de funções nas comarcas não compreendidas na área de actuação das delegações e dos gabinetes médico-legais em funcionamento é feita por concursos trienais abertos pelo Instituto.

2. Até 15 de Junho do ano anterior a cada triénio, o Instituto procede à abertura dos concursos referidos no número anterior devendo as listas de classificação final ser publicadas até 15 de Outubro.

3. Os factores a ponderar na selecção de candidatos são definidos pelo conselho directivo do Instituto, ouvidos o órgão consultivo do Instituto e o conselho médico-legal, e constarão do respectivo aviso de abertura, podendo envolver uma avaliação de conhecimentos.

4. O conselho directivo do Instituto pode proceder às diligências que considere indispensáveis à verificação dos dados pessoais fornecidos pelos candidatos, bem assim como de todos os elementos curriculares necessários ao cabal exercício da função.

Artigo 29º – Regime dos contratos

1. Os contratos para o exercício de funções periciais têm a natureza de contratos de prestação de serviços nos termos da lei geral, podendo prever o pagamento por acto pericial e vigoram por um período de três anos.

2. Para os efeitos do número anterior, os médicos das diversas carreiras médicas que se encontrem em regime de dedicação exclusiva ou de disponibilidade permanente, incluindo os da carreira médica de medicina legal, podem exercer funções periciais, sem quebra do compromisso de renúncia e sendo as remunerações daí decorrentes estabelecidas em norma constante de diploma específico.

3. Os candidatos podem ser contratados para mais de um gabinete ou comarca, nos termos a definir no aviso de abertura do concurso.

4. Os contratos são celebrados entre os médicos e o Instituto, podendo este contratar médicos directamente sempre que se verifique a impossibilidade de celebrar contrato com os médicos constantes das listas referidas no nº 2 do artigo 28º ou venham a ficar vagos lugares previamente ocupados.

5. O Instituto envia a cada tribunal das comarcas não compreendidas na área de actuação das delegações e dos gabinetes médico-legais em funcionamento a lista nominativa dos médicos contratados para exercerem funções na respectiva área, assim como as alterações que lhe sejam introduzidas.

6. Os contratos podem ser rescindidos a todo o tempo pelo Instituto.

7. Os médicos podem denunciar os seus contratos, desde que o façam com a antecedência mínima de 90 dias, sob pena de incorrerem em responsabilidade civil pelos danos causados.

8. Aos médicos contratados pelo Instituto para o exercício de funções periciais são vedadas, no âmbito da actividade pericial do tribunal ou tribunais da comarca da área de actuação do serviço médico-legal relativo ao contrato, nesses tribunais, outras intervenções periciais, nomeadamente como peritos representantes de seguradoras ou de sinistrados.

9. Excepcionalmente, pode o conselho directivo do Instituto autorizar o afastamento do impedimento referido no número anterior, em casos devidamente fundamentados.

SECÇÃO VIII – Disposições finais e transitórias

Artigo 30º – Acesso a informação genética ou biológica

O acesso à informação genética ou biológica bem como o tratamento dos respectivos dados são regulados em legislação específica que salvaguarde os direitos fundamentais das pessoas, nos termos da Constituição e do direito internacional aplicável.

Artigo 31º - Abertura de concursos

1. O primeiro triénio a que se refere o nº 1 do artigo 28º tem início a 1 de Janeiro de 2005, considerando-se automaticamente denunciados e rescindidos a partir desta data todos os contratos para o exercício de funções periciais médicas em vigor, nomeadamente nos tribunais do trabalho.

2. Consideram-se automaticamente denunciados e rescindidos os contratos para o exercício de funções periciais médicas, nomeadamente nos tribunais de trabalho, em vigor nas comarcas que passem a estar abrangidas na área de actuação dos gabinetes médico-legais, a partir do momento em que estes são instalados.

Artigo 32º - Contratos de prestação de serviços

1. O Instituto pode celebrar contratos nos termos do artigo 17º do Decreto-Lei nº 41/84, de 3 de Fevereiro, com médicos especialistas ou outros de reconhecida competência em áreas específicas, enquanto não estiverem preenchidos os lugares dos quadros da carreira médica de medicina legal e da carreira médica hospitalar.

2. O disposto no número anterior aplica-se aos médicos que se encontrem em regime de dedicação exclusiva, sem que a percepção das remunerações decorrentes do contrato envolva quebra do compromisso de renúncia.

Artigo 33º - Norma revogatória

São revogados:

a) Os artigos 40º a 54º e 78º a 82º do Decreto-Lei nº 11/98, de 24 de Janeiro;

b) O artigo 6º, *in fine*, do Decreto-Lei nº 96/2001, de 26 de Março;

c) O nº 2 do artigo 91º do Código das Custas Judiciais, aprovado pelo Decreto-Lei nº 224-A/96, de 26 de Novembro, com a redacção introduzida pelos Decretos-Leis nºs 320-B/2000, de 15 de Dezembro, e 324/2003, de 27 de Dezembro;

d) A Portaria nº 283/98, de 6 de Maio;

e) A Portaria nº 608/99, de 9 de Agosto.

Artigo 34º - Entrada em vigor

1. A presente lei entra em vigor no dia seguinte ao da sua publicação.

2. A disposição legal referida na alínea *c*) do artigo 33º mantém-se transitoriamente em vigor até à publicação das portarias referidas no artigo 8º

Aprovada em 8 de Julho de 2004.

O Presidente da Assembleia da República, *João Bosco Mota Amaral.*

Promulgada em 2 de Agosto de 2004.

Publique-se.

O Presidente da República, JORGE SAMPAIO.

Referendada em 5 de Agosto de 2004.

O Primeiro-Ministro, *Pedro Miguel de Santana Lopes.*

Regime de Concessão de Indemnização às Vítimas de Crimes Violentos e de Violência Doméstica

Lei nº 104/2009, de 14 de setembro

Aprova o regime de concessão de indemnização às vítimas de crimes violentos e de violência doméstica

A Assembleia da República decreta, nos termos da alínea *c*) do artigo 161º da Constituição, o seguinte:

CAPÍTULO I – Disposição geral

Artigo 1º – Objecto

1. A presente lei aprova o regime aplicável ao adiantamento pelo Estado das indemnizações devidas às vítimas de crimes violentos e de violência doméstica.

2. Para efeitos de aplicação da presente lei considera-se:

a) Crimes violentos, os crimes que se enquadram nas definições legais de criminalidade violenta e de criminalidade especialmente violenta previstas nas alíneas *j*) e *l*) do artigo 1º do Código de Processo Penal;

b) Violência doméstica, o crime a que se refere o artigo 152º do Código Penal. *(Redação dada pela Lei nº 121/2015, de 01-09)*

CAPÍTULO II – Indemnização às vítimas de crimes violentos

Artigo 2º – Adiantamento da indemnização às vítimas de crimes violentos

1. As vítimas que tenham sofrido danos graves para a respectiva saúde física ou mental directamente resultantes de actos de violência, praticados em território português ou a bordo de navios ou aeronaves portuguesas, têm direito à concessão de um adiantamento da indemnização pelo Estado, ainda que não se tenham constituído ou não possam constituir-se assistentes no processo penal, quando se encontrem preenchidos os seguintes requisitos cumulativos:

a) A lesão tenha provocado uma incapacidade permanente, uma incapacidade temporária e absoluta para o trabalho de pelo menos 30 dias ou a morte;

b) O facto tenha provocado uma perturbação considerável no nível e qualidade de vida da vítima ou, no caso de morte, do requerente;

c) Não tenha sido obtida efectiva reparação do dano em execução de sentença condenatória relativa a pedido deduzido nos termos dos artigos 71º a 84º do Código de Processo Penal ou, se for razoavelmente de prever que o delinquente e responsáveis civis não venham a reparar o dano, sem que seja possível obter de outra fonte uma reparação efectiva e suficiente.

2. O direito a obter o adiantamento previsto no número anterior abrange, no caso de morte, as pessoas a quem, nos termos do nº 1 do artigo 2009º do Código Civil, é concedido um direito a alimentos e as que, nos termos da Lei nº 7/2001, de 11 de Maio, vivam em união de facto com a vítima.

3. O direito ao adiantamento da indemnização mantém-se mesmo que não seja conhecida a identidade do autor dos actos de violência ou, por outra razão, ele não possa ser acusado ou condenado.

4. Têm direito ao adiantamento da indemnização as pessoas que auxiliem voluntariamente a vítima ou colaborem com as autoridades na prevenção da infracção, perseguição ou detenção do delinquente, verificados os requisitos constantes das alíneas *a*) a *c*) do nº 1.

5. A concessão do adiantamento da indemnização às pessoas referidas no número anterior não depende da concessão de indemnização às vítimas de lesão.

6. Quando o acto de violência configure um crime contra a liberdade e autodeterminação sexual ou contra menor, pode ser dispensada a verificação do requisito previsto na alínea *a*) do nº 1 se circunstâncias excepcionais e devidamente fundamentadas o aconselharem.

Artigo 3º – Exclusão ou redução do adiantamento da indemnização

1. O adiantamento da indemnização pode ser reduzido ou excluído tendo em conta a conduta da vítima ou do requerente antes, durante ou após a prática dos factos, as suas relações com o autor ou o seu meio ou quando aquela se mostre contrária ao sentimento de justiça ou à ordem pública.

2. O disposto no presente capítulo não é aplicável quando o dano seja causado por um veículo terrestre a motor, bem como se forem aplicáveis as regras sobre acidentes de trabalho ou em serviço, nos casos em que as entidades empregadoras estejam legal ou contratualmente obrigadas a efectuar seguros de acidentes de trabalho.

Artigo 4º – Montante do adiantamento e outros meios de ressarcimento

1. O adiantamento da indemnização é fixado em termos de equidade, tendo como limites máximos, por cada lesado, o valor equivalente a 340 unidades de conta processual (UC) para os casos de morte ou lesão grave.

2. Nos casos de morte ou lesão de várias pessoas em consequência do mesmo facto, o adiantamento da indemnização tem como limite máximo o valor equivalente a 300 UC para cada uma delas, com o máximo total correspondente a 900 UC.

3. Se o adiantamento da indemnização for fixado sob a forma de renda anual, o limite máximo é equivalente a 40 UC por cada lesado, não podendo ultrapassar o montante de 120 UC quando sejam vários os lesados em virtude do mesmo facto.

4. Na fixação do montante do adiantamento da indemnização é tomada em consideração toda a importância recebida de outra fonte, nomeadamente do próprio delinquente ou da segurança social.

5. Sem prejuízo do disposto no número anterior, os seguros privados de vida ou acidentes pessoais só são tomados em consideração na medida em que a equidade o exija.

6. Nos casos a que se refere o nº 3 do artigo 2º, há igualmente lugar a um adiantamento da indemnização por danos de coisas de considerável valor, tendo como limite máximo o valor correspondente a 150 UC.

7. A fixação do adiantamento da indemnização por lucros cessantes tem como referência as declarações fiscais de rendimentos da vítima relativas aos três anos anteriores à prática dos factos, bem como, no caso de morte, da do requerente ou, verificando-se a falta dessas declarações, tomando por base um rendimento não superior à retribuição mínima mensal garantida.

8. No caso de não ter sido concedida qualquer indemnização no processo penal ou fora dele por facto unicamente imputável ao requerente, nomeadamente por não ter deduzido pedido de indemnização cível ou por dele ter desistido, o limite máximo do montante do adiantamento da indemnização a conceder pelo Estado é reduzido para metade, salvo quando circunstâncias excepcionais e devidamente fundamentadas aconselhem o contrário.

9. Sem prejuízo da aplicação dos critérios indemnizatórios estabelecidos na presente lei, podem ainda ser conferidas às vítimas medidas de apoio social e educativo, bem como terapêuticas adequadas à recuperação física, psicológica e profissional, em cumprimento das demais disposições legais aplicáveis, e no quadro de protocolos a celebrar entre a Comissão de Protecção às Vítimas de Crimes e entidades públicas e privadas pertinentes em razão da matéria.

CAPÍTULO III - Indemnização às vítimas de violência doméstica

Artigo 5º - Adiantamento da indemnização às vítimas de violência doméstica

1. As vítimas do crime de violência doméstica têm direito à concessão de um adiantamento da indemnização pelo Estado quando se encontrem preenchidos cumulativamente os seguintes requisitos:

a) Esteja em causa o crime de violência doméstica, previsto no nº 1 do artigo 152º do Código Penal, praticado em território português;

b) A vítima incorra em situação de grave carência económica em consequência do crime mencionado na alínea anterior.

2. A vítima, bem como os requerentes indicados no nº 4 do artigo 10º por solicitação ou em representação desta, deve comunicar à Comissão de Protecção às Vítimas de Crimes todas as alterações da sua situação sócio-económica ou familiar, bem como quaisquer outras alterações anteriores ou posteriores à decisão de concessão do adiantamento da indemnização que sejam susceptíveis de influenciar o sentido da mesma.

3. A violação do dever de informação previsto no número anterior implica o cancelamento imediato do pagamento das quantias concedidas ou a devolução das quantias indevidamente recebidas.

4. É aplicável aos pedidos de adiantamento de indemnização por violência doméstica o disposto no artigo 3º

Artigo 6º – Montante do adiantamento

1. O adiantamento da indemnização a conceder às vítimas de violência doméstica e a fixação do seu montante são determinados em juízo de equidade, dependendo da séria probabilidade de verificação dos pressupostos da indemnização.

2. O montante a que se refere o número anterior não pode exceder o equivalente mensal à retribuição mínima mensal garantida durante o período de seis meses, prorrogável por igual período.

3. Excecionalmente, em casos devidamente fundamentados, de especial situação de carência e de falta de meios de subsistência que o justifiquem, pode o montante do adiantamento da indemnização ser concedido numa única prestação.

4. É aplicável às vítimas de violência doméstica o disposto no nº 9 do artigo 4º
(Redação dada pela Lei nº 121/2015, de 01-09)

CAPÍTULO IV – Comissão de Protecção às Vítimas de Crimes

Artigo 7º – Comissão de Protecção às Vítimas de Crimes

1. A Comissão de Protecção às Vítimas de Crimes, doravante designada Comissão, é um órgão administrativo independente responsável, por si ou através dos seus membros, pela concessão de adiantamentos de indemnização por parte do Estado às vítimas de crimes violentos e de violência doméstica.

2. A Comissão é constituída por um presidente e por um número par de membros, num mínimo de dois e num máximo de quatro, designados pelo membro do Governo responsável pela área da justiça, em termos a fixar na regulamentação prevista no artigo 24º

3. Para além do presidente, a Comissão pode dispor, no máximo, de dois membros a exercer funções a tempo completo.

4. Compete à Comissão:

a) Estabelecer as orientações que devam ser seguidas pelo presidente e pelos seus membros, quer na decisão dos pedidos de adiantamento da indemnização, quer na decisão de conceder uma provisão por conta do adiantamento da indemnização a fixar posteriormente;

b) Sem prejuízo do disposto nos artigos 4º e 6º, estabelecer montantes indemnizatórios a atribuir em função de tipos de situações;

c) Decidir os pedidos de adiantamento de indemnização quando o caso implique novidade face a casos anteriormente decididos ou especificidade que aconselhe a adopção de uma deliberação que contrarie as orientações previstas nas alíneas *a*) ou *b*);

d) Promover o exercício do direito de sub-rogação pelo Estado, nos termos dos artigos 15º e 16º, nos direitos dos lesados contra o autor dos actos de violência e pessoas com responsabilidade meramente civil, dentro dos limites da indemnização prestada;

e) Aprovar o relatório anual, o qual deve ser publicado no sítio da Internet da Comissão;

f) Promover, em articulação com outras entidades públicas ou privadas, a divulgação do direito das vítimas ao adiantamento da indemnização e das competências da Comissão nesse âmbito;

g) Exercer as demais competências que lhe forem cometidas por lei.

5. Não podem ser membros da Comissão pessoas que tenham intervindo em qualquer processo instaurado pelo facto que der origem ao pedido de indemnização.

6. A Comissão deve aprovar um relatório anual a submeter ao membro do Governo responsável pela área da justiça, contendo, designadamente:

a) Identificação do número de processos entrados, pendentes e resolvidos no ano em causa, bem como uma análise comparativa dos últimos cinco anos;

b) Identificação do montante global de adiantamentos de indemnizações atribuídos e dos montantes que transitam para o ano seguinte;

c) Identificação dos montantes atribuídos em função dos tipos de crimes estabelecidos;

d) Identificação discriminada da percentagem das receitas obtidas nos termos das alíneas *d*) a *h*) do nº 3 do artigo 9º;

e) Recomendações com vista a melhorar o funcionamento da Comissão, bem como a relação com as entidades públicas e privadas que coadjuvam a Comissão na instrução e decisão dos pedidos.

Artigo 8º - Competência do presidente e dos membros

1. Compete ao presidente da Comissão:

a) Representar a Comissão;

b) Convocar e estabelecer a ordem de trabalhos das reuniões;

c) Presidir às reuniões;

d) Gerir e organizar a Comissão, definindo designadamente a distribuição de trabalhos, tarefas e processos pelos membros da Comissão;

e) Organizar os serviços da Comissão, garantindo o seu permanente funcionamento, de forma a atender às situações de grave carência económica que exijam a concessão de uma provisão, nos termos do nº 5 do artigo 14º;

f) Solicitar a cada membro da Comissão a informação necessária à preparação das reuniões, em especial, tendo em vista o exercício, pela Comissão, da competência prevista na alínea *c*) do nº 4 do artigo 7º;

g) Acompanhar a actuação dos membros da Comissão na instrução e na decisão dos pedidos de indemnização;

h) Promover o cumprimento das deliberações da Comissão e, em particular, das orientações e dos limites fixados para as indemnizações a conceder;

i) Garantir o respeito pelos princípios da estabilidade e da sustentabilidade orçamental, controlando a execução do orçamento em função das indemnizações atribuídas;

j) Promover activamente a concessão à Comissão de doações, contribuições mecenáticas ou de entidades terceiras;

l) Exercer as demais competências que lhe sejam conferidas por lei.

2. Compete ao presidente e aos membros da Comissão, no respeito das orientações fixadas pela Comissão, a decisão dos pedidos de adiantamento da indemnização e dos pedidos de concessão de provisão por conta do adiantamento da indemnização, quando não esteja em causa uma das situações previstas na alínea *c*) do nº 4 do artigo 7º

Artigo 9º – Estrutura orçamental

1. As receitas e as despesas relativas à Comissão constituem um subsector do orçamento da Secretaria-Geral do Ministério da Justiça, sendo objecto de um registo contabilístico autónomo.

2. A Comissão dispõe de número de identificação fiscal próprio, nos termos da alínea *e*) do nº 1 do artigo 4º do Decreto-Lei nº 129/98, de 13 de Maio.

3. Constituem receitas da Comissão:

a) As provenientes de dotações orçamentais que lhe sejam atribuídas no Orçamento do Estado;

b) As transferências do Instituto de Gestão Financeira e de Infra-Estruturas da Justiça, I. P.;

c) O produto das taxas e contribuições que lhe sejam afectos;

d) O produto de doações, heranças, legados ou contribuições mecenáticas;

e) As obtidas no âmbito do exercício do direito de sub-rogação do Estado no crédito da vítima sobre o responsável, bem como as decorrentes do reembolso das quantias adiantadas nos casos em que a vítima obtenha reparação, total ou parcial, do dano sofrido;

f) As contribuições de entidades terceiras;

g) Quaisquer outras receitas que lhe sejam atribuídas por lei, contrato ou título.

4. As receitas referidas nas alíneas *b*) a *g*) do número anterior são inscritas no orçamento da Comissão como receitas consignadas com transição de saldo.

5. Constituem despesas da Comissão:

a) As que resultem da atribuição de adiantamentos de indemnizações nos termos da presente lei;

b) O pagamento das custas processuais no âmbito da apresentação de acções, tendo em vista o reembolso ou o exercício dos direitos em que o Estado fica sub-rogado devido à atribuição de adiantamentos de indemnizações;

c) As inerentes ao seu funcionamento.

CAPÍTULO V – Procedimento para concessão do adiantamento

Artigo 10º – Pedido

1. A concessão de adiantamento de indemnização por parte do Estado depende de requerimento apresentado à Comissão pelas pessoas referidas nos artigos 2º e 5º

2. O requerimento para a concessão do adiantamento da indemnização pode ser apresentado por transmissão electrónica de dados, nos termos de portaria do membro do Governo responsável pela área da justiça.

3. O modelo de requerimento é aprovado por portaria do membro do Governo responsável pela área da justiça e deve conter as informações essenciais ao correcto exercício do direito pelo requerente bem como permitir a entrega dos elementos necessários à correcta instrução do pedido, incluindo, designadamente:

a) A indicação do montante da indemnização pretendida;

b) A indicação de qualquer importância já recebida;

c) A indicação das pessoas ou entidades públicas ou privadas susceptíveis de, no todo ou em parte, virem a efectuar prestações relacionadas com o dano;

d) A indicação de ter sido concedida qualquer indemnização e qual o seu montante, caso tenha sido deduzido pedido de indemnização no processo penal ou fora dele, ou a mera indicação do processo, caso este se encontre pendente.

4. As entidades públicas, incluindo o Ministério Público, as associações ou outras entidades privadas que prestem apoio às vítimas de crimes podem apresentar o requerimento previsto no nº 1 por solicitação ou em representação da vítima, devendo fazê-lo necessariamente por transmissão electrónica de dados, nos termos de portaria do membro do Governo responsável pela área da justiça.

Artigo 11º – Prazos

1. O pedido de concessão do adiantamento da indemnização por parte do Estado deve ser apresentado à Comissão no prazo de um ano a contar da data do facto, sob pena de caducidade.

2. O menor à data da prática do facto pode apresentar o pedido de concessão do adiantamento da indemnização por parte do Estado até um ano depois de atingida a maioridade ou ser emancipado.

3. Se tiver sido instaurado processo criminal, os prazos referidos nos números anteriores podem ser prorrogados pelo presidente da Comissão e expiram após decorrido um ano sobre a decisão que lhe põe termo.

4. Em qualquer caso, o presidente da Comissão pode relevar o efeito da caducidade, quando o requerente alegue razões que, justificadamente, tenham obstado à apresentação do pedido em tempo útil.

Artigo 12º – Tramitação electrónica do procedimento

1. A tramitação dos processos é efectuada electronicamente em termos a definir por portaria do membro do Governo responsável pela área da justiça.

2. A tramitação electrónica dos processos garante a respectiva integralidade, autenticidade e inviolabilidade.

Artigo 13º – Instrução

1. Sem prejuízo do disposto na alínea *c*) do nº 4 do artigo 7º, o presidente ou o membro da Comissão responsável pelo processo procede a todas as diligências instrutórias que se revelem necessárias podendo, nomeadamente:

a) Ouvir os requerentes e os responsáveis pela indemnização, caso seja necessário;

b) Aceder às denúncias e participações relativas aos factos criminosos e a quaisquer peças de processo penal instaurado, ainda que pendente de decisão final;

c) Aceder a informações sobre a situação profissional, financeira ou social da vítima, do requerente ou dos responsáveis pela reparação do dano junto de qualquer pessoa, singular ou colectiva, ou qualquer entidade pública.

2. A Comissão pode ainda solicitar as informações que considere necessárias à administração fiscal ou a estabelecimentos de crédito, quando a vítima, o requerente ou o responsável pela reparação do dano se recusem a fornecê-las ou caso existam fundadas razões no sentido de que os mesmos dispõem de bens ou recursos que pretendem ocultar.

3. Às informações solicitadas não é oponível o sigilo profissional ou bancário.

4. Exclusivamente para efeitos de averiguação da condição económica da vítima ou do requerente, a Comissão pode proceder à consulta das bases de dados do registo predial, comercial e automóvel e de outros registos ou arquivos semelhantes.

5. As informações obtidas nos termos dos números anteriores não podem ser utilizadas para fins diferentes da instrução do pedido, sendo proibida a sua divulgação.

6. As entidades públicas ou privadas que prestam apoio às vítimas de crimes podem colaborar com a Comissão nas diligências probatórias previstas no nº 1, nos termos a definir por portaria do membro do Governo responsável pela área da justiça.

Artigo 14º – Decisão do pedido

1. A instrução é concluída no prazo máximo de um mês.

2. Concluída a instrução, o presidente ou o membro da Comissão decide de imediato sobre a concessão da indemnização e qual o respectivo montante.

3. A concessão da indemnização e a fixação do respectivo montante é deliberada pela Comissão, sob proposta do presidente ou do membro responsável pela instrução, quando se verifique uma das situações previstas na alínea *c*) do nº 4 do artigo 7º

4. A fixação do montante indemnizatório é determinada nos termos dos artigos 4º e 6º, em função dos tipos de situações fixados pela Comissão e obedecendo às orientações por esta estabelecidas.

5. Antes de concluída a instrução, o membro da Comissão por ela responsável pode, em situações de evidente carência económica do requerente, conceder de imediato uma provisão por conta do adiantamento da indemnização a fixar posteriormente.

6. A Comissão deve garantir um funcionamento interno permanente de forma a dar prontamente resposta às situações previstas no número anterior.

7. As entidades públicas podem colaborar com a Comissão na decisão dos pedidos, nos termos a definir por portaria do membro do Governo responsável pela área da justiça.

8. A Comissão comunica ao tribunal onde correr o processo respeitante ao facto gerador do dano, exclusivamente por via electrónica, a decisão que conceda o adiantamento da indemnização.

CAPÍTULO VI - Direitos do Estado

Artigo 15º - Sub-rogação

1. O Estado, através da Comissão, fica sub-rogado nos direitos dos lesados contra o autor dos actos de violência e pessoas com responsabilidade meramente civil, dentro dos limites da indemnização prestada.

2. Para efeitos de exercício dos direitos referidos no número anterior a Comissão é apoiada juridicamente pela Direcção de Serviços Jurídicos e de Contencioso da Secretaria-Geral do Ministério da Justiça ou contrata os necessários serviços jurídicos, nos termos legalmente estabelecidos.

3. Para efeitos do disposto nos números anteriores, o comprovativo do adiantamento da indemnização, cujo modelo é aprovado por portaria do membro do Governo responsável pela área da justiça, tem força executiva própria e serve de suporte à execução instaurada.

4. Quando o autor dos actos geradores da indemnização estiver em execução de pena sob a tutela dos serviços prisionais ou dos serviços de reinserção social, a indemnização concedida é comunicada, preferencialmente por meios electrónicos, ao serviço respectivo, bem como ao tribunal de execução das penas, para os efeitos previstos na legislação relativa à execução das penas e tendo em vista o direito da Comissão a ser ressarcida pelo responsável do dano, pelo adiantamento de indemnização concedido ao abrigo da presente lei.

5. Nos casos previstos no número anterior, o tribunal de execução das penas deve, aquando da homologação do plano individual de readaptação ou aquando da decisão de aplicação de medidas de flexibilização da pena, ter em consideração o dever de indemnização que recai sobre o recluso.

6. O autor dos actos de violência, as pessoas com responsabilidade meramente civil e os serviços prisionais ou de reinserção social, nos casos em que o autor dos actos geradores da indemnização estiver em execução de pena sob a respectiva tutela, devem informar a Comissão dos pagamentos que sejam efectuados à vítima por conta da reparação efectiva dos danos sofridos.

Artigo 16º - Reembolso

1. Quando a vítima, posteriormente ao pagamento da provisão ou da indemnização, obtiver, a qualquer título, uma reparação ou uma indemnização efectiva do dano sofrido, deve a Comissão exigir o reembolso, total ou parcial, das importâncias recebidas.

2. O disposto no número anterior aplica-se quando, tendo sido entregue a provisão, se averiguar ulteriormente que a indemnização não foi concedida por não preenchimento dos requisitos referidos nos artigos 2º e 5º

3. Para efeitos de exercício dos direitos referidos nos números anteriores a Comissão é apoiada juridicamente pela Direcção de Serviços Jurídicos e de Contencioso, da Secretaria-Geral do Ministério da Justiça, ou contrata os necessários serviços jurídicos, nos termos legalmente estabelecidos.

CAPÍTULO VII – Responsabilidade criminal

Artigo 17º – Informações falsas

1. Quem obtiver ou tentar obter uma indemnização nos termos da presente lei com base em informações que sabe serem falsas ou inexactas é punível com prisão até três anos ou multa.

2. Sem prejuízo do disposto no número anterior, em caso de falsidade da informação a que se refere a alínea *d*) do nº 3 do artigo 10º, a Comissão deve exigir o reembolso da quantia eventualmente paga aos requerentes, nos termos do disposto no artigo 16º

CAPÍTULO VIII – Aplicação no espaço

Artigo 18º – Princípio geral

1. A presente lei é aplicável aos factos previstos nos artigos 2º e 5º cometidos fora do território português contra portugueses ou cidadãos de Estados membros da União Europeia com residência habitual em Portugal, desde que não tenham direito a indemnização pelo Estado em cujo território o dano foi produzido.

2. Para os efeitos previstos no número anterior, cabe à Comissão verificar a existência ou não do direito à indemnização do requerente no Estado em cujo território o dano foi produzido.

Artigo 19º – Requerentes com residência habitual em Estado membro da União Europeia

1. Nos casos referidos no nº 1 do artigo 2º e no nº 1 do artigo 5º, quando o requerente tenha a sua residência habitual noutro Estado membro da União Europeia e tenha apresentado à autoridade competente desse Estado um pedido de concessão de adiantamento de indemnização a pagar pelo Estado Português, incumbe à Comissão:

a) Receber o pedido transmitido pela autoridade competente do Estado membro da residência habitual do requerente;

b) Acusar, no prazo de 10 dias, a recepção do pedido ao requerente e à autoridade competente do Estado membro da sua residência habitual e comunicar os contactos da Comissão e o prazo provável da decisão do pedido;

c) Instruir e decidir o pedido;

d) Comunicar ao requerente e à autoridade competente do Estado membro da sua residência habitual a decisão sobre a concessão do adiantamento da indemnização.

2. Para efeitos do disposto na alínea *c*) do número anterior, a Comissão pode:

a) Solicitar à autoridade competente do Estado membro da residência habitual do requerente que promova a audição deste ou de qualquer outra pessoa, designadamente uma testemunha ou um perito, bem como o envio da respectiva acta de audição;

b) Ouvir directamente o requerente ou qualquer outra pessoa, por videoconferência, solicitando à autoridade competente do Estado membro da residência habitual do requerente a colaboração necessária.

Artigo 20º - Indemnização por outro Estado membro da União Europeia

1. No caso de ter sido praticado um crime objecto da presente lei no território de um outro Estado membro da União Europeia, o pedido para a concessão de indemnização a pagar por aquele Estado pode ser apresentado à Comissão, desde que o requerente tenha a sua residência habitual em Portugal.

2. Apresentado o pedido, incumbe à Comissão:

a) Informar o requerente sobre o modo de preenchimento do requerimento de pedido de indemnização e sobre os documentos comprovativos necessários ou sobre a entrega dos mesmos por via electrónica;

b) Transmitir o requerimento e os documentos referidos na alínea anterior, no prazo de 10 dias, à autoridade competente do Estado membro em cujo território o crime foi praticado;

c) Auxiliar o requerente na resposta aos pedidos de informação suplementares solicitados pela autoridade competente do Estado membro em cujo território o crime foi praticado, transmitindo as respostas, a pedido do requerente, directamente àquela autoridade;

d) Providenciar, a solicitação da autoridade competente do Estado membro em cujo território o crime foi praticado, a audição do requerente ou de qualquer outra pessoa, transmitindo a acta da audição àquela autoridade;

e) Colaborar com a autoridade competente do Estado membro em cujo território o crime foi praticado sempre que esta opte pela audição directa do requerente ou de qualquer outra pessoa, em conformidade com a legislação daquele Estado, nomeadamente através de telefone ou videoconferência;

f) Receber a decisão sobre o pedido de indemnização transmitida pela autoridade competente do Estado membro em cujo território o crime foi praticado.

Artigo 21º - Formalidades na transmissão dos pedidos

1. Os pedidos e as decisões referidos nos artigos 19º e 20º são transmitidos através de requerimentos normalizados aprovados por decisão da Comissão Europeia, publicados no Jornal Oficial da União Europeia.

2. Os requerimentos e os documentos apresentados nos termos dos artigos 19º e 20º estão dispensados de legalização ou de qualquer outra formalidade equivalente.

3. Os serviços solicitados e prestados pela Comissão, ao abrigo do disposto nos artigos 19º e 20º, não dão lugar a qualquer pedido de reembolso de encargos ou despesas.

Artigo 22º – Idioma em situações transfronteiriças

1. Os requerimentos e outros documentos transmitidos pela Comissão, para efeitos do disposto nos artigos 19º e 20º, são redigidos numa das seguintes línguas:

a) Língua oficial do Estado membro da União Europeia ao qual aqueles requerimentos e documentos são enviados;

b) Outra língua desse Estado membro, desde que corresponda a uma das línguas das instituições comunitárias;

c) Outra língua, desde que corresponda a uma das línguas das instituições comunitárias, e aquele Estado membro a tenha declarado aceitar, nos termos da alínea *b*) do nº 1 do artigo 13º da Directiva nº 2004/80/CE, do Conselho, de 29 de Abril.

2. O texto integral da decisão e a acta de audição, referidos, respectivamente, na alínea *d*) do nº 1 do artigo 19º e na alínea *d*) do nº 2 do artigo 20º, podem ser transmitidos em português ou inglês.

3. Sem prejuízo do disposto nos números seguintes, a Comissão pode recusar a recepção dos requerimentos e documentos transmitidos para efeitos do disposto nos artigos 19º e 20º quando os mesmos não estejam redigidos em português ou em inglês.

4. A Comissão não pode recusar a recepção da acta de audição referida na alínea *a*) do nº 2 do artigo 19º, desde que a mesma esteja redigida numa língua que corresponda a uma das línguas das instituições comunitárias.

5. A Comissão não pode recusar a recepção da decisão referida na alínea *f*) do nº 2 do artigo 20º, desde que a mesma esteja redigida numa língua prevista na legislação do Estado membro que a transmite.

CAPÍTULO IX – Disposições finais

Artigo 23º – Extinção da Comissão para a Instrução dos Pedidos de Indemnização às Vítimas de Crimes Violentos

1. Com a entrada em vigor do decreto regulamentar previsto no artigo 24º da presente lei e tomada de posse dos membros da nova Comissão de Protecção às Vítimas de Crimes, extingue-se a actual Comissão para a Instrução dos Pedidos de Indemnização às Vítimas de Crimes Violentos, prevista no artigo 6º do Decreto-Lei nº 423/91, de 30 de Outubro, e no Decreto Regulamentar nº 4/93, de 22 de Fevereiro, cessando as funções dos seus membros.

2. Sem prejuízo do disposto no número anterior, a Comissão de Protecção às Vítimas de Crimes sucede, para todos os efeitos, à Comissão para a Instrução dos Pedidos de Indemnização às Vítimas de Crimes Violentos, sendo transferidos para a primeira os processos que estejam pendentes na segunda.

Artigo 24º – Regulamentação

A constituição, funcionamento e o exercício dos poderes e deveres da Comissão de Protecção às Vítimas de Crimes são regulados por decreto regulamentar.

Artigo 25º – Norma revogatória

São revogados:

a) A Lei nº 129/99, de 20 de Agosto;

b) O Decreto-Lei nº 423/91, de 30 de Outubro.

Artigo 26º – Aplicação no tempo

Sem prejuízo do disposto na parte final do nº 2 do artigo 23º, a presente lei não se aplica aos processos pendentes à data da sua entrada em vigor.

Artigo 27º – Entrada em vigor

A presente lei entra em vigor a 1 de Janeiro de 2010.

Aprovada em 23 de Julho de 2009.

O Presidente da Assembleia da República, *Jaime Gama.*

Promulgada em 28 de Agosto de 2009.

Publique-se.

O Presidente da República, ANÍBAL CAVACO SILVA.

Referendada em 28 de Agosto de 2009.

O Primeiro-Ministro, *José Sócrates Carvalho Pinto de Sousa.*

Regime de Mediação em Processo Penal

Lei nº 21/2007, de 12 de junho

Cria um regime de mediação penal, em execução do artigo 10º da Decisão Quadro nº 2001/220/JAI, do Conselho, de 15 de Março, relativa ao estatuto da vítima em processo penal

A Assembleia da República decreta, nos termos da alínea *c*) do artigo 161º da Constituição, o seguinte:

Artigo 1º - Objecto

A presente lei cria o regime da mediação em processo penal.

Artigo 2º - Âmbito

1. A mediação em processo penal pode ter lugar em processo por crime cujo procedimento dependa de queixa ou de acusação particular.

2. A mediação em processo penal só pode ter lugar em processo por crime que dependa apenas de queixa quando se trate de crime contra as pessoas ou de crime contra o património.

3. Independentemente da natureza do crime, a mediação em processo penal não pode ter lugar nos seguintes casos:

a) O tipo legal de crime preveja pena de prisão superior a 5 anos;

b) Se trate de processo por crime contra a liberdade ou autodeterminação sexual;

c) Se trate de processo por crime de peculato, corrupção ou tráfico de influência;

d) O ofendido seja menor de 16 anos;

e) Seja aplicável processo sumário ou sumaríssimo.

4. Nos casos em que o ofendido não possua o discernimento para entender o alcance e o significado do exercício do direito de queixa ou tenha morrido sem ter renunciado à queixa, a mediação pode ter lugar com intervenção do queixoso em lugar do ofendido.

5. Nos casos referidos no número anterior, as referências efectuadas na presente lei ao ofendido devem ter-se por efectuadas ao queixoso.

Artigo 3º – Remessa do processo para mediação

1. Para os efeitos previstos no artigo anterior, o Ministério Público, em qualquer momento do inquérito, se tiverem sido recolhidos indícios de se ter verificado crime e de que o arguido foi o seu agente, e se entender que desse modo se pode responder adequadamente às exigências de prevenção que no caso se façam sentir, designa um mediador das listas previstas no artigo 11º e remete-lhe a informação que considere essencial sobre o arguido e o ofendido e uma descrição sumária do objecto do processo.

2. Se o ofendido e o arguido requererem a mediação, nos casos em que esta é admitida ao abrigo da presente lei, o Ministério Público designa um mediador nos termos do número anterior, independentemente da verificação dos requisitos aí previstos.

3. Nos casos previstos nos números anteriores, o arguido e o ofendido são notificados de que o processo foi remetido para mediação, de acordo com modelo aprovado por portaria do Ministro da Justiça.

4. Quando razões excepcionais o justifiquem, nomeadamente em função da inserção comunitária ou ambiente cultural do arguido e ofendido, o mediador pode transferir o processo para outro mediador que repute mais indicado para a condução da mediação, disso dando conhecimento, fundamentadamente, por meios electrónicos, ao Ministério Público e ao organismo referido no artigo 13º

5. O mediador contacta o arguido e o ofendido para obter os seus consentimentos livres e esclarecidos quanto à participação na mediação, informando-os dos seus direitos e deveres e da natureza, finalidade e regras aplicáveis ao processo de mediação, e verifica se aqueles reúnem condições para participar no processo de mediação.

6. Caso não obtenha consentimento ou verifique que o arguido ou o ofendido não reúne condições para a participação na mediação, o mediador informa disso o Ministério Público, prosseguindo o processo penal.

7. Se o mediador obtiver os consentimentos livres e esclarecidos do arguido e do ofendido para a participação na mediação, estes assinam um termo de consentimento, que contém as regras a que obedece a mediação, e é iniciado o processo de mediação.

Artigo 4º – Processo de mediação

1. A mediação é um processo informal e flexível, conduzido por um terceiro imparcial, o mediador, que promove a aproximação entre o arguido e o ofendido e os apoia na tentativa de encontrar activamente um acordo que permita a reparação dos danos causados pelo facto ilícito e contribua para a restauração da paz social.

2. O arguido e o ofendido podem, em qualquer momento, revogar o seu consentimento para a participação na mediação.

3. Quando se revista de utilidade para a boa resolução do conflito podem ser chamados a intervir na mediação outros interessados, nomeadamente eventuais responsáveis civis e lesados.

4. O disposto no nº 2 é aplicável, com as necessárias adaptações, à participação na mediação de eventuais responsáveis civis e lesados.

5. O teor das sessões de mediação é confidencial, não podendo ser valorado como prova em processo judicial.

Artigo 5º - Tramitação subsequente

1. Não resultando da mediação acordo entre arguido e ofendido ou não estando o processo de mediação concluído no prazo de três meses sobre a remessa do processo para mediação, o mediador informa disso o Ministério Público, prosseguindo o processo penal.

2. O mediador pode solicitar ao Ministério Público uma prorrogação, até um máximo de dois meses, do prazo previsto no número anterior, desde que se verifique uma forte probabilidade de se alcançar um acordo.

3. Resultando da mediação acordo, o seu teor é reduzido a escrito, em documento assinado pelo arguido e pelo ofendido, e transmitido pelo mediador ao Ministério Público.

4. No caso previsto no número anterior, a assinatura do acordo equivale a desistência da queixa por parte do ofendido e à não oposição por parte do arguido, podendo o ofendido, caso o acordo não seja cumprido no prazo fixado, renovar a queixa no prazo de um mês, sendo reaberto o inquérito.

5. Para os efeitos previstos no número anterior, o Ministério Público verifica se o acordo respeita o disposto no artigo 6º e, em caso afirmativo, homologa a desistência de queixa no prazo de cinco dias, devendo a secretaria notificar imediatamente a homologação ao mediador, ao arguido e ao ofendido.

6. Havendo indicação de endereço electrónico ou de número de fax ou telefone, a notificação referida no número anterior é efectuada por uma dessas vias.

7. Os processos em que tenha havido mediação e em que desta tenha resultado acordo são tramitados como urgentes desde a recepção do acordo pelo Ministério Público até ao termo dos trâmites a que se referem os nºs 5 e 6.

8. Quando o Ministério Público verifique que o acordo não respeita o disposto no artigo 6º, devolve o processo ao mediador, para que este, no prazo de 30 dias, juntamente com o ofendido e o arguido, sane a ilegalidade.

Artigo 6º - Acordo

1. O conteúdo do acordo é livremente fixado pelos sujeitos processuais participantes, sem prejuízo do disposto no número seguinte.

2. No acordo não podem incluir-se sanções privativas da liberdade ou deveres que ofendam a dignidade do arguido ou cujo cumprimento se deva prolongar por mais de seis meses.

3. Havendo renovação de queixa nos termos do nº 4 do artigo 5º, o Ministério Público verifica o incumprimento do acordo, podendo, para esse fim, recorrer aos serviços de reinserção social, a órgãos de polícia criminal e a outras entidades administrativas.

Artigo 7º - Suspensão de prazos

1. A remessa do processo para mediação determina a suspensão do prazo previsto no nº 1 do artigo 283º do Código de Processo Penal e dos prazos de duração máxima do inquérito previstos no artigo 276º do Código de Processo Penal.

2. Os prazos de prescrição do procedimento criminal suspendem-se desde a remessa do processo para mediação até à sua devolução pelo mediador ao Ministério Público ou, tendo resultado da mediação acordo, até à data fixada para o seu cumprimento.

Artigo 8º - Presença de advogado nas sessões de mediação

Nas sessões de mediação, o arguido e o ofendido devem comparecer pessoalmente, podendo fazer-se acompanhar de advogado ou de advogado estagiário.

Artigo 9º - Custas

Pelo processo de mediação não há lugar ao pagamento de custas, aplicando-se no demais o disposto no livro XI do Código de Processo Penal e no Código das Custas Judiciais.

Artigo 10º - Exercício da actividade do mediador penal

1. No desempenho das suas funções, o mediador penal deve observar os deveres de imparcialidade, independência, confidencialidade e diligência.

2. O mediador penal que, por razões legais, éticas ou deontológicas, não tenha ou deixe de ter assegurada a sua independência, imparcialidade e isenção deve recusar ou interromper o processo de mediação e informar disso o Ministério Público, que procede à sua substituição de acordo com o previsto no nº 1 do artigo 3º

3. O mediador penal tem o dever de guardar segredo profissional em relação ao teor das sessões de mediação.

4. O mediador penal fica vinculado ao segredo de justiça em relação à informação processual de que tiver conhecimento em virtude de participação no processo de mediação.

5. Não é permitido ao mediador penal intervir, por qualquer forma, nomeadamente como testemunha, em quaisquer procedimentos subsequentes à mediação, como o processo judicial ou o acompanhamento psicoterapêutico, quer se tenha aí obtido ou não um acordo e ainda que tais procedimentos estejam apenas indirectamente relacionados com a mediação realizada.

6. *(Revogado.)*

(Redação dada pela Lei nº 29/2013, de 19-04)

Artigo 11º - Listas de mediadores penais

1. São organizadas, no quadro dos serviços de mediação dos julgados de paz, listas contendo os nomes das pessoas habilitadas a exercer as funções de mediador penal, o respectivo domicílio profissional, endereço de correio electrónico e contacto telefónico.

2. Cabe ao Ministério da Justiça:

a) Desenvolver os procedimentos conducentes à inscrição dos mediadores nas listas;

b) Assegurar a manutenção e actualização das listas, bem como a sua disponibilização aos serviços do Ministério Público;

c) Criar um sistema que garanta a designação sequencial dos mediadores pelo Ministério Público, sem prejuízo do disposto no nº 4 do artigo 3º;

d) Disponibilizar as listas de mediadores penais na página oficial do Ministério da Justiça.

3. A inscrição nas listas não investe o mediador penal na qualidade de agente nem garante o pagamento de qualquer remuneração fixa por parte do Estado.

Artigo 12º – Pessoas habilitadas a exercer as funções de mediador penal

1. As listas de mediadores penais são preenchidas mediante um procedimento de selecção, podendo candidatar-se quem satisfizer os seguintes requisitos:

a) Ter mais de 25 anos de idade;

b) Estar no pleno gozo dos seus direitos civis e políticos;

c) Ter licenciatura ou experiência profissional adequadas;

d) Estar habilitado com um curso de mediação penal reconhecido pelo Ministério da Justiça;

e) Ser pessoa idónea para o exercício da actividade de mediador penal;

f) Ter o domínio da língua portuguesa.

2. Entre outras circunstâncias, é indiciador de falta de idoneidade para inscrição nas listas oficiais o facto de o requerente ter sido condenado por sentença transitada em julgado pela prática de crime doloso.

3. Os critérios de graduação e os termos do procedimento de selecção são aprovados por portaria do Ministro da Justiça.

Artigo 13º – Remuneração do mediador penal

A remuneração pela prestação de serviços de mediador penal consta de tabela fixada por despacho do Ministro da Justiça, sendo suportada por verbas inscritas no orçamento do organismo do Ministério da Justiça ao qual incumbe promover os meios de resolução alternativa de litígios.

Artigo 14º – Período experimental

1. A partir da entrada em vigor da presente lei e por um período de dois anos, a mediação penal funciona a título experimental nas circunscrições a designar por portaria do Ministro da Justiça, a qual define igualmente os demais termos da prestação do serviço de mediação penal nessas circunscrições.

2. Durante o período experimental, o Ministério da Justiça adopta as medidas adequadas à monitorização e avaliação da mediação em processo penal.

3. Decorrido o período experimental previsto no nº 1, a extensão da mediação penal a outras circunscrições depende de portaria do Ministro da Justiça.

Artigo 15º – Aplicação no tempo

A presente lei aplica-se aos processos penais iniciados após a sua entrada em vigor.

Artigo 16º – Entrada em vigor

A presente lei entra em vigor no 30º dia após a sua publicação.

Aprovada em 12 de Abril de 2007.

O Presidente da Assembleia da República, *Jaime Gama*.

Promulgada em 30 de Maio de 2007.

Publique-se.

O Presidente da República, Aníbal Cavaco Silva.

Referendada em 31 de Maio de 2007.

O Primeiro-Ministro, *José Sócrates Carvalho Pinto de Sousa*.

Regulamento do Sistema de Mediação Penal

Portaria nº 68-C/2008, de 22 de janeiro

O XVII Governo Constitucional tem vindo a conferir um forte impulso ao desenvolvimento e utilização de estruturas de resolução alternativa de litígios, no quadro do cumprimento do Programa do Governo.

Assim, foi aprovado o quadro legislativo relativo à mediação penal, que agora se regulamenta, foi criado um sistema de mediação laboral mediante um acordo celebrado entre o Ministério da Justiça e todos os parceiros sociais, têm vindo a ser criados novos julgados de paz, nos termos de um plano científico para o desenvolvimento da respectiva rede e procedeu-se à reformulação e alargamento do Sistema de Mediação Familiar. Igualmente, foram introduzidos mecanismos de incentivos à utilização destas estruturas de resolução alternativa de litígios. Por um lado, adoptaram-se incentivos à sua utilização em matéria de custas judiciais. Por outro lado, tem vindo a permitir-se que, aquando da constituição de sociedades através dos procedimentos «Empresa na hora» e «Empresa *online*» e aquando da celebração de negócios de transmissão e oneração de imóveis seguindo o procedimento «Casa pronta», os intervenientes possam optar por aderir à jurisdição de centros de arbitragem apoiados pelo Ministério da Justiça para dirimir litígios futuros que venham a ocorrer devido a esses negócios.

No desenvolvimento desta política, a Lei nº 21/2007, de 12 de Junho, procedeu à criação de um regime de mediação penal, em execução do artigo 10º da Decisão Quadro nº 2001/220/JAI, do Conselho, de 15 de Março, relativa ao estatuto da vítima em processo penal.

A mediação penal é um processo informal e flexível em que um terceiro imparcial e especificamente formado para o efeito – o mediador – auxilia as partes na tentativa de obter um acordo que permita pôr termo ao litígio e restaurar a paz social.

Nos termos da referida lei, a mediação penal pode ter lugar em processo por crime cujo procedimento dependa de queixa, quando se trate de crime contra as pessoas ou contra o património, ou quando dependa de acusação particular, desde que o tipo legal de crime preveja pena de prisão superior a 5 anos ou sanção diferente da pena de prisão.

Estão excluídos da mediação penal os crimes contra a liberdade ou autodeterminação sexual, de peculato, corrupção ou tráfico de influências e dos casos em que o ofendido seja menor de 16 anos ou em que seja aplicável forma de processo especial sumária ou sumaríssima.

A mediação penal é efectuada por mediadores especialmente formados em mediação penal, com um curso reconhecido pelo Ministério da Justiça, sendo estes mediadores seleccionados e organizados em listas no quadro dos serviços de mediação dos julgados de paz.

Finalmente, o artigo 14º do mesmo diploma determina que a mediação penal funciona a título experimental.

Importa, pois, regulamentar os termos da prestação deste serviço de mediação penal, bem como determinar as comarcas onde o Sistema funciona a título experimental.

Assim:

Ao abrigo do artigo 14º da Lei nº 21/2007, de 12 de Junho, manda o Governo, pelo Ministro da Justiça, o seguinte:

(Cfr. Declaração de Rectificação nº 18/2008, de 20-03)

Artigo 1º - Objecto

É aprovado o Regulamento do Sistema de Mediação Penal, publicado em anexo ao presente diploma e que dele faz parte integrante.

Artigo 2º - Âmbito territorial

O Sistema de Mediação Penal funciona a título experimental nas comarcas do Alentejo Litoral, Baixo Vouga, Barreiro, Braga, Cascais, Coimbra, Grande Lisboa Noroeste, Loures, Moita, Montijo, Porto, Santa Maria da Feira, Seixal, Setúbal e Vila Nova de Gaia.

(Redação dada pela Portaria nº 732/2009, de 08-07)

Artigo 3º

A presente portaria entra em vigor no dia seguinte ao da sua publicação.

Pelo Ministro da Justiça, *João Tiago Valente Almeida da Silveira*, Secretário de Estado da Justiça, em 18 de Janeiro de 2008.

Regulamento do Sistema de Mediação Penal

CAPÍTULO I - Objecto, organização e funcionamento

Artigo 1º - Objecto

O presente diploma aprova o Regulamento que disciplina a organização e o funcionamento do Sistema de Mediação Penal (SMP), bem como as regras por que deve pautar-se a actividade dos mediadores penais.

Artigo 2º - Organização do serviço

1. O SMP é assegurado por mediadores penais, seleccionados e inscritos em listas, organizadas no quadro dos serviços de mediação dos julgados de paz, aprovadas e actualizadas anualmente por despacho do director do Gabinete para a Resolução Alternativa de Litígios (GRAL), do Ministério da Justiça.

2. A gestão do SMP assenta num sistema informático gerido pelo GRAL e partilhado pelos serviços do Ministério Público, o qual permite a recolha e tratamento da informação necessária para o desenvolvimento dos processos de mediação, com respeito pelo princípio da confidencialidade.

3. O acesso à aplicação informática é restrito a cada um dos utilizadores, incluindo o mediador penal designado, com graus de permissão diferenciados.

4. As comunicações realizadas entre os serviços do Ministério Público, o GRAL e os mediadores penais são realizadas, preferencialmente, por via electrónica.

Artigo 3º - Listas de mediadores

1. Compete ao GRAL proceder à selecção dos mediadores para integrarem as listas de mediadores penais.

2. As listas de mediadores penais são organizadas nos termos de despacho do director do Gabinete para a Resolução Alternativa de Litígios.

3. Compete ao GRAL assegurar a manutenção e actualização das listas de mediadores penais, bem como a sua disponibilização aos serviços do Ministério Público.

4. Os procedimentos a observar para a selecção e inscrição nas listas referidas nos números anteriores são definidos no Regulamento do Procedimento de Selecção de Mediadores Penais.

5. Os mediadores habilitados e inscritos nas listas do SMP são contratados em regime de prestação de serviços, por períodos anuais, susceptíveis de renovação.

(Redação dada pela Portaria nº 732/2009, de 08-07)

Artigo 4º - Supervisão e coordenação

1. Compete ao GRAL organizar, acompanhar e supervisionar a prestação de serviço dos mediadores penais.

2. Em cada área geográfica a articulação entre os mediadores penais e o GRAL é coordenada por um mediador penal designado pelo director do GRAL.

3. Compete ao mediador-coordenador:

a) Ser o interlocutor dos mediadores penais junto do GRAL;

b) Solicitar e prestar informação ao GRAL em assuntos relacionados com o funcionamento dos serviços de mediação penal;

c) *(Revogada.)*

d) Organizar, com periodicidade trimestral, reuniões entre todos os mediadores inscritos nas listas da área geográfica da sua comarca, com o objectivo de promover a troca de experiências e o aperfeiçoamento das técnicas de mediação penal.

(Redação dada pela Lei nº 29/2013, de 19-04)

Artigo 5º - Apoio à gestão do SMP

A gestão do SMP é assegurada por técnicos do GRAL, sem prejuízo das competências atribuídas aos serviços do Ministério Público.

CAPÍTULO II - Procedimento de mediação

Artigo 6º - Início do procedimento

1. Verificados os requisitos de que depende a remessa do processo para mediação, o Ministério Público designa um mediador penal através do sistema informático referido na alínea *c*) do nº 2 do artigo 11º da Lei nº 21/2007, de 12 de Junho.

2. O sistema informático referido no número anterior deve assegurar, sem prejuízo da situação referida no nº 4 do artigo 3º da Lei nº 21/2007, de 12 de Junho, a designação sequencial dos mediadores penais.

3. No caso de o mediador penal se encontrar indisponível para assegurar a mediação do processo, disso dá conhecimento ao Ministério Público e ao GRAL através do sistema informático referido no nº 1, sendo, em seguida, designado novo mediador.

4. Verificando-se a aceitação por parte do mediador, o Ministério Público remete-lhe, através do sistema informático referido no nº 1, a informação que considere essencial sobre o arguido e o ofendido e uma descrição sumária do objecto do processo e simultaneamente notifica o arguido e o ofendido de que o processo foi remetido para mediação.

5. O mediador penal contacta o arguido e o ofendido para obter o seu consentimento livre e esclarecido quanto à participação na mediação, informando-os dos seus direitos e deveres e da natureza, finalidade e regras aplicáveis ao processo de mediação e verifica se aqueles reúnem condições para participar no processo de mediação.

6. Caso não obtenha consentimento ou verifique que o arguido ou o ofendido não reúnem as condições necessárias para a participação na mediação, o mediador penal informa disso o Ministério Público e o GRAL através do sistema informático referido no nº 1, prosseguindo o processo penal os seus termos.

7. Caso se verifique qualquer tipo de impedimento por parte do mediador penal, em qualquer fase do procedimento de mediação, que obste à sua realização ou continuidade, deve o mediador penal recusar ou interromper o procedimento de mediação, disso dando conhecimento ao Ministério Público e ao GRAL através do sistema informático referido no nº 1.

8. Verificando-se alguma das situações referidas no nº 4 do artigo 3º da Lei nº 21/2007, de 12 de Junho, pode o mediador penal transferir o processo para outro mediador penal que considere mais indicado, dando disso conhecimento, fundamentado, ao Ministério Público e ao GRAL através do sistema informático referido no nº 1.

9. Obtido o consentimento do arguido e do ofendido, é por estes assinado o termo de consentimento que contém as regras a que obedece o processo de mediação.

Artigo 7º – Comparência das partes e representação

1. O arguido e o ofendido devem comparecer pessoalmente às sessões de mediação, podendo fazer-se acompanhar de advogado ou advogado estagiário.

2. Nos casos em que o ofendido não possua o discernimento para entender o alcance e o significado do exercício do direito de queixa ou tenha falecido sem ter renunciado à queixa, o processo de mediação pode ter lugar com a intervenção do queixoso em lugar do ofendido, devendo, neste caso, as referências efectuadas no presente Regulamento ao ofendido terem-se por efectuadas ao queixoso.

3. As pessoas colectivas devem fazer-se representar por mandatário com poderes especiais para desistir, confessar ou transigir.

4. Em caso de impossibilidade de comparência, os sujeitos processuais participantes devem, em tempo útil, informar de tal facto o mediador a fim de ser marcada nova data para a sessão de mediação.

5. Em caso de não cumprimento da nova data ou não justificada a falta, o mediador penal, através do sistema informático referido no nº 1 do artigo 6º, informa o Ministério Público com vista à extinção do procedimento de mediação e ao prosseguimento do processo penal.

6. Em caso de impossibilidade de comparência do mediador penal, deve este, em tempo útil, avisar os sujeitos processuais e proceder à marcação de nova data para a sessão de mediação.

7. Em caso de impossibilidade de cumprir o aviso prévio, nos termos do número anterior, o mediador penal deve justificar a sua falta junto do GRAL, através do sistema informático referido no nº 1 do artigo 6º, no prazo de cinco dias.

Artigo 8º – Local das sessões de mediação

1. As sessões de mediação são realizadas nas salas dos serviços de mediação dos julgados de paz de cada uma das comarcas designadas, mediante marcação prévia do mediador penal designado para o processo, nos termos do presente Regulamento.

2. Caso se revele necessário, o GRAL pode indicar um outro local para a realização de sessões de mediação, favorecendo a sua proximidade às comarcas designadas.

3. O GRAL dispõe de uma lista de locais disponíveis para a realização de sessões de mediação, organizada geograficamente.

Artigo 9º – Prazo do procedimento de mediação

1. Sem prejuízo do disposto nos números seguintes, o procedimento de mediação deve ser concluído no prazo máximo de três meses contados desde a data de remessa do processo para mediação.

2. O mediador penal, desde que verifique uma forte possibilidade de se alcançar um acordo e desde que os sujeitos processuais participantes manifestem a sua concordância, pode solicitar ao Ministério Público a prorrogação do prazo previsto no número anterior, até ao limite máximo de dois meses.

Artigo 10º – Termo do procedimento de mediação

1. O procedimento de mediação termina sempre que:

a) Decorridos os prazos fixados no artigo anterior, não tenha sido obtido acordo entre o arguido e o ofendido;

b) O arguido ou o ofendido comunique ao mediador penal a revogação do consentimento para a participação na mediação;

c) O mediador verifique a impossibilidade de obtenção de um acordo;

d) Seja assinado o acordo resultante da mediação.

2. O mediador penal comunica o resultado da mediação ao GRAL, através do sistema informático referido no nº 1 do artigo 6º, no prazo máximo de cinco dias após a assinatura do acordo ou após a constatação da impossibilidade do mesmo.

Artigo 11º – Acordo

1. Resultando da mediação um acordo, este é reduzido a escrito e assinado pelos sujeitos processuais participantes e pelo mediador.

2. Os termos do acordo devem incluir uma cláusula, aprovada por despacho do director do GRAL, relativa às consequências jurídicas da sua assinatura, designadamente de que esta equivale a desistência de queixa por parte do ofendido e à não oposição por parte do arguido e de que o ofendido pode, caso o acordo não seja cumprido no prazo fixado, renovar a queixa no prazo de um mês sendo reaberto o inquérito.

3. O termo do acordo é redigido em número de exemplares igual ao número de sujeitos processuais participantes, ficando um exemplar para cada um dos sujeitos.

4. O termo de acordo é transmitido pelo mediador penal ao Ministério Público, através do sistema informático referido no nº 1 do artigo 6º

5. O termo do acordo considera-se obtido na data de homologação da desistência de queixa.

Artigo 12º – Inquérito de satisfação

Após o termo do procedimento de mediação e independentemente do respectivo resultado, os utilizadores do SMP são convidados ao preenchimento de inquérito de satisfação conforme modelo aprovado por despacho do director do GRAL.

Artigo 13º – Custas

O processo de mediação não se encontra sujeito ao pagamento de custas.

CAPÍTULO III – Actividade dos mediadores

Artigo 14º – Direitos e deveres dos mediadores

1. O mediador penal não pode sugerir ou impor aos mediados os termos do acordo, devendo auxiliá-los a comunicar entre si, a reflectir sobre as questões em conflito, bem como a equacionar opções que proporcionem um acordo justo, equitativo e duradouro que traduza o livre exercício da sua vontade e responsabilidade.

2. No desempenho das suas funções, o mediador penal deve observar os deveres de imparcialidade, independência, confidencialidade e diligência.

3. O mediador penal tem o dever de guardar segredo profissional em relação ao teor das sessões de mediação.

4. Salvo em caso de falta deliberada, o mediador penal não pode ser responsabilizado, por qualquer das partes, por actos ou omissões relacionados com a mediação realizada desde que os mesmos estejam conformes com a lei, as normas éticas, as regras acordadas com as partes e o estipulado no presente Regulamento.

Artigo 15º – Impedimentos

1. Não é permitido ao mediador penal intervir, por qualquer forma, nomeadamente como testemunha, em quaisquer procedimentos subsequentes à mediação, como o processo judicial ou o acompanhamento psicoterapêutico, quer se tenha aí obtido ou não um acordo e ainda que tais procedimentos estejam apenas indirectamente relacionados com a mediação realizada.

2. O mediador penal que tenha sido condenado por sentença transitada em julgado pela prática de crime doloso é oficiosamente excluído das listas do SMP em que se encontre inscrito.

3. O mediador penal que, por razões legais, éticas ou deontológicas, não tenha ou deixe de ter assegurado a sua independência, imparcialidade e isenção deve recusar ou interromper o procedimento de mediação e informar disso o Ministério Público e o GRAL, através do sistema informático referido no nº 1 do artigo 6º, para efeitos de designação de novo mediador.

4. O mediador que por qualquer motivo verifique a sua indisponibilidade para aceitar os processos de mediação que lhe são atribuídos deve solicitar ao GRAL que retire o seu nome das listas referidas no artigo 3º do presente Regulamento.

5. O GRAL pode excluir das listas referidas no nº 3 do presente Regulamento os mediadores que reiteradamente se revelem indisponíveis para aceitar processos de mediação.

Artigo 16º – Informações obrigatórias

O mediador penal deve esclarecer os sujeitos processuais quanto à sua participação no processo de mediação, informando-os, nomeadamente, sobre:

a) Os direitos e deveres dos mediados e do mediador;

b) A natureza, as características e os objectivos da mediação, assim como a metodologia de trabalho adoptada;

c) O facto de a adesão ao SMP envolver a aceitação dos termos do presente Regulamento;

d) A suspensão dos prazos processuais enquanto durar o procedimento de mediação;

e) A assinatura do acordo significar a desistência de queixa por parte do ofendido e a não oposição por parte do arguido;

f) A possibilidade de o ofendido poder renovar a queixa no prazo de um mês, sendo reaberto o inquérito, caso o acordo estabelecido não seja cumprido no prazo fixado;

g) O resultado do procedimento de mediação não excluir a responsabilidade em que os sujeitos processuais podem incorrer por outros factos ou a outro título, designadamente responsabilidade criminal ou contra-ordenacional.

Artigo 17º – Remuneração

A remuneração pela prestação de serviços do mediador penal é fixada por despacho do Ministro da Justiça.

Artigo 18º – Fiscalização

O cumprimento do presente Regulamento bem como a actividade dos mediadores penais são acompanhados e fiscalizados pela comissão a que se refere o nº 6 do artigo 33º da Lei nº 78/2001, de 13 de Julho.

CAPÍTULO IV – Disposições finais e transitórias

Artigo 19º – Monitorização e avaliação

Compete ao GRAL assegurar o acompanhamento e a monitorização do SMP com vista à avaliação do período experimental.

Regime Geral das Contraordenações

Decreto-Lei nº 433/82, de 27 de outubro

1. Após a publicação do Decreto-Lei nº 411-A/79, de 1 de Outubro, o regime das contra-ordenações, introduzido pelo Decreto-Lei nº 232/79, de 24 de Julho, ficou desprovido de qualquer eficácia directa e própria.

As transformações entretanto operadas tanto no plano da realidade político--social e económica como no ordenamento jurídico português vieram tornar mais instante a necessidade de reafirmar a vigência do direito de ordenação social, introduzindo, do mesmo passo, algumas alterações.

São conhecidas as necessidades de índole político-criminal a que este específico ramo do direito procura dar resposta. Elas foram, aliás, apresentadas com algum desenvolvimento no relatório que precedia o Decreto-Lei nº 232/79 em termos que conservam plenamente a sua pertinência. Resumidamente, o aparecimento do direito das contra-ordenações ficou a dever-se ao pendor crescentemente intervencionista do Estado contemporâneo, que vem progressivamente alargando a sua acção conformadora aos domínios da economia, saúde, educação, cultura, equilíbrios ecológicos, etc. Tal característica, comum à generalidade dos Estados das modernas sociedades técnicas, ganha entre nós uma acentuação particular por força das profundas e conhecidas transformações dos últimos anos, que encontraram eco na Lei Fundamental de 1976. A necessidade de dar consistência prática às injunções normativas decorrentes deste novo e crescente intervencionismo do Estado, convertendo-as em regras efectivas de conduta, postula naturalmente o recurso a um quadro específico de sanções. Só que tal não pode fazer-se, como unanimemente recnhecem os cultores mais qualificados das ciências criminológicas e penais, alargando a intervenção do direito criminal. Isto significaria, para além de uma manifesta degradação do direito penal, com a consequente e irreparável perda da sua força de persuasão e prevenção, a impossibilidade de mobilizar preferencialmente os recursos disponíveis para as tarefas da prevenção e repressão da criminalidade mais grave.

Ora é esta que de forma mais drástica põe em causa a segurança dos cidadãos, a integridade das suas vidas e bens e, de um modo geral, a sua qualidade de vida.

2. No mesmo sentido, ou seja, no da urgência de conferir efectividade ao direito de ordenação social, distinto e autónomo do direito penal, apontam as transformações operadas ou em vias de concretização no ordenamento jurídico português, a começar pelas transformações do quadro jurídico-constitucional.

Por um lado, com a revisão constitucional aprovada pela Assembleia da República o direito das contra-ordenações virá a receber expresso reconhecimento constitucional (cf. v.g. os textos aprovados para os novos artigos 168º, nº 1, alínea *d*), e 282º, nº 3). Por outro lado, o texto aprovado para o artigo 18º, nº 2, consagra expressamente o princípio em nome do qual a doutrina penal vem sustentando o princípio da subsidiariedade do direito criminal. Segundo ele, o direito criminal deve apenas ser utilizado como a *ultima ratio* da política criminal, destinado a punir as ofensas intoleráveis aos valores ou interesses fundamentais à conveniência humana, não sendo lícito recorrer a ele para sancionar infracções de não comprovada dignidade penal.

Também o novo Código Penal, ao optar por uma política equilibrada da descriminalização, deixa aberto um vasto campo ao direito de ordenação social naquelas áreas em que as condutas, apesar de socialmente intoleráveis, não atingem a dignidade penal. Mas são, sobretudo, as necessárias reformas em domínios como as práticas restritivas da concorrência, as infracções contra a economia nacional e o ambiente, bem como a protecção dos consumidores, que tornam o regime das contra-ordenações verdadeiramente imprescindível.

Só ele, com efeito, viabilizará uma política criminal racional, permitindo diferenciar entre os tipos de infracções e os respectivos arsenais de reacções.

3. Para atingir estes objectivos, importava introduzir algumas alterações no regime geral das contra-ordenações. Tratava-se, fundamentalmente, de colmatar uma importante lacuna, estabelecendo as normas necessárias à regulamentação substantiva e processual do concurso de crime e contra-ordenação, bem como das vicissitudes processuais impostas pela alteração da qualificação, no decurso do processo, de uma infracção como crime ou contra-ordenação.

Para além disso e das alterações introduzidas quanto às autoridades competentes para aplicar em primeira instância as coimas (retirando-se tal competência aos secretários das câmaras municipais), manteve-se, no essencial, inalterada a lei das contra-ordenações. Apesar de se tratar de um diploma de enquadramento, manifesta-se a vontade de progressivamente se caminhar no sentido de constituir efectivamente um ilícito de mera ordenação social.

Manteve-se, outrossim, a fidelidade à ideia de fundo que pre-side à distinção entre crime e contra-ordenação. Uma distinção que não esquece que aquelas duas categorias de ilícito tendem a extremar-se, quer pela natureza dos respectivos bens jurídicos quer pela desigual ressonância ética. Mas uma distinção que terá, em última instância, de ser jurídico-pragmática e, por isso, também necessariamente formal.

Assim, usando da faculdade conferida pela Lei nº 24/82, de 23 de Agosto, o Governo decreta, nos termos da alínea *b*) do nº 1 do artigo 201º da Constituição, o seguinte:

....

Visto e aprovado em Conselho de Ministros, 26 de Agosto de 1982. – *Diogo Pinto de Freitas do Amaral – José Manuel Meneres Sampaio Pimentel.*

Promulgado em 18 de Outubro de 1982

Publique-se.

O Presidente da República, ANTÓNIO RAMALHO EANES.

Regime Geral das Contraordenações*

I PARTE – DA CONTRA-ORDENAÇÃO E DA COIMA EM GERAL

CAPÍTULO I – Âmbito de vigência

Artigo 1º – Definição

Constitui contra-ordenação todo o facto ilícito e censurável que preencha um tipo legal no qual se comine uma coima.

Artigo 2º – Princípio da legalidade

Só será punido como contra-ordenação o facto descrito e declarado passível de coima por lei anterior ao momento da sua prática.

Artigo 3º – Aplicação no tempo

1. A punição da contra-ordenação é determinada pela lei vigente no momento da prática do facto ou do preenchimento dos pressupostos de que depende.

2. Se a lei vigente ao tempo da prática do facto for posteriormente modificada, aplicar-se-á a lei mais favorável ao arguido, salvo se este já tiver sido condenado por decisão definitiva ou transitada em julgado e já executada.

3. Quando a lei vale para um determinado período de tempo, continua a ser punida a contra-ordenação praticada durante esse período.

Artigo 4º – Aplicação no espaço

Salvo tratado ou convenção internacional em contrário, são puníveis as contra-ordenações:

a) Praticadas em território português, seja qual for a nacionalidade do agente;

b) Praticadas a bordo de aeronaves ou navios portugueses.

* Texto de acordo com a republicação do Decreto-Lei nº 244/95, de 14-09.

Artigo 5º – Momento da prática do facto

O facto considera-se praticado no momento em que o agente actuou ou, no caso de omissão, deveria ter actuado, independentemente do momento em que o resultado típico se tenha produzido.

Artigo 6º – Lugar da prática do facto

O facto considera-se praticado no lugar em que, total ou parcialmente e sob qualquer forma de comparticipação, o agente actuou ou, no caso de omissão, devia ter actuado, bem como naquele em que o resultado típico se tenha produzido.

CAPÍTULO II – Da contra-ordenação

Artigo 7º – Responsabilidade das pessoas colectivas ou equiparadas

1. As coimas podem aplicar-se tanto às pessoas singulares como às pessoas colectivas, bem como às associações sem personalidade jurídica.

2. As pessoas colectivas ou equiparadas serão responsáveis pelas contra-ordenações praticadas pelos seus órgãos no exercício das suas funções.

Artigo 8º – Dolo e negligência

1. Só é punível o facto praticado com dolo ou, nos casos especialmente previstos na lei, com negligência.

2. O erro sobre elementos do tipo, sobre a proibição ou sobre um estado de coisas que, a existir, afastaria a ilicitude do facto ou a culpa do agente exclui o dolo.

3. Fica ressalvada a punibilidade da negligência nos termos gerais.

Artigo 9º – Erro sobre a ilicitude

1. Age sem culpa quem actua sem consciência da ilicitude do facto, se o erro lhe não for censurável.

2. Se o erro lhe for censurável, a coima pode ser especialmente atenuada.

Artigo 10º – Inimputabilidade em razão da idade

Para os efeitos desta lei, consideram-se inimputáveis os menores de 16 anos.

Artigo 11º – Inimputabilidade em razão de anomalia psíquica

1. É inimputável quem, por força de uma anomalia psíquica, é incapaz, no momento da prática do facto, de avaliar a ilicitude deste ou de se determinar de acordo com essa avaliação.

2. Pode ser declarado inimputável quem, por força de uma anomalia psíquica grave não acidental e cujos efeitos não domina, sem que por isso possa ser censurado, tem no momento da prática do facto a capacidade para avaliar a ilicitude deste ou para se determinar de acordo com essa avaliação sensivelmente diminuída.

3. A imputabilidade não é excluída quando a anomalia psíquica tiver sido provocada pelo próprio agente com intenção de cometer o facto.

Artigo 12º - Tentativa

1. Há tentativa quando o agente pratica actos de execução de uma contra-ordenação que decidiu cometer sem que esta chegue a consumar-se.

2. São actos de execução:

a) Os que preenchem um elemento constitutivo de um tipo de contra-ordenação;

b) Os que são idóneos a produzir o resultado típico;

c) Os que, segundo a experiência comum e salvo circunstâncias imprevisíveis, são de natureza a fazer esperar que se lhes sigam actos das espécies indicadas nas alíneas anteriores.

Artigo 13º - Punibilidade da tentativa

1. A tentativa só pode ser punida quando a lei expressamente o determinar.

2. A tentativa é punível com a coima aplicável à contra-ordenação consumada, especialmente atenuada.

Artigo 14º - Desistência

1. A tentativa não é punível quando o agente voluntariamente desiste de prosseguir na execução da contra-ordenação, ou impede a consumação, ou, não obstante a consumação, impede a verificação do resultado não compreendido no tipo da contra-ordenação.

2. Quando a consumação ou a verificação do resultado são impedidas por facto independente da conduta do desistente, a tentativa não é punível se este se esforça por evitar uma ou outra.

Artigo 15º - Desistência em caso de comparticipação

Em caso de comparticipação, não é punível a tentativa daquele que voluntariamente impede a consumação ou a verificação do resultado, nem daquele que se esforça seriamente por impedir uma ou outra, ainda que os comparticipantes prossigam na execução da contra-ordenação ou a consumem.

Artigo 16º - Comparticipação

1. Se vários agentes comparticipam no facto, qualquer deles incorre em responsabilidade por contra-ordenação mesmo que a ilicitude ou o grau de ilicitude do facto dependam de certas qualidades ou relações especiais do agente e estas só existam num dos comparticipantes.

2. Cada comparticipante é punido segundo a sua culpa, independentemente da punição ou do grau de culpa dos outros comparticipantes.

3. É aplicável ao cúmplice a coima fixada para o autor, especialmente atenuada.

CAPÍTULO III – Da coima e das sanções acessórias

Artigo 17º – Montante da coima

1. Se o contrário não resultar de lei, o montante mínimo da coima aplicável às pessoas singulares é de € 3,74 e o máximo de € 3 740,98.

2. Se o contrário não resultar de lei, o montante máximo da coima aplicável às pessoas colectivas é de € 44 891,81.

3. Em caso de negligência, se o contrário não resultar de lei, os montantes máximos previstos nos números anteriores são, respectivamente, de € 1 870,49 e de € 22 445,91.

4. Em qualquer caso, se a lei, relativamente ao montante máximo, não distinguir o comportamento doloso do negligente, este só pode ser sancionado até metade daquele montante.

(Redação dada pelo Decreto-Lei nº 323/2001, de 17-12)

Artigo 18º – Determinação da medida da coima

1. A determinação da medida da coima faz-se em função da gravidade da contra-ordenação, da culpa, da situação económica do agente e do benefício económico que este retirou da prática da contra-ordenação.

2. Se o agente retirou da infracção um benefício económico calculável superior ao limite máximo da coima, e não existirem outros meios de o eliminar, pode este elevar-se até ao montante do benefício, não devendo todavia a elevação exceder um terço do limite máximo legalmente estabelecido.

3. Quando houver lugar à atenuação especial da punição por contra-ordenação, os limites máximo e mínimo da coima são reduzidos para metade.

Artigo 19º – Concurso de contra-ordenações

1. Quem tiver praticado várias contra-ordenações é punido com uma coima cujo limite máximo resulta da soma das coimas concretamente aplicadas às infracções em concurso.

2. A coima aplicável não pode exceder o dobro do limite máximo mais elevado das contra-ordenações em concurso.

3. A coima a aplicar não pode ser inferior à mais elevada das coimas concretamente aplicadas às várias contra-ordenações.

Artigo 20º – Concurso de infracções

Se o mesmo facto constituir simultaneamente crime e contra-ordenação, será o agente sempre punido a título de crime, sem prejuízo da aplicação das sanções acessórias previstas para a contra-ordenação.

Artigo 21º – Sanções acessórias

1. A lei pode, simultaneamente com a coima, determinar as seguintes sanções acessórias, em função da gravidade da infracção e da culpa do agente:

a) Perda de objectos pertencentes ao agente;

b) Interdição do exercício de profissões ou actividades cujo exercício dependa de título público ou de autorização ou homologação de autoridade pública;

c) Privação do direito a subsídio ou benefício outorgado por entidades ou serviços públicos;

d) Privação do direito de participar em feiras ou mercados;

e) Privação do direito de participar em arrematações ou concursos públicos que tenham por objecto a empreitada ou a concessão de obras públicas, o fornecimento de bens e serviços, a concessão de serviços públicos e a atribuição de licenças ou alvarás;

f) Encerramento de estabelecimento cujo funcionamento esteja sujeito a autorização ou licença de autoridade administrativa;

g) Suspensão de autorizações, licenças e alvarás.

2. As sanções referidas nas alíneas *b*) a *g*) do número anterior têm a duração máxima de dois anos, contados a partir da decisão condenatória definitiva.

3. A lei pode ainda determinar os casos em que deva dar-se publicidade à punição por contra-ordenação.

Artigo 21º-A – Pressupostos da aplicação das sanções acessórias

1. A sanção referida na alínea *a*) do nº 1 do artigo anterior só pode ser decretada quando os objectos serviram ou estavam destinados a servir para a prática de uma contra-ordenação, ou por esta foram produzidos.

2. A sanção referida na alínea *b*) do nº 1 do artigo anterior só pode ser decretada se o agente praticou a contra-ordenação com flagrante e grave abuso da função que exerce ou com manifesta e grave violação dos deveres que lhe são inerentes.

3. A sanção referida na alínea *c*) do nº 1 do artigo anterior só pode ser decretada quando a contra-ordenação tiver sido praticada no exercício ou por causa da actividade a favor da qual é atribuído o subsídio.

4. A sanção referida na alínea *d*) do nº 1 do artigo anterior só pode ser decretada quando a contra-ordenação tiver sido praticada durante ou por causa da participação em feira ou mercado.

5. A sanção referida na alínea *e*) do nº 1 do artigo anterior só pode ser decretada quando a contra-ordenação tiver sido praticada durante ou por causa dos actos públicos ou no exercício ou por causa das actividades mencionadas nessa alínea.

6. As sanções referidas nas alíneas *f*) e *g*) do nº 1 do artigo anterior só podem ser decretadas quando a contra-ordenação tenha sido praticada no exercício ou por causa da actividade a que se referem as autorizações, licenças e alvarás ou por causa do funcionamento do estabelecimento.

Artigo 22º – Perda de objectos perigosos

1. Podem ser declarados perdidos os objectos que serviram ou estavam destinados a servir para a prática de uma contra-ordenação, ou que por esta foram produzidos, quando tais objectos representem, pela sua natureza ou pelas circunstâncias do caso, grave perigo para a comunidade ou exista sério risco da sua utilização para a prática de um crime ou de outra contra-ordenação.

2. Salvo se o contrário resultar do presente diploma, são aplicáveis à perda de objectos perigosos as regras relativas à sanção acessória de perda de objectos.

Artigo 23º – Perda do valor

Quando, devido a actuação dolosa do agente, se tiver tornado total ou parcialmente inexequível a perda de objectos que, no momento da prática do facto, lhe pertenciam, pode ser declarada perdida uma quantia em dinheiro correspondente ao valor daqueles.

Artigo 24º – Efeitos da perda

O carácter definitivo ou o trânsito em julgado da decisão de perda determina a transferência da propriedade para o Estado ou outra entidade pública, instituição particular de solidariedade social ou pessoa colectiva de utilidade pública que a lei preveja.

Artigo 25º – Perda independente de coima

A perda de objectos perigosos ou do respectivo valor pode ter lugar ainda que não possa haver procedimento contra o agente ou a este não seja aplicada uma coima.

Artigo 26º – Objectos pertencentes a terceiro

A perda de objectos perigosos pertencentes a terceiro só pode ter lugar:

a) Quando os seus titulares tiverem concorrido, com culpa, para a sua utilização ou produção, ou do facto tiverem tirado vantagens; ou

b) Quando os objectos forem, por qualquer título, adquiridos após a prática do facto, conhecendo os adquirentes a proveniência.

CAPÍTULO IV – Prescrição

Artigo 27º – Prescrição do procedimento

O procedimento por contra-ordenação extingue-se por efeito da prescrição logo que sobre a prática da contra-ordenação hajam decorrido os seguintes prazos:

a) Cinco anos, quando se trate de contra-ordenação a que seja aplicável uma coima de montante máximo igual ou superior a € 49 879,79;

b) Três anos, quando se trate de contra-ordenação a que seja aplicável uma coima de montante igual ou superior a € 2 493,99 e inferior a € 49 879,79;

c) Um ano, nos restantes casos.

(Redação dada pela Lei nº 109/2001, de 24-12)

Artigo 27º-A – Suspensão da prescrição

1. A prescrição do procedimento por contra-ordenação suspende-se, para além dos casos especialmente previstos na lei, durante o tempo em que o procedimento:

a) Não puder legalmente iniciar-se ou continuar por falta de autorização legal;

b) Estiver pendente a partir do envio do processo ao Ministério Público até à sua devolução à autoridade administrativa nos termos do artigo 40º

c) Estiver pendente a partir da notificação do despacho que procede ao exame preliminar do recurso da decisão da autoridade administrativa que aplica a coima, até à decisão final do recurso.

2. Nos casos previstos nas alíneas *b*) e *c*) do número anterior, a suspensão não pode ultrapassar seis meses.

(Redação dada pela Lei nº 109/2001, de 24-12)

Artigo 28º – Interrupção da prescrição

1. A prescrição do procedimento por contra-ordenação interrompe-se:

a) Com a comunicação ao arguido dos despachos, decisões ou medidas contra ele tomados ou com qualquer notificação;

b) Com a realização de quaisquer diligências de prova, designadamente exames e buscas, ou com o pedido de auxílio às autoridades policiais ou a qualquer autoridade administrativa;

c) Com a notificação ao arguido para exercício do direito de audição ou com as declarações por ele prestadas no exercício desse direito.

d) Com a decisão da autoridade administrativa que procede à aplicação da coima.

2. Nos casos de concurso de infracções, a interrupção da prescrição do procedimento criminal determina a interrupção da prescrição do procedimento por contra-ordenação.

3. A prescrição do procedimento tem sempre lugar quando, desde o seu início e ressalvado o tempo de suspensão, tiver decorrido o prazo da prescrição acrescido de metade.

(Redação dada pela Lei nº 109/2001, de 24-12)

Artigo 29º – Prescrição da coima

1. As coimas prescrevem nos prazos seguintes:

a) Três anos, no caso de uma coima superior ao montante máximo previsto no nº 1 do artigo 17º;

b) Um ano, nos restantes casos.

2. O prazo conta-se a partir do carácter definitivo ou do trânsito em julgado da decisão condenatória.

Artigo 30º – Suspensão da prescrição da coima

A prescrição da coima suspende-se durante o tempo em que:

a) Por força da lei a execução não pode começar ou não pode continuar a ter lugar;

b) A execução foi interrompida;

c) Foram concedidas facilidades de pagamento.

Artigo 30º-A – Interrupção da prescrição da coima

1. A prescrição da coima interrompe-se com a sua execução.

2. A prescrição da coima ocorre quando, desde o seu início e ressalvado o tempo de suspensão, tiver decorrido o prazo normal da prescrição acrescido de metade.

Artigo 31º – Prescrição das sanções acessórias

Aplica-se às sanções acessórias o regime previsto nos artigos anteriores para a prescrição da coima.

CAPÍTULO V – Do direito subsidiário

Artigo 32º – Do direito subsidiário

Em tudo o que não for contrário à presente lei aplicar-se-ão subsidiariamente, no que respeita à fixação do regime substantivo das contra-ordenações, as normas do Código Penal.

II PARTE – DO PROCESSO DE CONTRA-ORDENAÇÃO

CAPÍTULO I – Da competência

Artigo 33º – Regra da competência das autoridades administrativas

O processamento das contra-ordenações e a aplicação das coimas e das sanções acessórias competem às autoridades administrativas, ressalvadas as especialidades previstas no presente diploma.

Artigo 34º – Competência em razão da matéria

1. A competência em razão da matéria pertencerá às autoridades determinadas pela lei que prevê e sanciona as contra-ordenações.

2. No silêncio da lei serão competentes os serviços designados pelo membro do Governo responsável pela tutela dos interesses que a contra-ordenação visa defender ou promover.

3. Os dirigentes dos serviços aos quais tenha sido atribuída a competência a que se refere o número anterior podem delegá-la, nos termos gerais, nos dirigentes de grau hierarquicamente inferior.

Artigo 35º – Competência territorial

1. É territorialmente competente a autoridade administrativa concelhia em cuja circunscrição:

a) Se tiver consumado a infracção ou, caso a infracção não tenha chegado a consumar-se, se tiver praticado o último acto de execução ou, em caso de punibilidade dos actos preparatórios, se tiver praticado o último acto de preparação;

b) O arguido tem o seu domicílio ao tempo do início ou durante qualquer fase do processo.

2. Se a infracção for cometida a bordo de aeronave ou navio português, fora do território nacional, será competente a autoridade em cuja circunscrição se situe o aeroporto ou porto português que primeiro for escalado depois do cometimento da infracção.

Artigo 36º – Competência por conexão

1. Em caso de concurso de contra-ordenações será competente a autoridade a quem, segundo os preceitos anteriores, incumba processar qualquer das contra-ordenações.

2. O disposto no número anterior aplica-se também aos casos em que um mesmo facto torna várias pessoas passíveis de sofrerem uma coima.

Artigo 37º – Conflitos de competência

1. Se das disposições anteriores resultar a competência cumulativa de várias autoridades, o conflito será resolvido a favor da autoridade que, por ordem de prioridades:

a) Tiver primeiro ouvido o arguido pela prática da contra-ordenação;

b) Tiver primeiro requerido a sua audição pelas autoridades policiais;

c) Tiver primeiro recebido das autoridades policiais os autos de que conste a audição do arguido.

2. As autoridades competentes poderão, todavia, por razões de economia, celeridade ou eficácia processuais, acordar em atribuir a competência a autoridade diversa da que resultaria da aplicação do nº 1.

Artigo 38º – Autoridades competentes em processo criminal

1. Quando se verifique concurso de crime e contra-ordenação, ou quando, pelo mesmo facto, uma pessoa deva responder a título de crime e outra a título de contra-ordenação, o processamento da contra-ordenação cabe às autoridades competentes para o processo criminal.

2. Se estiver pendente um processo na autoridade administrativa, devem os autos ser remetidos à autoridade competente nos termos do número anterior.

3. Quando, nos casos previstos nos nºs 1 e 2, o Ministério Público arquivar o processo criminal mas entender que subsiste a responsabilidade pela contra-ordenação, remeterá o processo à autoridade administrativa competente.

4. A decisão do Ministério Público sobre se um facto deve ou não ser processado como crime vincula as autoridades administrativas.

Artigo 39º – Competência do tribunal

No caso referido no nº 1 do artigo anterior, a aplicação da coima e das sanções acessórias cabe ao juiz competente para o julgamento do crime.

Artigo 40º – Envio do processo ao Ministério Público

1. A autoridade administrativa competente remeterá o processo ao Ministério Público sempre que considere que a infracção constitui um crime.

2. Se o agente do Ministério Público considerar que não há lugar para a responsabilidade criminal, devolverá o processo à mesma autoridade.

CAPÍTULO II – Princípios e disposições gerais

Artigo 41º – Direito subsidiário

1. Sempre que o contrário não resulte deste diploma, são aplicáveis, devidamente adaptados, os preceitos reguladores do processo criminal.

2. No processo de aplicação da coima e das sanções acessórias, as autoridades administrativas gozam dos mesmos direitos e estão submetidas aos mesmos deveres das entidades competentes para o processo criminal, sempre que o contrário não resulte do presente diploma.

Artigo 42º – Meios de coacção

1. Não é permitida a prisão preventiva, a intromissão na correspondência ou nos meios de telecomunicação nem a utilização de provas que impliquem a violação do segredo profissional.

2. As provas que colidam com a reserva da vida privada, bem como os exames corporais e a prova de sangue, só serão admissíveis mediante o consentimento de quem de direito.

Artigo 43º – Princípio da legalidade

O processo das contra-ordenações obedecerá ao princípio da legalidade.

Artigo 44º – Testemunhas

As testemunhas não serão ajuramentadas.

Artigo 45º – Consulta dos autos

1. Se o processo couber às autoridades competentes para o processo criminal, podem as autoridades administrativas normalmente competentes consultar os autos, bem como examinar os objectos apreendidos.

2. Os autos serão, a seu pedido, enviados para exame às autoridades administrativas.

Artigo 46º – Comunicação de decisões

1. Todas as decisões, despachos e demais medidas tomadas pelas autoridades administrativas serão comunicadas às pessoas a quem se dirigem.

2. Tratando-se de medida que admita impugnação sujeita a prazo, a comunicação revestirá a forma de notificação, que deverá conter os esclarecimentos necessários sobre admissibilidade, prazo e forma de impugnação.

Artigo 47º - Da notificação

1. A notificação será dirigida ao arguido e comunicada ao seu representante legal, quando este exista.

2. A notificação será dirigida ao defensor escolhido cuja procuração conste do processo ou ao defensor nomeado.

3. No caso referido no número anterior, o arguido será informado através de uma cópia da decisão ou despacho.

4. Se a notificação tiver de ser feita a várias pessoas, o prazo de impugnação só começa a correr depois de notificada a última pessoa.

CAPÍTULO III - Da aplicação da coima pelas autoridades administrativas

Artigo 48º - Da polícia e dos agentes de fiscalização

1. As autoridades policiais e fiscalizadoras deverão tomar conta de todos os eventos ou circunstâncias susceptíveis de implicar responsabilidade por contra-ordenação e tomar as medidas necessárias para impedir o desaparecimento de provas.

2. Na medida em que o contrário não resulte desta lei, as autoridades policiais têm direitos e deveres equivalentes aos que têm em matéria criminal.

3. As autoridades policiais e agentes de fiscalização remeterão imediatamente às autoridades administrativas a participação e as provas recolhidas.

Artigo 48º-A - Apreensão de objectos

1. Podem ser provisoriamente apreendidos pelas autoridades administrativas competentes os objectos que serviram ou estavam destinados a servir para a prática de uma contra-ordenação, ou que por esta foram produzidos, e bem assim quaisquer outros que forem susceptíveis de servir de prova.

2. Os objectos são restituídos logo que se tornar desnecessário manter a apreensão para efeitos de prova, a menos que a autoridade administrativa pretenda declará-los perdidos.

3. Em qualquer caso, os objectos são restituídos logo que a decisão condenatória se torne definitiva, salvo se tiverem sido declarados perdidos.

Artigo 49º - Identificação pelas autoridades administrativas e policiais

As autoridades administrativas competentes e as autoridades policiais podem exigir ao agente de uma contra-ordenação a respectiva identificação.

Artigo 50º - Direito de audição e defesa do arguido

Não é permitida a aplicação de uma coima ou de uma sanção acessória sem antes se ter assegurado ao arguido a possibilidade de, num prazo razoável, se pronunciar sobre a contra-ordenação que lhe é imputada e sobre a sanção ou sanções em que incorre.

Artigo 50º-A – Pagamento voluntário

1. Nos casos de contra-ordenação sancionável com coima de valor não superior a metade dos montantes máximos previstos nos nºs 1 e 2 do artigo 17º, é admissível em qualquer altura do processo, mas sempre antes da decisão, o pagamento voluntário da coima, a qual, se o contrário não resultar da lei, será liquidada pelo mínimo, sem prejuízo das custas que forem devidas.

2. O pagamento voluntário da coima não exclui a possibilidade de aplicação de sanções acessórias.

Artigo 51º – Admoestação

1. Quando a reduzida gravidade da infracção e da culpa do agente o justifique, pode a entidade competente limitar-se a proferir uma admoestação.

2. A admoestação é proferida por escrito, não podendo o facto voltar a ser apreciado como contra-ordenação.

Artigo 52º – Deveres das testemunhas e peritos

1. As testemunhas e os peritos são obrigados a obedecer às autoridades administrativas quando forem solicitados a comparecer e a pronunciar-se sobre a matéria do processo.

2. Em caso de recusa injustificada, poderão as autoridades administrativas aplicar sanções pecuniárias até € 49,88 e exigir a reparação dos danos causados com a sua recusa.

(Redação dada pelo Decreto-Lei nº 323/2001, de 17-12)

Artigo 53º – Do defensor

1. O arguido da prática de uma contra-ordenação tem o direito de se fazer acompanhar de advogado, escolhido em qualquer fase do processo.

2. A autoridade administrativa nomeia defensor ao arguido, oficiosamente ou a requerimento deste, nos termos previstos na legislação sobre apoio judiciário, sempre que as circunstâncias do caso revelarem a necessidade ou a conveniência de o arguido ser assistido.

3. Da decisão da autoridade administrativa que indefira o requerimento de nomeação de defensor cabe recurso para o tribunal.

Artigo 54º – Da iniciativa e da instrução

1. O processo iniciar-se-á oficiosamente, mediante participação das autoridades policiais ou fiscalizadoras ou ainda mediante denúncia particular.

2. A autoridade administrativa procederá à sua investigação e instrução, finda a qual arquivará o processo ou aplicará uma coima.

3. As autoridades administrativas poderão confiar a investigação e instrução, no todo ou em parte, às autoridades policiais, bem como solicitar o auxílio de outras autoridades ou serviços públicos.

Artigo 55º – Recurso das medidas das autoridades administrativas

1. As decisões, despachos e demais medidas tomadas pelas autoridades administrativas no decurso do processo são susceptíveis de impugnação judicial por parte do arguido ou da pessoa contra as quais se dirigem.

2. O disposto no número anterior não se aplica às medidas que se destinem apenas a preparar a decisão final de arquivamento ou aplicação da coima, não colidindo com os direitos ou interesses das pessoas.

3. É competente para decidir do recurso o tribunal previsto no artigo 61º, que decidirá em última instância.

Artigo 56º – Processo realizado pelas autoridades competentes para o processo criminal

1. Quando o processo é realizado pelas autoridades competentes para o processo criminal, as autoridades administrativas são obrigadas a dar-lhes toda a colaboração.

2. Sempre que a acusação diga respeito à contra-ordenação, esta deve ser comunicada às autoridades administrativas.

3. As mesmas autoridades serão ouvidas pelo Ministério Público se este arquivar o processo.

Artigo 57º – Extensão da acusação a contra-ordenação

Quando, nos casos previstos no artigo 38º, o Ministério Público acusar pelo crime, a acusação abrangerá também a contra-ordenação.

Artigo 58º – Decisão condenatória

1. A decisão que aplica a coima ou as sanções acessórias deve conter:

a) A identificação dos arguidos;

b) A descrição dos factos imputados, com indicação das provas obtidas;

c) A indicação das normas segundo as quais se pune e a fundamentação da decisão;

d) A coima e as sanções acessórias.

2. Da decisão deve ainda constar a informação de que:

a) A condenação se torna definitiva e exequível se não for judicialmente impugnada nos termos do artigo 59º;

b) Em caso de impugnação judicial, o tribunal pode decidir mediante audiência ou, caso o arguido e o Ministério Público não se oponham, mediante simples despacho.

3. A decisão conterá ainda:

a) A ordem de pagamento da coima no prazo máximo de 10 dias após o carácter definitivo ou o trânsito em julgado da decisão;

b) A indicação de que em caso de impossibilidade de pagamento tempestivo deve comunicar o facto por escrito à autoridade que aplicou a coima.

CAPÍTULO IV – Recurso e processo judiciais

Artigo 59º – Forma e prazo

1. A decisão da autoridade administrativa que aplica uma coima é susceptível de impugnação judicial.

2. O recurso de impugnação poderá ser interposto pelo arguido ou pelo seu defensor.

3. O recurso é feito por escrito e apresentado à autoridade administrativa que aplicou a coima, no prazo de 20 dias após o seu conhecimento pelo arguido, devendo constar de alegações e conclusões.

Artigo 60º – Contagem do prazo para impugnação

1. O prazo para a impugnação da decisão da autoridade administrativa suspende-se aos sábados, domingos e feriados.

2. O termo do prazo que caia em dia durante o qual não for possível, durante o período normal, a apresentação do recurso, transfere-se para o primeiro dia útil seguinte.

Artigo 61º – Tribunal competente

1. É competente para conhecer do recurso o tribunal em cuja área territorial se tiver consumado a infracção.

2. Se a infracção não tiver chegado a consumar-se, é competente o tribunal em cuja área se tiver praticado o último acto de execução ou, em caso de punibilidade dos actos preparatórios, o último acto de preparação.

Artigo 62º – Envio dos autos ao Ministério Público

1. Recebido o recurso, e no prazo de cinco dias, deve a autoridade administrativa enviar os autos ao Ministério Público, que os tornará presentes ao juiz, valendo este acto como acusação.

2. Até ao envio dos autos, pode a autoridade administrativa revogar a decisão de aplicação da coima.

Artigo 63º – Não aceitação do recurso

1. O juiz rejeitará, por meio de despacho, o recurso feito fora do prazo ou sem respeito pelas exigências de forma.

2. Deste despacho há recurso, que sobe imediatamente.

Artigo 64º – Decisão por despacho judicial

1. O juiz decidirá do caso mediante audiência de julgamento ou através de simples despacho.

2. O juiz decide por despacho quando não considere necessária a audiência de julgamento e o arguido ou o Ministério Público não se oponham.

3. O despacho pode ordenar o arquivamento do processo, absolver o arguido ou manter ou alterar a condenação.

4. Em caso de manutenção ou alteração da condenação deve o juiz fundamentar a sua decisão, tanto no que concerne aos factos como ao direito aplicado e às circunstâncias que determinaram a medida da sanção.

5. Em caso de absolvição deverá o juiz indicar porque não considera provados os factos ou porque não constituem uma contra-ordenação.

Artigo 65º - Marcação da audiência

Ao aceitar o recurso o juiz marca a audiência, salvo o caso referido no nº 2 do artigo anterior.

Artigo 65º-A - Retirada da acusação

1. A todo o tempo, e até à sentença em 1ª instância ou até ser proferido o despacho previsto no nº 2 do artigo 64º, pode o Ministério Público, com o acordo do arguido, retirar a acusação.

2. Antes de retirar a acusação, deve o Ministério Público ouvir as autoridades administrativas competentes, salvo se entender que tal não é indispensável para uma adequada decisão.

Artigo 66º - Direito aplicável

Salvo disposição em contrário, a audiência em 1ª instância obedece às normas relativas ao processamento das transgressões e contravenções, não havendo lugar à redução da prova a escrito.

Artigo 67º - Participação do arguido na audiência

1. O arguido não é obrigado a comparecer à audiência, salvo se o juiz considerar a sua presença como necessária ao esclarecimento dos factos.

2. Nos casos em que o juiz não ordenou a presença do arguido este poderá fazer-se representar por advogado com procuração escrita.

3. O tribunal pode solicitar a audição do arguido por outro tribunal, devendo a realização desta diligência ser comunicada ao Ministério Público e ao defensor e sendo o respectivo auto lido na audiência.

Artigo 68º - Ausência do arguido

1. Nos casos em que o arguido não comparece nem se faz representar por advogado, tomar-se-ão em conta as declarações que lhe tenham sido colhidas no processo ou registar-se-á que ele nunca se pronunciou sobre a matéria dos autos, não obstante lhe ter sido concedida a oportunidade para o fazer, e julgar-se-á.

2. Se, porém, o tribunal o considerar necessário, pode marcar uma nova audiência.

Artigo 69º – Participação do Ministério Público

O Ministério Público deve estar presente na audiência de julgamento.

Artigo 70º – Participação das autoridades administrativas

1. O tribunal concederá às autoridades administrativas a oportunidade de trazerem à audiência os elementos que reputem convenientes para uma correcta decisão do caso, podendo um representante daquelas autoridades participar na audiência.

2. O mesmo regime se aplicará, com as necessárias adaptações, aos casos em que, nos termos do nº 3 do artigo 64º, o juiz decidir arquivar o processo.

3. Em conformidade com o disposto no nº 1, o juiz comunicará às autoridades administrativas a data da audiência.

4. O tribunal comunicará às mesmas autoridades a sentença, bem como as demais decisões finais.

Artigo 71º – Retirada do recurso

1. O recurso pode ser retirado até à sentença em 1ª instância ou até ser proferido o despacho previsto no nº 2 do artigo 64º

2. Depois do início da audiência de julgamento, o recurso só pode ser retirado mediante o acordo do Ministério Público.

Artigo 72º – Prova

1. Compete ao Ministério Público promover a prova de todos os factos que considere relevantes para a decisão.

2. Compete ao juiz determinar o âmbito da prova a produzir.

Artigo 72º-A – Proibição da *reformatio in pejus*

1. Impugnada a decisão da autoridade administrativa ou interposto recurso da decisão judicial somente pelo arguido, ou no seu exclusivo interesse, não pode a sanção aplicada ser modificada em prejuízo de qualquer dos arguidos, ainda que não recorrentes.

2. O disposto no número anterior não prejudica a possibilidade de agravamento do montante da coima, se a situação económica e financeira do arguido tiver entretanto melhorado de forma sensível.

Artigo 73º – Decisões judiciais que admitem recurso

1. Pode recorrer-se para a relação da sentença ou do despacho judicial proferidos nos termos do artigo 64º quando:

a) For aplicada ao arguido uma coima superior a € 249,40;

b) A condenação do arguido abranger sanções acessórias;

c) O arguido for absolvido ou o processo for arquivado em casos em que a autoridade administrativa tenha aplicado uma coima superior a € 249,40 ou em que tal coima tenha sido reclamada pelo Ministério Público;

d) A impugnação judicial for rejeitada;

e) O tribunal decidir através de despacho não obstante o recorrente se ter oposto a tal.

2. Para além dos casos enunciados no número anterior, poderá a relação, a requerimento do arguido ou do Ministério Público, aceitar o recurso da sentença quando tal se afigure manifestamente necessário à melhoria da aplicação do direito ou à promoção da uniformidade da jurisprudência.

3. Se a sentença ou o despacho recorrido são relativos a várias infracções ou a vários arguidos e se apenas quanto a alguma das infracções ou a algum dos arguidos se verificam os pressupostos necessários, o recurso subirá com esses limites.

(Redação dada pelo Decreto-Lei nº 323/2001, de 17-12)

Artigo 74º – Regime do recurso

1. O recurso deve ser interposto no prazo de 10 dias a partir da sentença ou do despacho, ou da sua notificação ao arguido, caso a decisão tenha sido proferida sem a presença deste.

2. Nos casos previstos no nº 2 do artigo 73º, o requerimento deve seguir junto ao recurso, antecedendo-o.

3. Neste casos, a decisão sobre o requerimento constitui questão prévia, que será resolvida por despacho fundamentado do tribunal, equivalendo o seu indeferimento à retirada do recurso.

4. O recurso seguirá a tramitação do recurso em processo penal, tendo em conta as especialidades que resultam deste diploma.

Artigo 75º – Âmbito e efeitos do recurso

1. Se o contrário não resultar deste diploma, a 2ª instância apenas conhecerá da matéria de direito, não cabendo recurso das suas decisões.

2. A decisão do recurso poderá:

a) Alterar a decisão do tribunal recorrido sem qualquer vinculação aos termos e ao sentido da decisão recorrida, salvo o disposto no artigo 72º-A;

b) Anulá-la e devolver o processo ao tribunal recorrido.

CAPÍTULO V – Processo de contra-ordenação e processo criminal

Artigo 76º – Conversão em processo criminal

1. O tribunal não está vinculado à apreciação do facto como contra-ordenação, podendo, oficiosamente ou a requerimento do Ministério Público, converter o processo em processo criminal.

2. A conversão do processo determina a interrupção da instância e a instauração de inquérito, aproveitando-se, na medida do possível, as provas já produzidas.

Artigo 77º – Conhecimento da contra-ordenação no processo criminal

1. O tribunal poderá apreciar como contra-ordenação uma infracção que foi acusada como crime.

2. Se o tribunal só aceitar a acusação a título de contra-ordenação, o processo passará a obedecer aos preceitos desta lei.

Artigo 78º – Processo relativo a crimes e contra-ordenações

1. Se o mesmo processo versar sobre crimes e contra-ordenações, havendo infracções que devam apenas considerar-se como contra-ordenações, aplicam-se, quanto a elas, os artigos 42º, 43º, 45º, 58º, nºs 1 e 3, 70º e 83º

2. Quando, nos casos previstos no número anterior, se interpuser simultaneamente recurso em relação a contra-ordenação e a crime, os recursos subirão juntos.

3. O recurso subirá nos termos do Código de Processo Penal, não se aplicando o disposto no artigo 66º nem dependendo o recurso relativo à contra-ordenação dos pressupostos do artigo 73º

CAPÍTULO VI – Decisão definitiva, caso julgado e revisão

Artigo 79º – Alcance da decisão definitiva e do caso julgado

1. O carácter definitivo da decisão da autoridade administrativa ou o trânsito em julgado da decisão judicial que aprecie o facto como contra-ordenação ou como crime precludem a possibilidade de reapreciação de tal facto como contra-ordenação.

2. O trânsito em julgado da sentença ou despacho judicial que aprecie o facto como contra-ordenação preclude igualmente o seu novo conhecimento como crime.

Artigo 80º – Admissibilidade da revisão

1. A revisão de decisões definitivas ou transitadas em julgado em matéria contra-ordenacional obedece ao disposto nos artigos 449º e seguintes do Código de Processo Penal, sempre que o contrário não resulte do presente diploma.

2. A revisão do processo a favor do arguido, com base em novos factos ou em novos meios de prova não será admissível quando:

a) O arguido apenas foi condenado em coima inferior a € 37,41;

b) Já decorreram cinco anos após o trânsito em julgado ou carácter definitivo da decisão a rever.

3. A revisão contra o arguido só será admissível quando vise a sua condenação pela prática de um crime.

(Redação dada pelo Decreto-Lei nº 323/2001, de 17-12)

Artigo 81º – Regime do processo de revisão

1. A revisão de decisão da autoridade administrativa cabe ao tribunal competente para a impugnação judicial.

2. Tem legitimidade para requerer a revisão o arguido, a autoridade administrativa e o Ministério Público.

3. A autoridade administrativa deve remeter os autos ao representante do Ministério Público junto do tribunal competente.

4. A revisão de decisão judicial será da competência do tribunal da relação, aplicando-se o disposto no artigo 451º do Código de Processo Penal.

Artigo 82º – Caducidade da aplicação da coima por efeito de decisão no processo criminal

1. A decisão da autoridade administrativa que aplicou uma coima ou uma sanção acessória caduca quando o arguido venha a ser condenado em processo criminal pelo mesmo facto.

2. O mesmo efeito tem a decisão final do processo criminal que, não consistindo numa condenação, seja incompatível com a aplicação da coima ou da sanção acessória.

3. As importâncias pecuniárias que tiverem sido pagas a título de coima serão, por ordem de prioridade, levadas à conta da multa e das custas processuais ou, sendo caso disso, restituídas.

4. Da sentença ou das demais decisões do processo criminal referidas nos nºs 1 e 2 deverá constar a referência aos efeitos previstos nos nºs 1, 2 e 3.

CAPÍTULO VII – Processos especiais

Artigo 83º – Processo de apreensão

Quando, no decurso do processo, a autoridade administrativa decidir apreender qualquer objecto, nos termos do artigo 48º-A, deve notificar a decisão às pessoas que sejam titulares de direitos afectados pela apreensão.

Artigo 84º

(Revogado.)

Artigo 85º – Impugnação judicial da apreensão

A decisão de apreensão pode ser impugnada judicialmente, sendo aplicáveis as regras relativas à impugnação da decisão de perda de objectos.

Artigo 86º

(Revogado.)

Artigo 87º – Processo relativo a pessoas colectivas ou equiparadas

1. As pessoas colectivas e as associações sem personalidade jurídica são representadas no processo por quem legal ou estatutariamente as deva representar.

2. Nos processos relativos a pessoas colectivas ou a associações sem personalidade jurídica é também competente para a aplicação da coima e das sanções acessórias a autoridade administrativa em cuja área a pessoa colectiva ou a associação tenha a sua sede.

CAPÍTULO VIII – Da execução

Artigo 88º – Pagamento da coima

1. A coima é paga no prazo de 10 dias a partir da data em que a decisão se tornar definitiva ou transitar em julgado, não podendo ser acrescida de quaisquer adicionais.

2. O pagamento deve ser feito contra recibo, cujo duplicado será entregue à autoridade administrativa ou tribunal que tiver proferido a decisão.

3. Em caso de pagamento parcial, e salvo indicação em contrário do arguido, o pagamento será, por ordem de prioridades, levado à conta da coima e das custas.

4. Sempre que a situação económica o justifique, poderá a autoridade administrativa ou o tribunal autorizar o pagamento da coima dentro de prazo que não exceda um ano.

5. Pode ainda a autoridade administrativa ou o tribunal autorizar o pagamento em prestações, não podendo a última delas ir além dos dois anos subsequentes ao carácter definitivo ou ao trânsito em julgado da decisão e implicando a falta de pagamento de uma prestação o vencimento de todas as outras.

6. Dentro dos limites referidos nos nºs 4 e 5 e quando motivos supervenientes o justifiquem, os prazos e os planos de pagamento inicialmente estabelecidos podem ser alterados.

Artigo 89º – Da execução

1. O não pagamento em conformidade com o disposto no artigo anterior dará lugar à execução, que será promovida, perante o tribunal competente, segundo o artigo 61º, salvo quando a decisão que dá lugar à execução tiver sido proferida pela relação, caso em que a execução poderá também promover-se perante o tribunal da comarca do domicílio do executado.

2. A execução é promovida pelo representante do Ministério Público junto do tribunal competente, aplicando-se, com as necessárias adaptações, o disposto no Código de Processo Penal sobre a execução da multa.

3. Quando a execução tiver por base uma decisão da autoridade administrativa, esta remeterá os autos ao representante do Ministério Público competente para promover a execução.

4. O disposto neste artigo aplica-se, com as necessárias adaptações, às sanções acessórias, salvo quanto aos termos da execução, aos quais é aplicável o disposto sobre a execução de penas acessórias em processo criminal.

Artigo 89º-A – Prestação de trabalho a favor da comunidade

1. A lei pode prever que, a requerimento do condenado, possa o tribunal competente para a execução ordenar que a coima aplicada seja total ou parcialmente substituída por dias de trabalho em estabelecimentos, oficinas ou obras do Estado ou de outras pessoas colectivas de direito público, ou de instituições particulares de solidariedade social, quando concluir que esta forma de cumprimento se adequa à gravidade da contra-ordenação e às circunstâncias do caso.

2. A correspondência entre o montante da coima aplicada e a duração da prestação de trabalho, bem como as formas da sua execução, são reguladas por legislação especial.

Artigo 90º – Extinção e suspensão da execução

1. A execução da coima e das sanções acessórias extingue-se com a morte do arguido.

2. Deve suspender-se a execução da decisão da autoridade administrativa quando tenha sido proferida acusação em processo criminal pelo mesmo facto.

3. Quando, nos termos dos nºs 1 e 2 do artigo 82º, exista decisão em processo criminal incompatível com a aplicação administrativa de coima ou de sanção acessória, deve o tribunal da execução declarar a caducidade desta, oficiosamente ou a requerimento do Ministério Público ou do arguido.

Artigo 91º – Tramitação

1. O tribunal perante o qual se promove a execução será competente para decidir sobre todos os incidentes e questões suscitados na execução, nomeadamente:

a) A admissibilidade da execução;

b) As decisões tomadas pelas autoridades administrativas em matéria de facilidades de pagamento;

c) A suspensão da execução segundo o artigo 90º

2. As decisões referidas no nº 1 são tomadas sem necessidade de audiência oral, assegurando-se ao arguido ou ao Ministério Público a possibilidade de justificarem, por requerimento escrito, as suas pretensões.

CAPÍTULO IX – Das custas

Artigo 92º – Princípios gerais

1. Se o contrário não resultar desta lei, as custas em processo de contra-ordenação regular-se-ão pelos preceitos reguladores das custas em processo criminal.

2. As decisões das autoridades administrativas que decidam sobre a matéria do processo deverão fixar o montante das custas e determinar quem as deve suportar.

3. As custas abrangem, nos termos gerais, a taxa de justiça, os honorários dos defensores oficiosos, os emolumentos a pagar aos peritos e os demais encargos resultantes do processo.

Artigo 93º – Da taxa de justiça

1. O processo de contra-ordenação que corra perante as autoridades administrativas não dá lugar ao pagamento de taxa de justiça.

2. Está também isenta de taxa de justiça a impugnação judicial de qualquer decisão das autoridades administrativas.

3. Dão lugar ao pagamento de taxa de justiça todas as decisões judiciais desfavoráveis ao arguido.

4. A taxa de justiça não será inferior a € 0,75 nem superior a € 374,10, devendo o seu montante ser fixado em razão da situação económica do infractor, bem como da complexidade do processo.

(Redação dada pelo Decreto-Lei nº 323/2001, de 17-12)

Artigo 94º – Das custas

1. Os honorários dos defensores oficiosos e os emolumentos devidos aos peritos obedecerão às tabelas do Código das Custas Judiciais.

2. As custas deverão, entre outras, cobrir as despesas efectuadas com:

a) O transporte dos defensores e peritos;

b) As comunicações telefónicas, telegráficas ou postais, nomeadamente as que se relacionam com as notificações;

c) O transporte de bens apreendidos;

d) A indemnização das testemunhas.

3. As custas são suportadas pelo arguido em caso de aplicação de uma coima ou de uma sanção acessória, de desistência ou rejeição da impugnação judicial ou dos recursos de despacho ou sentença condenatória.

4. Nos demais casos, as custas serão suportadas pelo erário público.

Artigo 95º – Impugnação das custas

1. O arguido pode, nos termos gerais, impugnar judicialmente a decisão da autoridade administrativa relativa às custas, devendo a impugnação ser apresentada no prazo de 10 dias a partir do conhecimento da decisão a impugnar.

2. Da decisão do tribunal da comarca só há recurso para a relação quando o montante exceda a alçada daquele tribunal.

CAPÍTULO X – Disposição final

Artigo 96º – Revogação

Fica revogado o Decreto-Lei nº 232/79, de 24 de Julho.

ÍNDICE-SUMÁRIO

LEGISLAÇÃO COMPLEMENTAR

SUMÁRIO